Honduras

2ᵉ édition

Eric Hamovich

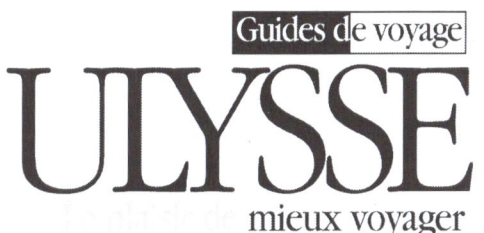

Auteur Eric Hamovich	**Adjoint à l'édition** Raphaël Corbeil	**Illustratrices** Sophie Czaplejewicz
Éditrice Jacqueline Grekin	**Assistantes** Marie-Josée Béliveau Julie Brodeur Isabelle Lalonde	Jenny Jasper Lorette Pierson Marie-Annick Viatour
Directrice de production Pascale Couture	Elyse Leconte	**Photographes** *Page couverture*
Traducteur Pierre Corbeil	**Cartographes** André Duchesne Brad Fenton	T. Chinami (The Image Bank) *Pages intérieures*
Coordonnatrice à la traduction Stéphane G. Marceau	Yanik Landreville Patrick Thivierge	Claude Hervé-Bazin John Haught Vicente Murphy
	Infographiste Stéphanie Routhier	**Directeur artistique**
Correcteur Pierre Daveluy		Patrick Farei (Atoll)

BUREAUX
CANADA : Les Guides de voyage Ulysse, 4176 rue St-Denis, Montréal, Québec, H2W 2M5,
☎(514) 843-9447 ou 1-877-542-7247, fax : (514) 843-9448, info@ulysse.ca, www.guidesulysse.com

EUROPE : Les Guides de voyage Ulysse SARL, BP 159, 75523 Paris Cedex 11, France,
☎01 43 38 89 50, fax : 01 43 38 89 52, voyage@ulysse.ca, www.guidesulysse.com

ÉTATS-UNIS : Ulysses Travel Guides, 305 Madison Avenue, Suite 1166, New York, NY 10165,
☎1-877-542-7247, info@ulysses.ca, www.ulyssesguides.com

DISTRIBUTION
Canada : Les Guides de voyage Ulysse, 4176, St-Denis, Montréal (Québec) H2W 2M5,
☎(514) 843-9882, poste 2232, ☎800-748-9171, fax : (514) 843-9448, www.guidesulysse.com, info@ulysse.ca

États-Unis : Distribooks, 8120 N. Ridgeway, Skokie, IL 60076-2911, ☎(847) 676-1596, fax : (847) 676-1195

Belgique : Presses de Belgique, 117, boulevard de l'Europe, 1301 Wavre, ☎(010) 42 03 30, fax : (010) 42 03 52

France : Inter Forum, 3, allée de la Seine, 94854 Ivry-sur-Seine Cedex, ☎01 49 59 10 10, fax : 01 49 59 10 72

Espagne : Altaïr, Balmes 69, E-08007 Barcelona, ☎(3) 323-3062, fax : (3) 451-2559

Italie : Centro cartografico Del Riccio, Via di Soffiano 164/A, 50143 Firenze, ☎(055) 71 33 33, fax : (055) 71 63 50

Suisse : Havas Services Suisse, ☎(26) 460 80 60, fax : (26) 460 80 68

Pour tout autre pays, contactez Les Guides de voyage Ulysse (Montréal).
Données de catalogage avant publication (Canada) (voir p 7).

Toute photocopie, même partielle, ainsi que toute reproduction, par quelque procédé que ce soit, sont formellement interdites sous peine de poursuite judiciaire.

© Guides de voyage Ulysse inc.
Tous droits réservés
Bibliothèque nationale du Québec
Dépôt légal - Quatrième trimestre 2000
ISBN 2-89464-131-1

*«Este país, que por su clima, su origen, su cielo y
sus montañas está hablando constamente
a la fantasia el lenguage de la poesía y el arte,
refleja sus influencias en las ardientes imaginaciones de sus hijos,
que son poetas por sentimento y artitas por natureleza.»*

Tomás Mur
Fondateur en 1980 de l'Academia de Bellas Artes, à Tegucigalpa

Ce pays, dont le climat, les origines, les cieux et les montagnes
parlent constamment de fantaisie dans le langage de la poésie et de l'art,
reflète ses influences sur l'imaginaire de ses habitants,
poètes par sentiment et artistes par nature.

Sommaire

Portrait **11**
    Géographie 14
    Histoire 16
    Politique 19
    Économie 20
    Société et culture 21
    Arts et divertissements 25

Renseignements généraux **27**
    Formalités 27
    Ambassades et consulats ... 29
    Information touristique 30
    Voyage organisé ou voyage indépendant? 31
    L'arrivée au Honduras 32
    Assurances 35
    Santé 36
    Climat 40
    Préparation des valises 40
    Sécurité 41
    Transports 42
    Les adresses 48
    Monnaie et banques 48
    Langue 52
    Postes et télécommunications 53
    Hébergement 54
    Restaurants 55
    Sorties 57
    Achats 58
    Presse écrite et télédiffusion 59
    Divers 59

Plein air **63**
    Activités de plein air 64
    Réserves naturelles 65
    Excursionnistes 68

Tegucigalpa et ses environs **71**
    Pour s'y retrouver sans mal . 74
    Renseignements pratiques .. 83
    Attraits touristiques 84
    Parcs 92
    Hébergement 94
    Restaurants 99
    Sorties 105
    Achats 106

L'ouest du Honduras **109**
    Pour s'y retrouver sans mal 110
    Renseignements pratiques . 114
    Attraits touristiques 115
    Parcs 129
    Activités de plein air 131
    Hébergement 131
    Restaurants 136
    Sorties 140
    Achats 141

La côte caraïbe **143**
    Pour s'y retrouver sans mal 144
    Renseignements pratiques . 149
    Attraits touristiques 150
    Parcs et plages 157
    Hébergement 162
    Restaurants 171
    Sorties 175
    Achats 176

Islas de la Bahía **177**
    Pour s'y retrouver sans mal 180
    Renseignements pratiques . 183
    Attraits touristiques 184
    Parcs et plages 188
    Activités de plein air 188
    Hébergement 191
    Restaurants 199
    Sorties 202
    Achats 202

Le centre et l'est du Honduras **203**
    Pour s'y retrouver sans mal 204
    Attraits touristiques 208
    Parcs 215
    Activités de plein air 217
    Hébergement 218
    Restaurants 220

Le sud du Honduras **223**
    Pour s'y retrouver sans mal 224
    Attraits touristiques 226
    Plages 229
    Activités de plein air 229
    Hébergement 229
    Restaurants 231
    Achats 232

Lexique **233**

Index **242**

Liste des cartes

Centre du Honduras	207
Copán Ruinas	120
Côte Caraïbe	142
Est du Honduras	205
Honduras – départements	9
Honduras	2e de couverture
Isla de Utila	189
Isla de Roatán	185
Islas de la Bahía	179
La Ceiba	153
Ouest du Honduras	108
Parc archéologique de Copán Ruinas	123
San Pedro Sula	117
Situation géographique dans le monde	8
Sud du Honduras	222
Tableau des distances	43
Tegucigalpa et ses environs	75
Tegucigalpa	73
Tegucigalpa – centre	85
Tegucigalpa – Boulevard Morazán et Colonia Palmira	87
West End et West Bay	187

Légende des cartes

Symbole	Signification	Symbole	Signification
✈ ✚	Aéroport	⛴	Navette Maritime
⊘	Plage	⊠	Frontière
🚌	Gare d'autocars	▲	Montagne
✪	Capitale nationale		
†	Église	🏛	Musée
🏌	Terrain de golf	⬗	Parc

Remerciements

Nous tenons à remercier le personnel de l'Instituto Hondureño de Turismo pour les renseignements et les photographies qu'il nous a fournis. Merci également aux nombreuses personnes, Honduriens et résidants étrangers, qui nous ont fait part de précieuses suggestions.

Nous aimerions en outre exprimer notre reconnaissance à tous les employés d'hôtel, chauffeurs de taxi, restaurateurs et autres, dont la généreuse collaboration a contribué à la réalisation de ce projet.

Tableau des symboles

≡	Air conditionné
⊛	Baignoire à remous
⊙	Centre de conditionnement physique
🌴	Coup de cœur Ulysse pour les qualités particulières d'un établissement
ℂ	Cuisinette
pc	Pension complète
pdj	Petit déjeuner inclus dans le prix de la chambre
≈	Piscine
ℜ	Restaurant
bc	Salle de bain commune
bp	Salle de bain privée (installations sanitaires complètes dans la chambre)
△	Sauna
S	Stationnement
≞	Télécopieur
☎	Téléphone
tv	Téléviseur
tlj	Tous les jours
⊗	Ventilateur

Classification des attraits

★ Intéressant
★★ Vaut le détour
★★★ À ne pas manquer

Classification de l'hébergement

Les tarifs mentionnés dans ce guide s'appliquent, sauf indication contraire, à une chambre standard pour deux personnes en haute saison.

Classification des restaurants

Les tarifs mentionnés dans ce guide s'appliquent, sauf indication contraire, à un dîner pour une personne, excluant le service et les boissons.

$	moins de 5$
$$	de 5$ à 10$
$$$	de 10$ à 15$
$$$$	plus de 15$

Tous les prix mentionnés dans ce guide sont en dollars américains.

Écrivez-nous

Tous les moyens possibles ont été pris pour que les renseignements contenus dans ce guide soient exacts au moment de mettre sous presse. Toutefois, des erreurs peuvent toujours se glisser, des omissions sont toujours possibles, des adresses peuvent disparaître, etc.; la responsabilité de l'éditeur ou des auteurs ne pourrait s'engager en cas de perte ou de dommage qui serait causé par une erreur ou une omission.

Nous apprécions au plus haut point vos commentaires, précisions et suggestions, qui permettent l'amélioration constante de nos publications. Il nous fera plaisir d'offrir un de nos guides aux auteurs des meilleures contributions. Écrivez-nous à l'adresse qui suit, et indiquez le titre qu'il vous plairait de recevoir (voir la liste à la fin du présent ouvrage).

Les Guides de voyage Ulysse
4176, rue Saint-Denis
Montréal (Québec)
Canada H2W 2M5
www.guidesulysse.com
texte@ulysse.ca

Données de catalogage

Données de catalogage avant publication (Canada)

Hamovitch, Eric

    Honduras

    2e éd.
    (Guide de voyage Ulysse)
    Traduction de : Honduras
    Comprend un index

    ISBN 2-89464-131-1

    1. Honduras - Guides. I. Titre. II. Collection.

F1503.5.H3514 2000   917.28304'53   C00-941746-X

Remerciements

Les Guides de voyage Ulysse reconnaissent l'aide financière du gouvernement du Canada par l'entremise du Programme d'aide au développement de l'industrie de l'édition (PADIÉ) pour ses activités d'édition.

Les Guides de voyage Ulysse tiennent également à remercier la SODEC pour son soutien financier.

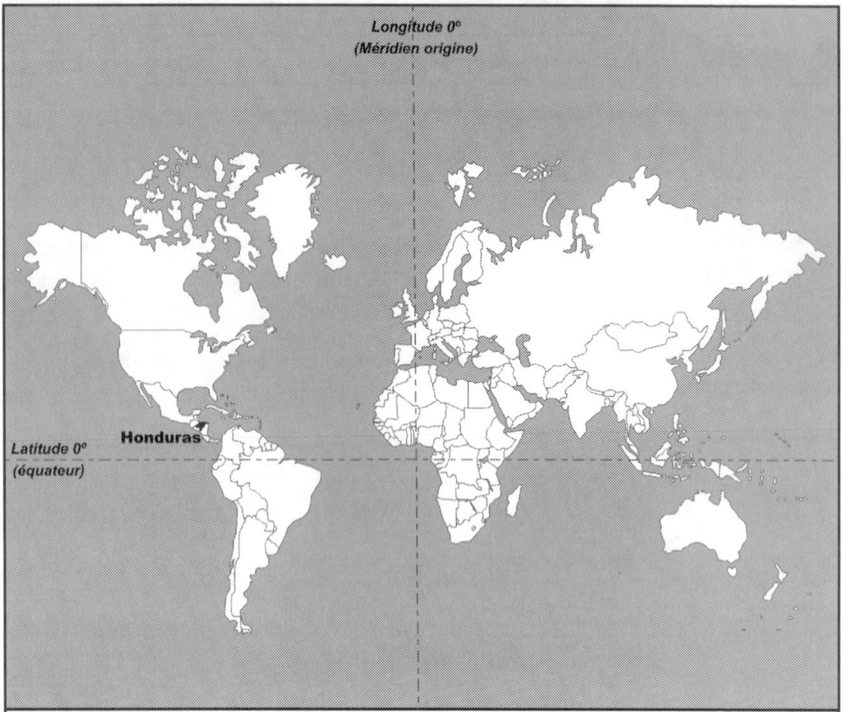

Longitude 0°
(Méridien origine)

Latitude 0°
(équateur)

Situation géographique dans le monde

Honduras
Capitale : Tegucigalpa
Langue : espagnol
Population : 6 200 000 hab.
Monnaie : lempira
Superficie : 112 088 km²

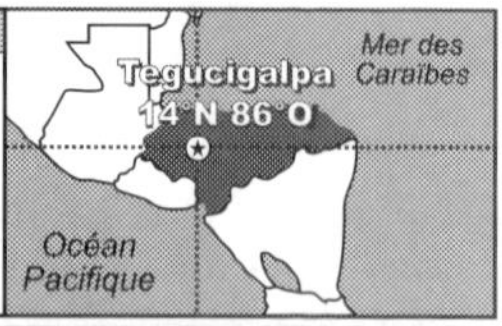

©ULYSSE

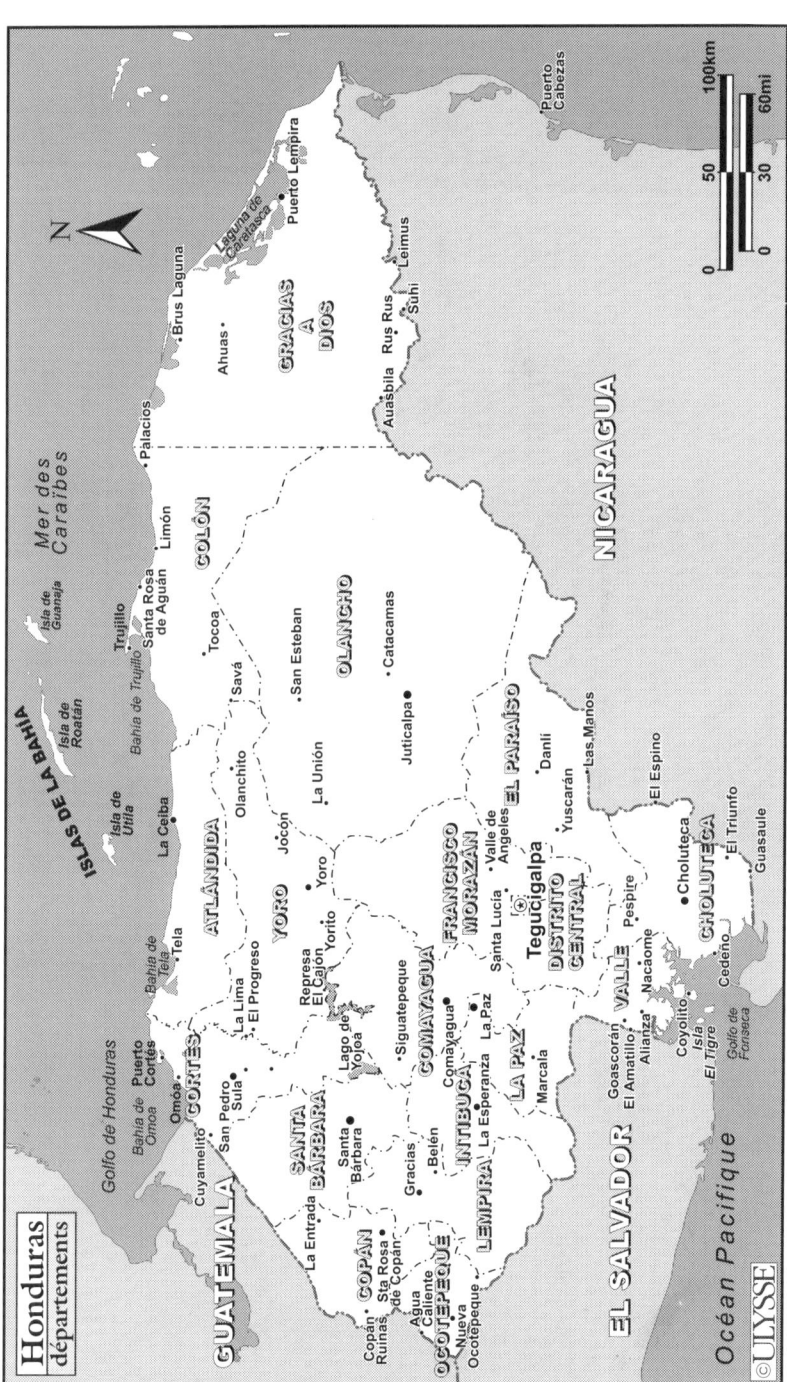

Portrait

Lorsque nous pensons à la mer des Caraïbes, le Honduras, cette masse de terre respectable fermement ancrée dans l'isthme centraméricain, ce pays riche de cultures et de traditions dominées par un passé amérindien et espagnol, ne figure pas d'emblée parmi les destinations qui nous viennent à l'esprit.

Un simple regard à n'importe quel atlas a cependant tôt fait de révéler que le Honduras possède un long littoral en bordure de la mer des Caraïbes. Contrairement à ses voisins immédiats, où la grande majorité de la population vit à l'ouest de la ligne de partage des eaux continentales, c'est-à-dire du côté du Pacifique, le Honduras compte des millions de personnes vivant et travaillant à proximité de la côte Caraïbe, ce qui lui confère naturellement une tout autre dimension culturelle. La majorité des Honduriens ont tendance à percevoir leur pays comme un territoire foncièrement centraméricain dont la géographie partage, par un coup du sort, certains traits des Caraïbes; mais, pour nombre de visiteurs, le Honduras est d'abord et avant tout un pays des Caraïbes entouré d'une auréole à saveur centraméricaine. Tout dépend du point de vue, n'est-ce pas?

Le Honduras n'a jamais fait les manchettes internationales au même titre que ses trois voisins immédiats, ravagés par des guerres civiles à partir de la fin des années soixante-dix jusqu'à la fin des années quatre-vingt. Tandis que le Salvador, le Guatemala et le Nicaragua descendaient aux enfers dans le sang et le chaos, le Honduras se maintenait en effet passablement à l'abri des remous. Bien que des *contras* nicaraguayens opposés au régime sandiniste aient établi certains de leurs camps à l'intérieur des frontières honduriennes, et bien que les États-Unis aient fait usage du territoire hondurien pour certaines de leurs manœuvres militaires de même que pour entraîner les troupes salvadoriennes, la vie politique hondurienne a presque toujours échappé à la violence de cette tumultueuse période.

Les racines culturelles du pays plongent dans un passé lointain, ainsi qu'en témoignent les magnifiques ruines mayas de Copán. Trois siècles de domination espagnole ont en outre parsemé le paysage de pittoresques villages à flanc de colline et de beaux exemples d'architecture coloniale. Mais, par-dessus tout, le Honduras brille par ses richesses naturelles, qu'il s'agisse de ses majestueuses montagnes, de ses forêts tropicales variées, de ses rivières sauvages ou de sa faune indigène. Il ne faut pas non plus oublier ses plages étincelantes et peu fréquentées, ni ses îles bordées de récifs coralliens qui feront les délices des plongeurs et des «snorkeleurs» de tout calibre, sans parler du peuple lui-même, parmi les plus amicaux et les plus décontractés de la planète, ce qui ne fait qu'ajouter au plaisir d'un voyage dans cette contrée.

En termes de tourisme, le Honduras fait figure de géant endormi. La question n'est pas tant de savoir s'il vaut la peine ou non de le visiter, mais plutôt pourquoi on a mis tellement de temps à le découvrir. Jusqu'à tout récemment encore, le tourisme se développait presque exclusivement sur l'île de Roatán, la plus grande des Islas de la Bahía et la favorite des plongeurs. Mais le géant sort à présent de sa torpeur, et l'on projette de développer plusieurs régions du pays. Des transformations ne manqueront donc pas de se produire, mais certes pas de façon soudaine, car au Honduras tout bouge beaucoup plus lentement que dans les pays plus au nord, ce qui présente certains avantages. Sur le plan touristique, le Honduras peut par ailleurs tirer d'importantes leçons de ses voisins, ce qui lui permettra d'éviter certaines des erreurs qu'un trop grand empressement a provoquées en d'autres endroits.

Une des choses qui a bel et bien, quoique brièvement, attiré l'attention de la presse internationale sur le Honduras est sans nul doute Mitch, un ouragan d'une férocité et d'une durée peu communes qui a frappé le pays dans les derniers jours d'octobre 1998, causant d'énormes dégâts et paralysant certaines régions pendant plusieurs mois (voir encadré, p 77). Cela dit, pire encore que Mitch, aux yeux de nombreux propriétaires d'hôtels et agents de tourisme établis au Honduras, fut la période qui fit suite à la fureur de la tempête. En effet, effrayés par les comptes rendus faisant état d'une dévastation sans pareille, les visiteurs se détournèrent massivement de cette destination. Certaines entreprises dépendant fortement du tourisme ont dès lors simplement fermé leurs portes, tandis que d'autres ont tenté de survivre tant bien que mal; au bout du compte, le développement de l'industrie touristique s'est vu globalement entravé, et ce, vraisemblablement pour des années à venir.

Au fur et à mesure que le pays se remettait sur pied dans le sillage de Mitch (un rétablissement d'ailleurs remarquablement rapide compte tenu de la situation du pays), les raisons poussant les visiteurs à éviter le Honduras s'évanouissaient manifestement. À tel point qu'aujourd'hui beaucoup d'endroits sont mieux connus, plus accessibles et mieux desservis par les compagnies aériennes et les chaînes hôtelières internationales. Bref, le Honduras en a désormais pour à peu près tous les goûts, et tout le monde devrait y trouver son compte.

Que doit rechercher le visiteur? Quelle proportion du territoire peut être explorée en deux semaines, par exemple? Il n'y a rien d'étonnant à ce que Roatán et les îles voisines, Utila et Guanaja, aient fait partie des destinations les plus populaires du pays, car il s'agit d'endroits rêvés pour se baigner, faire de la plongée ou simplement se reposer dans un cadre tropical idyllique. Guanaja est réputée pour ses luxueux complexes touristiques, tandis qu'Utila attire davantage les voyageurs au budget restreint. Quant à Roatán, elle offre un peu de tout. Les tarifs pratiqués sur ces trois îles sont plus élevés que ceux du continent, mais ils demeurent somme toute modestes si on les compare à ceux des autres destinations des Caraïbes.

Sur la côte Caraïbe même, Tela et Trujillo, sises dans des paisibles baies, méritent une mention pour la qualité de leurs plages ombragées de palmiers, leur charme antillais et leur proximité des réserves naturelles. Aussi la réserve de Punta Sal, près de Tela, revêt-elle un caractère tout à fait particulier avec sa végétation abondante et variée ainsi que ses belles plages; le jardin botanique de Lancetilla vaut également la peine d'être visité. Trujillo possède pour sa part divers sites d'intérêt historique, y compris les vestiges d'une ancienne forteresse espagnole. La Ceiba, la troisième ville en importance du pays, n'a pas beaucoup d'attraits en soi, mais ses restaurants à ciel ouvert vous promettent des soirées langoureuses, sans compter qu'il s'agit d'un excellent tremplin vers les réserves naturelles et les plages voisines, de même que vers les Islas de la Bahía. Enfin, Puerto Cortés, une ville portuaire comme mille autres, avoisine de belles plages à proximité du vieux fort d'Omoa, un peu plus à l'ouest.

Et bien sûr, il ne faut pas manquer les splendides ruines mayas de Copán, dans l'ouest du pays. Grâce à leurs spectaculaires stèles sculptées et à leurs escaliers majestueux, elles évoquent tout le passé mystérieux de l'Amérique centrale d'une manière inégalée. La ville adjacente, Copán Ruinas, s'imprègne d'une atmosphère centraméricaine toute particulière avec ses rues pavées et accidentées, bordées de constructions aux toits de tuiles. C'est là l'autre face du Honduras, celle où la mer des Caraïbes semble bien éloignée. Tegucigalpa, la plus grande ville du pays et le siège du gouvernement, possède de nombreux atouts coloniaux et contemporains. Même s'il est convenu qu'elle ne fera jamais partie des grandes capitales de ce monde, elle vaut bien, avec certains villages coloniaux des environs, quelques jours de visite.

Au risque de nous répéter, le Honduras ne tient qu'une place infime dans l'univers actuel du tourisme mondial, mais il n'en sera pas toujours ainsi, car de plus en plus de gens découvrent ses plaisirs et ses trésors. Pour l'instant, toutefois, et pour plusieurs années à venir, il demeure possible de prendre une longueur d'avance sur les foules. Qui voudrait résister à une telle occasion?

Géographie

Le Honduras se trouve en plein cœur de l'isthme centraméricain, entouré du Guatemala à l'ouest, du Salvador au sud-ouest et du Nicaragua au sud-est. Quant à ses confins septentrionaux, ils sont marqués par 644 km de littoral caressés par les eaux de la mer des Caraïbes, tandis qu'au sud l'océan Pacifique prend la relève, baignant 124 km de côtes le long du golfe de Fonseca, une baie peu profonde que le Honduras partage avec le Salvador et le Nicaragua.

Contrairement aux pays voisins, dont la population et l'activité économique accusent un penchant prononcé pour le côté pacifique de l'isthme, le Honduras a également connu d'importants développements sur une bonne partie de la côte Caraïbe. Bien qu'aucune frontière terrestre ne relie le Honduras au Belize, un pays autrefois connu sous le nom de «Honduras britannique», les deux se trouvent à peu de distance l'un de l'autre par la mer ou par la voie des airs. Un petit groupe d'îles, soit les Islas de la Bahía, s'avère fort populaire auprès des touristes et se trouve par ailleurs immédiatement au large de la côte Caraïbe, Roatán en étant la plus étendue.

D'une superficie de 122 088 km^2, le Honduras fait à peu de chose près la moitié de la taille de l'Angleterre, et se révèle à peine plus petit que l'État américain de Pennsylvanie. Parmi les pays d'Amérique centrale, seul le Nicaragua occupe un territoire plus important. En 2000, la population du Honduras était estimé à 6,2 millions d'habitants, soit environ l'équivalent de celle du Salvador, son voisin beaucoup plus densément peuplé. Un peu moins de la moitié de la population vit dans les villes.

singe-araignée

Les régions les plus populeuses se trouvent dans les vallées du sud du pays et sur la plaine côtière du Nord-Ouest. Le nord-est du Honduras, une vaste jungle baptisée du nom de «Mosquitia» qui s'étend jusqu'au Nicaragua, demeure pour sa part très peu peuplé. Environ 63% du territoire hondurien se révèle montagneux, avec une altitude moyenne d'environ 1 000 m. Seulement un sixième des terres sont arables, et un peu plus du quart sont boisées.

Une vaste région de hautes terres s'élève brusquement à partir de la frontière salvadorienne, atteignant des élévations de plus de 2 750 m. Une profonde vallée structurale creuse un lit de 280 km entre le bassin du Río Ulúa, au nord, et le golfe de Fonseca, au sud, l'élévation maximale y étant de 940 m. Une chaîne de montagnes du nom de «Sierra de Merendón» sépare cette vallée des basses terres de l'est du Guatemala. Le Río Aguán coule, pour sa part, au centre d'une autre grande vallée de l'est du Honduras.

Les montagnes du sud du Honduras forment une partie de la grande chaîne volcanique centraméricaine, bien qu'on ne trouve aucun volcan actif au pays. Des détritus volcaniques recouvrent cependant une bonne partie des hautes terres du Sud, sans toutefois s'étendre très au nord ni très à l'est. Quant à la plaine côtière des Caraïbes, passablement étroite par endroits, elle est flanquée de chaînes montagneuses aux pentes abruptes et aux sommets pointus.

Le caractère montagneux de la topographie hondurienne, doublé d'un réseau routier pratiquement inexistant dans de vastes portions du pays, a contribué au fil des siècles à accentuer l'isolement de certaines régions. D'ailleurs, de nos jours encore, ce facteur continue à freiner le développement social et économique.

Le Honduras bénéficie d'un climat tropical caractérisé par des températures confortables toute l'année. Saisons sèche et pluvieuse se succèdent dans le centre et le sud du pays, tandis que des précipitations plus abondantes s'abattent sur la côte Caraïbe et sur la jungle de Mosquitia. Pour de plus amples renseignements sur le climat hondurien, veuillez vous reporter à la page 40.

Faune et flore

Dans les régions qui reçoivent beaucoup de pluie et où la température demeure élevée, surtout dans l'est du pays, de vastes régions se couvrent de forêts tropicales humides qui ne perdent jamais leur dais de verdure. Dans les hautes terres plus fraîches, on trouve des massifs de chênes et de pins, mais l'homme en a malheureusement détruit une partie. Dans les régions plus sèches, y compris les environs de Tegucigalpa et les terres plus au sud-est, les savanes et les forêts basses ont remplacé une bonne partie des hautes forêts qui y poussaient jadis. Il y avait ainsi d'abondantes forêts de feuillus, surtout dans la région de Mosquitia, mais celles-ci furent systématiquement rasées par les Anglais aux XVIIIe et XIXe siècles. Cependant, sur certaines corniches montagneuses élevées des régions plus humides subsistent des zones de forêt pluviale recelant entre autres une incroyable variété d'épiphytes.

La faune demeure abondante au Honduras, protégée en grande partie par la faible densité de la population et la difficulté d'accès à de nombreuses régions. La liste des animaux qu'on trouve ici est longue et comprend l'ours noir, l'ours à pattes blanches, plusieurs espèces de cerfs, de nombreuses espèces de singes, le sanglier sauvage et le pécari, le tapir, le blaireau, le coyote, le loup et le renard. Parmi les félins, retenons le jaguar, le puma, le lynx, l'ocelot, la panthère noire et nombre d'animaux plus petits. Chez les reptiles, il faut mentionner les alligators, les crocodiles, les iguanes et les serpents, y compris des espèces venimeuses telles que le «fer-de-lance» et la *barba amarilla*. La forêt grouille en outre de fourmiliers, de coatis, de paresseux, de tatous et de kinkajous. Au chapitre des oi-

Dindon sauvage

seaux, ce sont le dindon sauvage, le faisan, les perroquets, les aras, le héron et le toucan.

Histoire

Les Amérindiens et les Espagnols

Plusieurs découvertes archéologiques démontrent que le Honduras est habité par l'homme depuis au moins 10 000 ans. Le pays repose aux limites sud-orientales de la Méso-Amérique, cette zone qui part du centre du Mexique et englobe les territoires conquis par les anciens Mayas et Aztèques. Il se trouve par ailleurs à proximité de la frontière nord-occidentale des terres occupées par des peuples dont on retrace les origines jusqu'aux forêts du nord-est de l'Amérique du Sud. Ces facteurs placent le Honduras au carrefour de deux sources d'influences culturelles fort différentes.

Les peuples d'ascendance méso-américaine, qui vivaient dans les régions centrales et occidentales du Honduras moderne, avaient élaboré des structures sociales et des pratiques agricoles plus poussées que leurs voisins des régions situées plus à l'est. Des populations d'appartenance maya s'étaient ainsi établies au Honduras dès les environs de l'an 1000 av. J.-C. Elles ont laissé derrière elles un héritage durable, incluant la cité antique de Copán, de même que des témoignages de progrès fulgurants dans les domaines de l'astronomie et des mathématiques tels qu'un système numérique avancé et un entendement évident de la notion de «zéro» bien des siècles avant qu'elle ne soit comprise par les Européens ou les Arabes. Pour des raisons qui demeurent encore partiellement obscures, la branche de la civilisation maya à laquelle appartenaient les peuples vivant au Honduras se mit à décliner au IXe siècle, et Copán gisait presque déjà à l'abandon total dès le XIIIe siècle.

Christophe Colomb longea les côtes honduriennes en 1502 et mit pied à terre sur l'île de Guanaja. Ce fut ensuite, dans les années 1520, une série d'expéditions militaires espagnoles ponctuées de nombreux affrontements partisans et d'épidémies diverses. Les Espagnols firent de nouvelles incursions dans la région au cours de la décennie suivante et réussirent cette fois à prendre le contrôle d'importantes portions du territoire hondurien. Mais leur progrès se trouva entravé sur les hautes terres occidentales par les forces de résistance organisées sous un chef amérindien lenca du nom de «Lempira» (nom qu'il a d'ailleurs légué à la monnaie du pays). Lempira et ses troupes tinrent les Espagnols en échec pendant deux ans avant d'être débordés et de sombrer dans la défaite. Feignant de vouloir signer une trêve avec lui, des officiers espagnols s'introduisirent dans la forteresse de Lempira et l'assassinèrent sur place. La résistance s'écroula complètement dans les mois qui suivirent.

Les envahisseurs espagnols s'empressèrent d'oblitérer l'ordre social en place. Ils chassèrent les communautés amérindiennes des terres les plus convoitées, tandis que la maladie, l'esclavage et des massacres inconsidérés achevèrent de décimer la population, estimée à quelque 450 000 âmes avant l'invasion. De nombreux survivants se mêlèrent alors aux Espagnols, donnant naissance aux *mestizos*, qui forment aujourd'hui la plus grande partie de la population hondurienne. Certaines communautés isolées furent toutefois plus ou moins laissées à elles-mêmes, et les descendants de divers groupes amérindiens éparpillés à travers le pays sont parvenus à maintenir certaines de leurs traditions jusqu'à ce jour. Vous trouverez une description de divers groupes ethniques contemporains à la page 22.

La colonisation et l'indépendance

Au Honduras, les Espagnols se sont largement consacrés à l'extraction de l'or et de l'argent dans des mines réparties un peu partout à travers le pays, sans compter leurs efforts pour établir la suprématie de l'Église catholique. Un nombre relativement restreint de colons vinrent de la mère patrie, de sorte que le Honduras demeura un bras mort sur le plan économique tout au long de la période coloniale, une réalité qui n'a d'ailleurs jamais complètement disparu. Les structures administratives ont souvent changé de forme, mais, pendant une bonne partie de la période qui a précédé son accession à l'indépendance, le Honduras faisait partie de la capitainerie générale du Guatemala, certaines responsabilités relevant alors de Comayagua, la capitale du Honduras de 1537 à 1880. En outre, antérieurement à 1537, Trujillo fut, de façon très brève, la capitale du pays.

Pendant une bonne partie des XVIIe et XVIIIe siècles, les colonies de la côte Caraïbe essuyèrent de fréquentes attaques aux mains des pirates britanniques et hollandais, dont le célèbre Henry Morgan, qui avait établi l'une de ses bases sur l'île de Roatán. L'Espagne ne parvint jamais à étendre son hégémonie aux Islas de la Bahía, ni à la région de Mosquitia. Les Anglais, qui avaient placé le Honduras britannique (aujourd'hui devenu le Belize) sous protectorat, exerçaient en effet un pouvoir souverain sur une bonne partie de la côte hondurienne, et ce, jusque après la signature du traité de 1859.

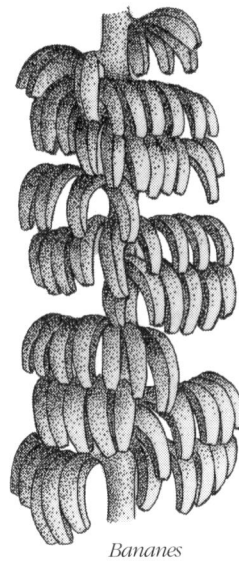

Bananes

Les pays d'Amérique centrale se sont déclarés indépendants de l'Empire espagnol en ruine le 15 septembre 1821 et sont ensuite tombés sous la coupe mexicaine pendant une brève période. Lorsqu'ils réaffirmèrent leur indépendance en 1823, ce fut sous la forme d'une fédération peu structurée qui prit le nom de «Provinces unies d'Amérique centrale». Les années qui suivirent furent marquées par des affrontements politiques et militaires entre les conservateurs, qui souhaitaient préserver les privilèges féodaux que l'Espagne avait légués aux puissants propriétaires terriens et à une partie du clergé, et les libéraux, qui cherchaient à les leur retirer. Le général Francisco Morazán, le président hondurien de la fédération mise à mal, livra une série ininterrompue de batailles contre les forces conservatrices qui s'acharnaient à démanteler l'Union pour donner leur autonomie à ses États membres. Mais Morazán fut finalement vaincu et la fédération, officiellement dissoute en 1838.

Le Honduras était dès lors indépendant, du moins dans la forme, mais il était aux prises avec une succession de gouvernements centraux faibles, minés par de puissants droits acquis, par des intrigues fomentées par les pays voisins et par une vague incessante de coups d'État et de révoltes au sein de l'armée. Selon certaines sources, il y aurait eu 85 chefs d'État à la tête du pays entre 1821 et 1876! À partir des années 1890, les magnats américains de la banane établirent de vastes plantations dans les régions côtières du Nord et, pendant un certain temps, ils firent du Honduras le plus grand exportateur mondial de bananes. L'United Fruit Company et sa rivale, la Standard Fruit Company, gouvernaient certaines portions du Honduras comme de véritables fiefs, sans compter le pouvoir économique et politique qu'elles exerçaient sur l'ensemble du pays, lui valant une étiquette de république bananière dont il n'a réussi à se défaire qu'il y a peu de temps encore.

Le Honduras moderne

Pendant la plus grande partie du XXe siècle, le Honduras a connu une alternance de gouvernements militaires et civils. L'effondrement de l'économie dans le sillage de la Grande Dépression donna lieu, en 1932, à des soulèvements populaires qui débouchèrent sur des élections controversées et sur le règne dictatorial de Tiburcio Carías Andino, suivi de nouveaux coups d'État au cours des décennies subséquentes. Pendant ce temps, toutefois, d'importants remaniements apportés au code du travail et une réforme agraire graduelle entamée dans les années cinquante faisaient office de soupape d'échappement. Les tensions sociales s'amenuisèrent, et ce vent de changement a sans doute grandement contribué à sauver le Honduras des graves convulsions qui ont agité chacun de ses trois voisins, surtout de la fin des années soixante-dix au milieu des années quatre-vingt.

Au chapitre du maintien de la paix, la fiche de route du Honduras n'est cependant pas sans tache. Au cours des années cinquante et soixante, un grand nombre de Salvadoriens, peut-être même jusqu'à 300 000, se sont installés au Honduras pour échapper à la surpopulation dont leur pays était victime, et beaucoup commencèrent à cultiver la terre. Comme tous les immigrants industrieux d'ailleurs, ils s'attirèrent les ressentiments de la population locale, si bien qu'en 1969 des centaines d'entre eux furent déportés au Salvador, suivis dans un premier temps de milliers, d'autres qui leur emboîtèrent le pas de façon volontaire pour ne pas prolonger leurs souffrances au Honduras, puis par un certain nombre de nouveaux déportés. Des amateurs de *fútbol* (football) honduriens furent en outre attaqués lors d'un match de qualification de la Coupe du Monde qui se déroulait dans un stade salvadorien, sonnant le coup d'envoi de ce que certains journalistes en vinrent à appeler «la guerre du football». Les affrontements se prolongèrent un peu plus de quatre jours avant que les deux pays n'en viennent à signer une trêve, mais la hargne qui s'ensuivit mit plusieurs années à se résorber, si bien que les relations entre le Honduras et le Salvador demeurent encore tendues. Certains Honduriens prétendent par ailleurs que les expulsions de 1969 ont provoqué une baisse importante de la production des céréales essentielles et ont porté à l'économie nationale un coup fatal dont elle ne s'est jamais relevée.

La politique contemporaine du Honduras s'est avérée remarquablement paisible si on la compare à celle des autres pays d'Amérique centrale. Pendant que le Salvador et le Nicaragua étaient en proie à l'insurrection et à la guerre civile à la fin des années soixante-dix et pendant une bonne partie des années quatre-vingt, et le Guatemala beaucoup plus longtemps encore, le Honduras coulait des jours presque aussi tranquilles que le Costa Rica.

Presque, parce qu'il y a tout de même eu quelques bavures inévitables, dont une en 1954, lorsqu'un détachement d'officiers armés guatémaltèques de droite sous la tutelle des États-Unis se servit d'une partie du territoire hondurien pour lancer un assaut destiné à mettre fin au bref régime démocratique de neuf ans qu'avait connu le Guatemala. Puis, au début des années quatre-vingt, des *contras* opposés au gouvernement sandiniste de gauche du Nicaragua et appuyés une fois de plus par les Américains se dotèrent de bases à l'intérieur des frontières honduriennes, délogeant par le fait même des milliers de paysans honduriens. Pendant plusieurs années, une bonne partie des régions frontalières demeurèrent interdites aux simples civils. Au cours de cette même période, les États-Unis en ont profité pour accentuer leur présence militaire au Honduras, surtout autour de l'importante base aérienne de Palmerola, dans le centre du pays. Les États-Unis ont également créé des bases d'entraînement en sol hondurien pour des troupes salvadoriennes aux prises avec un soulèvement de la gauche dans leur pays.

Tout cela nous amène à la conclusion incontournable que, dépit du fait qu'aucune violence politique ne l'ait directement frappé, le Honduras s'est vu contraint par les États-Unis de jouer un rôle périphérique dans les conflits affligeant chacun de ses voisins. La doctrine anticommuniste qui justifiait de tels actes n'eut aucun mal à trouver des sympathisants parmi les politiciens de droite, et plus particulièrement parmi les officiers de l'armée hondurienne, qui voyaient là un moyen pratique d'accroître considérablement les appuis financiers du gouvernement américain à leur endroit, et par le fait même de combler plus facilement leurs propres désirs insatiables.

Deux grands partis politiques se partagent la vedette au Honduras, le Parti national de droite, qui plus d'une fois a entretenu des liens étroits avec l'armée, et le Parti libéral de centre-droite. Ils se sont tour à tour succédé au pouvoir pendant la plus grande partie du XXe siècle, le partageant parfois avec les grands chefs militaires alors qu'à d'autres moments ils en étaient complètement exclus. Nombre de partis moins importants ont également vu le jour au fil des ans, mais aucun n'a fait long feu.

En Amérique centrale, les années quatre-vingt-dix se sont avérées fort différentes des années quatre-vingt. Au El Salvador et au Guatemala, des groupes de rebelles ont signé des accords de paix qui ont permis de réduire considérablement l'activité militaire sur leur territoire. Au Nicaragua, les *contras* antisandinistes se sont peu à peu effacés à la suite de la défaite des sandinistes et de l'élection d'un gouvernement plus conservateur en 1990. Pour l'Amérique latine prise dans son ensemble, il s'est agi d'une période vouée au redressement d'économies dévastées par des crises d'endettement répétées, de même qu'aux ajustements, si lents soient-ils, requis par la circulation plus libre des biens à l'échelle internationale. Les gens d'affaires ont commencé à remplacer les militaires à la tête de nombreux pays du sous-continent, et les pouvoirs civils n'ont à aucun moment été vraiment menacés, ni au Honduras ni dans les pays voisins. Bref, on peut parler d'une période de stabilité politique et économique, et l'avènement d'une nouvelle décennie, d'un nouveau siècle, voire d'un nouveau millénaire, s'accompagnera à n'en point douter de développements pleins de rebondissements intéressants, ainsi que le veut la tradition latino-américaine.

Politique

La politique hondurienne est véritablement entrée dans l'ère moderne en 1981, lorsque la dictature militaire du général Policarpo Paz García céda aux pressions de l'administration américaine sortante de Jimmy Carter et prépara des élections devant redonner le pouvoir aux civils. Roberto Suazo Córdova, le candidat du Parti libéral, remporta les élections de 1981, mais il ne tarda pas à faire face aux ambitions du général Gustavo Álvarez Martínez. La ferveur anticommuniste de ce chef militaire corrompu et arrogant, qui appuyait par ailleurs sans réserve les *contras* nicaraguayens, lui valut le soutien actif de l'administration américaine de Ronald Reagan. Bien que le général Álvarez n'ait jamais tenté de putsch, il s'assura le contrôle de presque toutes les décisions relatives à la sécurité nationale. Au cours de cette période, on dénombre au moins 120 cas documentés d'activistes de gauche «ayant été [portés] disparus» (le verbe «disparaître» a beaucoup été utilisé à la forme transitive en Amérique centrale dans les années quatre-vingt). Le général Álvarez est mort assassiné quelques années plus tard.

José Azcona Hoyo, un autre libéral, succéda à Suazo à la présidence du pays en 1985, suivi à son tour, en 1989, de Rafael Leonardo Callejas, cette fois du Parti national. Lors des élections de 1993, c'est Carlos Roberto Reina, jadis à la tête d'un groupe de pression gauchisant du Parti libéral, qui fut porté au pouvoir. Tout en perpétuant les mesures économiques orthodoxes mises de l'avant par son prédécesseur, et d'ailleurs inspirées par le Fonds monétaire international, Reina fit preuve d'initiatives dans d'autres domaines, en intentant des procès aux militaires responsables des disparitions de la décennie précédente, en séparant la police nationale du commandement des forces militaires et en mettant fin à la conscription.

L'élection présidentielle de 1997 a été remportée par le candidat libéral Carlos Flores. Peu de temps après son investiture, les manœuvres ont débuté en vue de la campagne présidentielle de 2001. Un des aspirants au pouvoir qui ont investi le plus de fonds dans cette entreprise est l'homme d'affaires Jaime Rosenthal Oliva, un ancien vice-président lui-même d'obédience libérale.

Le Honduras s'est doté d'une législature unicamérale de 148 sièges dont les membres sont élus pour quatre ans, la même année que les élections présidentielles. Le pays se divise en 18 départements, quoique la majorité des responsabilités administratives incombe au gouvernement central. Ces départements se subdivisent à leur tour en 283 municipalités englobant 3 077 villages et environ 20 000 communautés de moindre envergure.

Économie

Pendant plusieurs décennies, le Honduras a porté le titre peu flatteur du «pays le plus pauvre de l'Amérique centrale», mais il l'a perdu au cours des années quatre-vingt lorsque le Nicaragua, accablé par la mauvaise gestion économique sandiniste et l'implacable hostilité des États-Unis, sombra dans un gouffre sans fond et remplaça son prédécesseur au bas de l'échelle. Ce revirement ne signale cependant aucune prospérité nouvelle au Honduras, qui demeure on ne peut plus pauvre malgré tout. Le produit intérieur brut était évalué à 2 220$ par habitant en 2000. Cette pauvreté n'est rendue que légèrement plus tolérable par le fait que la répartition des revenus ne connaît pas des écarts aussi extrêmes que dans les pays voisins. Aussi les riches ne sont-ils pas aussi riches et les pauvres, pas aussi pauvres qu'au Guatemala ou au Salvador, un facteur qui explique sans doute en partie la paix relative dont bénéficie le Honduras, bien que de nombreux visiteurs, malgré tout, peuvent trouver scandaleux les disparités entre les classes sociales.

Au XIXe siècle, l'économie hondurienne reposait principalement sur l'agriculture de subsistance, le bois d'œuvre figurant alors en tête des exportations. Au début du XXe siècle cependant, les deux géants américains de la banane, l'United Fruit (aujourd'hui connue sous le nom de «Chiquita Brands») et la Standard Fruit (qui utilise l'appellation de «Dole»), ont colonisé de vastes étendues de terre à proximité de la mer des Caraïbes et ont créé d'immenses plantations, d'abord vouées à la culture de la banane, puis de l'ananas et d'autres fruits, sans négliger l'huile de palme. Aussi le Honduras a-t-il été l'image même de la république bananière pendant plusieurs décennies, son économie et sa politique subissant les caprices d'entreprises étrangères et de leurs alliés militaires ainsi que dans les rangs mêmes de son armée, empêchant par le fait même toute remise en cause éventuelle du *statu quo*.

La banane continue de jouer un rôle important dans l'économie hondurienne, mais la croissance d'autres secteurs a ébranlé sa suprématie absolue. L'industrie du café a connu d'humbles débuts dans les années cinquante, jusqu'à faire du Honduras d'aujourd'hui un grand exportateur du précieux grain. Celui-ci supplante maintenant la banane dans les exportations.

Une grande partie de ce café est cultivé sur de petites plantations, ce qui offre un contraste frappant avec les pays voisins où la majeure partie des terres à café ont depuis toujours appartenu à une poignée de très riches familles au fondement même du pouvoir oligopolistique.

D'autres développements récents ont également contribué à diversifier l'économie du Honduras. C'est ainsi que l'élevage des crevettes est devenu une entreprise de taille dans le golfe de Fonseca, sur la côte du Pacifique. Dans plusieurs régions du pays, et surtout aux environs de San Pedro Sula, l'industrie vestimentaire a aussi connu une croissance rapide au cours des années quatre-vingt-dix. Les articles sont assemblés dans des usines sous douane pour ensuite être exportés selon des modalités comparables à celles adoptées par les fabriques *maquiladoras* qui se sont implantées à la frontière mexicano-américaine. Les salaires y sont très maigres, mais, pour nombre d'ouvriers, il

Ananas

n'en s'agit pas moins d'un progrès sur le plan économique. Ce phénomène s'inscrit dans le prolongement de l'industrie traditionnelle, déjà bien établie à San Pedro Sula même et, quoique dans une moindre mesure, à Tegucigalpa et à La Ceiba. Le tourisme est aussi devenu une importante source d'emplois.

Une activité génératrice de capitaux dont les autorités en place préfèrent ne pas parler relève du transport transfrontalier des narcotiques. Le Honduras dispose en effet d'un long littoral sur la mer des Caraïbes, à mi-chemin environ entre la Colombie et les États-Unis, qui s'imposent respectivement comme le plus grand fournisseur et le plus grand consommateur de narcotiques. Un nombre restreint de Honduriens sont ainsi parvenus à amasser des fortunes considérables.

Société et culture

C'est bien peu dire que de qualifier la société hondurienne de multiraciale. Comme dans une grande partie du reste de l'Amérique centrale, le groupe dominant est celui des *mestizos*, d'origine mixte à la fois espagnole et amérindienne. On estime que les *mestizos* comptent pour environ 88% de la population du Honduras, mais n'allez pas croire pour autant que leur apparence ou leur appartenance sociale présente des caractères uniformes.

Au Honduras, la question des groupes ethniques ne fait pas l'objet des mêmes obsessions qu'elle suscite dans d'autres sociétés et, même s'il reste vrai que les personnes de grande taille à peau claire occupent très largement les hautes sphères de la vie politique et économique, les gens de différentes origines semblent se mêler assez facilement les uns aux autres.

L'autre 12% de la population se compose d'un large éventail de groupes, le plus important étant celui des Amérindiens à part entière, ou presque (nous en reparlerons plus loin), suivis des purs descendants (ou presque) des Européens et des individus d'origine moyen-orientale. Un petit nombre de Chinois vient compléter le tableau.

Le Honduras possède également deux souches distinctes de Noirs. D'abord, les Garífunas, parfois appelés «Black Caribs», dont les ancêtres ont été chassés par les Anglais de l'île antillaise de Saint-Vincent il y a de cela deux siècles, et qu'on trouve éparpillés dans de petits villages de la côte Caraïbe, de même que dans certains quartiers des plus grandes villes. Ils ont conservé leur langue propre et une foule d'autres caractéristiques. L'autre groupe, celui qu'on désigne simplement du nom de «Noirs anglophones», est concentré dans les Islas de la Bahía. Ces Noirs descendent d'esclaves des îles Caïmans et d'autres régions des Antilles et, sous de nombreux aspects, ils ressemblent beaucoup aux habitants de plusieurs pays anglophones des Antilles, à part le fait que la plupart d'entre eux parlent aussi l'espagnol.

Suit une courte présentation des groupes indigènes du Honduras. À ceux de nos lecteurs et lectrices qui désirent de plus amples détails et qui maîtrisent la langue espagnole, nous recommandons *Pueblos Indígenas y Garífuna de Honduras* de Ramón D. Rivas, publié en 1993 par Editorial Guaymuras, à Tegucigalpa.

Les groupes indigènes

Les peuples amérindiens (*indígenas* en espagnol) furent les maîtres incontestés du Honduras que l'on connaît aujourd'hui jusqu'à l'arrivée des premiers colons espagnols, il y a de cela près de cinq siècles. À partir de ce moment, ils se sont brutalement vu chasser des meilleures terres, contraints aux travaux forcés et lésés des moindres aspects de leur culture et de leur organisation sociale. Avec le temps, la grande majorité des Amérindiens réalisèrent des mariages mixtes avec les colons espagnols, formant ainsi la race dominante des *mestizos*, quoique certains parvinrent à conserver leur langue et leurs coutumes propres pendant une bonne partie du XIXe siècle, et même jusqu'à nos jours dans quelques rares cas.

Au cours des années 1860, plusieurs décennies après l'affranchissement du joug espagnol, des titres de propriété communaux furent accordés à certains groupes d'Amérindiens, renversant par le fait même un des fers de lance de la politique espagnole. Mais le projet ne fut pas mené à terme, si bien que, de nos jours encore, les Amérindiens du Honduras vivent dans des conditions très variables et ne possèdent pour certains que des terres somme toute ténues, y compris l'usufruit que certains groupes tirent de parcelles faisant partie de grandes terres appartenant au gouvernement.

Le Honduras se situe près des limites sud-orientales de la Méso-Amérique, cette zone qui part du centre du Mexique et englobe les territoires occupés par des peuples descendant des anciens Mayas et Aztèques. Ces groupes se sont dotés de structures sociales complexes et ont développé une agriculture de haut niveau, l'accent portant surtout sur la culture du maïs. Le pays se trouve au carrefour des terres méso-américaines et de celles qu'occupent des peuples tirant leurs origines des jungles du nord-est de l'Amérique du Sud. Les ancêtres de ces derniers n'avaient pas atteint le même niveau de développement social et culturel, et leur économie repose en grande partie sur la chasse et la cueillette. La ligne de partage entre les deux territoires passe au sud du pays, entre l'actuelle Trujillo, sur la côte Caraïbe, et le golfe de Fonseca, du côté du Pacifique, pour ensuite se prolonger à l'intérieur du territoire nicaraguayen.

Les **Lencas** forment le groupe indigène le plus nombreux du Honduras, quelque 90 000 d'entre eux vivant dans 612 communautés éparpillées surtout à travers les hautes terres du sud-ouest du pays, et plus particulièrement autour de La Esperanza. Ce peuple s'apparente aux Mayas, et il vit principalement sur de petits lopins d'une terre stérile, ce qui force bon nombre de ses représentants à chercher du travail saisonnier auprès de quelques grands exploitants de l'industrie caféière. Le chef lenca Lempira (dont la monnaie nationale porte aujourd'hui le nom) dirigea une rébellion contre le pouvoir espagnol en 1537. La langue lenca a pour ainsi dire complètement disparu vers la fin du XIXe siècle, mais certains rites et croyances traditionnels subsistent encore. Les Lencas se distinguent entre autres par leur production de vannerie et de céramique, dont bien peu est commercialisée.

Les **Chortis**, dont on ne trouve qu'environ 3 500 représentants au Honduras, vivent à l'ouest de la région de Copán, près de la frontière du Guatemala. Également apparentés aux Mayas, ils occupaient un territoire beaucoup plus vaste avant la conquête espagnole. La langue chorti n'est plus parlée au Honduras, quoiqu'elle survive dans certaines communautés situées de l'autre côté de la frontière guatémaltèque. Pendant une grande partie de son histoire, ce peuple est resté en contact avec les Pipils, le plus important groupe indigène du Salvador.

Les **Tolupanes**, aussi connus sous le nom de **Xicaques**, occupaient une bonne partie de la côte Caraïbe avant la conquête, mais ils furent par la suite repoussés vers les montagnes et les jungles intérieures. Aujourd'hui, ils sont environ 10 000 à vivre dans 143 communautés principalement situées dans le centre-nord du Honduras, autour de la ville de Yoro. Ce peuple pré-maya vivait de la chasse et de la cueillette, et son statut économique demeure marginal. Sa langue serait vieille de 5 000 ans et, selon des sources contradictoires, s'apparenterait à celle des Hokan-Sioux d'Amérique du Nord ou à celle des Chibchas-Penutias d'Amérique du Sud. Certains éléments de cette langue demeurent présents, mais il ne reste que peu de chose de l'organisation sociale traditionnelle de ce peuple. Les Tolupanes se démarquent par le style de leurs constructions, de même que par certaines formes d'artisanat, notamment au chapitre de la vannerie.

Les **Misquitos** (souvent épelé «Miskitos») vivent dans de petites communautés dispersées le long des rivières et des lagons de cette vaste portion nord-orientale du Honduras qu'on désigne du nom de «Mosquitia» et qui empiète sur le Nicaragua. L'origine du nom de ce peuple n'est pas claire. Certains historiens pensent qu'il s'agit d'une déformation de «mousquet», une arme à feu introduite par les Anglais au XVIIe siècle dont le nom se traduit par *mosquete* en espagnol. Pendant des siècles, les Misquitos furent en effet les alliés des Anglais contre les forces espagnoles. Ils descendent des tribus chibchas des jungles d'Amérique du Sud, une souche à laquelle se sont greffés des éléments africains et européens au XVIIIe siècle, ce qui n'a pas pour autant affaibli leur puissante identité indigène. Aujourd'hui, on en dénombre environ 35 000 dans 84 communautés, et leur langue demeure bien vivante. Leurs constructions traditionnelles sont de bois ou de bambou. Au cours des dernières décennies, les Misquitos ont eu à faire face à l'intrusion des *mestizos* sur leurs territoires ancestraux et, dans les années quatre-vingt, ils se sont mêlés à des réfugiés misquitos du Nicaragua, délogés par des conflits contre le gouvernement sandiniste.

Les **Pech**, qu'on appelle aussi parfois **Payas**, vivent dans la partie occidentale de la région de Mosquitia, principalement dans le bassin du Río Plátano, et l'on n'en dénombre que 1 600 environ. Certains vivent dans les coins les plus reculés des montagnes et maintiennent leurs coutumes ancestrales de même que leur langue, apparentée à celle des Chibchas, tandis que d'autres ont perdu leur langue et adopté celle des Misquitos. Leur système de croyances repose sur une connaissance profonde et sur des liens étroits avec la nature. L'équilibre écologique qui règne sur leurs terres a été compromis par les activités forestières, et la raréfaction de la faune a considérablement nui à leur régime alimentaire.

Les **Tawahkas** ou **Sumos** vivent essentiellement dans le bassin du Río Patuca, au sud de la région de Mosquitia, et de l'autre côté de la frontière nicaraguayenne. Leur langue subsiste au Nicaragua, mais au Honduras, elle a été remplacée par l'espagnol et le misquito. Les communautés tawahkas revêtent la forme de familles étendues qui tendent à vivre de façon isolée, et à l'intérieur desquelles on trouve un fort degré de consanguinité. Elles connaissent par ailleurs de graves problèmes de santé et de nutrition.

Les Garífunas

Les estimations du nombre des Garífunas varient grandement, certaines atteignant le chiffre de 300 000, dont peut-être 90 000 au Honduras. On en trouve également beaucoup au Belize ainsi que dans une petite partie du Guatemala, mais nombre d'entre eux ont émigré vers les États-Unis, et la plus importante communauté garifuna, réunissant quelque 50 000 représentants de ce peuple, se trouve aujourd'hui à New York!

Les Garífunas descendent d'esclaves naufragés qui se sont mêlés aux Indiens caraïbes et arawaks à Saint-Vincent et dans d'autres parties de l'est des Antilles au milieu du XVIIe siècle. Alors que la lutte pour les terres s'accentuait, les Garífunas s'allièrent aux Français contre les Anglais et poursuivirent le combat même après la reddition des Français en 1796. En 1797, les Anglais déportèrent les Garífunas de Saint-Vincent pour les reloger dans les Islas de la Bahía et le long de la côte caraïbe du Honduras, un peu à la manière dont les Acadiens avaient été chassés de la Nouvelle-Écosse vers la Louisiane plusieurs décennies plus tôt. Au total plus de 2 500, ils se firent bûcherons, pêcheurs et contrebandiers.

Les Garífunas ont conservé leurs racines africaines à travers leurs danses, leurs histoires, leur façon de jouer du tambour et diverses croyances religieuses qui rappellent quelque peu le vaudou. Leur langue, qui demeure vivante dans nombre de communautés éparpillées le long de la côte Caraïbe, comporte des éléments d'arawak, de français, de yoruba et d'autres influences africaines. Presque tous les Garífunas du Honduras parlent aussi l'espagnol. La *punta* est un rythme de danse qui leur est propre.

Religion

La grande majorité des Honduriens est catholique romaine, du moins de nom, car peu nombreux sont ceux qu'on peut dire pratiquants. Il y a beaucoup de fervents croyants, mais le sentiment religieux semble un peu moins prononcé ici que dans certains pays voisins. De plus, dans plusieurs régions rurales, la présence de l'Église est réduite à sa plus simple expression.

Ces dernières années, bon nombre de petites sectes protestantes évangéliques, souvent originaires des États-Unis, ont fait une foule d'adeptes. Quelle que soit leur dénomination, on les regroupe sous le nom d'*evangélicos*, et leur culte revêt un caractère exubérant davantage propre à beaucoup de petites églises du sud des États-Unis qu'aux branches plus traditionnelles du protestantisme. Les *evangélicos* ont été critiqués pour avoir divisé les communautés, mais aussi loués pour avoir combattu l'alcoolisme.

Arts et divertissements

Les arts et les lettres ont connu un développement plutôt limité au Honduras. Plusieurs peintres du XXe siècle ont néanmoins accédé à une certaine notoriété à l'intérieur de cercles restreints, et sont surtout connus pour leurs paysages, comme ceux de Carlos Garay, ou leurs représentations de scènes villageoises, comme celles de José Antonio Velázquez. Un autre peintre, un Américain qui s'est attribué le nom de «Guillermo Yuscarán», s'est également quelque peu démarqué en tant que romancier et met beaucoup l'accent sur l'environnement hondurien. Parmi les autres auteurs qui ont fait leur marque dans la littérature hondurienne, retenons le poète, historien et essayiste Rafael Heliodoro, la romancière et nouvelliste Argentina Díaz Lozano et la poétesse et éditrice Clementina Suárez.

Aucune région ou localité du Honduras ne s'est imposée comme un centre dominant au chapitre de l'artisanat. Les objets sculptés d'acajou et d'autres bois durs font partie des articles les plus répandus, allant des petites pièces murales jusqu'aux meubles finement ouvragés. Bien que la qualité de l'exécution soit souvent excellente, les motifs choisis peuvent laisser à désirer aux yeux de certains visiteurs, car ils constituent souvent des versions dénaturées d'anciens thèmes mayas. D'importants progrès ont été réalisés dans le domaine de la poterie artistique, faisant appel à des vases et à divers autres objets pour représenter des thèmes aussi bien mayas qu'abstraits. Au nombre des objets peints à la main les plus courants, mentionnons les porcelaines en forme d'animaux, et plus particulièrement de coqs. Pour de plus amples renseignements sur l'artisanat, reportez-vous à la page 58.

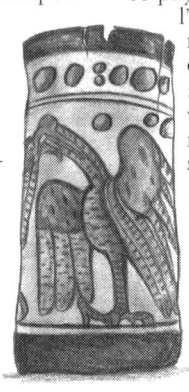

Céramique maya - époque classique

Le *marimba* est le plus important des instruments de musique de ce pays, mais on ne l'entend plus que rarement au Honduras. La *salsa*, le *merengue* et divers autres rythmes tropicaux se sont imposés comme les formes musicales les plus populaires, surtout dans les régions côtières de la mer des Caraïbes. La *punta*, un genre musical bien particulier développé par le peuple garifuna, bénéficie également d'une grande popularité et, les fins de semaine, on en présente des concerts dans plusieurs communautés côtières. Lorsqu'il s'agit de danser, tous ces rythmes l'emportent sur le pop et le disco américains, qui n'en ont pas moins certains adeptes. La musique *ranchera* du Mexique est aussi assez populaire, surtout dans le sud et le centre du pays. La *peña*, une forme d'expression musicale caractérisée par des chansons satiriques ou de protestation à saveur politique, parfois tristes et parfois animées, a la faveur de certains milieux choisis, surtout à Tegucigalpa. La musique classique ne trouve pas beaucoup d'amateurs au Honduras, mais une station radiophonique de Tegucigalpa, sur la bande FM, n'en offre pas moins un programme composé presque exclusivement d'airs classiques.

Enfin, on ne saurait faire le tour de la culture hondurienne sans parler du *fútbol* (football), de loin le sport le plus populaire en cette contrée, atteignant presque des proportions obsessionnelles. Il s'agit d'une des activités de loisir favorites des jeunes hommes, qui jouent eux-mêmes au football (soccer), de même que d'une grande partie du reste de la population, qui écoute religieusement les matchs à la radio ou les regarde à la télévision. De fait, lorsque des matchs importants sont disputés, le pays tout entier semble paralysé pendant quelques heures.

Renseignements généraux

L'information contenue dans ce chapitre a pour but de vous aider à préparer votre voyage au Honduras.

Elle pourrait même vous éviter de fâcheux désagréments au cours de votre séjour. Prenez donc quelques minutes pour parcourir les pages qui suivent, et accordez une attention toute particulière aux mises en garde qui vous seront données, en ce qui a trait, entre autres, à la difficulté de changer des devises autres que le dollar américain.

Formalités

L'entrée au Honduras

Tous les visiteurs étrangers doivent être en possession d'un passeport valide. Seuls échappent à cette règle les citoyens du Guatemala, d'El Salvador, du Nicaragua et du Costa Rica, qui peuvent simplement présenter leur carte d'identité nationale.

Les citoyens des États-Unis, du Canada et des pays d'Europe occidentale n'ont pas besoin de visa consulaire pour entrer au Honduras. Il en va de même pour les citoyens australiens, néo-zélandais et japonais.

Les citoyens de nombre d'autres pays doivent par contre se munir d'un tel visa. C'est le cas de la majorité des pays d'Amérique du Sud et des Antilles, du Mexique et de presque tous les pays d'Afrique, d'Asie et du Moyen-Orient. Son prix varie en fonction des nationalités (et parfois aussi, selon toute apparence, en fonction des humeurs de l'agent consulaire). En outre, les citoyens de l'Argentine et du Chili n'ont plus besoin de visa pour entrer au pays.

Les citoyens d'Europe de l'Est, de la plupart des pays d'Asie et de certains pays d'Amérique du Sud et d'Afrique doivent en outre obtenir une autorisation de séjour auprès du ministère des Affaires étrangères, à Tegucigalpa. Il s'agit là d'une démarche fastidieuse pouvant demander jusqu'à deux mois.

Vous trouverez ci-après une liste complète des ambassades et consulats. Les voyageurs qui ont besoin d'un visa devraient téléphoner aux bureaux concernés pour connaître leurs heures d'ouverture, les exigences concernant les photos et les modalités de paiement, de même que les délais prévus.

Bien que les formalités d'entrée au pays aient tendance à s'assouplir depuis quelques années, les règles et les exigences prescrites peuvent changer à tout moment sans préavis. Si vous avez le moindre doute concernant la nécessité ou non d'obtenir un visa, n'hésitez pas à communiquer à l'avance avec une ambassade ou un consulat hondurien.

Durée du séjour

Le timbre d'entrée au pays permet à la plupart des voyageurs de nationalité occidentale de séjourner au Honduras pour une période de 90 jours. L'agent d'immigration en poste à votre point d'entrée au pays agrafera à l'intérieur de votre passeport une copie de votre carte d'entrée que vous devrez conserver jusqu'à votre départ. Il convient par ailleurs de noter que, dans certains cas, les visas émis ne sont valides que pour 30 jours.

Vous pouvez prolonger votre séjour au Honduras par tranches de 30 jours, au coût de 2$ chaque fois. Vous devez pour ce faire vous adresser à n'importe quel bureau d'immigration à l'intérieur du pays, et cette démarche ne présente aucune difficulté. Vous trouverez des bureaux d'immigration à Tegucigalpa, San Pedro Sula, La Ceiba, Roatán, Utila, Guanaja, Trujillo, Puerto Cortés, Santa Bárbara, Copán Ruinas, Nueva Ocotepeque, Danlí, Choluteca et San Lorenzo. Le bureau principal de Tegucigalpa est réputé pour être celui où les formalités sont les plus lourdes et les plus longues. Il est donc préférable de faire proroger votre visa ailleurs. Il faut toutefois savoir que la durée totale d'un séjour touristique ne peut excéder 180 jours. Si vous désirez prolonger votre séjour au-delà de cette limite, vous devrez donc quitter le territoire hondurien pour ensuite y entrer de nouveau.

Taxes d'arrivée et de départ

Les voyageurs qui entrent au pays par la voie des airs et dont les papiers sont en règle ne sont normalement tenus de payer aucune taxe d'arrivée. Les passagers qui quittent le pays par avion doivent acquitter une taxe de départ de 25$, payable en dollars américains ou en devise hondurienne pour un montant équivalent (il s'agit là d'une bonne façon de vous débarrasser des lempiras qui vous restent, car ils n'ont pour ainsi dire aucune valeur à l'extérieur du Honduras). Cette taxe est normalement perçue à l'entrée des comptoirs d'enregistrement des compagnies aériennes, et les cartes de crédit ne sont pas acceptées. Vous devrez montrer votre reçu au préposé à l'enregistrement de votre compagnie aérienne.

Quant à ceux qui arrivent ou repartent par voie de terre, on leur demande souvent de payer environ 2$ à la frontière, même si tous leurs papiers sont en règle. Assurez-vous d'avoir en votre possession quelques petites coupures en dollars américains pour le cas où les douaniers prétendraient ne pas avoir de monnaie.

Douane

Tout visiteur peut entrer au Honduras avec une quantité raisonnable de produits et appareils destinés à son usage personnel pendant la durée de son séjour, y compris appareils photo, caméscopes et divers appareils électroniques. Le règlement en vigueur autorise également l'importation de cadeaux d'une valeur maximale de 200$, ou de 100$ si le voyageur est âgé de moins de 18 ans, de 2 l d'alcool et de 200 cigarettes, 50 cigares ou 250 g de tabac. Au-delà de ces limites, des droits de douane exorbitants peuvent s'appliquer.

L'importation de fruits et légumes frais, de viandes et de plantes est assujettie à des restrictions rigoureuses. En fait, il vaut probablement mieux ne pas y songer. Ceux et celles qui désirent voyager avec un animal de compagnie ou une arme à feu doivent d'abord obtenir un permis approprié, ce qui peut s'avérer très onéreux. Vous trouverez les renseignements et les formulaires nécessaires dans les ambassades et les consulats honduriens, mais ne vous attendez pas à ce qu'on réponde clairement à vos questions!

Les automobilistes désirant entrer au pays au volant de leur propre véhicule doivent être en mesure de prouver que le véhicule qu'ils conduisent leur appartient, et de produire un permis de conduire valide émis par leur pays de résidence. Aucune assurance n'est requise. Un document désigné sous le nom de *pase fronterizo* (laissez-passer frontalier), que vous pouvez vous procurer gratuitement (en théorie tout au moins) aux postes-frontières, vous permettra de séjourner jusqu'à huit jours au Honduras. Dans le cas d'un séjour plus long, un permis véhiculaire coûte 20$ pour 90 jours et peut être renouvelé pour une autre période de 90 jours. Ces mêmes exigences valent pour les motocyclettes, mais non pour les bicyclettes. Enfin, sachez que la vente d'un véhicule étranger en territoire hondurien entraîne de longues procédures administratives et le règlement de taxes douanières.

Au moment de quitter le Honduras, les visiteurs peuvent emporter avec eux à peu près tout ce qu'ils ont en leur possession. Il importe toutefois de savoir que l'exportation d'objets préhispaniques et de certains articles faits de corail est frappée d'interdiction. Par ailleurs, vous devez tenir compte des restrictions en vigueur dans votre pays d'origine concernant les importations, par exemple en ce qui a trait à la quantité d'alcool que vous pouvez rapporter sans avoir à défrayer de taxe douanière.

Ambassades et consulats

Ambassades et consulats honduriens à l'étranger

BELGIQUE
av. des Gaulois, 8
Bruxelles
☎ *734-0000*
≠ *735-2626*
106101.2432@compuserve.com

CANADA
1650 boul. De Maisonneuve O.,
Bureau 306
Montréal, Québec
☎ *(514) 937-2194*

151 Slater St., Suite 805-A
Ottawa, Ontario
☎ *(613) 233-8900*
≠ *(613) 232-0193*
scastell@magmacom.com

Québec
(consulat honoraire)
☎ *(418) 681-5070*

Toronto
(consulat honoraire)
☎ *(416) 960-1907*

Vancouver
(consulat honoraire)
☎ *(604) 734-0088*

ESPAGNE
Calle Rosario Pino 6, 4^0 piso A
Madrid
☎ *579-0251*
≠ *572-1319*
e7610193@teleline.es

FRANCE
8 rue Crevaux, 16e arr.
75016 Paris
☎ *01.47.55.86.45*
≠ *01.47.55.86.48*
dl.honduras@unesco.org

ITALIE
Via Gian Battista de Vico 40, int. 8
Roma
☎ *320-7236*
≈ *320-7973*

SUISSE
13 Charmin de Toverney
Genève
☎ *227-336-916*
≈ *227-100-766*

Ambassades et consulats étrangers au Honduras

Consulat de la Belgique
Oficina de Seguros B & G, 4ª Calle - 4 ave.
28 San Pedro Sula
☎ *550-1896 ou 553-2812*
≈ *550-2746*

Consulat du Canada
Edificio Los Castaños, 6º nivel
Boul. Morazán
Tegucigalpa
☎ *232-6787*
≈ *232-8767*
tglpa@extott16.x400.gc.ca

Ambassade de la France
Ave. Juan Linda, Callejón Batres 337, Colonia Palmira
Tegucigalpa
☎ *236-6800 ou 236-6432*
≈ *236-8051*

Ambassade de l'Italie
Av. Principal, Casa 2602
Colonia Reforma
Tegucigalpa
☎ *236-6810 ou 236-6391*
≈ *236-5959*

Ambassade de l'Espagne
Calle Santander, Casa 801,
Colonia Matamoros
Tegucigalpa
☎ *236-6589 ou 236-6875*
≈ *236-8682*

Information touristique

Le gouvernement hondurien a confié la tâche de promouvoir le tourisme à l'Instituto Hondureño de Turismo. Ces dernières années, l'institut a gagné en professionnalisme, en partie grâce aux fonds engendrés par la création d'une taxe spéciale sur les chambres d'hôtel, bien qu'il ne soit pas encore en mesure d'offrir le niveau de service qui caractérise les organes de promotion du tourisme de nombreux pays plus riches. L'institut possède un bureau en Floride de même qu'un numéro de téléphone (☎ *800-410-9608*) pouvant être composé sans frais des États-Unis comme du Canada. Il est également possible de lui acheminer par courrier électronique toute question que vous pourriez avoir en espagnol ou en anglais *(bureau de Tegucigalpa, ihturism@hondutel.hn)*. L'institut partage en outre un site Web avec plusieurs autres organismes *(www.hondurasinfo.hn)*; les renseignements touristiques fournis par ce site Web s'avèrent très sommaires, si ce n'est qu'il renferme aussi des données susceptibles d'intéresser certains voyageurs d'affaires, entre autres des listes d'associations et diverses autres ressources du Honduras.

Les agences de voyages peuvent souvent vous informer quant aux forfaits avion-hôtel, aux forfaits de plongée sous-marine et aux voyages entièrement organisés au Honduras, mais, la plupart du temps, elles sont tributaires des grossistes et des différents complexes hôteliers qui proposent ces forfaits. De plus, dans la majorité des cas, elles ne se révèlent que de peu de secours face aux voyageurs indépendants, même si, dans l'ensemble, un bon agent de voyages peut s'avérer inestimable au moment de se procurer des billets d'avion.

Lorsqu'il s'agit d'obtenir des renseignements touristiques à l'intérieur même du Honduras, le bureau de Tegucigalpa de l'Instituto Hondureño de Turismo *(lun-ven 8h30 à 16h30; Edif. Europa, Av. Ramón Ernesto Cruz, au-dessus de la Lloyds Bank, Col. San Carlos,* ☎ *220-1600 ou 220-1601)* peut vous être d'un certain secours, quoique de façon assez restreinte; il se trouve à deux rues de la billetterie du Grupo Taca située sur le boulevard Morazán. L'institut a fermé toutes ses succursales régionales dans le reste du Honduras. Par ailleurs, le personnel hôtelier de même que les chauffeurs de taxi peuvent souvent vous orienter vers les sites d'intérêt et les services locaux.

Si vous désirez obtenir des renseignements sur les excursions proposées sur le territoire hondurien, sachez que nombre de voyagistes ont des bureaux ou des représentants dans plusieurs villes du pays, lesquels sont à même de vous donner une idée des possibilités qui s'offrent à vous. Bien que certains d'entre eux se montrent très généreux lorsqu'il s'agit de donner des renseignements, vous devez vous rappeler qu'ils sont en affaires et que leur rôle consiste d'abord et avant tout à vous vendre leurs produits. Il s'avère toutefois difficile de visiter certains endroits, en particulier certains parcs nationaux et réserves naturelles, par ses propres moyens, auxquels cas les excursionnistes deviennent fort précieux. Vous aurez souvent avantage à comparer leurs prix et leurs services.

Voyage organisé ou voyage indépendant?

Lorsque vient le temps de préparer un séjour au Honduras (ou vers toute autre destination, tout compte fait), les voyageurs doivent clairement définir leurs objectifs de manière à déterminer s'ils ont davantage intérêt à se débrouiller par leurs propres moyens ou à faire appel aux services des agences qui leur proposent différents forfaits.

Ceux qui veulent surtout se détendre sur la plage logeront le plus souvent dans un seul hôtel et limiteront leurs déplacements à une région bien circonscrite, auquel cas la meilleure solution consiste sans doute à opter pour un forfait avion-hôtel, qui dans bien des cas se révèle à peine plus coûteux qu'un simple billet d'avion. Certains de ces forfaits adoptent la formule «tout compris», ce qui veut dire que vos repas, vos boissons et certaines activités sont comprises dans le prix. Vous aurez ainsi un meilleur contrôle de vos dépenses, quoique le fait de prendre la majorité de vos repas à l'hôtel, le plus souvent sous forme de buffet, pourrait très vite vous lasser. De tels forfaits ne s'obtiennent qu'auprès des agences de voyages ou, dans certains cas, du service «voyage» des compagnies aériennes.

Ceux qui projettent de consacrer la plus grande partie de leur séjour à la plongée sous-marine voudront également considérer l'achat d'un forfait, souvent beaucoup moins coûteux que le prix de l'hébergement à la nuitée et d'excursions de plongée individuelles. Certains lieux d'hébergement proposent des forfaits de plongée d'une journée, mais les forfaits de plusieurs jours, incluant un hébergement de six ou sept nuitées, sont plus fréquents. Lorsqu'il s'agit de comparer les prix, il importe de vérifier si l'équipement est fourni et le nombre de sorties quotidiennes en mer; il faut aussi demander si le fait de plonger à partir du rivage entraîne des frais et si des plongées nocturnes sont incluses. Le prix dépend en outre de la qualité de l'hébergement et de l'inclusion ou non des repas. Vous pouvez acheter des forfaits plongée auprès des agences de voyages ou directement auprès des complexes hôteliers, le billet d'avion n'étant pas compris dans ce dernier cas.

Les visiteurs du Honduras peuvent opter pour les forfaits, le voyage autonome ou une combinaison des deux. Les voyages complètement organisés feront sans doute le bonheur des gens plus âgés, des voyageurs inexpérimentés et de ceux qui préfèrent se la couler douce au soleil plutôt que de partir à la découverte d'un pays étranger par leurs propres moyens. Ces voyages organisés proposent généralement des itinéraires bien conçus, un hébergement et des moyens de transport confortables, et le sentiment d'être bien entouré et protégé. Au chapitre des inconvénients, la flexibilité s'en trouve considérablement réduite; vous serez le plus souvent en contact avec les mêmes personnes et n'aurez guère l'occasion de vous imprégner de la culture hondurienne. Les agences de voyages peuvent assez fréquemment, quoique pas toujours, vous renseigner sur les voyages organisés. Retenez cependant que les possibilités demeurent plutôt restreintes dans le cas du Honduras.

Le voyage autonome sourit à un grand nombre de voyageurs, car il permet une flexibilité pour ainsi dire illimitée lorsque vient le temps de choisir un itinéraire, sans oublier un sentiment de liberté qu'aucun forfait ne peut offrir. Cette option favorise en outre le choix de lieux d'hébergement et de restauration correspondant davantage au budget et aux goûts de chacun. Il est rarement nécessaire de réserver une chambre d'hôtel à l'avance, quoique les places se fassent plus rares au plus haut de la saison, soit à la période des fêtes de Noël et au cours de la semaine de Pâques. Le fait d'être laissé à soi-même exige cependant de savoir communiquer dans la langue du pays (voir la section «Langue», p 52), de pouvoir faire face aux imprévus et d'être prêt à subir des désagréments occasionnels ou de tolérer un niveau de confort moindre dans certains cas.

Même si vous êtes d'esprit plutôt indépendant, songez à combiner forfaits et déplacements autonomes. Il est parfois possible, par exemple, de trouver un forfait avion-hôtel permettant un séjour de deux semaines au Honduras dont seule la première semaine d'hébergement doit être payée à l'avance. Cela vous permettra de passer une semaine sur la plage et de vous acclimater au pays avant de partir à l'aventure. Une autre possibilité consiste à vous rendre au Honduras par vos propres moyens pour ensuite acheter un forfait-visite de plusieurs jours auprès d'une agence locale afin de voir les sites les plus importants ou peut-être même d'explorer certaines régions moins accessibles du pays.

L'arrivée au Honduras

En avion

Au Honduras, quatre aéroports accueillent les vols internationaux réguliers. Le plus fréquenté est celui de San Pedro Sula, suivi de celui de Tegucigalpa. La Ceiba et Roatán ne voient que peu de vols internationaux, la majorité des visiteurs n'y effectuant que des liaisons intérieures. À Tegucigalpa, l'atterrissage est caractérisé par une descente plutôt raide suivie d'un arrêt brusque sur une piste assez courte. Ceux et celles qui se sentent nerveux en avion feraient mieux d'atterrir ailleurs dans la mesure du possible.

Au moment de mettre sous presse, le Honduras n'avait aucune compagnie aérienne internationale en propre. Le **Grupo Taca**, dont le siège se trouve au El Salvador, affiche le calendrier de vol le plus complet au départ et en direction du Honduras, avec de nombreux vols des États-Unis et de plusieurs pays d'Amérique centrale, de même que des correspondances du Mexique, de l'Amérique du Sud et des Caraïbes. Un service régulier vers le Honduras est aussi assuré par **American Airlines**, **Continental Airlines**, **Copa** (qui a son siège à Ciudad de Panamá et fait désormais partie du groupe Continental) **Aerocaribe of Mexico** et **Iberia** d'Espagne. Quelques vols nolisés sont en outre offerts vers le Honduras.

Suit un aperçu des services aériens à destination du Honduras, bien qu'ils soient sujets à changement. Avant de finaliser vos plans de voyage, prenez donc la peine de vous informer auprès d'un agent de voyages ou des compagnies aériennes concernées.

Concurrence aérienne?

Beaucoup de Honduriens dont la subsistance dépend du tourisme se plaignent depuis longtemps du coût exorbitant des transports aériens internationaux. À titre d'exemple, au départ de Miami, il est parfois moins coûteux de s'envoler vers une lointaine destination européenne que vers le Honduras tout proche. Le Grupo Taca, le plus important groupe aérien d'Amérique centrale, est le plus souvent pointé du doigt comme le grand responsable de ce malheureux état de fait. Taca a vu le jour au Honduras dans les années trente, mais n'a pas tardé à déplacer son siège vers le pays voisin, El Salvador, où il demeure à ce jour.

Au cours des années quatre-vingt-dix, l'entreprise s'est lancée dans une vague d'acquisitions, prenant possession d'Aviateca au Guatemala et de Lacsa au Costa Rica. Elle a aussi créé une petite compagnie aérienne au Nicaragua et acheté Isleña, le plus important transporteur intérieur du Honduras. Elle avait auparavant contribué à acculer à la faillite le transporteur international du pays, Sahsa, pour ainsi reprendre plusieurs de ses routes. Le Grupo Taca, du nom qu'il se donne désormais, a depuis intégré les services de ses différents éléments constituants, et jouit d'une réussite à la hauteur de ses ambitions.

Cela dit, son emprise oligopoliste a fait souffler un vent de ressentiment sur toute l'Amérique centrale, et au Honduras plus que partout ailleurs. Les rares concurrents internationaux de Taca à destination du Honduras se sont généralement montrés heureux d'emboîter le pas à ses décisions en matière de tarifs, lesquels ont d'ailleurs eu tendance à rester élevés, hormis d'occasionnels rabais promotionnels en basse saison. Il en résulte que les tarifs internationaux s'avèrent particulièrement élevés lorsqu'on les compare aux faibles prix pratiqués à l'intérieur du Honduras, ce qui désavantage nettement l'industrie honduriennne du tourisme d'un point de vue concurrentiel.

En 1999, le Congrès hondurien s'apprêtait à adopter une loi destinée à ouvrir ses espaces aériens, créant ainsi une politique en vertu de laquelle les compagnies aériennes étrangères pourraient desservir le Honduras sans exigence d'accès réciproque. À peu près au même moment, le gouvernement s'apprêtait à lancer un appel d'offre international concernant la gestion des quatre aéroports internationaux du pays. Ces deux initiatives ont été largement applaudies, mais à l'heure d'écrire ces lignes, personne ne pouvait encore parler clairement de leur incidence sur les tarifs ou la qualité des services aériens.

Des États-Unis

Au départ de **Miami**, American Airlines offre quotidiennement un vol direct vers San Pedro Sula et Tegucigalpa. Taca offre tous les jours un vol direct vers San Pedro Sula et un vol avec escale vers Tegucigalpa; elle propose en outre un vol direct vers Roatán la fin de semaine et un vol quotidien vers Roatán et La Ceiba via le Belize. Iberia effectue deux fois par semaine la liaison entre Miami et San Pedro Sula.

Au départ de **Houston**, Continental Airlines offre quotidiennement un vol direct vers San Pedro Sula et Tegucigalpa. Taca dessert San Pedro Sula et Tegucigalpa via El Salvador, de même que Roatán et La Ceiba via le Belize; elle propose aussi un vol direct vers Roatán la fin de semaine.

Au départ de **New York** ou de **La Nouvelle-Orléans**, Taca assure un service direct vers San Pedro Sula plusieurs fois par semaine. Au départ de **New York** ou de **Washington**, Taca offre tous les jours le même service via El Salvador, tandis qu'American et Continental passent par Miami ou Houston. Au départ de **Los Angeles** ou de **San Francisco**, Taca se rend quotidiennement à San Pedro Sula via El Salvador, tandis qu'American et Continental passent par Miami ou Houston (avec de longues escales). Nombre de liaisons quotidiennes sont aussi offertes via Mexico, Cancún et Ciudad de Guatemala, par différentes compagnies aériennes.

Au départ d'autres points des États-Unis, le service passe obligatoirement par les villes précitées.

De l'Europe ou du Canada

Aucun vol direct régulier ne dessert le Honduras au départ de l'Europe ou du Canada. Iberia quitte **Madrid** pour San Pedro Sula deux fois par semaine avec escale à Miami.

I Grandi Viaggi, une agence de voyages établie à Milan, a mis sur pied un service hebdomadaire de vols nolisés de **Milan** à Roatán, et ce, tout au long de l'année. De même, des vols nolisés hebdomadaires vers le Honduras au départ de **Montréal** et de **Toronto** sont offerts de façon saisonnière depuis quelques années déjà.

Si ces options ne vous conviennent pas, sachez que de nombreuses correspondances sont possibles en passant par les États-Unis, quoiqu'elles soient dans certains cas assorties d'une escale d'une nuit.

En voiture

Pour de plus amples renseignements sur l'entrée au Honduras avec un véhicule motorisé, veuillez vous reporter à la rubrique «Douane», p 28.

Le Honduras compte deux postes-frontières avec le Guatemala, deux autres avec le Salvador et trois avec le Nicaragua. De Guate-mala City, une route s'étire vers l'est jusqu'à Chiquimula, puis jusqu'à la frontière hondurienne, à **El Florido**, soit à 14 km de Copán Ruinas et à 199 km de San Pedro Sula. Une route plus méridionale traverse Quetzaltepeque pour atteindre Esquipulas et le village frontalier d'Atupala, la petite ville hondurienne d'**Agua Caliente** se trouvant tout juste de l'autre côté, à 22 km de Nueva Ocotepeque. D'autres routes relient le Guatemala au Honduras en passant par le Salvador; il s'agit d'ailleurs là du trajet le plus rapide pour atteindre Tegucigalpa.

De San Salvador, l'autoroute septentrionale croise la frontière hondurienne à **El Poy**, situé à 9 km au sud de Nueva Ocotepeque et à 271 km au sud de San Pedro Sula, tandis que l'autoroute panaméricaine file vers l'est, via San Miguel, jusqu'à la ville frontalière d'**El Amatillo** avant de traverser le sud du Honduras et d'offrir un embranchement vers Tegucigalpa.

De Managua (Nicaragua), trois routes mènent à Tegucigalpa. La plus au sud passe par León et Chinandega avant d'atteindre la frontière à **El Guasaule** et de poursuivre jusqu'à Choluteca, du côté hondurien. Une autre route déroule son ruban vers le nord jusqu'à Estelí et Somoto, puis vire à l'ouest jusqu'à la frontière (**El Espino**) et enfin Choluteca. La route la plus au nord passe par Estelí et Somoto avant de continuer vers le nord jusqu'à la frontière (**Las Manos**) et Tegucigalpa via Danlí.

Les formalités à la frontière s'accomplissent beaucoup plus rapidement qu'il y a quelques années, mais les automobilistes doivent néanmoins s'attendre à des délais, surtout les fins de semaine et les jours fériés. Une provision de petites coupures en dollars américains peut s'avérer utile pour acquitter la taxe de départ de 2$ qu'on semble exiger de façon tout à fait arbitraire. Vous pouvez également payer cette taxe en lempiras. Vous trouverez des cambistes indépendants à tous les postes-frontières, facilement identifiables à leurs calculettes et à leurs liasses de billets, mais leurs taux ne sont pas toujours avantageux, de sorte qu'il vaut mieux ne changer que de petites sommes.

Rappelez-vous que les postes-frontières ferment la nuit, parfois dès 18h, et qu'ils n'ouvrent de nouveau qu'à 6h. Les voyageurs qui approchent de la frontière en fin d'après-midi devraient donc songer à s'arrêter pour la nuit, dans une ville en périphérie, avant d'atteindre celle-ci; ils jouiront ainsi d'un hébergement plus confortable qu'à la frontière même.

En autocar

Pour voyager d'un pays à l'autre en Amérique centrale, il faut souvent prendre un autocar local jusqu'à une ville frontalière, passer la frontière à pied, puis monter à bord d'un autre autobus local après s'être soumis aux formalités d'usage. C'est le cas, entre autres, des déplacements entre San Pedro Sula et divers points d'El Salvador ou du Guatemala. Mais fort heureusement, il existe d'autres options au départ de Tegucigalpa.

King Quality and Cruceros del Golfo propose conjointement des cars directs deux fois par jour entre San Salvador et Tegucigalpa (dans les deux directions), les départs ayant lieu à 6h et 13h. Des correspondances le jour même sont également disponibles au départ ou en direction de Guatemala City en passant par San Salvador. À San Salvador, les cars partent de la gare routière Puerto Bus, tandis qu'à Tegucigalpa c'est plutôt d'une petite gare située sur le boulevard Comunidad Europea, non loin de l'aéroport. Les cars sont climatisés et confortables.

La firme costaricienne **Tica-Bus** propose une liaison entre Tegucigalpa et Managua (Nicaragua), de même que des liaisons avec le Costa Rica avec arrêt pour la nuit à Managua. Départs quotidiens de Tegucigalpa à 9h, d'une gare routière située dans un des secteurs les plus malfamés de Comayagüela à l'angle de 7ª Avenida et 17ª Avenida (☎238-7040). Les autocars sont climatisés et confortables.

En bateau

Plusieurs compagnies de croisière ont envisagé de se rendre au Honduras, mais, à ce jour, aucune ne le fait de façon régulière. Le seul service international par la voie des eaux est assuré par de petits cargos qui circulent peu fréquemment entre Puerto Cortés (Honduras) et Puerto Barrios (Guatemala), ou entre Puerto Cortés et certains ports du Belize. Nous ne suggérons ce genre de voyage qu'aux plus aventureux. Vous pourrez parfois obtenir des renseignements dans les bureaux des autorités portuaires locales.

Assurances

Aucune assurance n'est requise pour entrer au Honduras, pas même pour les automobilistes. Néanmoins, avant d'entreprendre votre voyage, il peut être sage de prendre une assurance-annulation, une assurance-maladie complémentaire, une assurance-vie et une assurance-vol; songez également à vérifier dans quelle mesure vos assurances actuelles vous protègent lorsque vous êtes en voyage. Ces assurances additionnelles sont souvent vendues ensemble à un prix raisonnable, que ce soit par votre courtier ou par votre agent de voyages. De plus, les automobilistes auront sans doute la conscience plus tranquille si leur véhicule est convenablement assuré.

Annulation

L'assurance-annulation de voyage s'avère utile lorsque vous devez renoncer à vos projets pour des raisons médicales sérieuses ou à la suite d'un décès dans votre famille. Elle couvre tout paiement non remboursable versé aux fournisseurs de voyages tels que les compagnies aériennes, et vous devez en faire l'acquisition au moment d'effectuer votre premier paiement sur un billet d'avion ou un forfait-voyage.

Santé

Une assurance-maladie complémentaire couvrira les frais médicaux qui excèdent les montants prévus par votre gouvernement ou votre assureur régulier. Au moment d'acheter une telle assurance, assurez-vous bien qu'elle couvre toutes les catégories de frais médicaux, aussi bien l'hospitalisation que les honoraires des médecins et les services éventuels d'infirmiers ou infirmières. Une clause de rapatriement n'est pas à négliger non plus, pour le cas où les soins nécessaires ne seraient pas disponibles sur place, et peut même prévoir le transport par ambulance aérienne. Sachez par ailleurs que vous pourriez avoir à régler la note avant de pouvoir quitter l'hôpital ou la clinique où l'on vous a soigné; vérifiez donc ce que votre police d'assurance prévoit dans ce cas. Les frais hospitaliers ne sont sans doute pas aussi élevés au Honduras que dans beaucoup d'autres pays, mais ils peuvent néanmoins s'accumuler très rapidement. Enfin, pour éviter tout problème, rappelez-vous de toujours garder sur vous le document qui prouve que vous êtes assuré.

Vol

La plupart des assurances-habitation nord-américaines protègent vos biens contre le vol, même si celui-ci a lieu à l'étranger. Pour faire une réclamation, vous devez cependant avoir en main une copie du rapport officiel de police.

Santé

Voyager n'est pas dangereux pour la santé! Une bonne hygiène et un peu de bon sens vous garderont en bonne forme : dormez bien, buvez beaucoup d'eau embouteillée, faites attention à ce que vous mangez et prenez garde au soleil et aux insectes. Rappelez-vous de laisser à votre organisme du temps pour s'adapter à un nouvel environnement, que ce soit par rapport au décalage horaire, au soleil et à la chaleur ou encore à l'altitude.

Cependant, la nourriture et le climat peuvent être la cause de divers malaises. Une certaine vigilance s'impose quant à la fraîcheur des aliments (en l'occurrence la viande et le poisson) et à la propreté des lieux où la nourriture est apprêtée. Une bonne hygiène (entre autres, se laver fréquemment les mains) vous aidera à éviter bon nombre de ces désagréments. Il est aussi recommandé de ne jamais marcher pieds nus à l'extérieur, car parasites et insectes minuscules pourraient traverser la peau et causer divers problèmes, notamment des dermites (infection à champignons). N'oubliez pas non plus d'être prudent sur toute chaussée et au bord des routes.

Vaccins

Aucun vaccin n'est requis pour entrer au Honduras, sauf pour les personnes qui ont récemment séjourné dans un pays où la fièvre jaune est endémique. Les voyageurs qui prévoient camper dans la jungle, surtout dans la région de la Mosquitia, devraient toutefois songer à se prémunir contre la malaria et d'autres infections. Si vous avez des inquiétudes particulières concernant une maladie tropicale, vous devriez consulter une clinique de voyages avant de prendre le départ.

L'eau...

...qu'on boit

Les malaises que vous risquez le plus de ressentir sont causés par une eau mal traitée, susceptible de contenir des bactéries provoquant certains problèmes, comme des troubles digestifs, de la diarrhée, de la fièvre. L'eau en bouteille, que vous pouvez acheter un peu partout, est la meilleure solution pour éviter les ennuis. Lorsque vous achetez l'une de ces bouteilles, tant au magasin qu'au restaurant, vérifiez toujours qu'elle est bien scellée. Souvenez-vous que, pour éviter la déshydratation en pays chaud, vous devez boire au moins deux litres d'eau par jour et jusqu'à six litres de boissons (non alcoolisées, bien sûr). Bref, il ne faut pas attendre d'avoir soif pour boire parce qu'alors vous êtes déjà déshydraté.

Les fruits et les légumes nettoyés à l'eau courante (ceux qui ne sont donc pas pelés avant d'être consommés) peuvent causer les mêmes désagréments, de même que les glaces, sorbets et glaçons. Évitez-les si vous n'êtes pas certain de leur provenance.

...où l'on se baigne

Évitez de vous baigner dans les plans d'eau douce, sauf si vous êtes certain de sa pureté. L'eau de mer est moins à risque, mais l'eau douce peut contenir des micro-organismes dangereux pour la santé. Les bains de boue et de sable sont aussi à éviter pour les mêmes raisons. Qui plus est, dans plusieurs pays, le sable des plages (même au bord de la mer) cache des larves qui peuvent en profiter pour s'introduire dans la peau; aussi vaut-il mieux s'étendre sur une serviette.

Le soleil et la chaleur

Aussi attirants que puissent être les chauds rayons du soleil, ils peuvent être la cause de bien des petits ennuis. Pour profiter au maximum de ses bienfaits sans souffrir, veillez à toujours opter pour une crème solaire qui vous protège bien (indice de protection 15 pour les adultes et 25 pour les enfants) et à l'appliquer de 20 à 30 min avant de vous exposer. Toutefois, même avec une bonne protection, une trop longue période d'exposition, au cours des premières journées surtout, peut causer une insolation, provoquant étourdissement, vomissement, fièvre, etc. N'abusez donc pas du soleil. Un parasol, un chapeau et des lunettes de soleil de qualité sont autant d'objets qui vous aideront à contrer les effets néfastes du soleil tout en profitant de la plage. Cependant, souvenez-vous que le sable et l'eau peuvent réfléchir les rayons et causer des coups de soleil même si vous êtes à l'ombre!

Portez des vêtements amples et clairs en évitant qu'ils soient faits de fibres synthétiques, les tissus idéaux étant le coton et le lin.

Quelques douches par jour aideront à éviter les coups de chaleur. Ne faites pas d'effort inutile pendant les heures les plus chaudes de la journée. Et surtout, buvez, buvez et buvez de l'eau! Si votre nourriture est déjà salée, il est inutile d'y ajouter excessivement du sel pour éviter la déshydratation.

«Tourista»

Dans l'éventualité où vous auriez la diarrhée, diverses méthodes peuvent être utilisées pour la traiter. Tentez de calmer vos intestins en ne mangeant rien de solide et en buvant de l'eau en bouteille ou des boissons gazeuses jusqu'à ce que la diarrhée cesse. Recommencez à manger petit à petit en évitant les produits laitiers, le café et l'alcool, et en leur préférant des aliments faciles à digérer (riz, pain, pâtes, bananes, etc.). La déshydratation pouvant être dangereuse, il faut boire beaucoup. Pour remédier à une déshydratation sévère, il est bon d'absorber une solution contenant un litre d'eau, de deux à trois cuillerées à thé de sel et une de sucre. Vous trouverez également des préparations toutes faites dans la plupart des pharmacies. Par la suite, réadaptez tranquillement vos intestins en mangeant des aliments faciles à digérer. Des médicaments, tel l'Imodium, peuvent aider à contrôler certains problèmes intestinaux. Dans les cas où les symptômes sont plus graves (forte fièvre, diarrhée importante...), un antibiotique peut être nécessaire. Il est alors préférable de consulter un médecin.

Insectes

L'omniprésence des insectes, particulièrement pendant la saison des pluies et dans les régions boisées, aura vite fait d'ennuyer plus d'un vacancier. Pour vous protéger, vous aurez besoin d'un bon insectifuge. Les produits répulsifs contenant du Deet sont les plus efficaces. La concentration de Deet varie d'un produit à l'autre; plus la concentration est élevée, plus la protection est durable. Dans de rares cas, l'application d'insectifuges à forte teneur (plus de 35%) en Deet a été associée à des convulsions chez de jeunes enfants; il importe donc d'appliquer ce produit avec modération, seulement sur les surfaces exposées, et de se laver pour en faire disparaître toute trace dès qu'on regagne l'intérieur. Le Deet à 35% procure une protection de quatre à six heures, alors que celui à 95% protège pendant une période de 10 à 12 heures. De nouvelles formulations de Deet, dont la concentration est moins élevée mais qui offrent une protection plus durable, sont disponibles en magasin. On a aussi mis en vente depuis peu des protecteurs solaires doublés d'insectifuges; vous pourrez ainsi vous protéger du soleil et des moustique toute la journée.

Les insectes sont en général plus actifs au crépuscule. Ceux porteurs de la malaria sont à craindre la nuit durant. Cependant, un insecte diurne est maintenant à craindre, même sous certaines latitudes tempérées, puisqu'il est porteur de la fièvre rouge (dengue), malheureusement de plus en plus prolifique.

Dans le but de minimiser les risques d'être piqué, couvrez-vous bien en évitant les vêtements de couleur vive, et évitez de vous parfumer. Lors de promenades dans les montagnes et dans les régions forestières, des chaussures et chaussettes protégeant les pieds et les jambes seront certainement très utiles. Des spirales insectifuges vous permettront de passer des soirées plus agréables. Avant de vous coucher, enduisez votre peau d'insectifuge, ainsi que la tête et le pied de votre lit. Choisissez de dormir sous une moustiquaire ou louer une chambre climatisée.

Comme il est impossible d'éviter complètement les moustiques, vous devriez apporter une pommade pour calmer les irritations causées par les piqûres.

Serpents et autres indésirables rencontres

La richesse et la diversité de la faune entraînent aussi, il va sans dire, la présence d'espèces qui peuvent nous sembler moins conviviales à prime abord, tels les serpents et insectes venimeux. Inutile d'être alarmiste outre mesure; vous n'en verrez peut-être aucun durant votre séjour. Cependant il importe de garder l'œil ouvert. Faites toujours attention de regarder où vous mettez les pieds. Dans la forêt, vérifiez les lieux avant de vous appuyer ou de vous asseoir quelque part. Lors d'excursions de randonnée pédestre, soyez prudent en écartant les feuilles sur votre passage; lors de baignade en rivière, surveillez aussi bien les rives que la surface de l'eau. Certaines personnes, croyant être plus rapides qu'un serpent, s'amusent à les taquiner ou à les déplacer pour les observer : inutile de préciser qu'il s'agit d'une grave erreur. Encore une fois, la présence de serpents ne devrait pas vous empêcher de découvrir un coin de pays; les serpents, comme la plupart des animaux, ne cherchent pas la présence de l'humain et fuient sur son passage.

Décalage horaire, mal des transports

L'inconfort dû à un décalage horaire important est inévitable. Quelques trucs peuvent aider à le diminuer, mais rappelez-vous que le meilleur moyen de passer à travers est de donner à son corps le temps de s'adapter. Vous pouvez même commencer à vous ajuster à votre nouvel horaire petit à petit avant votre départ et à bord de l'avion. Mangez bien et buvez beaucoup d'eau. On vous conseille fortement de vous forcer dès votre arrivée à vivre à l'heure du pays. Restez éveillé si c'est le matin et allez dormir si c'est le soir. Votre organisme s'habituera ainsi plus rapidement.

Pour minimiser le mal des transports, évitez autant que possible les secousses et gardez les yeux sur l'horizon (par exemple, asseyez-vous au milieu d'un bateau ou à l'avant d'une voiture ou d'un autobus). Mangez peu et des repas légers, aussi bien avant le départ que pendant le voyage. Différents produits et médicaments peuvent aider à réduire les symptômes comme la nausée. Un bon conseil : essayez de relaxer et de penser à autre chose!

Maladies

Il recommandé, avant de partir, de consulter un médecin (ou de vous rendre dans une clinique des voyageurs) qui vous conseillera sur les précautions à prendre selon le ou les pays où vous vous rendez. Il est à noter qu'il est bien plus simple de se protéger de ces maladies que de les guérir. Il est donc utile de prendre les médicaments, les vaccins et les précautions nécessaires afin d'éviter des ennuis médicaux susceptibles de s'aggraver. Il n'est pas nécessaire de subir un examen médical à votre retour, cependant, si vous tombez malade dans les semaines qui suivent, n'oubliez pas de mentionner à votre médecin le pays où vous avez voyagé.

Trousse de santé

Une petite trousse de santé permet d'éviter bien des désagréments. Il est bon de la préparer avec soin avant de quitter la maison. Il peut être malaisé de trouver certains médicaments dans les petites villes. Veillez à emporter une quantité suffisante de tous les médicaments que vous prenez habituellement, ainsi qu'une ordonnance valide. De même, apportez avec vous l'ordonnance pour vos lunettes ou vos verres de contact. Les autres médicaments tels que ceux contre la malaria et l'Imodium (ou un équivalent) devraient également être achetés avant le départ.

De plus, vous pourriez emporter :

- pansements adhésifs
- désinfectants
- analgésiques
- antihistaminiques
- comprimés contre les maux d'estomac et le mal des transports
- serviettes sanitaires et tampons

Vous pourriez aussi inclure du liquide pour verres de contact et une paire de lunettes supplémentaire si vous en portez.

Si vous devez voyager avec des médicaments ou des objets tels que des seringues, assurez-vous de bien emporter vos ordonnances ou un certificat médical justifiant leur utilisation. Cela vous évitera d'abord d'avoir à vous justifier aux douaniers et vous aidera à les remplacer en cas de pertes.

Par grande chaleur, pour éviter les infections vaginales, maintenez une bonne hygiène corporelle et portez des sous-vêtements de coton. Il demeure sans doute plus simple d'emporter le type de serviettes et tampons hygiéniques que vous utilisez. Emportez-donc aussi des préservatifs. Sachez aussi que les changements dus à un voyage entraînent souvent des perturbations du cycle menstruel.

Climat

Le Honduras bénéficie d'un climat tropical chaud toute l'année durant. Comme dans tout autre pays, les températures sont plus élevées à basse altitude et plus fraîches à haute altitude. Les régions côtières sont souvent rafraîchies par les brises marines. Tegucigalpa, qui s'étend à quelque 950 m au-dessus du niveau de la mer, profite d'un climat agréable toute l'année, les températures y étant chaudes sans pour autant devenir excessives, si ce n'est que rarement. San Pedro Sula se trouve plus près du niveau de la mer et loin de la côte, de sorte que les températures y sont plus élevées. Les variations climatiques ne sont que très faibles d'un mois à l'autre; décembre et janvier sont les mois les plus frais, avril et mai les plus chauds.

Les précipitations varient énormément d'une région à l'autre. Dans la plus grande partie du centre et du sud du Honduras, il y a deux saisons, la saison sèche (novembre à avril) et la mousson (mai à octobre), qu'on désigne souvent du nom d'*invierno*, ou hiver; une période de transition de plusieurs semaines marque le début et la fin de chacune de ces saisons. Or, même au cours de la saison des pluies, plusieurs journées restent sèches et il fait souvent soleil le matin. Les pluies se concentrent fréquemment entre le milieu de l'après-midi et le début de la soirée, prenant souvent la forme d'averses brèves mais abondantes.

Sur la côte Caraïbe et autour des Islas de la Bahía, de même que dans la région de la Mosquitia, il pleut toute l'année, octobre et novembre étant les deux mois au cours desquels on enregistre les plus fortes précipitations. Cela dit, il ne pleut pas tous les jours et il pleut rarement toute la journée; même au cœur de la saison des pluies, on connaît de longues périodes d'ensoleillement, quoique les moustiques et les phlébotomes (*sandflies*) tendent à se faire plus présents.

Préparation des valises

Une règle valable pour tout voyage, où que ce soit dans le monde, consiste à emporter la moitié des vêtements et le double de l'argent dont on pense avoir besoin. Ceux et celles qui prévoient rester au même endroit pour la plus grande partie de leur séjour peuvent prendre quelques vêtements de plus et même quelques livres plus volumineux. Mais ceux et celles qui s'attendent à effectuer plusieurs déplacements auront tôt fait de regretter d'avoir trop chargé leurs sacs ou leurs valises.

Songez sérieusement à ce dont vous aurez réellement besoin. La présence de services de laverie rapides et peu coûteux dans la majorité des villes vous évite d'avoir à emporter trop de vêtements. Le climat tropical du Honduras élimine par ailleurs d'emblée les vêtements chauds et, même en haute altitude, un simple tricot suffira à assurer votre confort par les fraîches soirées. Mieux vaut éviter de transporter votre manteau d'hiver et vos bottes; laissez-les à la maison si vous pouvez vous en passer pour vous rendre à l'aéroport.

Au moment de constituer votre garde-robe de voyage, tentez de trouver un équilibre entre les tenues plus habillées et les vêtements confortables à souhait. Vous aurez rarement besoin de tenues vraiment habillées, sauf si vous êtes en voyage d'affaires, tandis que les vêtements laissant apparaître plus de peau qu'à l'ordinaire, tout indiqués qu'ils soient pour la plage, sont moins acceptables ailleurs. Visez le juste milieu.

N'oubliez pas non plus d'apporter avec vous une trousse de toilette (encore une fois, éliminez les objets inutiles et évitez les formats encombrants ou susceptibles d'accroître le poids de vos bagages), une petite trousse de premiers soins, vos médicaments d'ordonnance habituels (ne les mettez pas dans vos bagages; gardez-les plutôt avec vous), un chapeau de soleil, une crème solaire, votre appareil photo et des pellicules en quantité suffisante, un petit réveille-matin, un peu de lecture et, pour les amateurs d'informations, une radio à ondes courtes.

Deux petits sacs se transportent souvent mieux qu'un gros. De plus, pensez à garder un peu d'espace pour les achats que vous ferez au cours de votre voyage.

Sécurité

Le Honduras constitue l'un des pays les plus sûrs de l'Amérique centrale, car il n'a été qu'à peine effleuré par les courants de violence politique qui ont ébranlé une grande partie de l'isthme au cours des années quatre-vingt. Mais il n'en a pas moins sa part de *pickpockets*, d'agresseurs et d'autres malfaiteurs. Bien que le taux de criminalité ne soit pas aussi élevé que dans certains pays voisins, il vaut toujours mieux être sur ses gardes. Quelques précautions élémentaires suffiront à vous éviter des ennuis regrettables.

Les grandes villes et certaines autres de moindre importance peuvent être dangereuses par endroits après la tombée du jour. Si vous sortez le soir dans des quartiers peu familiers, songez donc à prendre un taxi. Le personnel des hôtels peut normalement vous indiquer quels secteurs sont sûrs et lesquels ne le sont pas.

Même le jour, vous devriez faire appel à votre jugement. Ainsi, ne portez pas de bijoux trop coûteux, n'apportez pas beaucoup d'argent ni aucun objet de valeur à la plage et, dans la mesure du possible, évitez de laisser ces derniers dans votre chambre. Certains hôtels mettent à la disposition de leurs clients des coffrets de sûreté individuels, alors que d'autres peuvent garder vos biens précieux dans leur coffre. Lors de vos déplacements, une ceinture de voyage ou une pochette se glissant sous vos vêtements, à l'abri des regards indiscrets et des coups de ciseaux malencontreux, constitue un bon moyen de protéger votre argent, vos chèques de voyage et votre passeport. Bien que ces accessoires puissent vous sembler embarrassants, ils sont nettement plus sûrs. Mieux vaut éviter les foules, privilégiées des *pickpockets* et des voleurs de sacs à main. Garez également votre véhicule dans des rues passantes, et laissez la boîte à gants ouverte pour bien montrer qu'il n'y a rien à voler à l'intérieur.

La plupart des Honduriens sont honnêtes et hospitaliers, et les voyageurs qui observent ces précautions élémentaires ne risquent guère d'être lésés. La police nationale a été sous contrôle militaire durant plusieurs décennies. Elle a été confié aux pouvoirs civils en 1995. Beaucoup de gens se sont plaints de l'application plus ou moins nonchalante de la loi. Les étrangers victimes d'agressions avec vol peuvent toujours se rendre au poste de police le plus près pour obtenir un rapport qu'ils remettront à leur assureur, mais ne doivent en aucun cas s'attendre à voir leur cause poursuivie et résolue.

À la plage

Aucun surveillant ne garde les plages du Honduras. Certaines d'entre elles connaissent de forts courants, ce qui augmente considérablement les risques de noyade. Pensez-y donc à deux fois avant de vous aventurer en eau profonde.

De plus, bien que la tentation puisse être grande de faire de longues promenades sur les plages désertes, retenez que plus il y a de monde, plus vous êtes en sécurité, et que les plages isolées ne sont pas toujours à l'abri du banditisme. Cela s'avère particulièrement vrai en ce qui concerne les villes de Tela et de Trujillo.

Femmes voyageant seules

Les femmes qui voyagent seules doivent garder à l'esprit que le féminisme moderne n'a fait que peu de progrès au Honduras. Aussi peuvent-elles être confrontées à des manifestations de machisme tenues comme étant déplacées en Amérique du Nord et en Europe occidentale. Elles peuvent aussi, à l'occasion, faire l'objet d'une attention indésirable de la part de certains hommes. Une attitude à la fois ferme et polie constitue le meilleur moyen de signifier à votre «soupirant» que vous ne partagez pas son intérêt. Par ailleurs, les femmes trouveront beaucoup de Honduriens, hommes et femmes, sincèrement soucieux de leur bien-être et de leur protection. En dernier lieu, mentionnons que les mises en garde habituelles concernant le fait d'éviter les rues sombres, les bars malfamés et les tenues vestimentaires provocantes, valent ici comme ailleurs.

Transports

En voiture

Toutes les grandes villes du Honduras, de même que certaines plus petites, sont reliées par un réseau de routes asphaltés. Quoique encore restreint en regard des dimensions du pays, ce dernier n'en constitue pas moins une importante amélioration sur un territoire qui ne comptait que peu de routes revêtues avant les années soixante-dix. Les routes principales répondent à des normes élevées, sont pourvues de larges voies de circulation, et même souvent d'accotements généreux, et, dans l'ensemble, bien entretenues en dépit des glissements de terrain provoqués par la saison des pluies en certains endroits, ce qui n'est pas toujours le cas dans le reste de l'Amérique centrale.

Cela dit, le réseau routier continue d'accuser d'importantes lacunes. Aussi les déplacements entre certains points obligent-ils les voyageurs à faire de longs détours ou à emprunter des routes non revêtues et truffées d'ornières qui mettent à rude épreuve les véhicules et leurs passagers. Certai-

Tableau des distances (km/mi)

par le chemin le plus court

1 mille = 1,62 kilomètre
1 kilomètre = 0,62 mille

© ULYSSE

												Agua Caliente
											721/ 447	Catacamas
										342/ 212	641/ 397	Choluteca
									216/ 134	295/ 183	427/ 265	Comayagua
								327/ 203	542/ 336	223/ 138	411/ 255	Copán Ruinas
							503/ 312	177/ 110	226/ 140	301/ 187	601/ 373	Danlí
						489/ 303	372/ 231	314/ 195	531/ 329	366/ 227	471/ 292	La Ceiba
					267/ 166	396/ 246	231/ 143	219/ 136	437/ 271	514/ 319	331/ 205	Puerto Cortés
				63/ 39	201/ 125	331/ 205	169/ 105	156/ 97	373/ 231	452/ 280	268/ 166	San Pedro Sula
			485/ 301	164/ 102	102/ 63	386/ 239	267/ 166	211/ 131	425/ 264	502/ 311	367/ 228	Tela
		290/ 180	238/ 148	304/ 188	398/ 247	93/ 58	411/ 255	85/ 53	132/ 82	209/ 130	511/ 317	Tegucigalpa
	566/ 351	273/ 169	372/ 231	438/ 272	174/ 108	658/ 408	541/ 335	482/ 299	701/ 435	297/ 184	643/ 399	Trujillo

Exemple : la distance entre Tegucigalpa et Copán Ruinas est de 411 km ou 255 mi.

nes routes secondaires, bien que non revêtues, se révèlent larges et raisonnablement bien entretenues, tandis que d'autres sont pour ainsi dire impraticables.

Les principaux tronçons du sud au nord sont la Carretera Panamericana, qui parcourt l'étranglement méridional du Honduras entre le Salvador et le Nicaragua, la route passante qui relie la Panamericana à Tegucigalpa avant de poursuivre plus au nord jusqu'à San Pedro Sula et Puerto Cortés, et la route côtière (dont le tracé se dessine passablement en marge de la côte pour la plus grande partie), qui joint San Pedro Sula à Tela, La Ceiba et Trujillo.

D'autres routes importantes partent de Tegucigalpa vers l'est jusqu'à Danlí et la frontière nicaraguayenne, et vers le nord-est jusqu'à Juticalpa et Catacamas. De San Pedro Sula, une route en direction du sud-ouest est ponctuée d'embranchements vers Santa Bárbara, la région de Copán et divers postes-frontières du Guatemala et du Salvador. De bonnes routes revêtues permettent par ailleurs d'atteindre nombre d'autres destinations, et le réseau ne cesse de s'étendre.

Le réseau routier du Honduras se compose presque exclusivement de routes à deux voies, exception faite de courts tronçons à quatre voies aux environs de San Pedro Sula. Étant donné que peu de gens possèdent une voiture, la circulation est généralement fluide et vous pourrez le plus souvent maintenir des vitesses acceptables malgré le relief montagneux d'une bonne partie du pays. Bien que les routes principales soient numérotées, on fait rarement référence à leur désignation numérique au moment de donner des indications. Il n'en reste pas moins que, dans l'ensemble, ces routes sont bien signalisées, ce qui n'est pas le cas des routes secondaires.

La circulation automobile dans les zones urbaines ne présente guère de problème si ce n'est dans le centre de Tegucigalpa, où les rues étroites et le dense trafic donnent lieu à des embouteillages monstres, sans parler de difficulté à stationner. Aucun traversier ne permet d'atteindre les Islas de la Bahía en voiture, les véhicules devant être transportés par cargo.

Essence

Plusieurs qualités d'essence et de gazole sont proposées à travers le pays, quoique l'essence sans plomb soit relativement rare. Avant de prendre la route d'une région reculée, songez à faire le plein car de longs tronçons de route sont dépourvus de stations-service. Le prix du carburant est un peu plus élevé qu'aux États-Unis, mais résolument moins renversant qu'en Europe. On accepte rarement les cartes de crédit et, sauf dans les régions les moins peuplées, il est généralement assez facile de trouver un mécanicien.

Location d'une voiture

Vous pourrez louer une voiture à Tegucigalpa, San Pedro Sula, La Ceiba et Roatán, des listes d'entreprises de location apparaissant au début des différents chapitres traitant de ces villes. Ces entreprises proposent souvent des véhicules à quatre roues motrices, une option à laquelle il peut être sage de songer malgré son coût plus élevé. Les contrats de location stipulent généralement que les véhicules ne peuvent quitter le territoire du Honduras.

Firmes locales et internationales sont les unes comme les autres bien représentées. Les entreprises locales proposent souvent des prix plus bas que leurs compétiteurs mieux connus lorsque vous vous adressez à elles une fois à l'intérieur du pays, quoiqu'il s'avère parfois plus économique de faire une réservation dans une grande firme internationale avant de quitter votre pays d'origine. Retenez enfin que les tarifs pratiqués au Honduras tendent à être plus élevés qu'aux États-Unis, et que les prix dits «à la semaine» sont parfois égaux au prix à la journée multiplié par sept!

Au moment de comparer les prix, vérifiez que la taxe est incluse et que l'assurance proposée comporte une franchise élevée. Une protection adéquate peut entraîner un supplément de taille (généralement non prévu même lorsque vous payez avec une carte «Or»). Vérifiez également le nombre de kilomètres gratuits inclus dans le prix; les locations d'une journée n'offrent bien souvent que 150 km gratuits, chaque kilomètre supplémentaire étant facturé au prix fort.

En taxi

Les taxis sont peu coûteux partout au Honduras. Vous en trouverez en grand nombre dans toutes les grandes villes et même dans certaines de moindre envergure (sauf à Copán Ruinas, où il n'y en a pas, ce qui pourrait par contre changer sous peu). Il convient de noter que les taxis ne sont pas pourvus de compteurs, de sorte qu'il importe de s'entendre sur un prix avant de prendre la route, surtout si vous n'êtes pas au pays depuis suffisamment longtemps pour avoir une idée des tarifs en vigueur.

Les courses locales s'élèvent rarement à plus de 2$, sauf pour les trajets plus longs à l'intérieur de Tegucigalpa et de San Pedro Sula. Les parcours entre les villes et les aéroports tendent à être plus coûteux, et les tarifs de Roatán sont un peu plus élevés que ceux du continent. En bon nombre d'endroits, surtout dans les plus petites localités, le chauffeur peut laisser monter d'autres personnes à bord de son véhicule s'ils se trouvent à aller plus ou moins dans la même direction que vous. Cette pratique permet de maintenir les prix peu élevés, quoique les personnes voyageant ensemble risquent de devoir payer séparément leur dû.

Les taxis officiellement désignés portent une plaque d'immatriculation d'une couleur différente de celle des véhicules privés, et leur matricule apparaît clairement sur les portières latérales. Une voiture libre peut être identifiée grâce à l'écriteau «libre» placé dans le pare-brise le jour, ou grâce à des ampoules de couleur la nuit. La plupart des taxis honduriens sont de petites voitures japonaises dont certaines ont pris passablement d'âge. Quelques taxis stationnés devant les aéroports et certains hôtels sont plus spacieux, mais leurs prix grimpent en conséquence.

De nombreux chauffeurs de taxi proposent un taux horaire à ceux qui désirent parcourir les zones urbaines, ce qui s'avère utile pour les voyageurs désireux d'effectuer plusieurs arrêts dans un laps de temps restreint.

Le fait de retenir un taxi pour faire des excursions à l'extérieur des villes peut sembler farfelu à quiconque a l'habitude des tarifs européens ou nord-américains, mais au Honduras la chose devient tout à fait plausible. Une excursion d'une demi-journée vous coûtera probablement moins cher en taxi que la location d'une voiture, et une excursion d'une journée complète peut très bien ne coûter que quelques dollars de plus, sans compter que vous serez en compagnie de quelqu'un qui connaît la région. Au moment de choisir un taxi pour une excursion, jetez un coup d'œil à la semelle des pneus et à l'apparence générale du véhicule. Une vieille guimbarde chaussée de pneus usés peut très bien convenir à un déplacement urbain de quelques minutes, mais certes pas à un voyage plus long. De plus, lorsqu'il s'agira de négocier un prix, assurez-vous que le chauffeur comprend bien où vous désirez aller et combien de temps vous comptez y rester.

En autobus et en autocar

Peu de Honduriens possèdent une voiture et la majorité d'entre eux voyagent en autocars, ceux-ci se rendant jusque dans les plus petits villages. Sur les routes plus passantes reliant les villes entre elles, ils circulent même plusieurs fois l'heure, et les tarifs sont presque toujours étonnamment bas. Cela dit, leur niveau de confort et leur vitesse varient grandement.

Quiconque ne s'est jamais demandé ce qu'il advenait des autobus d'écoliers nord-américains une fois retirés de la circulation trouvera une partie de la réponse au Honduras. Ces véhicules jaune vif, dont certains portent encore le nom de quelque école rurale américaine, composent en effet l'essentiel du parc d'autobus du pays, aussi bien sur les circuits urbains que sur les lignes de campagne. Souvent dépourvus de porte-bagages intérieurs ou de portes de sortie en arrière, affublés de sièges qui ne conviennent guère aux jambes longues ou aux dos mal en point, ces véhicules ne s'en acquittent pas moins de leur tâche. Fort heureusement, vous trouverez aussi des autocars brésiliens confortables sur les principales lignes interurbaines.

La majorité des réseaux urbains relient les centres-villes aux quartiers périphériques, tantôt résidentiels tantôt industriels, plutôt qu'aux sites d'intérêt touristique. La plupart des visiteurs n'auront donc guère l'occasion de prendre les autobus urbains et, compte tenu du fait qu'ils sont souvent bondés, personne ne s'en plaindra. Quant aux voyageurs chargés de bagages qui songeraient à recourir au réseau de transports en commun pour se rendre de l'aéroport à la ville ou vice-versa, ils feraient bien de prendre ce facteur en considération.

Lorsqu'il s'agit du service interurbain, c'est une tout autre histoire. Les autocars reliant les grandes villes les unes aux autres sont souvent rapides et confortables, et même modernes et spacieux, sans compter qu'ils s'arrêtent rarement en chemin. Il faut toutefois savoir que l'air conditionné et les toilettes à bord sont des commodités peu communes. Vous devrez vous procurer vos billets à la gare routière avant le départ et, dans certains cas, on acceptera de vous réserver un siège.

Entre Tegucigalpa et San Pedro Sula, de même que sur les routes Tegucigalpa-La Ceiba et Tegucigalpa-Choluteca, des cars de luxe assurent le service pour ceux et celles qui le désirent : services divers tels que rafraîchissements servis à bord, projections de films... et prix proportionnels. Des cars rapides et confortables, qui n'offrent toutefois aucune commodité supplémentaire, desservent également la plupart des grandes villes. Les places assises tendent à être passablement serrées, le dégagement aux jambes étant très restreint, et ce, même dans certains cars de luxe.

Les déplacements vers les plus petites villes et les régions rurales s'effectuent, pour leur part, à bord de véhicules moins confortables qui s'arrêtent à tous les poteaux et semblent prendre une éternité à atteindre leur destination. C'est le cas, entre autres, de la plupart des lignes partant de Copán Ruinas et de Tela, deux localités populaires auprès des touristes, quoiqu'un service de minibus connu sous le nom de «North Coast Shuttle» fasse valoir une proposition intéressante, même si le service est peu fréquent et que les prix sont élevés (voir p 111). Sur les lignes rurales, vous payez votre passage directement au conducteur et chaque rangée de sièges accueille souvent jusqu'à cinq passagers, ce qui vous obligera à serrer les coudes comme nulle part ailleurs.

Plusieurs villes possèdent une gare d'autocars centrale, mais, à Tegucigalpa et à San Pedro Sula, chaque entreprise a la sienne propre. Les gares, tout comme les bus, offrent un confort variable.

En train

Il n'y a pratiquement pas de trains de voyageurs au Honduras. La seule ligne régulière relie Puerto Cortés à Tela, et l'on n'y compte que deux départs par semaine. Le paysage est intéressant, mais les trains eux-mêmes se révèlent lents et inconfortables.

En avion

L'aviation civile hondurienne est plus développée que celle des autres pays d'Amérique centrale, d'une part parce que bon nombre de destinations clés se trouvent sur des îles, et d'autre part parce que le réseau routier laisse encore grandement à désirer. Des vols réguliers relient Tegucigalpa, San Pedro Sula, La Ceiba, Roatán, Guanaja, Utila, Trujillo et plusieurs points de la région de la Mosquitia. La Ceiba est la principale plaque tournante des vols intérieurs, la majorité des vols en direction des Islas de la Bahía et de la Mosquitia partant de cette ville. Les prix sont parmi les plus bas au monde; à titre d'exemple, il n'en coûte que 19$ pour se rendre de La Ceiba à Utila, taxe incluse!

Les vols intérieurs sont plus sûrs au Honduras qu'ils ne l'étaient il y a à peine quelques années encore. Pendant de nombreuses années, les services aériens de cet ordre ont été dominés par la Sahsa et la Lansa, le plus souvent assurés par de vénérables DC-3. Aucune de ces deux compagnies ne faisait très bonne figure au chapitre de la sécurité, et toutes deux ont aujourd'hui fermé leurs portes.

Une société du nom d'**Isleña** devint par la suite le plus grand transporteur intérieur du Honduras, si ce n'est qu'elle a récemment été absorbée par le Grupo Taca, et qu'elle est désormais concurrencée par deux nouvelles entreprises, **Sosa** et **Rollins Air**. Au moment de mettre sous presse, ces trois compagnies affichent toutefois un bilan irréprochable sur le plan sécuritaire. Le **Grupo Taca** domine le marché sur la ligne Tegucigalpa-San Pedro Sula, avec quatre vols quotidiens dans chaque direction, à bord d'avions français de 48 passagers ATR-42. Les avions les plus couramment utilisés sur les autres lignes comprennent le Twin Otter canadien de 19 places et le LET-410 tchèque de 15 places.

Vous pouvez vous procurer vos billets aux comptoirs des compagnies aériennes, aux billetteries des aéroports et dans les agences de voyages. En vous présentant à l'aéroport 30 min avant le départ, vous ne devriez avoir aucun problème. Notez par ailleurs que les vols sont parfois étonnamment ponctuels, et qu'il leur arrive même d'être devancés de quelques minutes.

En bateau

Un bateau de passagers confortable circule chaque jour entre La Ceiba et Roatán, et, aussi entre La Ceiba et Utila. Pour l'instant, il n'existe aucun autre service maritime régulier au Honduras, non plus qu'aucun traversier.

En auto-stop

Sur la plus grande partie du territoire hondurien, l'auto-stop ne constitue pas une pratique courante, quoiqu'elle soit plus facilement admise dans les régions reculées et autour de certains petits villages. Sachez que le conducteur du véhicule à bord duquel vous montez s'attend souvent à recevoir une petite contribution monétaire.

Taux de change

1$ CAN	=	9,92 lempiras	10 lempiras	=	1,01$ CAN
1 € (euro)	=	12,54 lempiras	10 lempiras	=	0,80 € (euro)
1 FF	=	1,91 lempira	10 lempiras	=	5,23 FF
1 FS	=	8,34 lempiras	10 lempiras	=	1,20 FS
10 FB	=	3,11 lempiras	10 lempiras	=	32,16 FB
100 PTA	=	7,54 lempiras	10 lempiras	=	132,65 PTA
1 000 LIT	=	6,47 lempiras	10 lempiras	=	1 543,71 LIT

Les adresses

En espagnol comme dans beaucoup d'autres langues, les adresses font d'abord état du nom de la rue puis du numéro civique. Ainsi, une adresse se lisant «36, rue des Magnolias» en français devient «Calle Magnolia 36» en espagnol.

Certaines adresses font également mention du district où se trouve une rue donnée. L'abréviation «Col.» apparaît assez souvent, et elle ne réfère pas à «colonel», mais à **colonia**, qui se traduit par «district» ou «quartier». Son synonyme, *barrio* (abrégé en «Bo»), est aussi employé fréquemment. Les banlieues, quant à elles, sont parfois désignées par les mots *urbanización* ou *fraccionamiento*. Certaines zones ont recours à des adresses numériques, le numéro civique étant alors lié à un quartier pris dans son ensemble plutôt qu'à une rue précise. Il se peut ainsi que vous voyiez une adresse indiquée sous la forme «Casa 243, Col. Lempira», sans nom de rue.

Il arrive souvent qu'aucun numéro civique ne soit utilisé, l'adresse étant alors donnée en faisant référence à l'intersection la plus près. «3ª Calle 4ª y 5ª Av.» signifie donc que l'immeuble en question se trouve dans la 3ª Calle entre la 4ª Avenida et la 5ª Avenida. À d'autres endroits, c'est le nom de la rue qui est omis; on s'oriente alors sur certains points de repères connus de tous. Ainsi, «**Banco de Occidente 1 cuadra abajo**» signifie «une rue plus bas que la banque Occidente». Ce système n'est toutefois pas aussi usité qu'au Nicaragua ou au Costa Rica.

Parfois encore, les adresses n'indiquent qu'une distance donnée le long d'une route. «Km 4, Carretera a Tela», par exemple, signifie «au quatrième kilomètre de la route qui va à Tela».

Monnaie et banques

La devise du Honduras est le **lempira**, ainsi nommée en mémoire du chef autochtone du XVIe siècle qui résista à la conquête espagnole. Les billets se présentent en coupures de 1 (rouge), 2 (violet), 5 (brun), 10 (noir), 20 (vert), 50 (bleu), 100 (orange), et 500 (mauve) lempiras, et les pièces en dénominations de 5, 10, 20, et 50 centavos. Nombre de billets sont vieux et très usés. L'abréviation en usage pour le lempira est *L*, généralement suivi d'un point ou traversé d'un trait.

Prix en dollars

Les prix mentionnés dans ce guide sont en dollars américains pour deux

Monnaie et banques 49

raisons. La première est que beaucoup de nos lecteurs sont déjà familiers avec cette devise et saisissent aisément la valeur d'un bien ou d'un service exprimée sous cette forme. La seconde est que les prix exprimés en dollars se sont avérés plus stables au fil des ans que ceux exprimés en lempiras. L'inflation, qui grimpait en moyenne de 2% au milieu des années 1990, a en effet été compensée par des dévaluations successives de la monnaie hondurienne.

Par ailleurs, bien que les prix donnés ici le soient en dollars, **vous devrez régler en lempiras la majorité des biens et services dont vous vous prévaudrez**. Font exception à cette règle les chambres des plus grands hôtels, dont les prix sont souvent établis en dollars, et la plupart des excursions. Cela dit, même dans ces cas, vous aurez toujours la possibilité de payer en lempiras. Les chauffeurs de taxi se montrent en outre souvent disposés à accepter des dollars pour les courses aéroportuaires et les trajets plus longs, et nombre de restaurants et d'hôtels de catégorie moyenne font de même, quoique pas toujours à des taux avantageux.

Change

Les taux de change officiels sont publiés quotidiennement dans les journaux. Les banques, les *casas de cambio* et les comptoirs de change des aéroports offrent de meilleurs taux que les hôtels, et la plupart changent aussi les chèques de voyage sans trop de réticence; on vous demandera généralement de présenter votre passeport. Certaines banques n'ont cependant pas de comptoir de change, surtout dans les villes de moindre importance, et il faut savoir qu'il est plus difficile de changer de l'argent les fins de semaine et les jours fériés.

Dans les grandes villes, des cambistes indépendants se regroupent en certains endroits précis. C'est ce qu'on appelle ici le *mercado negro*, ou marché noir, quoique qu'il semble officiellement toléré. Ces entrepreneurs agitent leur calculette et de grosses liasses de billets, et leurs taux se révèlent légèrement plus avantageux, soit 1% ou 2% de plus que le taux officiel en vigueur pour le dollar américain (méfiez-vous sérieusement de quiconque prétend offrir un taux nettement supérieur).

La majorité de ces cambistes indépendants se montrent plutôt honnêtes lorsqu'il s'agit de compter les billets, mais certains n'en tentent pas moins d'offrir un taux inférieur à ceux qui ont cours lorsque les banques sont fermées ou lorsque vous ne désirez changer qu'une petite somme. Si le taux proposé vous semble anormalement bas, poursuivez simplement votre route; une telle attitude vous attirera parfois une offre plus raisonnable. Les cambistes en question abondent aux postes-frontières, où ils profitent souvent de l'ignorance des voyageurs quant aux taux courants. Il vaut mieux ne retenir leurs services que pour de petites sommes. De fait, à moins d'être pleinement confiant en vos aptitudes à négocier de telles transactions en pleine rue, vous feriez sans doute mieux de vous en tenir aux banques et aux *casas de cambio*; le 1% ou les 2% de plus que vous pourriez obtenir pour votre argent n'en valent pas toujours le risque. Qui plus est, les cambistes indépendants acceptent rarement les chèques de voyage et, lorsqu'ils veulent bien les changer, c'est généralement à un taux désavantageux.

Il peut parfois s'avérer difficile de convertir vos lempiras en dollars, si ce n'est à un taux inférieur à celui du marché, mais, même à ce prix, vous en obtiendrez sans doute davantage qu'à l'extérieur du

Renseignements généraux

Honduras. L'approche la plus sensée consiste sans doute à limiter les sommes que vous convertissez en lempiras et à utiliser tout excédent pour acquitter la taxe de départ et faire des achats hors taxes au moment de quitter le pays.

Les Canadiens et les Européens qui se rendent au Honduras ont tout avantage à se doter d'un maximum de devises américaines, que ce soit en chèques de voyage ou en liquide. Le dollar canadien peut sans doute être changé dans les succursales de la Lloyd's Bank à Tegucigalpa et à San Pedro Sula, mais à des taux désavantageux. Quant à la majorité des devises européennes, il est presque impossible de les changer au Honduras. Le dollar américain demeure, et de loin, la devise la plus couramment acceptée. Les gens de toute autre partie du monde ont déjà l'habitude de voyager avec des dollars américains, de sorte que nous n'avons pas à en leur rappeler l'importance.

Cartes de crédit

Vos cartes de crédit peuvent également vous être utiles, puisqu'elles sont acceptées dans beaucoup d'hôtels, de même que dans certains restaurants et commerces. Elles peuvent aussi servir à payer la location d'une voiture ou un billet d'avion. Visa et MasterCard sont les deux émetteurs les plus reconnus, suivis d'American Express.

Ces mêmes cartes peuvent être d'un grand secours aux voyageurs qui viendraient à manquer d'argent, puisque certaines banques et guichets automatiques procèdent à des avances de fonds. Assurez-vous d'avoir en main votre passeport et votre carte de crédit avant de vous présenter dans une institution offrant ce service. **Credomatic**, la société responsable auprès des banques honduriennes de toutes les transactions effectuées au moyen de cartes **Visa** ou **Master-Card**, peut vous venir en aide en cas de difficulté et prend également note des cartes perdues ou volées.

Tegucigalpa
☎ *238-6570*

San Pedro Sula
☎ *557-4350*

La Ceiba
☎ *443-0668*

Quant aux détenteurs d'une carte **American Express**, ils devraient s'informer avant leur départ des possibilités d'avances de fonds ou de transferts de fonds au Honduras.

Guichets automatiques

Les guichets automatiques se multiplient comme des champignons au Honduras, surtout dans les grandes villes mais aussi dans certaines villes de moindre importance. Ils se trouvent normalement dans les banques ou les stations-service, et sont le plus souvent accessibles à toute heure du jour ou de la nuit. Ils acceptent généralement les cartes bancaires et les cartes de crédit émises par les institutions étrangères, mais vous ne pouvez jamais en être sûr. Ainsi, bien que les guichets automatiques puissent vous procurer de l'argent comptant (en lempiras) sans que vous ayez à vous soucier de transporter toute votre fortune avec vous dès le départ, ou de trouver un bureau de change en temps voulu, il importe de prévoir des solutions de rechange, d'autant plus que toutes les cartes ne sont pas honorées et qu'aucune machine n'est infaillible, sans compter que certains guichets automatiques ne se trouvent pas en lieu sûr.

Une option utile pour le retrait de sommes d'argent importantes s'offre à vous. Il s'agit de demander une avance de fonds *(disposición en effectivo)*. Informez-vous d'abord

Inflation et taux de change

Pendant de nombreuses décennies, le lempira hondurienne s'est maintenu au taux fixe de deux lempiras pour un dollar américain, ce qui lui donnait une valeur de 50 cents. Lors d'une période d'instabilité financière, dans les années cinquante, la Banque centrale du Honduras importa de grandes quantités de pièces de 0,50$ destinées à remplacer les billets de un lempira, cela dans le but de rehausser le degré de confiance envers la devise locale. Cette crise passée, la plupart des pièces en question furent réexpédiées vers le nord et les billets de un lempira furent remis en circulation. Une politique fiscale des plus serrées et une inflation faible permirent de maintenir cette parité jusqu'au début des années quatre-vingt, lorsque soudain l'inflation atteignit des niveaux beaucoup plus élevés qu'aux États-Unis et qu'un marché au noir considérable s'installa, fondé sur la devise américaine. Au bout du compte, la Banque centrale dut se raviser et procéder à plusieurs dévaluations successives. Au début de 1996, le lempira ne valait plus que 0,10$ et, en 2000, il glissa sous la barre des 0,07$. Pendant la plus grande partie des années quatre-vingt-dix, les dévaluations visaient essentiellement à combler les écarts entre les taux d'inflation américains et honduriens, mais le rythme ne tarda pas à en décroître, si bien que, vers la fin de la décennie, les prix exprimés en dollars US grimpaient de plus de 4% par année. Aujourd'hui encore, cependant, les pièces honduriennes de 20 et 50 centavos ont la même taille que leurs pendants américains de 0,10$ et 0,25$, simple rappel de l'époque où les deux devises s'échangeaient à raison de deux pour un.

au comptoir de renseignements de la banque, car ce ne sont pas toutes les banques qui offrent ce genre de service, même si un bon nombre le font.

Les formalités sont assez simples; vous n'avez qu'à vous présenter au guichet avec votre carte de crédit et votre passeport. Vous recevrez la somme demandée en lempiras et l'équivalent en monnaie de votre pays.

Transferts de fonds

Il existe plusieurs façons de se faire envoyer de l'argent au Honduras de l'étranger. Les transferts télégraphiques de banque à banque ont cours depuis longtemps, mais ils prennent habituellement plusieurs jours et peuvent s'avérer à la fois coûteux et peu fiables. Les transferts d'argent par l'entremise de Western Union sont plus rapides et plus fiables, mais ils coûtent aussi plus cher. Une solution plus sensée (à moins que vos comptes soient à découvert ou que vous ayez perdu vos cartes) consiste à demander à une connaissance d'effectuer un dépôt dans votre compte bancaire ou sur votre carte de crédit; vous pourrez ensuite retirer directement votre argent à un guichet automatique ou en réclamant une avance de fonds au comptoir d'une banque.

Taxes

Une taxe de vente de 12% s'applique à nombre de produits et services au Honduras, y compris les chambres d'hôtel et les repas au restaurant. Une taxe supplémentaire de 4% s'applique aux chambres d'hôtel, ce qui porte le total des taxes d'hébergement à 16%. Les hôtels les moins coûteux on tendance à inclure cette taxe dans leurs prix, mais les autres l'ajoutent aux tarifs qu'ils affichent. Les voyageurs internationaux par voie aérienne doivent en outre acquitter une taxe de départ de 25$, et certains aéroports réclament une taxe de départ de 2$ sur les vols intérieurs. Dans les commerces de détail, les prix affichés incluent normalement la taxe de vente.

De manière à vous permettre de mieux comparer les prix exigés par les différents établissements, **tous les prix fournis dans ce guide comprennent déjà la taxe**. Il en va de même pour les bars et les restaurants.

Pourboire

Cette pratique est moins courante au Honduras qu'en Amérique du Nord, mais plus courante qu'en Europe. Les chauffeurs de taxi ne s'attendent pas à recevoir de pourboire, mais un léger supplément sera toujours apprécié si l'on vous aide avec vos bagages ou lorsque vous demandez à votre chauffeur de faire un long détour ou de vous aider à trouver un endroit inconnu. Les porteurs reçoivent en moyenne 0,50$ par valise, mais ce montant peut varier selon les dimensions et le poids des bagages que vous leur faites porter, de même que selon la distance à parcourir. Quant aux femmes de chambre, vous pouvez leur donner 0,50$ par jour, ou plus selon le cas.

Dans les restaurants et dans les bars, un pourboire équivalent à 10% environ du montant de l'addition est plus qu'adéquat. Un pourcentage plus élevé peut toutefois être de mise lorsque vous avez eu droit à un service exceptionnel, lorsque l'addition est insignifiante ou lorsque vous payez par carte de crédit, auquel cas la direction s'appropriera une partie du pourboire. Dans certains restaurants, on ajoute automatiquement des frais de service de 10% au montant de l'addition.

Langue

L'espagnol est la seule langue officielle du Honduras, et on le parle pratiquement partout. Dans les villages et les petites villes de certaines régions éloignées, on parle cependant encore des langues amérindiennes. L'anglais demeure la langue d'une majorité de la population sur les Islas de la Bahía, colonisées sous protectorat britannique, quoique beaucoup d'hispanophones du continent aient immigré ici ces dernières années, et la plupart des gens sont bilingues. Sur le continent même, l'anglais est parlé dans certains hôtels et restaurants par des membres de l'élite ayant reçu une éducation supérieure et par les émigrés revenus au pays après un séjour aux États-Unis.

Mises à part les Islas de la Bahía, quiconque sort du cocon d'un groupe organisé ou de l'enceinte d'un complexe hôtelier sera presque inévitablement plongé dans des situations où la connaissance de l'espagnol se révélera être un atout. Cela ne veut pas dire que vous serez totalement perdu si vous ne parlez pas la langue, mais plutôt que vous devrez faire preuve de patience, de tolérance, d'humour et d'une bonne dose d'ingéniosité pour vous débrouiller. Quelques mots clés assortis de gestes vous dépanneront bien souvent, et l'usage d'un bout de papier et d'un crayon à portée de la main pourra également vous aider dans certaines situations. N'hésitez pas à consulter le lexique français-espagnol qui se trouve à la fin du guide.

Prononciation

À quelques endroits dans cet ouvrage, la prononciation de certains mots ou noms difficiles est indiquée phonétiquement et en italique, les syllabes accentuées figurant en majuscules. Le *a* se prononce comme dans «chapeau», *ay* rime avec «bébé» et *ow*, avec «wow». Le *h* est toujours muet en espagnol; ceux et celles qui s'appliquent à le rendre sonore pour se montrer érudits font fausse route. Quant au *j* (et au *g*, lorsqu'il est suivi d'un *e* ou d'un *i*), sa consonance gutturale n'a pas d'équivalent en français; nous l'identifions dans ce guide par la diphtongue «kh».

Postes et télécommunications

Postes

Le service postal hondurien est d'une extrême lenteur, et le courrier peut mettre plusieurs semaines à parvenir à destination, aussi bien vers l'intérieur du pays que vers l'extérieur.

Téléphone

Le service téléphonique est assuré par une société gouvernementale du nom de **Hondutel**, qui exploite des centres de communications locales et interurbaines à travers tout le pays, y compris dans les petites localités. Les heures d'ouverture de ces centres peuvent varier. Pour loger un appel, vous devez donner au commis le numéro de téléphone de la personne que vous désirez joindre ainsi que, en général, un dépôt. Lorsqu'une ligne se libère, ce qui prend normalement quelques minutes, on vous dirige vers une des cabines numérotées alignées le long d'un mur. Vous réglez la note finale au terme de l'appel.

Les tarifs en ce qui a trait aux appels internationaux peuvent être assez élevés; comptez plus de 2$ par minute pour les États-Unis, avec un minimum facturé de trois minutes, et beaucoup plus pour la majorité des autres pays situés à l'extérieur de l'Amérique centrale. Il peut souvent s'avérer avantageux d'appeler à frais virés (PCV). Les abonnés des réseaux américains peuvent composer certains numéros sans frais pour loger des appels à frais virés (PCV) aux États-Unis, la communication étant alors établie par un téléphoniste des États-Unis. Il s'agit du ☎800-0123 (AT&T), ☎800-0122 (MCI), ☎800-0120 (Netcom) et ☎800-0121 (Sprint). Pour l'instant, ce service n'est disponible pour aucune autre compagnie, ni aucun autre pays.

Les appels outre-mer effectués à partir des hôtels entraînent souvent de lourdes dépenses. Avant de placer un tel appel, il vaut donc mieux vous informer auprès du standardiste de l'hôtel pour savoir ce qu'il vous en coûtera.

Il n'y a que très peu de téléphones publics au Honduras et, lorsque vous en trouverez, ce sera surtout dans les grandes villes. Ils ne fonctionnent qu'avec des pièces de 20 et 50 centavos. Les nouveaux téléphones publics sont équipés de manière à accepter les cartes d'appel prépayées, mais il y a un hic : aucune carte d'appel prépayée n'était offerte au moment de notre passage, alors que ces appareils étaient installés depuis longtemps déjà, et il est incertain qu'elles permettent les appels internationaux!

Tous les numéros de téléphone se composent de sept chiffres. Il n'y a pas d'indicatifs urbains ou régionaux. **L'indicatif international du Honduras est le 504**, de sorte que, pour appeler au Honduras de l'étranger, vous devez composer l'indicatif international (504) puis le numéro de téléphone de sept chiffres de la personne que vous désirez joindre.

Télécopie

Les télécopieurs sont maintenant courants au Honduras, et nombre d'hôtels proposent un service de télécopie à leurs clients. Certains bureaux de Hondutel et papeteries proposent également un tel service, quoique seuls les bureaux de Hondutel à Tegucigalpa et à San Pedro Sula offrent un service de télécopie international.

Internet

Certains Honduriens plus fortunés se sont branchés à Internet avec grand enthousiasme, et plusieurs d'entre eux ont même ouvert de prétendus cybercafés (le café en soi n'étant venu qu'après-coup) où le public peut avoir accès à des ordinateurs et au réseau Internet moyennant quelques dollars l'heure (on impose souvent un minimum d'une demi-heure). Certains acceptent même de recevoir des messages électroniques pour le compte de leurs clients, moyennant le plus souvent environ 1$. Des cybercafés ont pignon sur rue dans presque toutes les villes qui attirent un tant soit peu de touristes, et tous les détails pertinents sont fournis dans les chapitres qui traitent de ces villes. Enfin, une poignée d'hôtels offrent des services Internet à leurs clients.

Hébergement

Vous trouverez une gamme complète de lieux d'hébergement, du plus luxueux au plus délabré, à Tegucigalpa, à San Pedro Sula, aux Islas de la Bahía et à Copán Ruinas. Même dans les endroits moins fréquentés, le choix est toujours raisonnable. Aussi Choluteca et Jícaro Galán, dans le sud du pays, sont-elles dotées d'établissements confortables, tout comme Trujillo, La Ceiba, Tela et les environs de Puerto Cortés sur la côte Caraïbe. Les visiteurs de l'Amérique centrale se sont souvent plaints de l'état lamentable des lieux d'hébergement dans les villes de moindre importance, surtout au Nicaragua et au El Salvador. Toutefois, cette remarque s'applique moins au Honduras, où les normes semblent généralement plus élevées, bien qu'il soit impossible de généraliser.

Hôtels

Au moment de choisir les établissements destinés à figurer dans ce guide, nous avons cherché des endroits de différentes catégories offrant un attrait minimal, un bon niveau de propreté et une situation avantageuse. Notre but n'était pas de dresser une liste complète de tous les lieux d'hébergement, mais plutôt de nous montrer un tant soit peu sélectifs. Les prix affichés comprennent les taxes et avaient cours au moment où nous avons visité les différents établissements; inutile de dire qu'ils sont sujets à changement.

Nous avons omis nombre d'hôtels et d'*hospedajes* dans les grandes villes comme dans les petits villages pour la simple et bonne raison qu'ils manquent de charme ou de confort. Cela ne signifie nullement que les voyageurs désireux de passer la nuit dans une localité pour laquelle nous ne fournissons aucune adresse devraient d'emblée renoncer à leur projet, mais ils devront sans doute se contenter d'un hébergement plus rudimentaire.

Hospedajes et *hotelitos*

Le mot *hospedaje* désigne souvent un hôtel modeste et d'une grande simplicité. Ce terme n'a toutefois rien de péjoratif, et certains *hospedajes* se révèlent passablement agréables, alors que d'autres font piètre figure. Il en va de même pour les *hotelitos*. Dans certaines villes, il serait intéressant de voir le choix s'étendre à d'autres options, mais tel n'est malheureusement pas toujours le cas. Certains des meilleurs établissements de cet ordre sont répertoriés dans ce guide.

Camping

Les terrains de camping à proprement parler ne sont guère communs au Honduras, quoique plusieurs parcs nationaux disposent d'espaces réservés aux campeurs; ils n'offrent le plus souvent que des installations rudimentaires (eau courante, latrines et grils au vent) et parfois aucune commodité. Quant aux parcs de caravanes et de véhicules récréatifs, ils sont pour ainsi dire inexistants.

Restaurants

Un bon repas au restaurant fait partie des plaisirs du voyage, au Honduras comme ailleurs. Bien que beaucoup de restaurants proposent un menu appréciable, nous exagérerions si nous vous disions qu'on visite le Honduras pour ses tables. Pour bon nombre de Honduriens fortunés, un bon repas au restaurant se résume en un gros bifteck, une mentalité qui se reflète sur les menus de certains des meilleurs établissements, qui d'ailleurs manquent souvent d'originalité et s'en tiennent à des préparations simples et éprouvées. Il n'y en a pas moins des spécialités intéressantes à découvrir (notamment les merveilleuses soupes de fruits de mer parfumées au coco de la côte Caraïbe) et suffisamment de bons restaurants pour que les gourmets ne soient pas en reste.

Au bas de l'échelle des prix, d'innombrables petits restaurants et *comedores* proposent des repas ordinaires à des prix très raisonnables. Dans nombre de marchés publics, des rangées de comptoirs servent en outre divers mets, les clients prenant souvent place tous ensemble autour de longues tables flanquées de bancs. Il vous suffira de pointer du doigt une préparation alléchante dans l'une ou l'autre des marmites fumantes pour qu'on vous en serve une assiettée. Les restaurants chinois émaillent aussi le paysage des grandes villes, et même de certaines villes secondaires. Bien qu'ils proposent souvent un vaste menu, les habitués des plus économiques d'entre eux semblent volontiers jeter leur dévolu sur un bon riz frit bien nourrissant ou sur un *chow mein* au poulet ou aux crevettes.

Les menus sont presque toujours rédigés en espagnol, sauf dans certains établissements plus chics où l'on ajoute parfois les traductions anglaises. Outre le sel, on trouve généralement sur les tables d'autres condiments, comme la sauce pimentée *(salsa picante)* et parfois même la sauce Worcestershire (ici appelée *salsa inglesa*, ou sauce anglaise).

Au chapitre du pain, il y a place pour l'amélioration : certains des meilleurs restaurants n'offrent eux-mêmes que de petits pains ternes de fabrication industrielle et accompagnés de margarine plutôt que de beurre. Les Honduriens de la plupart des couches de la société agrémentent cependant plus volontiers leurs repas de *tortillas*, ces galettes de maïs en forme de crêpes généralement plus épaisses et plus pâteuses en Amérique centrale que leur pendant mexicain. Quant aux légumes frais, ils se font lamentablement rares, si ce n'est dans les établissements haut de gamme et dans les restaurants chinois.

La restauration rapide n'est pas encore très en vogue, mais plusieurs grandes chaînes américaines, dont Burger King, Wendy's et Pizza Hut, ont commencé à faire leur apparition, de même que Pollo Campero, une chaîne guatémaltèque de restaurants dont la spécialité est le poulet frit. Lorsqu'il s'agit de hamburgers par contre, optez plutôt pour la chaîne hondurienne Bigos, qui possède plusieurs succursales à Tegucigalpa et quelques-unes ailleurs. Même si elle n'affiche pas une image aussi raffinée que ses concurrents étasuniens, elle sert de meilleurs hamburgers et vous permet de les accompagner d'une bonne bière.

Cuisine hondurienne

Le *plato típico* (repas typique) servi dans de nombreux restaurants et *comedores* se compose d'un assortiment de quelques-uns des plats suivants : un petit morceau de bifteck, un œuf à la poêle ou brouillé, du fromage blanc salé, des haricots noirs, des tranches de banane plantain frites, de la crème sure, un morceau d'avocat et, dans quelques cas, une tranche de mortadelle grillée. On en présente diverses variations le matin, le midi et le soir, l'accent portant surtout sur les œufs le matin et sur la viande par la suite. Le *plato típico* s'accompagne généralement de *tortillas* plutôt que de pain, et une tasse de café fumant est souvent comprise dans le prix du repas, qui peut s'avérer étonnamment bas.

Les *pinchos*, ou brochettes, populaires dans beaucoup de restaurants, se composent de morceaux de viande grillés entrecoupés de tranches d'oignon, de poivron et de tomate. Bien que le bœuf constitue la viande par excellence, il arrive qu'on le remplace par du poulet, de la saucisse de porc ou des crevettes. Les *pupusas*, d'origine salvadorienne et servis en casse-croûte ou en repas, sont des *tortillas* de maïs fourrées au fromage, aux haricots noirs, à la couenne de porc et à divers autres ingrédients, le tout couronné de chou mariné. Sans viande, cette préparation fera le bonheur des végétariens, tout comme les *baleadas*, composées de farine de maïs, de haricots noirs et de fromage. Les potages les plus populaires (davantage servis dans les foyers et sur les places de marché que dans les restaurants comme tels) sont le potage aux tripes *(mondongo)* et le potage à la viande et aux légumes *(tapado)*.

Nul ne devrait quitter le Honduras sans avoir goûté les potages aux fruits de mer à la garifuna. Les Garífunas sont un peuple qui habite certains villages de la côte Caraïbe, et ils préparent des merveilles de bouillons riches et parfumés au coco, gorgés de poisson, de crevettes, de crabe ou d'autres fruits de mer, tantôt mélangés, tantôt seuls. Heureusement, la popularité de ces potages (souvent assez nourrissants pour constituer un repas en soi) s'est largement répandue, et l'on en trouve désormais dans les restaurants de différentes régions du pays. (Les Garífunas sont aussi réputés pour leur pain au coco, qui mérite de se retrouver dans un plus grand nombre de restaurants.)

Les desserts se font quant à eux plutôt limités, mais seuls ceux qu'afflige une obsession morbide à l'égard des gras saturés devraient se détourner du flan de coco, une délicieuse crème renversée aux œufs et au coco.

Boissons

La café figure parmi les cultures importantes du Honduras, où il bénéficie d'ailleurs d'une grande popularité. Contrairement à certains de leurs voisins habitant d'autres pays producteurs de café, les Honduriens semblent faire preuve d'un talent supérieur lorsque vient le temps de moudre et de torréfier la précieuse graine. Le café d'ici est riche et sombre, nullement aqueux, et on le sert noir *(negro)* ou au lait *(con leche)*.

Les boissons gazeuses ne donnent pas leur place non plus. Vous trouverez la plupart des grandes marques internationales, ainsi que le soda à la banane (qu'on n'aime pas forcément du premier coup, soit dit en passant). Parmi les options moins sucrées, retenons les boissons au raisin *(uva)* et le soda de gingembre, mieux connue sous son nom commercial de «Canada Dry». L'*agua mineral* (eau minérale) est normalement pétillante même si elle ne provient pas d'une source minérale.

Le Honduras produit localement quatre bières. La Nacional et la Salva Vida ont peu de corps et se rangent dans la catégorie des bières aqueuses américaines, tandis que l'Imperial et la Port Royal se révèlent plus riches et plus pleines (l'auteur accuse une préférence pour la Port Royal et, pour ne pas risquer d'être taxé de favoritisme commercial, tient à préciser que les quatre bières en question sont produites par la même brasserie). On sert de la bière dans la majorité des restaurants et le prix en est généralement très bas.

Le choix des vins (là où vous en trouverez) demeure assez restreint, bien que quelques restaurants proposent de bons crus chiliens et espagnols. Le prix en est passablement élevé du fait des taxes à l'importation, ce qui vaut également pour les spiritueux venant de pays situés à l'extérieur de l'Amérique centrale. Le rhum s'impose comme l'alcool le plus répandu au Honduras, et le Flor de Caña, produit localement, est assez bon, quoique certains lui préfèrent le Botrán guatémaltèque. Vous trouverez également un peu partout des rhums dominicains et portoricains.

Sorties

À peu près partout au Honduras, l'activité nocturne gravite autour des restaurants et des bars, mais il n'en existe pas moins d'autres options, surtout dans les grandes villes.

Les **cinémas** présentent un éventail de films américains, dont beaucoup dans leur version anglaise originale, doublée ou sous-titrée en espagnol. Il y a aussi une kyrielle de films européens et latino-américains. Les droits d'entrée sont très bon marché.

À Tegucigalpa et à San Pedro Sula surviennent à l'occasion des **événements culturels**, y compris des pièces de théâtre, des concerts classiques et des récitals de danse. Tegucigalpa est aussi réputée pour ses *peñas*, des spectacles satiriques ponctués de chansons folkloriques à saveur politique se déroulant dans une atmosphère intimiste. À plusieurs endroits de la côte Caraïbe, des **troupes de danseurs garifunas** se produisent les fins de semaine sur des scènes locales. Il y a aussi des **discothèques** dans les plus grandes villes, surtout animées les fins de semaine.

Les établissements qui se targuent d'être des boîtes de nuit présentent pour la plupart des spectacles d'effeuilleuses et ne commencent vraiment à s'animer qu'à une heure tardive. Les femmes qui travaillent dans ces établissements font une grande partie de leur argent en incitant les clients à prendre des consommations.

Fútbol

Les fervents de football (que seuls les Nord-Américains désignent du nom de «soccer») devraient ici en avoir pour leur argent. Ce sport fait en effet figure de religion nationale, ou presque, et il ne se trouve pratiquement aucun village au pays qui ne soit doté d'un terrain voué à sa pratique intensive. Pour connaître les dates et les heures des matchs professionnels, consultez les journaux ou, mieux encore, adressez-vous aux chauffeurs de taxi et au personnel des hôtels; ils se feront un plaisir de vous laisser savoir où et quand jouent leurs équipes favorites. Les billets sont peu coûteux, de sorte que vous pouvez vous permettre de convoiter les meilleures places.

Festivals

La plupart des villes et villages honduriens organisent des fêtes annuelles célébrant l'anniversaire de leur saint patron; celles-ci sont souvent marquées de défilés et de danses, et l'on y mange et boit presque toujours allègrement. Certaines municipalités font les choses plus en grand que d'autres, et les festivités s'étirent parfois sur plusieurs jours avant ou après l'anniversaire du saint qu'on honore.

Dans certains cas, de telles fêtes célèbrent plutôt une richesse locale, tel le festival de la pomme de terre de La Esperanza la quatrième semaine de juillet, le festival du maïs de Danlí la dernière semaine d'août et le festival de la mangue et de la «mammée» (variété d'abricot) de Yuscarán le troisième dimanche de juin.

Une liste complète de toutes ces fêtes, intitulée «*Listado General de las Ferias, Festivales y Otras Celebraciones Populares de Honduras*», peut être obtenue par les soins de l'Instituto Hondureño de Turismo.

Jours fériés

Les fêtes officielles sont :

Nouvel An : 1er janvier
Pâques et Semaine sainte : dates variables
Fête des Amériques : 14 avril
Fête du Travail : 1er mai
Fête de l'Indépendance : 15 septembre
Fête de Francisco Morazán : 3 octobre
Fête de Christophe Colomb : 12 octobre
Fête des Forces armées : 21 octobre
Noël : 25 décembre

Certaines de ces fêtes, notamment la fête des Amériques et les trois fêtes qui se tiennent en octobre, ont moins d'importance que les autres.

Achats

L'artisanat hondurien est très varié, et nombre de pièces se révèlent colorées et bien exécutées. Les articles les plus courants sont sans doute les sculptures d'acajou et d'autres bois tropicaux, souvent garnies de motifs mayas. Elles prennent aussi bien la forme de petites pièces murales que de meubles imposants, riches de détails étonnants. Peut-être certains modèles vous laisseront-ils de glace, mais la facture en est généralement soignée.

Une autre catégorie d'objets répandue se compose de figurines en céramique représentant des coqs et d'autres animaux. D'ailleurs, le coq a été adopté comme symbole de l'artisanat hondurien pris dans son ensemble. Parmi les autres objets en céramique que vous trouverez, retenons les vases et diverses autres pièces glacées arborant des thèmes mayas ou des motifs abstraits hauts en couleur.

Les artisans du Honduras produisent en outre une foule de bijoux en argent et en bronze, des articles de cuir allant de la simple ceinture aux sacs à main finement ouvragés, des reproductions d'anciennes sculptures mayas sur pierre, des paniers de toute forme et de toute taille, des chapeaux de paille, des objets en bois richement peints à la main de scènes rurales et, bien entendu, les peintures naïves pour lesquelles le pays est si fameux. Certaines de ces peintures sont même assez petites pour que vous puissiez facilement les transporter.

Outre les œuvres honduriennes, certains commerces d'artisanat proposent un choix de pièces guatémaltèques et salvadoriennes, y compris de magnifiques tissus autochtones des hauts plateaux, des serviettes de plage décoratives et des coffrets à bijoux peints à la main.

Vous trouverez tous ces trésors sur les places des marchés ou dans des kiosques disposés le long des rues, de même que dans le centre de certaines villes et dans les boutiques de souvenirs de certains hôtels. Les endroits dignes de mention sont identifiés dans les chapitres traitant des différentes régions du pays. Lorsque vous faites un achat dans un marché public ou dans la rue, sachez que vous devez marchander pour obtenir le meilleur prix. De plus, vous aurez moins de mal à négocier un rabais si vous achetez plus d'un article au même endroit.

Le rhum hondurien constitue également un bon achat et ne coûte pas plus cher dans les épiceries que dans les boutiques hors taxes des aéroports. Quant au café hondurien de qualité supérieure, il se vend dans des sacs métallisés à l'intérieur des aires de départ des aéroports de Tegucigalpa et de San Pedro Sula.

Presse écrite et télédiffusion

Le Honduras publie cinq quotidiens, tous en espagnol et tous imprimés à Tegucigalpa ou à San Pedro Sula. Ils sont tous disponibles dans les villes principales le jour même de leur publication. De l'avis de l'auteur, *La Prensa* est le meilleur des journaux honduriens, suivi d'*El Heraldo*, *La Tribuna* s'imposant comme le plus mauvais de tous. *El Tiempo* présente les éditoriaux les plus intéressants, tandis qu'*El Nuevo Día* se veut le plus récent. Il n'y a aucun journal financier, mais *La Prensa* et *El Heraldo* publient d'intéressants suppléments financiers le mardi. Tous sont imprimés en demi-format et mettent étonnamment l'accent, à peu de chose près, sur les mêmes nouvelles, favorisant les débats politiques locaux, les crimes, les accidents de la route et les questions sociales. Tous renferment enfin une sélection de nouvelles internationales.

Le *Honduras This Week* est publié en anglais chaque samedi et fait une indispensable revue des événements culturels. Il contient par ailleurs d'intéressants commentaires sur l'actualité hondurienne. Vous le trouverez dans certaines boutiques et dans les hôtels.

On dénombre d'incalculables stations radiophoniques au Honduras, car il s'agit ici de l'instrument de diffusion le plus répandu, atteignant beaucoup plus de gens que la télévision ou les journaux. Il y a également plusieurs chaînes de télévision nationales, auxquelles s'ajoutent des chaînes américaines et mexicaines diffusées par câbles. Beaucoup d'hôtels captent un nombre réduit de chaînes américaines, y compris, mais pas toujours, CNN International.

Divers

Heures d'ouverture

Les heures d'ouverture des bureaux varient au Honduras, mais, en règle générale, ils ouvrent tôt, certains bureaux gouvernementaux dès 7h et la majorité des autres à 8h; pour ce qui est de l'heure de fermeture, elle oscille entre 15h30 et 18h. L'heure du déjeuner s'étend le plus souvent de midi à 13h; certains bureaux ferment complètement pendant cette période, tandis que d'autres restent ouverts mais n'offrent que des services réduits.

Beaucoup de Honduriens se montrent passablement moins rigoureux que leurs semblables des pays plus au nord lorsqu'il s'agit de ponctualité, et les réunions commencent souvent en retard. Il vaut toujours mieux avoir un bon livre ou un magazine avec soi pour passer le temps.

Les heures d'ouverture des commerces varient énormément. Les comptoirs des marchés publics ouvrent souvent peu après le lever du soleil et peuvent très bien fermer dès le début de l'après-midi, surtout en régions rurales, alors qu'ailleurs ils restent plus volontiers ouverts jusqu'au crépuscule. Les commerces réguliers ouvrent leurs portes vers 8h pour les fermer entre 17h et 18h, quoique certains, comme les pharmacies, restent souvent ouverts plus tard. Le samedi, on ferme généralement plus tôt, entre midi et 14h, et nombre de boutiques restent fermées toute la journée le dimanche.

L'horaire des banques varie également d'un endroit à l'autre. Elles ouvrent en général à 8h ou à 9h et ferment entre 15h et 17h, nombre d'entre elles fermant par ailleurs une heure ou deux à l'heure du déjeuner. À quelques endroits, les banques sont aussi ouvertes le samedi matin.

Fuseau horaire

Le Honduras est à l'heure normale du Centre toute l'année durant, soit une heure de moins que l'heure normale de l'Est et deux heures de moins que l'heure avancée de l'Est en Amérique du Nord. Exprimé autrement, cela donne une heure de plus que l'heure avancée du Pacifique et deux heures de plus que l'heure normale du Pacifique, soit six heures de moins que l'heure moyenne de Greenwich, sept heures de moins que l'heure d'hiver de la majorité des pays européens et huit heures de moins que l'heure d'été européenne.

Poids et mesures

Le Honduras utilise un mélange des systèmes métrique et étasunien. Les distances sont normalement exprimées en mètres (m) et en kilomètres (km). La

---

Poids et mesures

Mesures de poids
1 livre (lb) = 454 grammes

Mesures de distance
1 pouce (po) = 2,54 centimètres
1 pied (pi) = 30 centimètres
1 mille (mi) = 1,6 kilomètre

Mesures de superficie
1 acre = 0,4 hectare
10 pieds carrés (pi^2) = 1 mètre carré (m^2)

Mesures de température
Pour convertir °F en °C : soustraire 32, puis diviser par 9 et multiplier par 5.
Pour convertir °C en °F : multiplier par 9, puis diviser par 5 et ajouter 32.

nourriture se vend à la livre *(libra)*, et l'essence, au gallon américain *(galón)*. Quant aux températures, on les donne en degrés centigrades. Certaines anciennes mesures centraméricaines ont également cours à l'occasion; il s'agit de la *vara*, qui fait un peu moins d'un mètre, et de la *manzana*, une mesure de superficie plus ou moins équivalente à un pâté de maisons.

L'électricité

En ce qui concerne les appareils électriques, on respecte presque partout au Honduras la norme de 60 cycles à 110 volts, soit la même qu'en Amérique du Nord. Les appareils achetés en Amérique du Nord peuvent donc être branchés sans convertisseur. Notez toutefois que quelques localités, y compris certains quartiers de Tegucigalpa, ont recours à une alimentation de 220 volts. La plupart ont été converties au 110 volts, mais il importe de s'en assurer avant de brancher ses propres appareils. Les prises murales accueillent les fiches plates sans mise à la terre (la troisième tige ronde qu'on trouve sur certaines fiches d'alimentation). Si certains de vos appareils requièrent la mise à la terre, vous aurez besoin d'un adaptateur, disponible dans n'importe quelle quincaillerie. Quant aux appareils européens, ils nécessitent un convertisseur **et** un adaptateur.

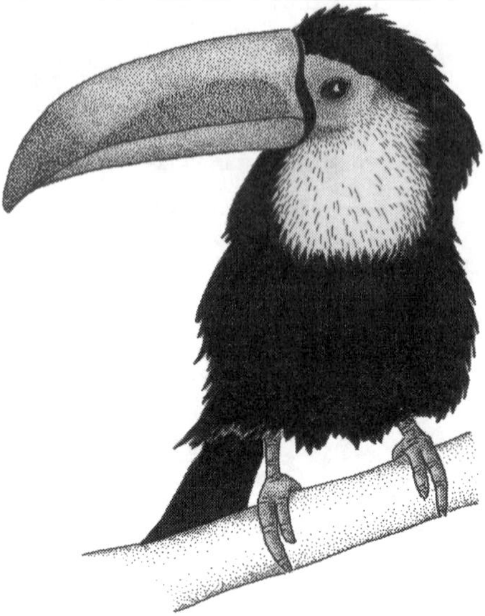

Plein air

Parmi les activités de plein air qui ont le plus contribué à la renommée du Honduras, il faut mentionner la plongée-tuba et la plongée sous-marine aux fabuleuses Islas de la Bahía, entourées de récifs appartenant à une série de formations que seule surpasse la Grande Barrière d'Australie.

Grâce à son littoral étendu sur la côte Caraïbe (auquel s'ajoute celui de la côte du Pacifique, quoique passablement moins attrayant), le Honduras s'enorgueillit de nombreux kilomètres de plages blanches et idylliques. Par ailleurs, aussi bien le long des côtes qu'au plus profond des terres intérieures, surgissent des parcs nationaux et des réserves naturelles dont la majorité en sont encore aux premières étapes de leur développement, ce qui ne les empêche nullement d'enchanter les amants de la nature.

Le Honduras commence à peine à mettre en valeur ses innombrables rivières, montagnes et marais côtiers, qui se prêtent tous merveilleusement bien à ce qu'il est convenu d'appeler l'«écotourisme». Nous sommes quant à nous quelque peu réfractaires à l'emploi de ce terme, parfois remplacé par «tourisme vert» ou «tourisme écologique», car il tend à suggérer que les cohortes de touristes piétinant à qui mieux mieux les habitats fragiles où vivent de rares représentants de la faune et de la flore sont plus vertueux et de plus grands bienfaiteurs de la nature que ceux de leurs congénères qui préfèrent se la couler douce sur les plages.

S'il est vrai que bon nombre des visiteurs des réserves naturelles savent respecter l'environnement, et que les revenus engendrés par cette forme de tourisme peuvent servir à endiguer la déforestation et l'agriculture sur brûlis, l'écotourisme n'en est pas moins devenu un important mot d'ordre commercial, et force nous est d'admettre que certaines formes d'«écotourisme» sont tout sauf bénéfiques pour la nature. Faites donc preuve d'une grande vigilance à la lecture de brochures qui semblent employer ce terme un peu trop à la légère.

Les parcs, les plages et les divers autres sites propres à la pratique des activités de plein air sont décrits en détail dans les chapitres qui traitent des différentes régions du pays, mais voici tout de même un résumé de ce qui vous attend.

Activités de plein air

Plongée sous-marine et plongée-tuba

Les Islas de la Bahía ont une longueur d'avance sur le reste du Honduras en matière de développement touristique, un atout qu'elles doivent en grande partie à leurs récifs de corail, intégrés à une formation qui s'étend jusqu'au Belize. Il y a déjà plusieurs décennies que les plongeurs se rendent aux Islas de la Bahía pour jouir des sites sous-marins, classés parmi les plus beaux du monde par les connaisseurs. Les novices y sont aussi chaleureusement accueillis que les plongeurs d'expérience, si ce n'est qu'avant de partir à l'aventure on leur suggère fortement, par mesure de sécurité, de prendre un cours d'initiation à ce sport. Des boutiques de plongée de tous les coins des îles proposent ce genre de cours à longueur d'année, dans le cadre, entre autres, de programmes de quatre jours débouchant sur l'accréditation. Les prix des cours sont très raisonnables (autour de 35$ par jour), et il n'est généralement pas nécessaire de réserver à l'avance.

Lorsqu'on peut pratiquer la plongée sous-marine à un endroit, il y a fort à parier qu'on peut aussi faire de la plongée-tuba dans les environs. Cette activité ne nécessite ni formation particulière ni équipement coûteux, et vous trouverez tubas, masques et palmes en location dans de nombreux centres de plongée.

Plages et baignade

Les plus belles plages du Honduras, qui comptent d'ailleurs parmi les plus belles du monde (sans exagérer), se trouvent sur la côte Caraïbe. Il s'agit de rubans de sable blanc et fin ceinturés de palmiers ondulant au gré des vents et caressés par des vagues clémentes. Certaines des plus invitantes se trouvent aux limites de Tela et de Trujillo, immédiatement à l'est de La Ceiba et à l'ouest de Puerto Cortés. D'autres encore, quoique légèrement plus petites, honorent les Islas de la Bahía.

La côte du Pacifique se révèle quant à elle plus courte et plus rocailleuse, et les plages de sable, là où l'on en trouve, sont plutôt de type volcanique. L'endroit le plus propice à la baignade et à la cueillette des coquillages de ce côté du pays est sans doute Amapala, à l'Isla del Tigre, où se succèdent plusieurs petites plages isolées (voir p 229).

Les rivières et les lacs offrent également de beaux endroits pour la baignade, surtout au Lago de Yojoa, dans le centre du pays. En plusieurs endroits du Honduras, des canaux riverains (naturellement formés ou créés par l'homme) recèlent en outre des bassins propres à la baignade. Vous en trouverez à Trujillo, à Danlí, aux chutes de Pulhapanzak, à Santa Bárbara et à Gracias (ou dans leurs environs). En espagnol, on désigne généralement ces bassins du nom de *balnearios*. Près de Gracias se trouve le Balneario Aguas Termales, dont les eaux, ainsi que son nom l'indique, sont naturellement chaudes. Il y a aussi des sources thermales près de Trujillo; vous pourrez certes faire trempette dans leurs bassins, mais sans toutefois vous y baigner à proprement parler. Notez enfin que la majorité des excursions de randonnée riveraine ou de descente en rivière vous donnent également l'occasion de vous baigner.

Réserves naturelles

Ainsi que nous l'avons déjà mentionné, nous préférons ne pas employer le terme souvent trompeur d'«écotourisme», mais les visiteurs qui désirent en saisir toute la portée positive ne seront pas pour au-

Parcs nationaux

La liste qui suit ne se veut nullement exhaustive puisque de nouveaux parcs et réserves s'y ajoutent, mais elle fait tout de même état des endroits les plus intéressants et les plus accessibles. Chacun d'eux vous sera présenté en détail dans les chapitres ultérieurs de ce guide.

Parque Nacional La Tigra, près de Tegucigalpa (voir p 92).

Reserva Natural Monserrat, près de Yuscarán (voir p 93).

Parque Nacional Cusuco, près de San Pedro Sula (voir p 129).

Parque Nacional Santa Bárbara, près de Santa Bárbara (voir p 129).

Parque Nacional Celaque, près de Gracias (voir p 130).

Parque Nacional Punta Sal, près de Tela (voir p 158).

Refugio de Vida Silvestre Punta Izopo, près de Tela (voir p 158).

Jardín Botánico Lancetilla, près de Tela (voir p 158).

Parque Nacional Cuero y Salado, près de La Ceiba (voir p 159).

Parque Nacional Pico Bonito, près de La Ceiba (voir p 159, 160).

Parque Nacional Capiro-Calentura, près de Trujillo (voir p 162).

Refugio de Vida Silvestre Laguna Guaymoreto, près de Trujillo (voir p 162).

Parque Nacional La Muralla, dans le département d'Olancho (voir p 215).

Parque Nacional Sierra de Agalta, dans le département d'Olancho (voir p 216).

Plein air

tant déçus. Le Honduras a en effet donné le jour à un vaste réseau de réserves naturelles et de parcs nationaux en montagne, en bordure des rivières et en mer, tous riches de nombreuses espèces végétales et animales dont la protection a justement inspiré la création. L'Amérique centrale, qui ne compte que 1% des terres de la planète, abrite environ 10% de toutes les espèces vivantes, dont certaines sont aujourd'hui menacées d'extinction. Plusieurs des parcs sont par ailleurs aménagés en région montagneuse, et ils présentent divers types de végétation selon l'altitude à laquelle ils se trouvent, y compris des forêts tropicales humides à proximité des sommets.

Les voyageurs familiers avec les parcs nationaux de pays plus riches, pourvus de réseaux routiers bien développés, de sentiers soigneusement balisés, de lieux d'hébergement et de restauration variés, et empreints d'une atmosphère générale de colonie de vacances, seront aussitôt frappés par l'état somme toute primitif et virginal des parcs honduriens. Dans la majorité des cas, les installations des parcs et réserves sont très limitées (certains disposent d'un simple centre d'accueil à l'entrée, tandis que d'autres sont à peine signalés). Il arrive aussi que des territoires dits protégés soient en partie cultivés ou en proie à la coupe. Quoi qu'il en soit, le Honduras a jeté les fondations de ce qui pourrait très bien devenir le plus beau siège du tourisme naturel en Amérique centrale, et même au-delà.

Les parcs nationaux Cusuco, Celaque, Pico Bonito et Sierra de Agalta renferment tous des zones de forêt tropicale humide à plus haute altitude. Quant à ceux de Punta Sal et de Cuero y Salado, ils font face à l'océan et possèdent de magnifiques plages, sans parler des espèces marines, des oiseaux et des végétaux qui y prolifèrent. La Biósfera del Río Plátano attire pour sa part, grâce à ses rivières, ses écosystèmes variés et ses villages indigènes, le plus grand nombre de visiteurs dans la région de La Mosquitia.

Randonnée pédestre

Plusieurs des parcs mentionnés dans la section précédente se trouvent en régions montagneuses et recèlent une foule de sentiers pédestres offrant de beaux panoramas et permettant d'accéder à des sites d'intérêt pour les naturalistes. Certains de ces parcs n'ont pour ainsi dire fait l'objet d'aucun développement humain, tandis que d'autres ne disposent que d'un simple campement ou que de rares installations à l'intention des visiteurs. Celui de La Tigra, qui ne compte pourtant pas parmi les parcs les plus étendus, est néanmoins l'un des mieux développés, et vous y trouverez en outre certaines des pistes les plus exigeantes. Cusuco, Celaque et Pico Bonito offrent aussi de beaux sentiers de randonnée; quant à Santa Bárbara, Capiro-Calentura et La Muralla, ils ont tous un potentiel de taille, mais ne proposent pour l'instant qu'un réseau restreint de sentiers. Il va sans dire que les randonneurs doivent porter de bonnes chaussures de marche, se munir de vêtements supplémentaires pour affronter les climats plus froids en altitude et transporter des provisions d'eau suffisantes.

Descente en rivière

Le Honduras s'impose en quelque sorte comme un paradis en termes de descente en rivière, car il regorge d'options aussi bien pour ceux qui ne jurent que par le *rafting* dans les rapides que pour ceux qui préfèrent pagayer tranquillement au sein d'une végétation luxuriante ou d'une multitude d'habitats sauvages.

Plusieurs des excursionnistes énumérées dans ce chapitre proposent des descentes en rivière comprenant le transport, les guides et les kayaks. Ríos Honduras, établie à La Ceiba, est reconnue pour être la plus spécialisée des entreprises dans le domaine, et c'est aussi celle qui propose le plus large éventail d'excursions.

Le Río Cangrejal, près de La Ceiba, est l'endroit le plus populaire de tout le Honduras en ce qui a trait au *rafting*, et plusieurs firmes y organisent des excursions d'une journée. Parmi les autres favoris, citons le Río Sico, aux limites de La Mosquitia, et le Río Plátano, qui coule profondément à l'intérieur de cette région; ces deux cours d'eau comportent bien quelques rapides légers, mais aussi de longues sections où vous pourrez vous détendre dans des paysages enchanteurs (expéditions de plusieurs jours). D'autres rivières encore accueillent les amateurs de ce genre d'activité, comme le Río Chamelecón, près de San Pedro Sula, le Río Mame, dans l'arrière-pays profond de La Ceiba, derrière la Chaîne côtière, et le Río Humuya, qui part du barrage de Cajón, près du Lago de Yojoa. Outre ceux que nous avons déjà mentionnés, plusieurs cours d'eau de La Mosquitia se prêtent à la pratique de ce sport, dont le Río Patuco et le Río Coco; mais, pour en profiter, vous devrez prendre des dispositions particulières.

Comme partout ailleurs, l'état des rivières varie en fonction des pluies. S'il pleut trop, les voies navigables risquent de devenir trop déchaînées pour que vous puissiez les emprunter en toute sécurité. Par contre, s'il ne pleut pas assez, elles peuvent se dessécher presque complètement. Les entreprises spécialisées pourront vous renseigner quant aux meilleures périodes de l'année pour partir à la découverte de tel ou tel cours d'eau.

Vélo

Le vélo est rarement tenu pour une activité de loisir au Honduras, puisqu'il s'agit d'un moyen de transport courant dans nombre de régions rurales ainsi que dans certaines zones urbaines d'envergure, comme celles de Puerto Cortés, La Ceiba et Danlí. Les randonnées cyclistes sur de longues distances font figure d'aventures exotiques, mais sans pour autant relever du phénomène inédit. Certains tronçons de route comportent des accotements revêtus et, sur la plupart des routes (exception faite, bien entendu, de l'artère qui relie Tegucigalpa et San Pedro Sula), la circulation est suffisamment légère pour vous permettre, toutes proportions gardées, de rouler en paix et en sécurité.

La majeure partie du territoire hondurien étant montagneuse, les cyclistes qui s'aventurent au-delà des plaines côtières doivent être en bonne condition physique. Gardez en outre à l'esprit que nombre de routes secondaires sont piètrement revêtues. Certains cars ruraux sont surmontés d'une galerie où vous pourrez ranger votre bicyclette, mais tel n'est pas le cas de la majorité d'entre eux, ce qui veut dire que vous n'avez aucunement la certitude de pouvoir vous rabattre sur cette option s'il appert que vous en avez assez de pédaler. De simples montures sont proposées en location dans les principaux centres touristiques. Quant aux vélos plus perfectionnés, ils captent l'attention des voleurs, de sorte que vous devez bien les surveiller et les ranger dans des endroits sûrs.

Tennis et golf

Le Honduras est un pays pauvre, et ces activités ne sont accessibles qu'à un nombre très restreint de personnes. Il semble d'ailleurs en être de même pour les visiteurs, si bien que quiconque espère consacrer ses vacances au golf, par exemple, ferait mieux d'opter pour une autre destination. Quelques complexes d'hébergement de luxe mettent néanmoins divers types d'embarcations à la dispositions de leurs clients, et une poignée d'hôtels se targuent de posséder des courts de tennis. Vous trouverez des parcours de golfs à neuf trous à San Pedro Sula et à La Ceiba.

Excursionnistes

Les attraits du Honduras gravitent parfois autour de sites difficiles d'accès et d'activités nécessitant un équipement particulier ou une logistique complexe. À cet égard, les entreprises spécialisées peuvent vous être d'un grand secours. Certaines régions du pays, sauvages et magnifiques, ne sont accessibles en effet que très difficilement sans passer par elles, et ce, même si vous êtes un voyageur aguerri et solitaire.

Certains excursionnistes proposent des programmes grâce auxquels vous pourrez visiter des réserves isolées ou des régions éloignées, comme La Mosquitia. D'autres se spécialisent dans les activités telles que la descente en rivière ou les balades en train à travers les plantations de bananiers. La majorité d'entre eux s'en tiennent toutefois aux sentiers battus et veillent aux moindres aspects des excursions pour ceux et celles qui préfèrent ne pas avoir à s'en préoccuper.

Étant donné que relativement peu de gens visitent le Honduras à ce jour, nombre d'entreprises spécialisées ne proposent leurs activités qu'à intervalles irréguliers, et insistent pour regrouper un nombre suffisant de personnes avant de partir en excursion. Aussi arrive-t-il souvent qu'un excursionniste ne soit en mesure d'annoncer le départ d'une excursion que quelques jours avant la date où elle doit avoir lieu, et les sorties d'une journée ne sont fréquemment confirmées que le soir précédent. Notez enfin que la majorité des excursionnistes transigent avec les agences de voyages et les grossistes étrangers, mais aussi directement avec les visiteurs au fur et à mesure qu'ils se présentent à eux.

Les groupes formés par les différentes entreprises sont généralement restreints. Les visiteurs qui désirent se rendre en régions éloignées doivent savoir que l'hébergement et les autres services risquent d'être beaucoup plus rudimentaires que ceux dont ils ont l'habitude de se faire offrir chez eux. Avant de régler la facture d'une excursion, il importe de vérifier si les repas, les boissons et les droits d'accès à divers sites sont compris dans le forfait. Vous n'avez rien à perdre à étudier les prix et les options proposés par la concurrence. Sachez qu'en général les prix affichés dépassent largement les moyens des voyageurs à petit budget, bien qu'ils se comparent avantageusement à ceux d'activités semblables dans d'autres pays.

La liste qui suit n'est nullement complète, et nous ne vous la fournissons qu'à titre indicatif. L'auteur et l'éditrice du présent guide ont toutes les raisons de croire que les entreprises énumérées ci-après font preuve de compétence et se plient aux règles d'éthique d'usage, mais sans toutefois pouvoir s'en porter garants.

La Moskitia Ecoaventuras
Avenida 14 de Julio
La Ceiba
☎442-0104
moskitia@laceiba.com
Son nom dit tout. Cette entreprise présente en effet l'éventail le plus complet qui soit d'excursions de randonnée et de descente en rivière dans la Mosquitia, d'une durée de trois jours à deux semaines. Certaines des expéditions les plus longues partent des profondeurs de l'arrière-pays, près de l'embouchure du Río Plátano. Outre l'exploration des réserves du Río Plátano et de Tawahka, les programmes visés portent sur l'observation des oiseaux, la descente du Río Sico et la pêche sportive dans la lagune de Caratasca. Parmi les destinations hors de la région de la Mosquitia, il faut retenir le Parque Nacional Sierra de Agalta, réputé pour sa forêt tropicale humide.

C.B. Tours
Hotel Plaza Flamingo
La Ceiba
☎*443-2738 ou 443-3149*
Cette entreprise organise des excursions couvrant plusieurs des parcs nationaux du Honduras. Elle fournit en outre des guides pour accompagner aussi bien les groupes que les individus n'importe où au Honduras.

Adventure Expeditions
1020 Altos de Hoya
Tegucigalpa
☎237-4793
Gérée par Ricardo Madrid, un Hondurien originaire de la Louisiane, cette enttreprise se spécialise dans les excursions d'aventure dans la Mosquitia, y compris une expédition de six jours dans la réserve de la biosphère de Río Plátano. Elle organise en outre des excursions de pêche et de chasse aux oiseaux dans plusieurs régions du Honduras.

Trek de Honduras
Avenida Julio Lozano Díaz, entre 12ª et 13ª Calles
Colonia Alameda, frente a Salven los Niños
Tegucigalpa
☎239-9826
≈239-0743
Cette entreprise organise des excursions conventionnelles dans certaines des régions les plus visitées du Honduras, mais aussi des expéditions de cinq à sept jours dans la Biósfera del Río Plátano de la Mosquitia. Vous logerez dans le confortable Río Tinto Jungle Lodge de Palacios, exploité par la firme et servant de point de départ aux excursions vers La Mosquitia.

Cramer Tours
4ª Avenida, près de 3ª Calle S.O.
San Pedro Sula
☎*557-7082*
Cette petite entreprise organise des visites du Parque Nacional Cusuco.

Go Native Tours
à quelques pas de la Plaza
Copán Ruinas
☎*651-4432*
Parmi les activités proposées, citons les excursions de 6 à 10 jours dans la Biósfera Río Plátano de La Mosquitia, la visite de plusieurs parcs nationaux honduriens, dont le Parque Nacional Celaque, et les randonnées sur plage de cinq jours entre Puerto Cortés et Tela. René Hernández, le propriétaire de l'entreprise, s'avère une excellente source d'information.

Garífuna Tours
près de la place centrale
Tela
☎448-1069
≈448-2904
garifuna@bondutel.ca
Des excursions d'une journée ou d'une demi-journée permettent aux visiteurs d'explorer le Parque Nacional Punta Sal et de voguer en canot sur la Laguna de los Micos ou à l'intérieur de la réserve naturelle Punta Izopo, toutes deux à proximité de Tela.

Eurohonduras
Edificio Gran Hotel Italia
Avenida 14 de Julio
La Ceiba
☎ *443-0933*
Cette entreprise est réputée pour ses excursions dans les environs de La Ceiba, qu'il s'agisse de randonnée pédestre dans le Parque Nacional Pico Bonito, de *rafting* sur le Río Cangrejal ou de l'exploration de la réserve faunique Cuero y Salado. Parmi les activités proposées, il y a aussi une randonnée de quatre heures à travers une forêt tropicale humide qui débouche sur une chute splendide, au pied de laquelle s'étend un bassin propre à la baignade. Eurohonduras organise par ailleurs diverses excursions dans les autres régions du Honduras.

Turtle Tours
Hotel Villa Brinkley
Trujillo
☎ *434-4444*
Son programme : des randonnées dans les forêts tropicales humides du Parque Nacional Capiro-Calentura, de la navigation sur la Laguna Guaymoreto et des visites en car des plantations de bananiers et des villages garifunas.

Tegucigalpa et ses environs ★★★

La capitale du Honduras ne manque pas d'originalité avec ses rues étroites et sinueuses à flanc de colline, ses nombreuses constructions anciennes aux teintes pastel et le cordial va-et-vient de ses habitants, qui fait presque oublier la misère noire dans laquelle ils vivent en grande majorité.

Il s'agit d'une ville tantôt enchanteresse, tantôt désolante, mais toujours prête à vous surprendre au moindre détour.

L'Amérique centrale a toujours été une région quelque peu perdue du monde depuis l'époque coloniale, et Tegucigalpa est la capitale d'un des pays les moins en vue de ce sous-continent. Elle n'est devenue le siège du gouvernement hondurien, jadis établi à Comayagua, qu'en 1880 et, même après ce transfert, on lui accorda si peu d'importance que la frénésie ayant marqué la construction des chemins de fer au début du XXe siècle la laissa totalement dépourvue, tant et si bien que ses routes ne furent revêtues que beaucoup plus tard. L'industrie de la banane, qui devait dominer l'économie du pays pendant plusieurs décennies, se développa en effet près de la côte septentrionale, loin de la capitale, et la ville de San Pedro Sula émergea alors comme le principal nerf industriel et commercial du Honduras.

Tout cela pour dire que le visiteur ne doit pas s'attendre à trouver à Tegucigalpa les habituels monuments et agréments des grandes capitales du monde. Il peut toutefois compter sur la découverte d'une ville importante (1 000 000 d'habitants) pourvue de charmants îlots d'architecture coloniale, d'un choix raisonnable d'hôtels et de restaurants, et d'un imposant décor montagneux dans trois directions. Bien que Tegucigalpa n'ait été érigée au rang de capitale qu'il y a un peu plus d'un siècle, elle est beaucoup plus ancienne, ayant été fondée en 1578 pour répondre aux besoins des mines d'or et d'argent des environs. Son nom lui provient de mots autochtones signifiant «montagne d'argent», et on l'abrège volontiers en *Tegus* dans les conversations courantes, l'accent portant alors sur la première syllabe.

Le tourisme commence à prendre de l'essor au Honduras vers le milieu des années quatre-vingt-dix et, une fois de plus, Tegucigalpa pourrait très bien faire figure de parent oublié. Car tout porte à croire que le développement se concentrera autour des plages de la côte Caraïbe, des sites de plongée sous-marine des Islas de la Bahía, des réserves naturelles du nord du pays et, bien entendu, de Copán, réputée pour ses splendides ruines mayas. Tegus, qui se trouve à une certaine distance de la côte Caraïbe par voie de terre, et qu'aucune route principale ne relie directement à Copán, semble donc destinée à rester en marge des circuits touristiques, ce qui serait fort dommage. Même si cette ville ne peut honnêtement prétendre offrir des attraits incontournables, elle n'en mérite pas moins une visite, sans compter qu'elle se trouve à proximité du parc national La Tigra et de plusieurs vieilles villes charmantes dont l'aspect physique n'a pratiquement pas changé depuis l'époque coloniale.

La **Plaza Morazán**, aussi connue sous le nom de Parque Central, s'étend au cœur de la capitale. Exception faite des abords de la petite cathédrale coloniale à la rafraîchissante façade blanchie à la chaux, ce jardin public n'est pas spécialement attrayant à prime abord. Mais l'atmosphère qui y règne fait vite oublier le charme physique qui lui fait défaut, que ce soit par les cireurs de chaussures qui proposent leurs services, postés aux coins des rues, à une population grouillante où se mêlent bien-nantis et modestes quidams. Tout autour, l'architecture se révèle médiocre, les arbres et les fontaines demanderaient un peu plus de soin, et la végétation se fait quelque peu éparse, mais les collines avoisinantes offrent de ravissants panoramas; à la tombée du jour, il semble que tous les oiseaux chanteurs de Tegucigalpa convergent vers les rares arbres du parc pour s'y donner en concert. L'ensemble est on ne peut plus typique de l'Amérique centrale.

L'**Avenida Paz Barahona**, mieux connue sous le nom de Calle Peatonal («rue piétonne»), s'étire de part et d'autre du parc. Du côté qui fait face à la cathédrale, elle revêt l'aspect d'une artère piétonnière animée et bordée d'innombrables boutiques et kiosques sur trois pâtés de maisons. Les rues qui s'éloignent en direction opposée conduisent à la Colonia Palmira et à d'autres quartiers chics. La plu-

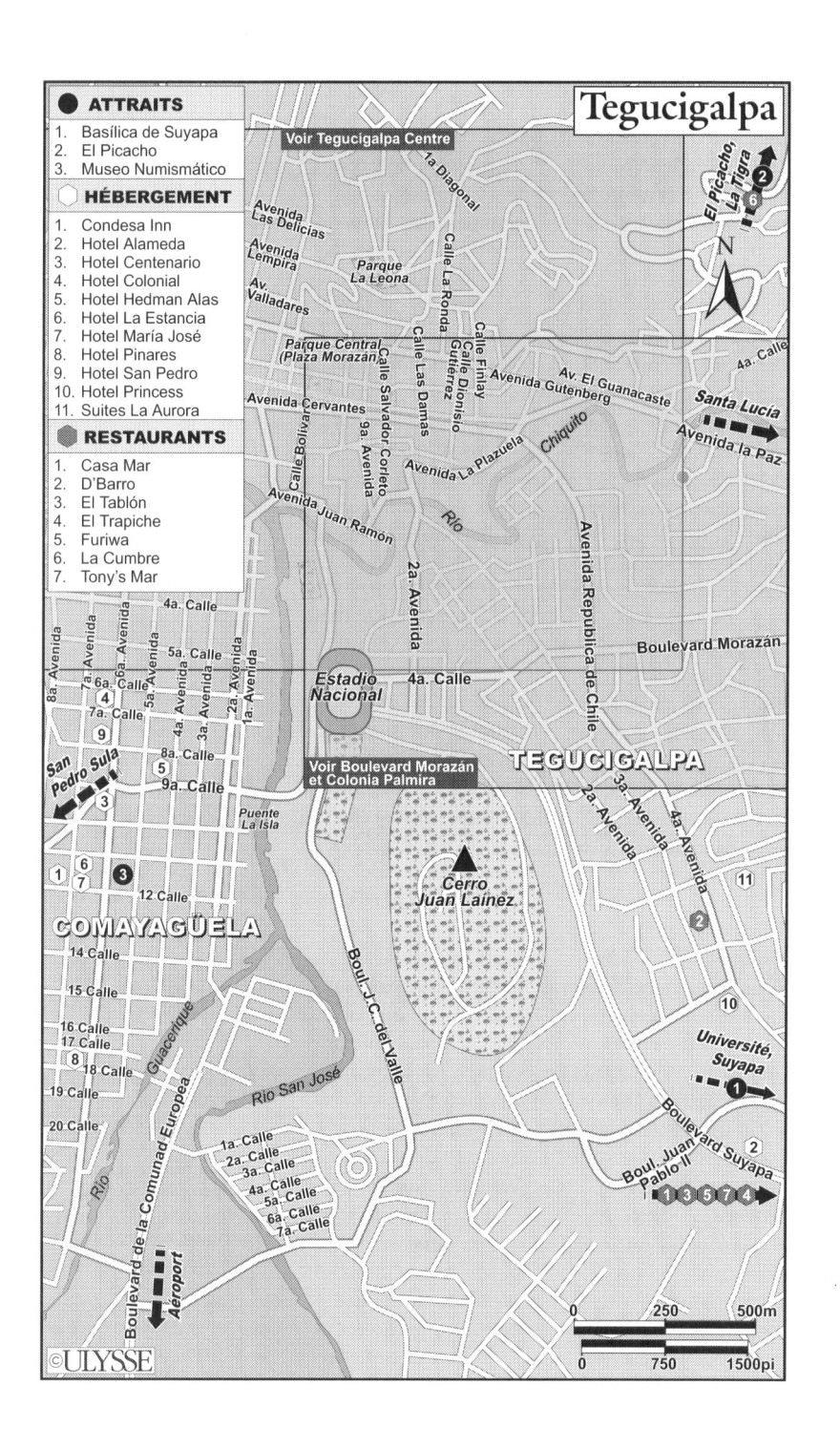

Tegucigalpa

ATTRAITS
1. Basílica de Suyapa
2. El Picacho
3. Museo Numismático

HÉBERGEMENT
1. Condesa Inn
2. Hotel Alameda
3. Hotel Centenario
4. Hotel Colonial
5. Hotel Hedman Alas
6. Hotel La Estancia
7. Hotel María José
8. Hotel Pinares
9. Hotel San Pedro
10. Hotel Princess
11. Suites La Aurora

RESTAURANTS
1. Casa Mar
2. D'Barro
3. El Tablón
4. El Trapiche
5. Furiwa
6. La Cumbre
7. Tony's Mar

© ULYSSE

part des bons restaurants de la ville et nombre de boutiques plus huppées ont élu domicile sur le boulevard Morazán et d'autres boulevards de banlieue. Le centre-ville demeure néanmoins bourdonnant toute la journée, jusqu'en début de soirée, car il a su échapper à la négligence des pays voisins qui a si durement défiguré le centre de San Salvador et de Managua. Au crépuscule, tout devient calme et quiconque n'est pas encore familier avec les airs de la ville devrait sérieusement songer à se déplacer en taxi.

Le Río Choluteca traverse le centre de Tegucigalpa avant de poursuivre sa course sinueuse vers l'océan Pacifique. Étant donné qu'une grande partie de ses eaux est détournée aux fins d'irrigation et autres, le lit du fleuve est pratiquement sec toute l'année, de sorte qu'on y aménage des terrains de *fútbol* de fortune. De l'autre côté du fleuve s'étend la jumelle de Tegucigalpa, Comayagüela (se prononce *co-MAÏ-a-GWÉ-la*), une ville animée quoique plutôt sale,

parsemée de marchés fréquentés, de nombreux hôtels bas de gamme et de lieux d'habitation et de travail peuplés d'indigents, et en proie à de graves problème de sécurité à la tombée de la nuit. La majorité des gares routières interurbaines se trouvent à Comayagüela et l'aéroport s'étend un peu au-delà de ses limites.

Une journée ou une journée et demie devrait vous suffire pour voir les principaux attraits de Tegucigalpa, y compris le musée d'anthropologie, les églises coloniales et le point de vue des pentes d'El Picacho. Mais vous devriez songer à prolonger votre séjour de deux ou trois jours afin de visiter certains des parcs et des villes avoisinantes. Santa Lucía s'impose comme un adorable village à flanc de colline qui a à peine changé au fil des siècles, et Valle de Angeles, un peu plus loin dans la même direction, propose un bon choix de produits artisanaux. Parmi les autres localités réputées pour leur charme colonial, retenez Ojojona et Yus-

carán. De plus, quiconque s'intéresse à l'agriculture voudra faire un saut à l'Escuela Agrícola Panamericana d'El Zamorano. Quant au Parque Nacional La Tigra, juché sur les collines au-dessus de Tegucigalpa, il présente de belles possibilités de découvertes, aussi bien pour les amateurs de randonnée pédestre que pour les simples amants de la nature.

Pour s'y retrouver sans mal

En avion

L'**aéroport Toncontín**, situé à 6,5 km du centre de Tegucigalpa, vous ramènera à une époque révolue avec son aérogare datant des années cinquante, mais ayant subi quelques travaux de rénovations superficiels dans les années quatre-vingt-dix, sans parler de son approche par la voie des airs, qui promet d'être pour le moins palpitante. Les avions frôlent en effet à ce point la cime des collines que les passagers se surprennent parfois à penser qu'ils n'auraient qu'à tendre le bras pour cueillir les fruits qui poussent dans les arbres, un sentiment vite oublié lorsque l'appareil pique soudain vers la piste tel un bombardier en plongée, avant de s'y poser et de s'arrêter brusquement pour ne pas sombrer dans le précipice qui en marque la fin. On ne compte heureusement que peu d'accidents, bien qu'il y en ait eu. Quiconque se sent nerveux en avion préférera sans doute atterrir à San Pedro Sula. Les départs, au demeurant, s'avèrent beaucoup moins redoutables. Nombre de projets de construction d'un nouvel aéroport ont vu le jour au fil des ans, mais les seuls sites propices à une telle entreprise se trouvent très loin de la ville.

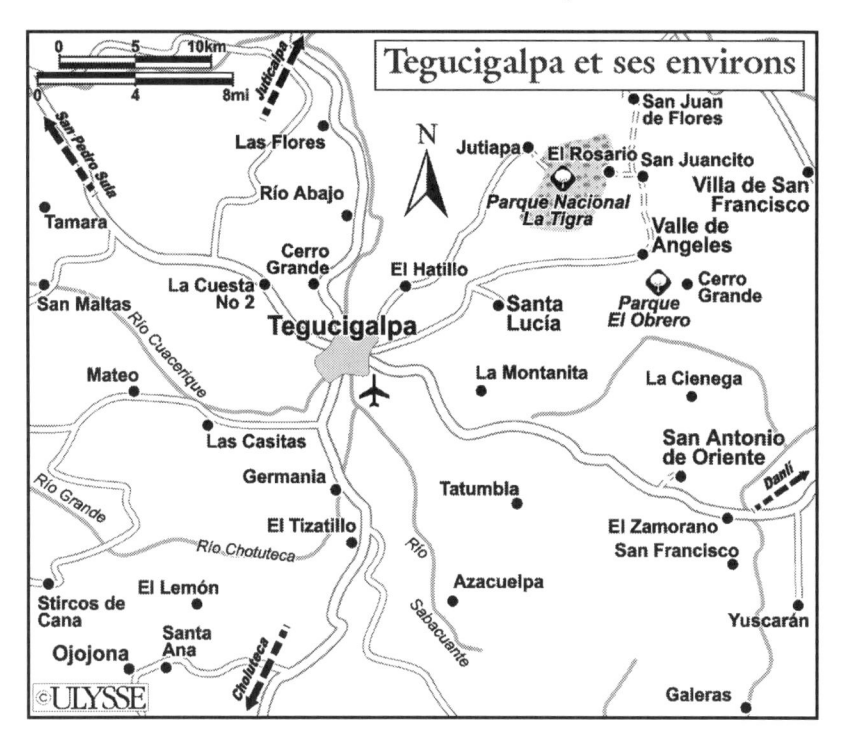

Les services aériens à l'intérieur du pays sont assurés par le Grupo Taca vers San Pedro Sula, avec quatre vols quotidiens, et par Isleña, Sosa et Rollins vers La Ceiba, avec deux ou trois vols par jour chacune, auxquels s'ajoutent des correspondances pour les Islas des Bahías. Au départ de La Ceiba, les correspondances pour Trujillo et la Mosquitia requièrent souvent une escale d'une nuit, ce qui n'est toutefois pas le cas sur retour. Tegucigalpa bénéficie de vols internationaux directs à destination de Miami, de Houston, du Guatemala, d'El Salvador et du Costa Rica. Pour de plus amples renseignements concernant les vols internationaux, voir p 32.

Réservations aériennes

American Airlines
Edif. Palmira
près de l'Hotel Honduras Maya
☎ *232-1414*

Continental Airlines
Edif. Palic, Col. Palmira
☎ *220-0999*

Grupo Taca
Edif. Interamericana,
Boul. Morazán
☎ *239-0148*

Isleña
Galería La Paz, Ave. La Paz
☎ *237-3410*

Rollins
à l'aéroport
☎ *234-2766*

Sosa
à l'aéroport
☎ *233-7351*

En voiture

Outre le fait qu'elle n'est desservie par aucun réseau ferroviaire, Tegucigalpa a ceci de particulier qu'elle compte parmi les rares villes d'envergure comparable de l'hémisphère occidental à n'être entourée d'aucune route de plus de deux voies. Pour l'instant, la circulation demeure suffisamment faible pour ne pas occasionner d'engorgements trop importants, quoique la route de San Pedro Sula, de deux voies seulement sur presque toute sa longueur, arrive plus ou moins à saturation. La simple tentative de doubler un camion lent peut ainsi durement éprouver la patience des automobilistes, tant la circulation en sens inverse se fait parfois dense, et ce, bien qu'on trouve par endroits des voies de dépassement. Or, étant donné que cette route a été tracée en terrain montagneux, il faudrait des sommes astronomiques pour en doubler la largeur.

De bonnes routes relient Tegucigalpa à Choluteca, au sud, et aux passages frontaliers méridionaux d'El Salvador et du Nicaragua, de même qu'à Danlí et divers points du Nicaragua à l'est, et au département d'Olancho au nord-est, où se trouvent notamment les villes de Juticalpa et Catacamas. On ne se rend toutefois pas aussi directement dans la région de Copán; pour ce faire, de nombreux automobilistes choisissent de passer par San Pedro Sula, et ce, en dépit de la distance accrue, du fait que les routes sont meilleures; une autre possibilité consiste cependant à emprunter la route de San Pedro Sula jusqu'à Siguatepeque pour ensuite prendre vers l'ouest jusqu'à Santa Rosa de Copán en passant par La Esperanza et Gracias – la route est néanmoins plus accidentée et non revêtue entre ces deux localités, et certaines sections rurales s'en trouvent très isolées, excluant pratiquement toute possibilité de secours en cas d'urgence.

Aussi curieux que cela puisse paraître, les routes en direction de San Pedro Sula, au nord, et d'Olancho, au nord-est, partent en fait du sud-ouest de la ville. Elles décrivent en effet de grandes boucles permettant de négocier plus facilement les ascensions et évitent les pentes quasi verticales du nord de la ville.

En autocar

Les services de cars reliant les villes entre elles sont exploités par une profusion de compagnies, et il n'existe aucune gare routière centrale, chaque compagnie ayant la sienne. Dans certains cas, les arrivées et les départs se font même autour des marchés publics. La majorité de ces compagnies sont éparpillées à travers Comayagüela, et certaines d'entre elles se livrent une rude compétition sur les parcours les plus fréquentés. On peut souvent se procurer les billets à l'avance, et il est toujours plus sage de confirmer au préalable les heures de départ, qui changent parfois sans avertissement.

De nouveaux autocars express de luxe, bénéficiant de la climatisation et d'un service de casse-croûte et de boissons à bord, sans oublier une salle d'attente confortable à la gare routière, rayonnent de Tegucigalpa à destination de San Pedro Sula, Puerto Cortés, La Ceiba et Choluteca à l'intérieur du pays, mais aussi de San Salvador et de Managua, au-delà des frontières honduriennes. Les jours fériés et le dimanche, particulièrement affairés, il peut être utile de réserver à l'avance, tout en

L'après-Mitch à Tegucigalpa

Lorsque l'ouragan Mitch fit s'abattre sur le Honduras des pluies torrentielles pendant six jours consécutifs, à partir du 30 octobre 1998, le Río Choluteca, de faible cours d'eau étroit qu'il avait l'habitude d'être, se transforma en un redoutable torrent qui ravagea tout sur son passage en franchissant le cœur de la capitale, au point d'emporter des ponts et d'inonder des portions du centre, aussi bien du côté de Tegucigalpa que de Comayagüela. Deux ans plus tard, les dégâts étaient encore très visibles et ils risquent de le demeurer pendant de nombreuses années à venir. Plusieurs constructions du côté de Tegucigalpa brillent désormais par leur absence, seules leurs fondations et des sections de leurs murs rappelant leur existence passée; le siège administratif du ministère de l'Éducation fait d'ailleurs partie des victimes les plus notables de l'ouragan. Du côté de Comayagüela, la dévastation est encore plus importante, presque tous les bâtiments d'un long segment de la 1ra Avenida, parallèle à la rivière, ayant simplement été arasés, sans compter qu'une partie du marché San Isidro a aussi été balayée. Aujourd'hui, les ponts sont pour la plupart de nouveau fonctionnels et la vie est plus ou moins revenue à la normale dans la majorité des quartiers de la ville. Et, lorsqu'on contemple la rivière, on a le plus souvent peine à s'imaginer qu'elle ait jamais pu quitter son lit.

Cela dit, les dégâts ne se sont pas limités aux abords de la rivière. Les pluies abondantes ont également provoqué des glissements de terrain qui ont entraîné à leur perte plus d'une douzaine de quartiers essentiellement pauvres jadis accrochés à flanc de collines, et dont certains ne se remettront sans doute jamais. Dans un secteur donné, des douzaines de maisons et même un terrain de football (soccer) ont à proprement parler dévalé la colline, faisant de nombreux morts et blessés. Un article paru dans *The New York Times*, et intitulé «La capitale du Honduras : ville de mort et de désolation», rapportait que *«des centaines de vautours tourbillonnaient dans le ciel, apparemment attirés par l'odeur fétide, si faible soit-elle, des cadavres ensevelis sous les décombres d'une partie de la ville emportée par une avalanche».* Les vautours sont bien sûr partis depuis longtemps, mais des segments du système d'égouts décrépit de la ville n'en ont pas moins été éventrés par la fureur de Mitch, et certaines zones plus pauvres, loin du regard de la plupart des étrangers, se sont vues transformées en égouts à ciel ouvert, présentant ainsi un important risque sanitaire. Au bout du compte, les fonds promis par les agences de secours internationales représentent la seule et unique source d'espoir à venir pour cette ville en partie sinistrée.

sachant que les cars internationaux s'emplissent tout spécialement vite. Plusieurs autres points, entre autres Danlí, Trujillo et Catacamas, sont desservis par des autocars somme toute assez confortables, mais la plupart des villes et villages de moindre envergure ne s'atteignent qu'à bord de véhicules moins convenables (pour certains, d'anciens autobus scolaires d'origine étasunienne) qui ne circulent qu'à intervalles espacés et se révèlent souvent bondés à craquer. Sur certaines lignes affairées, les voyageurs ont la possibilité de choisir entre plusieurs catégories d'autocars.

En direction de San Pedro Sula, **Viana** *(Boul. Fuerzas Armadas, ☎239-8288)* et **Saenz** *(Centro Comercial Perisur, près de l'aéroport, ☎233-4229)* offrent toutes deux un service de premier ordre avec chacune de quatre à six départs quotidiens, au coût d'environ 9$ pour un trajet d'une durée de 3 heures 30 min. **Hedman Alas** *(11 Avenida, entre 13 Calle et 14 Calle, Comayagüela, ☎237-7143)* propose un service de qualité légèrement inférieure, à raison d'une douzaine de départs quotidiens, dont certains sur des cars express, au coût moyen d'environ 6$. Plusieurs autres compagnies, y compris **El Rey** *(☎237-1462)*, **El Rey Express** *(☎237-8561)* et

Norteños *(☎237-0706)*, offrent un service moins coûteux mais aussi plus lent, avec des départs fréquents et un trajet d'une durée d'au moins 4 heures 30 min. El Rey et Norteños s'arrêtent aux carrefours routiers donnant accès à plusieurs destinations intermédiaires, notamment Comayagua et Siguatepeque; de ces points, des cars locaux plutôt lents circulant une fois l'heure permettent d'atteindre le centre de ces deux agglomérations.

En direction de Copán, il faut habituellement passer par San Pedro Sula. **La Sultana** *(8ª Avenida entre 11 Calle et 12 Calle, Comayagüela, ☎237-8101)* se rend à San Rosa de Copán environ trois fois par jour via San Pedro Sula (correspondance à La Entrada pour les Copán Ruinas). La durée totale du trajet varie grandement, selon les correspondances effectuées. Pour atteindre les ruines de Copán, comptez huit heures en moyenne.

En direction de Puerto Cortés, **Maya Express** *(Hotel Alameda, Boul. Suyapa, ☎232-6855)* propose un service de luxe quotidien, le départ se faisant à Tegucigalpa en après-midi et le retour, le lendemain matin. Sinon il faut généralement changer d'autocar à San Pedro Sula.

En direction de Tela *(5$; 5 heures 30 min)* et de La Ceiba *(6$; 6 heures 30 min)*, **Etrusca** *(12 Calle, entre 8ª Avenida et 9ª Avenida, Comayagüela, ☎220-0137)* et **Cristinas** *(8ª Avenida, entre 12 Calle et 13 Calle, ☎220-0117)* dépêchent plusieurs fois par jour des autocars rapides et confortables. **Viana** *(Boul. Fuerzas Armadas, ☎239-8288)* offre pour sa part un service de luxe à destination de La Ceiba *(17$; 6 heures)* deux fois par jour, sans escale à Tela.

En direction de Trujillo *(7$; 8 heures)* via La Unión *(près du Parque Nacional La Muralla)*, **Cotraipbal** *(7ª Avenida, entre 10 Calle et 11 Calle, ☎237-1666)* fait circuler des autocars confortables deux fois par jour. Un service également confortable à destination de Juticalpa *(2,50$; 3 heures)* et de Catacamas *(3,50$; 4 heures)* est offert plusieurs fois par jour par **Discovery** *(7ª Avenida, entre 12 Calle et 13 Calle, Comayagüela, ☎222-4256)* et **Aurora** *(8ª Calle, entre 6ª Avenida et 7ª Avenida, ☎237-3647)*.

En direction de Danlí *(1,50$; 2 heures)*, **Discua Litena** *(près du marché Jacaleapa, ☎230-2739)* part aux 40 min environ, alors que **Dandy** *(6ª Avenida, Comayagüela, ☎232-7939)* offre le même service, quoique à intervalles plus espacés. Quelques autocars poursuivent leur route jusqu'à San Marcos, près de la frontière nicaraguayenne.

En direction de Choluteca *(2$; 2 heures 30 min)* et des principaux points intermédiaires, **Mi Esperanza** *(6ª Avenida, entre 23 Calle et 24 Calle, Comayagüela, ☎225-1502)* assure un service fréquent et assez confortable. La même compagnie offre par ailleurs un service de luxe *(5$; 2 heures)* à partir d'un petit bâtiment qui se trouve derrière la gare principale, avec des départs aux deux heures et sans escale. Si vous ne parvenez pas à obtenir un siège, sachez que vous pouvez toujours héler au passage un autocar d'une autre compagnie à l'extérieur de la gare routière sur la 6ª Avenida, quoique le service offert soit alors plus lent et moins confortable. Quelques autocars poursuivent jusqu'à des localités situées non loin de la frontière nicaraguayenne.

Un service outre-frontière en direction de San Salvador *(17-25; 6 heures)* est conjointement assuré deux fois par jour par **Crucero del Golfo** et **King Quality** *(Boul. Comunidad Europea, ☎225-5415).* Le premier des deux départs permet une correspondance le même jour pour Guatemala City *(45$).* En direction de Managua *(20-23; 8 heures),* deux liaisons concurrentes sont assurées par **King Quality** et **Tica Bus** *(16 Calle, entre 5ª Avenida et 6ª Avenida, Comayagüela, ☎220-0590),* chacune offrant un départ par jour. Tica Bus poursuit jusqu'à San José, au Costa Rica, en marquant une escale d'une nuit à Managua. (Tica Bus n'assure plus de liaisons entre Tegucigalpa et le Salvador ou le Guatemala.)

À l'intérieur de la ville

La première chose à se rappeler lorsqu'on essaie de s'y retrouver dans la capitale, c'est que la région métropolitaine de Tegucigalpa englobe également sa ville jumelle, Comayagüela, à laquelle elle est reliée par plusieurs ponts franchissant le Río Choluteca. Ensemble, elles forment l'unité administrative connue sous le nom de Distrito Central.

Le quartier que l'on tient communément pour le centre de Tegucigalpa se trouve à vrai dire près de l'extrémité nord de la zone urbaine. C'est que, en raison des contraintes topographiques que représentent les hautes collines des environs, la ville s'est surtout développée vers l'est et le sud-est. Comayagüela repose, quant à elle, au sud-ouest. On dénombre par ailleurs quantité de petites collines qui n'apparaissent pas toujours clairement sur les plans de la ville, ce qui donne parfois lieu à d'étonnantes surprises.

La Plaza Morazán, aussi connue sous le nom de Parque Central, est le point de mire du centre-ville traditionnel. Bien que nombre de rues se conforment à un quadrillage régulier, d'autres accusent parfois des angles capricieux, surtout dans les collines qui se dressent immédiatement au nord de la Plaza Morazán et en descendant vers le fleuve.

En 1991, la municipalité a rétabli les noms traditionnels d'un grand nombre de rues du centre-ville et en a rebaptisé plusieurs autres. Cependant, aujourd'hui encore, tous les plans de la ville ne reflètent pas ces changements et, ce qui n'est pas pour arranger les choses, plusieurs font encore état des *calles* et des *avenidas* numérotées en usage pendant longtemps. Par ailleurs, certains résidants plus âgés ne sont pas encore familiers avec la nouvelle nomenclature et, lorsqu'ils donnent des indications aux passants, ils utilisent volontiers des points de repère plutôt que le nom des rues comme tel.

Pour nombre de piétons, l'artère la plus importante est l'Avenida Paz Barahona, plus couramment désignée sous le nom de Calle Peatonal («rue piétonne»). Cette rue, qui s'étend sur plusieurs pâtés de maisons et longe la Plaza Morazán sur presque toute sa longueur, demeure fermée à la circulation automobile et s'impose comme un secteur animé propice au commerce et aux bavardages.

La plupart des autres points d'intérêt du côté de Tegucigalpa se trouvent au sud-est du centre de la ville. La Colonia Palmira se présente comme un chic quartier de résidences, de bureaux et de commerces dont le point de repère le plus important est l'hôtel Honduras Maya, situé à un peu plus de 1 km de la Plaza Morazán. Un autre point de repère majeur est le stade (Estadio Nacional), situé en bordure du fleuve, au sud du centre-ville. Non loin de là, un pont conduit jusqu'à Comayagüela, et deux des plus importants boulevards de la cité partent des abords immédiats du stade. Le Boulevard Morazán s'étire vers l'est, au-delà des centres commerciaux et de la plus forte concentration de restaurants de Tegucigalpa, tandis que le Boulevard Suyapa file en direction du sud-est jusqu'à la banlieue du même nom (Suyapa était jadis un village distinct), croisant sur son chemin le campus de l'Universidad Nacional Autónoma de Honduras.

Une autre artère d'envergure, le Boulevard Juan Pablo II (en honneur du pape du Jean-Paul II), épouse un tracé parallèle à celui du Boulevard Suyapa sur une courte distance.

Les voies de circulation de Comayagüela, la partie plus dure et plus hardie de la région métropolitaine, se conforment à un quadrillage plus rigoureux. Les rues (*calles*) et les avenues (*avenidas*) portent des numéros plutôt que des noms, ce qui facilite considérablement la tâche des visiteurs, un avantage peu négligeable compte tenu du fait que s'il est un secteur de la ville où l'on ne tient pas à se perdre, surtout la nuit, c'est bien celui-là. Les *calles* sont orientées est-ouest et les *avenidas*, nord-sud. La plupart des gares d'autocars se trouvent de ce côté du fleuve. L'Avenida Centenario, qui constitue l'une des approches de la route du Nord, compte parmi les rares artères qui forment une diagonale par rapport aux autres. Quant au Boulevard de la Comunidad Europea, il se détache de Comayagüela en direction du sud et, outre le fait qu'il permet d'atteindre l'aéroport Toncontín, il dessert les approches des plus importantes routes reliant la capitale au reste du pays.

Le nombre de propriétaires d'automobiles grimpe rapidement à Tegucigalpa, si bien que la circulation devient de plus en plus lourde. Les rues du centre-ville sont étroites et des bouchons se forment régulièrement à l'approche des ponts. Il ne fait aucun doute que cette partie du réseau routier n'a pas été conçue en prévision du flot actuel des véhicules motorisés. L'unique solution à ce problème demeure la patience, et songez à vous accorder une marge de manœuvre importante lors de vos déplacements aux heures de pointe.

En autobus

Pratiquement tous les secteurs de la région métropolitaine sont desservis par de fréquents autobus entre 5h et 21h. Le service se prolonge sur quelques lignes, mais à fréquence considérablement réduite. Les droits de passage sont insignifiants (quelques cents à peine), mais les véhicules se révèlent parfois bondés, de sorte qu'il n'est pas recommandé d'utiliser le transport en commun si vous devez vous déplacer avec des bagages volumineux. En plus du conducteur, on trouve généralement à bord des autobus un receveur chargé de percevoir les droits de passage.

Trouver le bus qui vous convient peut se révéler être un problème de taille. Il n'existe pas de plan des lignes, ni de répertoire central pour vous orienter, si bien que vous en serez réduit à demander à tout un chacun votre chemin de même que l'emplacement des arrêts. Le personnel des hôtels peut parfois s'avérer utile à cet égard.

En 1998, le maire de Tegucigalpa a banni les autobus du centre-ville, une décision pour le moins controversée. Bien que cette initiative ait contribué à réduire le taux de bruit et de pollution, elle a aussi occasionné de nombreux inconvénients aux utilisateurs du réseau de transport en commun, qui doivent désormais se rendre d'une façon ou d'une autre à des points situés pour la plupart près de la rivière, avant de pouvoir prendre place à bord des véhicules qui les emmèneront à destination. Plusieurs lignes de taxis collectifs relient depuis lors ces points éloignés à des lieux de rencontre situés dans le centre de la ville; aux heures de pointe, toutefois, et plus particulièrement le soir, les files d'attente peuvent s'avérer assez longues.

En taxi

Des taxis collectifs complètent le service de bus sur nombre de lignes préétablies au départ de points fixes. Bien que leur tarif soit beaucoup plus élevé que celui des bus, il demeure peu coûteux et leurs passagers sont au moins assurés d'un siège, même si l'espace est parfois très restreint.

La majorité des visiteurs trouveront toutefois les taxis réguliers plus commodes. Même les inconditionnels des transports en commun auront tôt fait de découvrir qu'ils n'ont que peu d'occasions réelles de prendre un bus ou un taxi collectif à l'intérieur de la ville, d'autant plus que, pour l'essentiel, les points d'intérêt du centre de Tegucigalpa se trouvent à distance de marche les uns des autres.

Les taxis sont peu coûteu, et ils abondent dans la capitale. Il ne faut généralement guère plus de quelques minutes pour en trouver un dans le centre-ville ou sur les artères principales. Il s'agit sans contredit d'un des meilleurs moyens de transport dans la ville même. Les taxis non occupés sont souvent identifiables au panneau «*Libre*», accroché au pare-brise, ou à leur lumière intérieure rouge ou violette le soir. Les plaques d'immatriculation des taxis autorisés sont d'une couleur différente de celles des voitures privées, et leur numéro d'enregistrement apparaît clairement en gros chiffres jaunes et noirs sur leur portière.

Le prix d'une course est très bas. Il est d'aussi peu que 1$ pour les courtes distances et dépasse rarement 4$ pour les trajets plus longs. La seule destination qui déroge à cette règle est l'aéroport, le prix en étant fixé autour de 8$. Si vous désirez épargner quelques dollars au départ de l'aéroport, il vous suffit de marcher jusqu'à l'artère principale, à une rue à peine de l'aérogare.

Les taxis ne possèdent pas de compteurs et, bien que la plupart des chauffeurs soient honnêtes, certaines transactions peuvent donner lieu à de chaudes discussions. Après un jour ou deux dans la capitale, vous devriez toutefois avoir une idée des prix justes. Afin d'éviter les disputes, il est toujours sage de fixer le prix de la course avant de monter à bord du véhicule. Quelques gros taxis jaunes, postés devant certains hôtels, sont censés offrir un service de première qualité et demandent naturellement un prix plus élevé.

Les chauffeurs de taxi ne s'attendent pas à recevoir un pourboire, mais ceux qui vous aident à transporter vos bagages ou qui vous conduisent en des lieux reculés ou difficiles à trouver méritent bien un petit supplément. On paie généralement en lempiras, mais, pour les trajets au départ de l'aéroport et les excursions spéciales à l'extérieur de la ville, les chauffeurs acceptent généralement d'être payés en dollars US, quoiqu'ils ne soient pas tenus de le faire.

Certains visiteurs voudront sans doute songer à retenir un taxi pour leurs excursions à l'extérieur de la capitale. Cette pratique n'est pas aussi extravagante qu'elle peut sembler l'être pour une personne habituée aux tarifs nord-américains ou européens. Ainsi, pour une excursion d'une demi-journée, cette solution se révèle généralement moins coûteuse que la location d'une voiture; même pour une excursion d'une journée complète, le prix ne sera probablement guère plus élevé. En prime, vous jouirez des services d'un chauffeur particulier et éviterez tous les tracas associés à la location d'une voiture. Il est primordial de s'entendre sur le prix de la course avant le départ et d'indiquer clairement au chauffeur où vous comptez vous rendre et combien de temps vous passerez à chaque endroit. Songez également à prendre un taxi plus récent, susceptible d'être en meilleur état de marche qu'une vieille guimbarde.

À pied

Tegucigalpa est une ville assez compacte et, dans la plupart des quartiers, vous pouvez vous déplacer en toute sécurité pendant la journée. C'est d'ailleurs à pied que le centre de la ville se visite le plus facilement pour la majorité des visiteurs. Retenez toutefois qu'à la nuit tombée de grandes portions de Comayagüela se révèlent peu sûres, alors que de nombreux malfaiteurs sont à l'œuvre, et la partie centrale de Tegucigalpa peut elle-même devenir malsaine au fur et à mesure que la nuit avance. Il va sans dire que certaines rues du centre sont le théâtre d'une abondante vie nocturne, ce qui les rend plus sûres que les rues isolées, mais il vaut tout de même mieux se déplacer en taxi après le crépuscule.

En voiture

Nous n'avons aucun conseil particulier à donner aux visiteurs qui désirent parcourir la capitale en voiture, si ce n'est que le centre-ville est terriblement congestionné le jour et que les espaces de stationnement sont rares. Dans certains quartiers, au moment de vous garer, vous pouvez être approché par des enfants ou même des adultes s'offrant à surveiller votre voiture en votre absence. Ils ne demandent en général qu'une somme très modeste, et vous aurez rarement à regretter d'avoir accédé à leur proposition.

La location d'une voiture

Vous pouvez louer une voiture à l'aéroport Toncontín ou dans la ville même, plusieurs bureaux de location étant regroupés près de l'hôtel Honduras Maya. Des véhicules à quatre roues motrices sont souvent disponibles. Au moment de comparer les prix, il importe de vous informer de la franchise dont s'assortissent les différentes polices d'assurance, laquelle peut parfois être très élevée. Demandez aussi si la taxe est incluse dans le prix et combien de kilomètres peuvent être parcourus quotidiennement sans frais additionnels. Voici une liste d'entreprises de location avec les numéros de téléphone auxquels vous pouvez les joindre :

Avis
Edif. Palmira
☎*232-0088 ou 239-5711*
à l'aéroport
☎*233-9548*

Budget
Boul. Suyapa
☎*233-5161 ou 235-9528*
à l'aéroport
☎*233-6927*

C&B
Boul. Centro América
☎*239-1373*

Hertz
Centro Comercial Villa Real, Col. Palmira
☎*239-0772*
à l'aéroport
☎*234-3784*

Maya
Av. República de Chile, Col. Palmira
☎ *232-0682*

Molinari
1ª Avenida, angle 2ª Calle, Comayagüela
☎ *237-5335*
à l'aéroport
☎ *233-1307*

Thrifty
Col. Prado Universitarios
☎ *235-6077*
à l'aéroport
☎ *233-0922*

Renseignements pratiques

Information touristique

L'**Instituto Hondureño de Turismo** *(lun-ven 8h30 à 16h30; Edif. Europa, Col. San Carlos,* ☎ *220-1600 ou 220-1601)* est l'organe gouvernemental responsable de la promotion du tourisme au pays, mais il n'offre qu'un service de renseignement très restreint à l'intérieur même du Honduras. Ses bureaux se trouvent dans une rue secondaire à deux ou trois rues du Boulevard Morazán, près de la billetterie du Grupo Taca, dans un immeuble de bureaux au-dessus d'une succursale de la Lloyds Bank TSB. Quelques membres de son personnel parlent l'anglais, et l'on peut s'y procurer quelques imprimés, y compris des cartes. Retenez cependant que vous n'avez aucune certitude d'y trouver l'information que vous recherchez, et que vous pourriez avoir du mal à dénicher l'endroit. Tout compte fait, vous aurez sans doute plus de succès en vous adressant aux préposés à la réception des meilleurs hôtels.

Change

Les *casas de cambio*, ou bureaux de change, se sont multipliés à proximité de certains hôtels. Ils offrent les mêmes taux que les banques, mais affichent souvent des heures d'ouverture plus longues et assurent un service plus rapide. Les changeurs indépendants ont tendance à se tenir dans la Calle Peatonal, à son extrémité, près de l'hôtel Plaza. Il y a aussi une *casa de cambio* près de l'hôtel Plaza, ce qui en fait un bon endroit pour comparer les taux proposés. Sachez toutefois que les changeurs indépendants refusent plus souvent qu'autrement les chèques de voyage. Peu de cas de malhonnêteté ont été rapportés, mais il vaut toujours mieux faire preuve de vigilance.

Appels interurbains et services de télécopie

Le bureau central de Hondutel se trouve dans un imposant immeuble de pierres roses sur l'Avenida Cristóbal, une rue au nord de la Calle Peatonal, entre la Calle Los Dolores et la Calle El Telégrafo. Service d'appels interurbains jour et nuit, et service de télécopie jusqu'à 16h, du lundi au vendredi.

Services Internet

Internet Café
lun-sam 9h à 20h
Av. Jérez, à un demi-quadrilatère de l'Hotel La Ronda

Galaxy Net
lun-sam 9h à 19h
Plaza Crystal, Calle Hipólite Matute,
entre Av. Jerez et Av. Colón

Internet Planet
lun-sam 8h à 19h
Av. Cervantes, angle Calle La Plazuela

Bureau de poste

Le bureau de poste central se trouve à l'angle de la Calle El Telégrafo et de l'Avenida Paz Barahona, tout juste au-delà de la Calle Peatonal.

Attraits touristiques

★★

Tegucigalpa

Entourée de trois côtés par de hautes collines, notamment par le pic d'El Picacho, Tegucigalpa bénéficie d'un somptueux cadre naturel. On peut d'ailleurs admirer ces collines à loisir depuis la Plaza Morazán, située en plein cœur de la ville, ainsi que de divers autres points. L'une d'entre elles, recouverte d'une mince couche de végétation, se trouve très près du centre, tout juste de l'autre côté du fleuve, et elle est si abrupte qu'on n'a guère tenté d'en construire les flancs au-delà d'une très faible altitude.

Pour apprécier à sa juste valeur la majestueuse topographie de Tegucigalpa, marquée par la vue fascinante des toits et des clochers coloniaux de la vieille ville, il faut cependant chercher un poste d'observation plus élevé. Le **Parque La Leona**, situé à courte distance de marche de la Plaza Morazán et facilement accessible en taxi, fait très bien l'affaire, puisqu'il offre une vue panoramique du centre de la ville de même que des falaises voisines. Ce parc étant haut perché à flanc de colline, on y accède par une enfilade de rues sinueuses, étroites et escarpées. (Ce parc compte également parmi les lieux de rencontre préférés des couples d'adolescents.)

Mais pour une vue vraiment stupéfiante sur le bassin de Tegucigalpa, vous devrez vous rendre sur la large plate-forme d'observation du Parque Naciones Unidas, sur les hauteurs d'**El Picacho ★★**. Ce sommet imposant est celui qu'on aperçoit d'un peu partout dans la ville. Pour accéder à ce parc, il faut toutefois se

● ATTRAITS

1. Calle Peatonal
2. Catedral
3. Congreso Nacional
4. Galería Nacional de Arte
5. Iglesia de San Francisco
6. Iglesia El Calvario
7. Iglesia La Merced
8. Iglesia Los Dolores
9. Mercado San Isidro
10. Museo del Hombre Hondureño
11. Museo Histórico de la República
12. Museo Nacional
13. Parque La Concordia
14. Parque La Leona
15. Plaza Morazán (Parque Central)
16. Teatro Nacional Manuel Bonilla

○ HÉBERGEMENT

1. Gran Hotel Krystal
2. Hotel Excelsior
3. Hotel Fortuna
4. Hotel Granada 1
5. Hotel Granada 2
6. Hotel Granada 3
7. Hotel Iberia
8. Hotel Imperial
9. Hotel Istmania
10. Hotel La Ronda
11. Hotel MacArthur
12. Hotel Plaza (R)
13. Hotel Prado
14. Hotelito Goascarán No 1
15. Hotelito Goascarán No 2
16. Nuevo Hotel Boston

(R) établissement avec restaurant décrit

● RESTAURANTS

1. Al Natural
2. Café El Greco
3. Café Paradiso
4. La Terraza de Don Pepe
5. Pepe Chalet
6. Mediterraneo
7. Mirawa
8. Picadeli
9. Repostería Duncan Maya

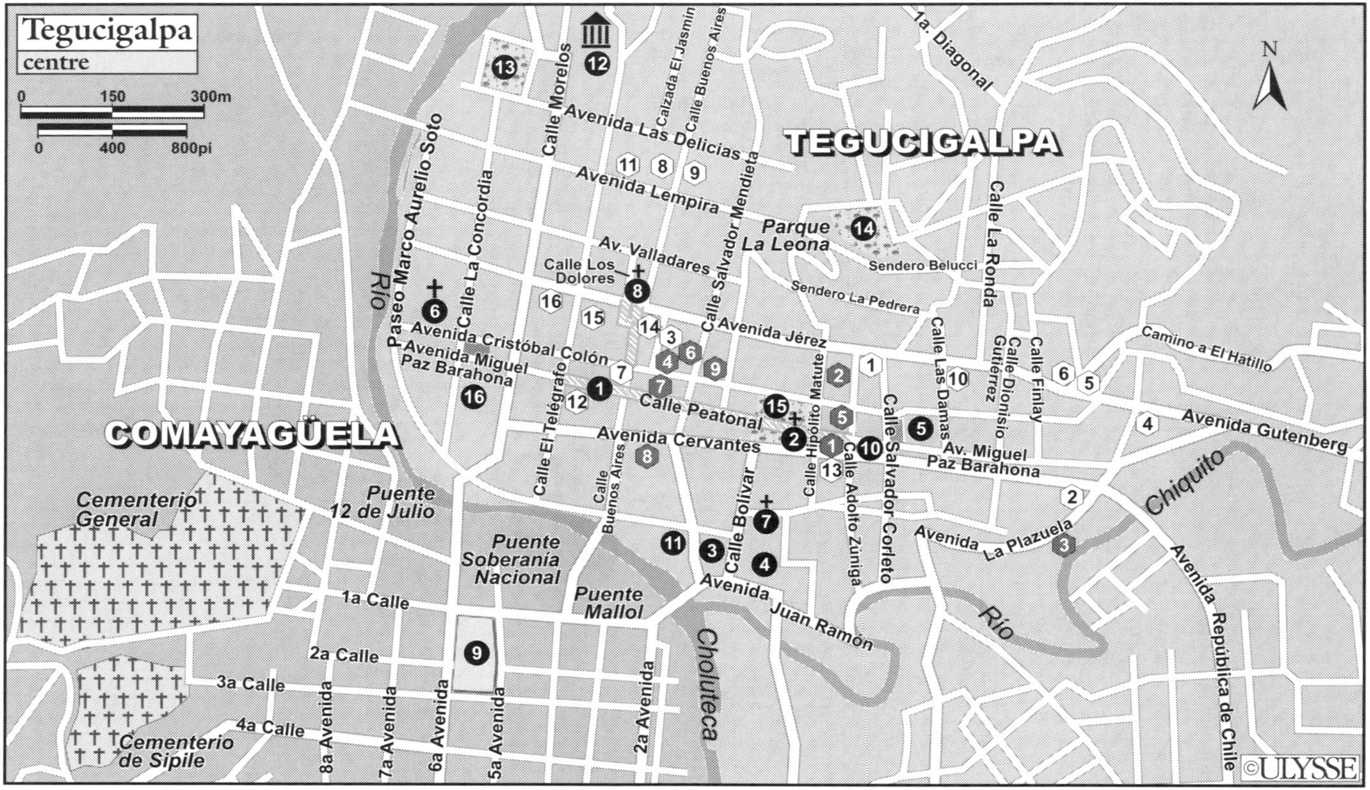
Tegucigalpa
centre
0 150 300m
0 400 800pi
N
TEGUCIGALPA
COMAYAGÜELA
1a. Diagonal
Calle Morelos
Calzada El Jasmin
Calle Buenos Aires
Avenida Las Delicias
Avenida Lempira
Calle Salvador Mendieta
Parque La Leona
Sendero Belucci
Sendero La Pedrera
Calle La Ronda
Av. Valladares
Calle Los Dolores
Paseo Marco Aurelio Soto
Calle La Concordia
Río
Avenida Cristóbal Colón
Avenida Miguel Paz Barahona
Avenida Jérez
Calle Las Damas
Calle Dionisio Gutiérrez
Calle Finlay
Camino a El Hatillo
Calle El Telégrafo
Calle Peatonal
Calle Hipolito Matute
Calle Salvador Corleto
Calle Adolfo Zúniga
Avenida Gutenberg
Av. Miguel Paz Barahona
Avenida Cervantes
Calle Buenos Aires
Calle Bolívar
Chiquito
Avenida La Plazuela
Avenida República de Chile
Río
Avenida Juan Ramón
Choluteca
Puente 12 de Julio
Puente Soberanía Nacional
Puente Mallol
Cementerio General
Cementerio de Sipile
1a Calle
2a Calle
3a Calle
4a Calle
8a Avenida
7a Avenida
6a Avenida
5a Avenida
2a Avenida
©ULYSSE

livrer à une longue ascension sur la route revêtue d'El Hatillo. À partir de cette route, un embranchement très cahoteux de 3 km permet d'atteindre le poste d'observation, qui s'étend sur une certaine distance autour de la crête. Des bus desservent régulièrement El Hatillo, mais ils n'empruntent ce raccourci que le dimanche, de sorte qu'un taxi ou un véhicule privé représentent sans doute des options plus viables. De ce point, la vue sur Tegucigalpa et ses environs est à couper le souffle, et justifie amplement le temps et les efforts que vous devrez déployer pour vous y rendre; par temps clair, vous ne voudrez même plus redescendre, tant le panorama est vaste et saisissant. Un ajout récent à ce même flanc de colline, clairement visible du centre-ville (surtout le soir), est une statue éclairée du Christ pesant 2 500 tonnes; elle a été inaugurée en 1998 et s'élève à plus de 30 m.

De retour dans le centre-ville, la **Plaza Morazán** ★★, souvent désignée sous le nom de Parque Central, constitue le point de départ de nombreuses visites. Vous êtes ici au cœur même de la ville traditionnelle, bourdonnant d'activité du petit matin au milieu de la soirée. Au crépuscule, des milliers d'oiseaux chanteurs s'y donnent rendez-vous et égaient la place, faisant de cette heure un moment privilégié.

Au centre de la place se dresse une statue équestre à la mémoire du général Francisco Morazán, un héros national qui fit campagne pour l'unité de l'Amérique centrale dans les années 1830. La plupart des bâtiments qui entourent la place se révèlent délabrés et dénués d'intérêt, à l'exception de la **Catedral de San Miguel de Tegucigalpa** ★, dont la façade blanchie à la chaux date du XVIIIe siècle. Il ne s'agit pas d'un bâtiment particulièrement imposant, mais ses lignes simples et ses colonnes cannelées méritent le coup d'œil. À l'intérieur, vous trouverez une chaire richement ornée ainsi qu'une profusion de retables et de peintures religieuses. Les visites cessent peu après 17h.

Lempira, héros indien

Trois rues derrière la cathédrale, en face du petit Parque Valle, apparaît l'**Iglesia de San Francisco**, la plus vieille église de Tegucigalpa, dont la construction a débuté au XVIe siècle bien qu'elle ait subi d'importantes modifications au XVIIIe siècle. Si vous avez la chance de vous y présenter à l'une des heures imprévisibles où elle est ouverte au public, vous y verrez de l'art colonial et un autel plaqué or finement ouvragé.

Plusieurs édifices dignes de mention se dressent entre la Plaza Morazán et le Puente Mallol (se prononce *ma-YOL*), le plus vieux des ponts qui franchissent le fleuve Comayagüela. En face d'un petit square, connu sous le nom de Parque Merced, vous trouverez l'**Iglesia La Merced**, une église du XVIIe siècle riche de peintures religieuses et d'un autel de belle facture, de même que le bâtiment qui logeait autrefois l'université nationale. Il s'agit désormais du siège de la **Galería Nacional de Arte** ★★ *(1,50$; mar-sam 10h à 16h30, dim 10h à 14h)*. À l'étage inférieur sont exposées des pièces de l'ère préhispanique, entre autres des œuvres en pierre et en céramique de la période maya, de même qu'une belle collection de peintures, de sculptures et d'œuvres à caractère religieux de l'époque coloniale, y compris des objets en or et en argent. Les salles de l'étage supérieur renferment un assortiment intéressant de peintures et de sculptures réalisées par des artistes honduriens contempo-

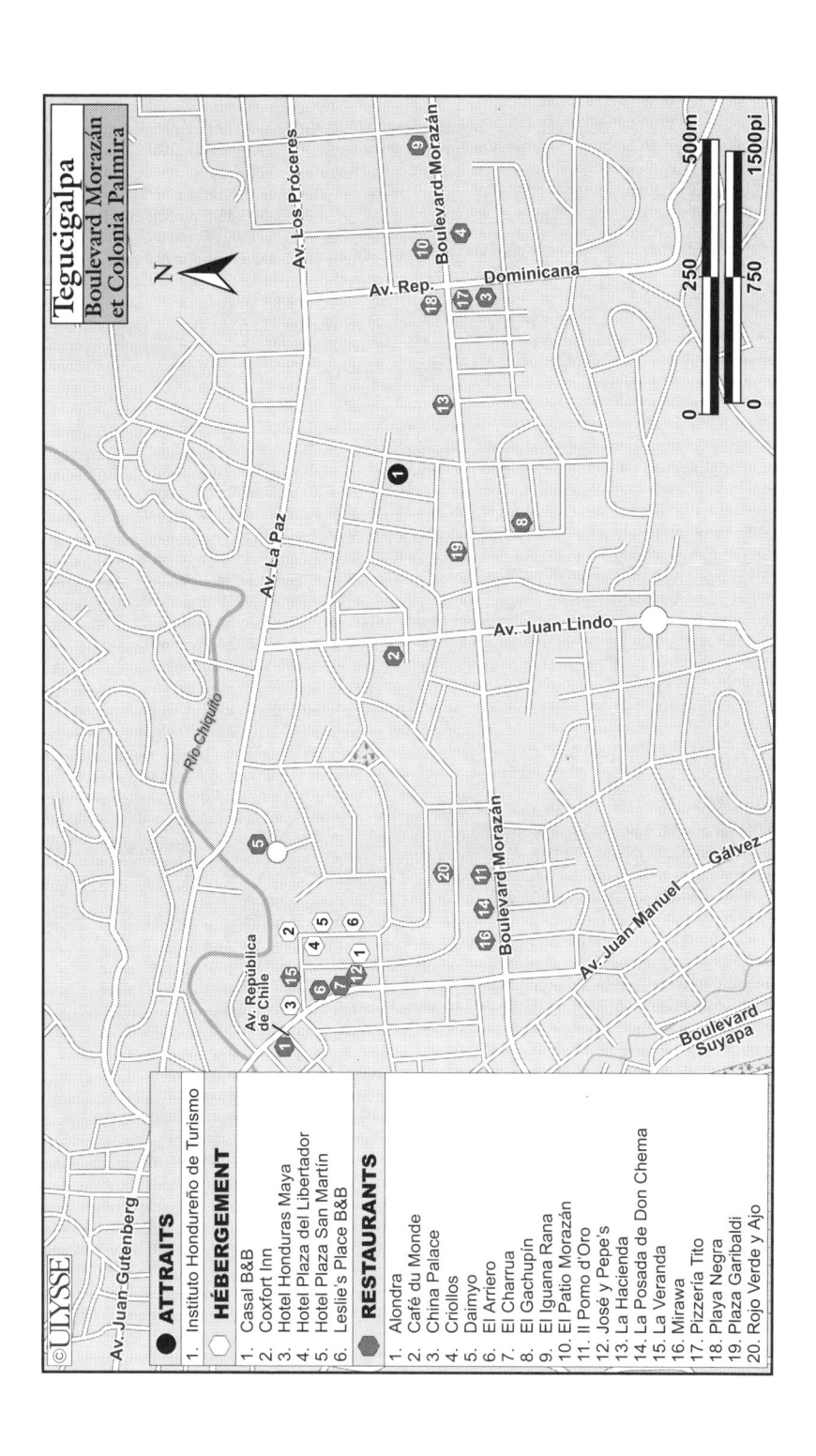

Tegucigalpa
Boulevard Morazán et Colonia Palmira

ATTRAITS
1. Instituto Hondureño de Turismo

HÉBERGEMENT
1. Casal B&B
2. Coxfort Inn
3. Hotel Honduras Maya
4. Hotel Plaza del Libertador
5. Hotel Plaza San Martín
6. Leslie's Place B&B

RESTAURANTS
1. Alondra
2. Café du Monde
3. China Palace
4. Criollos
5. Daimyo
6. El Arriero
7. El Charrua
8. El Gachupín
9. El Iguana Rana
10. El Patio Morazán
11. Il Pomo d'Oro
12. José y Pepe's
13. La Hacienda
14. La Posada de Don Chema
15. La Veranda
16. Mirawa
17. Pizzería Tito
18. Playa Negra
19. Plaza Garibaldi
20. Rojo Verde y Ajo

© ULYSSE
Av. Juan Gutenberg

rains, parmi lesquels figurent José Antonio Velázquez, Pablo Zelaya Sierra et Carlos Zúñigua Figueroa. La Galería Nacional de Arte est directement adjacente au **Congreso Nacional**, le siège de l'assemblée législative hondurienne; il s'agit d'un bâtiment moderne érigé sur de hauts pilotis de métal, sous lesquels s'étend un espace vide qui lui confère un style particulier. De part et d'autre de cet édifice apparaissent le majestueux siège social du Banco Central de Honduras et l'ancien palais présidentiel, qu'occupe aujourd'hui le Museo Histórico de la República.

Le **Museo Histórico de la República** *(1,50$; mar-sam 9h à midi et 13h30 à 16h)* occupe l'ancien palais présidentiel, un édifice splendide situé à mi-chemin entre la Plaza Morazán et le fleuve. Le bâtiment lui-même se révèle d'ailleurs plus intéressant que son contenu, essentiellement composé de portraits, de documents et d'objets variés associés à d'anciens chefs du gouvernement du XVIIIe siècle à nos jours. L'ancien bureau du président, la salle du Conseil et la salle de bal méritent un coup d'œil rapide. Cette grandiose construction coiffée de tourelles, qui avoisine la ville et un parc boisé à l'arrière, s'habille désormais de divers tons d'ocre clair,

passablement plus sobre que son ancienne robe rose vif.

En retournant vers la Plaza Morazán et en traversant la moitié du square avant de prendre à gauche, on débouche sur l'Avenida Paz Barahona, mieux connue sous le nom de **Calle Peatonal** ★, un tronçon piétonnier long de trois rues où s'alignent commerces et kiosques. Deux rues plus à l'ouest, la Calle Los Dolores s'ouvre vers le nord jusqu'à une place donnant sur l'**Iglesia Los Dolores** ★, que mettent en valeur des autels recouverts d'or ainsi que des peintures et des sculptures religieuses; sa coupole volumineuse est entièrement ornée de fins motifs bleu et or. Notez que la Calle Los Dolores est également fermée à la circulation automobile sur une certaine distance et qu'on y trouve de nombreux comptoirs d'articles de cuir et d'autres objets d'artisanat.

Le **Teatro Nacional Manuel Bonilla** ★, qui fait face au Parque Herrera, deux rues au-delà de l'extrémité de la Calle Peatonal, arbore une gracieuse façade rose et un intérieur en forme de fer à cheval où se mêlent l'or et le blanc. On présente régulièrement des spectacles dans ce bijou restauré du début du XXe siècle. De l'autre côté du square s'élève l'**Iglesia El Calvario**, qui date du XVIIIe siècle.

Le **Museo Nacional** ★ *(1,50$; mer-sam 8h30 à 15h30)* présente des expositions anthropologiques et ethnologiques. Il fait partie de l'Instituto Hondureño de Antropología e Historia et occupe la Villa Roy, une grande demeure sur une vaste propriété boisée, à quelques rues seulement du centre de la ville.

On peut y admirer un collection intéressante, quoique restreinte, d'objets datant du passé précolombien du Honduras, y compris des pièces en obsidienne, en jade et en pierres précieuses ainsi que des têtes d'animaux sculptées dans la pierre et même certains instruments de musique. La plus grande partie de cette collection se compose d'antiques objets mayas datant du début à la fin de la période classique.

La section ethnologique se penche, quant à elle, sur la vie de tous les jours et la culture traditionnelle de groupes indigènes contemporains vivant sur le territoire du Honduras. À l'étage inférieur se trouve la section d'histoire naturelle, où sont exposés des objets du paléolithique. Une autre section présente des objets sacrés de la période coloniale, dont plusieurs en or ou en argent. À l'extérieur du musée, vous pourrez en outre admirer une petite collection d'anciennes voitures de luxe ayant appartenu à divers présidents honduriens.

On accède à la propriété au-delà du **Parque La Concordia**, un agréable jardin public ombragé par des arbres et agrémenté de reproductions de vestiges mayas, y compris des stèles, des têtes sculptées et une petite pyramide. Du centre de la ville, ce parc se trouve à quelques rues de distance par la Calle Morelos, qui prend naissance une rue au-delà de l'extrémité de la Calle Peatonal. On peut très bien s'y rendre en taxi, mais sachez que même une fois sur les lieux une pente abrupte vous sépare encore de la Villa Roy, la demeure qui renferme les salles d'exposition.

Le **Museo del Hombre Hondureño** ★ *(don; lun-ven 9h à 18h, sam 9h à 13h)* est aménagé dans l'ancien bâtiment exigu de la Cour suprême, sur l'Avenida Cervantes, quelques rues derrière la cathédrale. On peut y voir des peintures, des lithographies et des photos, dont certaines prises de vues intéressantes de Tegucigalpa datant du début du XXᵉ siècle.

La **Basílica de Suyapa** ★, qui attire de nombreux pèlerins, est célèbre pour sa statue de 15 cm de la Vierge de Suyapa, tenue pour miraculeuse par nombre de fidèles. On y célèbre la fête de la Vierge le 2 février, un événement qui donne lieu à d'importants rassemblements. La construction actuelle, érigée en remplacement d'une ancienne église plus petite, se veut imposante avec ses deux gros clochers visibles de très loin sur le Boulevard Suyapa, qui s'étend au-delà du campus de l'université nationale. Suyapa, anciennement un village distinct, est aujourd'hui une banlieue située à 8 km à l'est du centre de Tegucigalpa.

Comayagüela

De l'autre côté du fleuve, Comayagüela, quoique sale et débraillée, n'en demeure pas moins pleine de vie et ponctuée de nombreux marchés animés. D'entre eux, le plus important est sans contredit le **Mercado San Isidro**, une véritable ruche de l'aube au crépuscule. Il s'étend sur plusieurs rues le long des 5ᵃ et 6ᵃ Avenidas, et peut sembler intimidant à première vue, du fait de sa vastitude et de son allure populeuse et chaotique. Aliments et articles bon marché y sont proposés en abondance, de même que certaines pièces d'artisanat. Bien que le marché ne présente aucun danger le jour, il vaut mieux cacher soigneusement ses objets de valeur.

À l'intérieur du grand et intimidant immeuble de bureaux de couleur rose qui se dresse à l'angle de 1ᵃ Calle et de la 6ᵃ Avenida, et qui abrite le Banco Central de Honduras (cet édifice démesuré jure vraiment dans le décor), se trouve le **Museo Numismático** *(entrée libre; lun-ven 9h à 16h)*, dont la collection présente des pièces de monnaie et des billets de banque provenant de toute l'Amérique centrale.

★★

Santa Lucía

Cette ancienne ville minière semble sortie tout droit d'un autre siècle. Avec ses rues pavées, ses toits de tuiles rouges et son église du XVIᵉ siècle blanchie à la chaux et remplie d'art sacré, le centre de cette petite ville demeure inchangé et exhale presque un souffle moyenâgeux. Il n'y a pas grand-chose à faire ici, sinon parcourir les rues sinueuses aux pentes accentuées, jouir de la vue sans pareille sur les vallées environnantes depuis le poste d'observation voisin du Palacio Municipal et s'emplir les poumons d'un air qui embaume le pin, de quoi passer une ou deux heures agréables. Il y a un petit lagon aux limites de la ville, et une poignée de restaurants et de boutiques d'artisanat intéressants ont fait leur apparition.

Santa Lucía se trouve à 17 km au nord-est de Tegucigalpa, et l'on s'y rend par un embranchement se détachant de la route principale vers Valle de Angeles. Des cars desservent cette destination deux fois l'heure au départ du Mercado San Pablo de Tegucigalpa, près du bar El Manchén. Il est possible de visiter Santa Lucía et Valle de Angeles la même journée sans trop se presser.

★★
Valle de Angeles

Cette attrayante ville ancienne, qui compte plusieurs grands marchés d'artisanat et nombre de boutiques indépendantes, est devenue une sorte de rendez-vous incontournable pour les amateurs d'art local. Le plus grand des marchés spécialisés de Valle de Angeles est géré par l'Asociación Nacional de Artesanos de Honduras, et l'on y trouve un vaste choix de pièces. Deux autres marchés, de moindre envergure, se trouvent tout près. Quant aux boutiques indépendantes, plusieurs d'entre elles proposent des œuvres d'art et des objets qu'on ne trouve pas dans les marchés (voir «Achats» p 106).

Valle de Angeles (se prononce *BA-yé dé AN-hé-lés*) offre une jolie place arborée donnant sur une église passablement moins intéressante. Plusieurs petits restaurants entourent la place, à environ deux rues de la zone des marchés.

On atteint cette ville par une route revêtue de 28 km se détachant de Tegucigalpa en direction du nord-est. Les cars à destination de Valle de Angeles partent de l'hôpital San Felipe de Tegucigalpa.

★
Ojojona

L'aspect physique d'Ojojona (se prononce *o-ho-HO-na*) a bien peu changé au cours des siècles, et cette petite ville présente de larges rues et places, de grandes étendues herbeuses et de nombreux arbres, le tout entrecoupé de prés et de vergers, et traversé par un étroit ruisseau. Le parfum du bois qu'on fait brûler embaume son air pur et frais. On y dénombre plusieurs lieux de culte, dont une cathédrale (1823) et les églises El Carmen et Sangre de Cristo.

Ces derniers temps, Ojojona est devenue un centre producteur d'artisanat. Il s'agit le plus souvent de simples poteries auxquelles on donne parfois des formes animales et qu'on vaporise de couleurs criardes. Bref, ce n'est pas ici que vous trouverez les plus belles créations honduriennes, bien que la qualité se soit améliorée, si bien que la ville a commencé à attirer des résidants qui se considèrent comme des artistes plutôt que comme de simples artisans. Divers objets, dont ces fameux coqs en papier mâché qui sont pratiquement devenus un symbole national, abondent dans les boutiques du coin, mais il est aussi possible de trouver des articles plus raffinés.

La ville se trouve à 32 km de Tegucigalpa, soit à 7 km à l'ouest de la route principale qui mène à Choluteca par un embranchement au revêtement douteux. Des cars s'y rendent aux heures depuis l'intersection de la 7ª Avenida et de la 4ª Calle de Comayagüela, près du marché San Isidro.

★
Yuscarán

Cette ancienne ville minière se distingue par ses rues pavées, étroites et escarpées, dont certaines que surplombent des balcons en bois, son Parque Central et son église toute simple blanchie à la chaux. Entourée de hautes montagnes et de vallées idylliques, Yuscarán est réputée pour son *aguardiente*, une sorte de rhum non vieilli. La **Reserva Natural Monserrat** se trouve tout près (voir p 93).

La **Casa Fortín**, située en face de la succursale de la Bancahsa, s'impose comme une grande demeure du XVIIIe siècle ayant appartenu à une famille locale en vue. Elle renferme des expositions, dont certaines qui traitent de la nature environnante (de l'outillage agraire, des échantillons minéraux,...), ainsi que d'anciens registres de mine. Pour en faire la visite, informez-vous en ville pour savoir où vous pouvez trouver le Señor Oscar Lezana, le gardien des clés de la propriété.

Yuscarán se trouve à 65 km de Tegucigalpa, à 17 km au sud-est de la route de Danlí par un embranchement revêtu, quoique exposé aux glissements de roches. Des cars s'y rendent toutes les deux heures au départ du Mercado Jacaleapa de Tegucigalpa, le dernier car retournant vers la capitale à 15h.

★
San Antonio de Oriente

Cette ancienne ville minière, fondée au XVIIe siècle et préservée quasi intacte, s'enorgueillit de constructions blanchies à la chaux, de toits de tuiles rouges, de rues pavées et d'une église à double clocher qui a inspiré certaines des plus belles œuvres du célèbre peintre naïf José Antonio Velázquez. Bien qu'elle ne se trouve qu'à une trentaine de kilomètres de Tegucigalpa, San Antonio de Oriente demeure quelque peu isolée du fait de la présence d'un piètre réseau routier, ce qui explique en grande partie son état vierge.

On ne peut atteindre cette ville en simple voiture de tourisme, et aucun service de car régulier n'existe à l'heure actuelle. Il faut donc opter pour un véhicule à quatre roues motrices, un camion haut sur roues ou même une mule, à moins que vous ne préfériez faire une agréable randonnée pédestre de 90 min au départ de la route Tegucigalpa-Danlí, laquelle vous réserve des ascensions abruptes à travers une forêt de pins ainsi que de belles vues sur la vallée en contrebas.

El Zamorano

Cette minuscule localité, située à 36 km à l'est de Tegucigalpa sur la route de Danlí, est le siège de l'**Escuela Agrícola Panamericana** (école panaméricaine d'agriculture), où quelque 700 étudiants de 18 pays d'Amérique latine apprennent diverses techniques de culture auprès d'enseignants originaires de 22 pays. Cette école a ouvert ses portes en 1942 grâce à un legs de Sam Zemurray, le fondateur de l'United Fruit Company, dont certaines autres initiatives sont souvent tenues pour moins charitables. À ses débuts, l'école dépendait entièrement de l'United Fruit pour son financement, mais, plus récemment, divers gouvernements, fondations privées et sociétés ont respectivement apporté leur contribution. Trente pour cent des étudiants admis doivent provenir de pauvres familles de paysans, et certains programmes nouvellement créés portent sur les femmes et l'agriculture, sur l'environnement et sur le développement des agro-industries. Quelque 220 espèces végétales et animales sont ici produites sur une base commerciale ou semi-commerciale.

Pour le simple visiteur de passage, il n'y a pas vraiment grand-chose à voir si ce ne sont les vastes terres fort bien aménagées et entretenues de l'école. Certaines zones sont joliment paysagées, et la plupart des bâtiments sont habillés d'une attrayante pierre blanche qu'on extrait d'une carrière voisine. Un dépliant disponible sur les lieux présente les principaux points d'intérêt d'une visite autoguidée de 90 min. Une boutique située en bordure de la route principale, et ouverte jusqu'à 15h, propose une variété de viandes, de fruits et de légumes frais, de même que des conserves et d'autres produits élaborés par les étudiants de l'école.

Par contre, si vous vous intéressez à l'agriculture, sachez qu'il y a beaucoup plus à voir ici qu'il n'y paraît à première vue et que les administrateurs de l'institution se font un plaisir d'accueillir les visiteurs. Ce site fut choisi pour son potentiel agricole négligeable, de manière à montrer de façon probante ce qu'on peut réaliser en travaillant fort et en faisant appel aux techniques de culture appropriées. La propriété renferme en outre une réserve biologique de 7 000 ha préservée à l'état naturel et accessible aux seuls spécialistes.

Parcs

★★

Parque Nacional La Tigra

Le relief de ce grand parc *(entrée libre; 7h à 16h; les visiteurs d'un jour doivent quitter avant 17h)* grimpe à travers une forêt tropicale humide jusqu'au sommet d'El Picacho, à 2 290 m au-dessus du niveau de la mer. Cette étendue verdoyante joue un rôle majeur quant à la sauvegarde d'une part importante du bassin hydrographique de Tegucigalpa et sert en outre de refuge à de nombreuses espèces animales et végétales. Bien que des pratiques agricoles envahissantes aient sérieusement entamé la zone tampon qui entoure la réserve à proprement parler, une volonté politique suffisante a permis ces dernières années d'expulser les contrevenants, y compris le cousin d'un ancien président du pays qui avait tenté d'établir une plantation de café à l'intérieur même du parc! La zone protégée englobe environ un tiers des 23 000 ha du parc tout entier.

Les principaux attraits du parc résident dans sa végétation luxuriante, dans ses deux cascades, ses mines abandonnées et l'occasion, qu'il offre, d'observer certaines espèces animales rares. La Tigra est sillonné d'un réseau de sentiers pédestres dont un plan peut être obtenu aux centres d'accueil et d'information. Un long circuit apprécié de certains randonneurs exige un départ de bon matin pour s'assurer de le boucler avant la fermeture du parc, mais aussi une bonne condition physique afin de négocier ses nombreuses montées et descentes. Un sentier plus court et plus populaire entraîne les amateurs de l'entrée de Jutiapa à la plus importante cascade (aucune des deux ne semble avoir de nom), ce qui représente trois heures de marche aller-retour. On enjoint les visiteurs de rester sur les sentiers et de se munir de vêtements plus chauds que ceux qu'ils porteraient à Tegucigalpa.

La Tigra se trouve à proximité de la ligne de partage des eaux continentales (à l'est, les eaux coulent vers la mer des Caraïbes, tandis qu'à l'ouest elles s'acheminent vers l'océan Pacifique), et des pluies abondantes toute l'année en certaines régions élevées du parc assurent les conditions nécessaires au maintien de la forêt tropicale humide, caractérisée par de nombreuses plantes à larges feuilles, une prolifération de lierres et de mousses, ainsi qu'une haute voûte végétale qui filtre une bonne partie de la lumière naturelle. À plus faible altitude, les forêts de pins sont communes. Parmi les espèces animales rares qu'on peut parfois observer en ces lieux, retenons le mythique quetzal, avec sa longue queue et son magnifique plumage. Les oiseaux de toutes sortes abondent et l'on a également aperçu des jaguars, des tapirs et des ocelots.

Le parc est géré par une fondation privée, la Fundación Los Amigos de la Tigra. On compte deux entrées, respectivement situées près de Jutiapa et d'El Rosario, et chacune est dotée d'un centre d'accueil des visiteurs. Pour ceux et celles qui désirent effectuer un séjour prolongé dans le parc, il y a des installations de camping rudimentaires *(aucuns frais)* à l'intérieur même de la réserve, et l'on peut aussi bien y accéder par une entrée que par l'autre. Les campeurs doivent apporter leur tente, leurs provisions de nourriture et des cachets destinés à purifier l'eau; au moment d'entrer dans le parc, ils doivent par ailleurs prévenir les rangers de leur intention d'y passer la nuit. En guise d'alternative, un hébergement sommaire est disponible à l'entrée d'El Rosario (voir p 99).

Tapir

L'entrée la plus commode pour les visiteurs en provenance de Tegucigalpa est accessible par la route toute saison qui passe par El Hatillo. La distance totale du trajet est de 22 km, le village d'El Hatillo se trouvant environ à mi-chemin, passé l'embranchement qui mène au populaire poste d'observation d'El Picacho. Le village le plus près est Jutiapa, situé à seulement 4 km de l'entrée du parc. Des cars partent pour Jutiapa deux fois l'heure depuis le Parque Herrera de Tegucigalpa à compter de 6h. Le dernier car en revient à 17h, mais il vaut mieux vérifier l'horaire exact auprès du conducteur ou des rangers du parc, au centre d'accueil des visiteurs, pour ne pas vous retrouver coincé à Jutiapa! Sachez en outre que vous devrez franchir à pied les 4 km qui séparent le village de l'entrée du parc. Les randonneurs déterminés peuvent même choisir de se rendre au parc à pied au départ du village où arrive l'autobus. Enfin, vous pouvez toujours prendre un taxi et rémunérer le chauffeur pour le temps qu'il devra passer à vous attendre une fois sur place. Tous les véhicules doivent être garés à l'entrée du parc.

L'autre entrée se trouve près du village minier abandonné d'El Rosario, à 44 km de Tegucigalpa et à 4 km d'une très mauvaise route de la petite ville de San Juancito, que quatre ou cinq liaisons par autocar, partant quotidiennement du Mercado San Pablo permettent d'atteindre. San Juancito se trouve au-delà de Valle de Angeles sur une route non revêtue.

★

Reserva Natural Monserrat

Elle s'étend près des limites de Yuscarán, à 65 km de Tegucigalpa, et elle englobe une part importante de la ligne de partage des eaux sur une vaste étendue. Cette réserve n'est pas formellement constituée en parc, et l'accès n'en est restreint d'aucune façon. Des randonnées pédestres de deux heures (aller seulement) sur un chemin difficile, accessible aux seuls véhicules tout-terrain, permettent d'admirer des forêts de pins, des cascades et des mines abandonnées, sans compter de splendides panoramas en cours de route. Pour les plus ambitieux, une piste grimpe plus haut encore en direction du pic de Monserrat. Vous pouvez obtenir des renseignements sommaires sur cet endroit à la Casa Fortín de Yuscarán.

Parque El Obrero

Ce parc *(0,50$, enfant demi-tarif; tlj 8h à 16h)* se trouve près de Valle de Angeles, à 2 km de la route principale, et les visiteurs qui s'y rendent en car devront marcher un peu pour l'atteindre. Il s'agit là d'un grand massif de pins avec grils couverts, tables de pique-nique, restaurant et piscine. L'endroit se veut populaire auprès des familles et devient particulièrement bondé les fins de semaine.

Hébergement

Tegucigalpa offre une gamme complète d'hôtels, des cinq étoiles aux endroits les plus miteux. Les meilleurs établissements se trouvent situé dans la Colonia Palmira, à faible distance du centre-ville. Quant aux hôtels du centre, ils couvrent toutes les catégories, de petit budget à moyenne-élevée. Notez toutefois que les agents de l'immigration ratissent à l'occasion les établissements de catégorie inférieure dans le but d'attraper les voyageurs dépourvus de papiers en règle.

De l'autre côté du fleuve, à Comayagüela, vous trouverez une profusion de petits hôtels bon marché, dont certains louent même leurs chambres à l'heure plutôt qu'à la nuitée. Nous vous donnons néanmoins ci-après des renseignements sur plusieurs des hôtels plus convenables de Comayagüela, tout en vous prévenant (plutôt trois fois qu'une) que les rues des environs se révèlent peu sûres la nuit, que les restaurants y sont généralement minables et que cette partie de la ville ne recèle guère d'attraits outre les gares d'autocars. La majorité des voyageurs, y compris ceux qui arrivent tard le soir en car, feraient mieux de prendre un taxi jusqu'à Tegucigalpa même.

Nous vous parlerons également des hôtels de Valle de Angeles, d'Ojojona, d'El Zamorano et de Yuscarán. Bien que la plupart des visiteurs de ces localités s'y rendent seulement pour la journée au départ de Tegucigalpa, ceux qui désirent y prolonger leur séjour seront heureux d'apprendre qu'elles possèdent des lieux d'hébergement respectables.

Tegucigalpa

Nombre d'hôtels bon marché et *hospedajes* sont regroupés aux environs de l'église Los Dolores.

Hotelito Goascarán n°1
3$
bc
Calle Los Dolores
☎238-1903

Hotelito Goascarán n°2
3$ bc, 6$ bp
Calle El Telégrafo, près de l'Avenida Jérez
☎238-1907

Hotel Imperial
4$ bc, 6$ bp
Calle Buenos Aires, près de l'Avenida Lempira
☎222-1973

Hotel Fortuna
4$ bc, 7$ bp
pas de téléphone
Calle Los Dolores, près de l'Avenida Jérez
Chacun de ces établissements propose entre 10 et 20 chambres propres, quoique plutôt rudimentaires, dont la taille peut varier. L'Hotel Imperial se veut légèrement mieux que les autres.

Hotel Iberia
8$ bc, 11$ bp
Calle Los Dolores, entre la Calle Peatonal et l'église
☎237-9267
Les 20 chambres de cet hôtel sont quelconques, mais à tout le moins convenablement meublées, et elles s'ouvrent sur une salle commune bien éclairée et pourvue de grandes tables ainsi que de canapés. L'entrée en est presque

cachée par des comptoirs de rue.

Granada 1 *(10$ bc, 17$ bp;* ☎*222-2654),* **Granada 2** et **Granada 3** *(18$ bp, ⊗, ☎, tv moyennant supplément;* ☎*237-7079 pour les deux établissements)* sont regroupés autour de l'Avenida Gutenberg, près du Cine Aries. Le Granada 1 est on ne peut plus rudimentaire et souffre des bruits de la rue. Le Granada 2, qui se trouve dans une rue secondaire, se veut plus paisible, mais ses chambres sont sombres et fort modestes. Quant au Granada 3, il est également très sommaire, quoique plus spacieux et attrayant.

Nuevo Hotel Boston
20-25
Av. Jérez, près de la Calle Morelos
☎*237-9411*
Les 19 chambres de cet établissement central se révèlent très inégales, certaines étant petites et quelque peu sombres, alors que d'autres sont claires et spacieuses, mais toutes bénéficient d'un décor attrayant. Nombreux sont les visiteurs qui apprécient l'atmosphère familiale des lieux. Notez que les chambres donnant sur la rue disposent d'un balcon, mais elles peuvent en revanche s'avérer bruyantes.

Gran Hotel Krystal
21$
⊗*, tv, ☎*
angle Av. Jérez et Calle Salvador Mendieta
☎*237-8804*
Les 60 chambres de cet hôtel central et moderne de deux étages sont sombres et un tant soit peu lugubres.

Hotel MacArthur
27$, 37$ avec ≡
⊗*, tv, ☎*
Av. Lempira, entre la Calle Buenos Aires et la Calle El Telégrafo
☎*237-5906*
≈*238-0294*
Cet hôtel de trois étages sans ascenseur, situé dans un quartier paisible au-delà de l'église Los Dolores, renferme des chambres fraîches et modernes mais sans grand caractère.

Hotel Istmania
39$
⊗*, tv, ☎*
Calle Buenos Aires, près de l'Avenida Lempira
☎*237-1639*
L'Hotel Istmania, situé légèrement au nord de l'église Los Dolores, se présente comme un établissement de six étages qui compte 34 chambres convenables, éclairées et garnies de moquette. Des suites sont également disponibles.

Hotel Plaza
45$
⊗*, tv, ☎, ℜ*
près de l'extrémité de la Calle Peatonal
☎*237-2111 à 2118*
≈*237-2119*
Bien situé dans la Calle Peatonal, l'Hotel Plaza

occupe un bâtiment moderne avec 83 chambres présentant un très bon rapport qualité/prix, sans parler de son personnel amical et de ses chambres accueillantes, chacune disposant d'un secrétaire et de chaises. Le stationnement peut toutefois constituer un problème.

Suites La Aurora
58$
⊗*, tv, ☎*
Av. Luis Bográn, Col. Tepeyac
☎*232-9891 ou 232-0245*
≈*232-0188*
Cet établissement situé dans une rue de banlieue tranquille non loin de l'Avenida Juan Pablo II, propose 47 suites confortablement meublées dans une atmosphère chaleureuse. Les dimensions des suites varient et quelques-unes donnent sur un puits de lumière.

Coxfort Inn
64$ pdj, rabais pour séjours de longue durée
≈
en face de la Plaza San Martín, Col. Palmira
☎*239-1254*
Ce chaleureux *bed and breakfast*, à proximité du plus imposant Hotel Plaza San Martín, dispose d'une petite piscine ainsi que de 10 chambres claires et gaies, dont certaines offrent une belle vue.

Hotel La Ronda
72$
⊗, tv, ☎, ℜ, bar, S
Av. Jérez
☎ *237-8151 à 237-8155*
⇌ *237-1454*
réservations ☎ *800-446-2747 en Amérique du Nord*

Les suites de cet hôtel central de 72 chambres sont spacieuses, quoique les chambres régulières se révèlent plutôt petites et pauvrement décorées dans un style moderne. Il est à noter que nombre d'entre elles ne disposent que d'une petite fenêtre, certaines donnant sur un puits de lumière intérieur. L'espace à ciel ouvert où l'on sert les petits déjeuners est toutefois agréable.

Leslie's Place Bed and Breakfast
82$ pdj
⊗, ℜ
en face de la Plaza San Martín, Col. Palmira
☎ *239-0641 ou 239-0642*
⇌ *231-2957*
www.lesliep.com

Établi dans une rue paisible non loin de l'Hotel Plaza San Martín, le Leslie's Place Bed and Breakfast vous accueille dans une agréable atmosphère familiale au son de la musique classique. Les chambres, grandes, claires et blanchies à la chaux, sont modestement meublées. On peut s'asseoir devant l'hôtel, de même que dans le patio ombragé en béton aménagé à l'arrière de l'établissement. Bon choix de petits déjeuners, y compris des assiettes de fruits.

Hotel Prado
78$ pdj
◊, ⊗, tv, ☎, ℜ, bar, ☺, S
Av. Cervantes, tout juste derrière la cathédrale
☎ *237-0121 à 0127*
⇌ *237-2221*
elprado@netsys.hn

Situé vraiment près de tout, cet établissement compte 72 chambres petites, mais joliment meublées, de part et d'autre de couloirs garnis de moquette aux couleurs vives.

Hotel Alameda
80$
⊗, tv, ☎, ℜ, bar, ≈, S
Boul. Suyapa
☎ *232-6920 ou 232-6902*
⇌ *232-6932*

Cet établissement de banlieue, tout à fait caractéristique, dispose d'une grande piscine et d'un immense terrain de stationnement. Ses 75 chambres modernes, réparties sur trois étages, se louent beaucoup trop cher, compte tenu du fait que le mobilier n'a rien de particulier et que l'éclairage est si pauvre qu'on a parfois du mal à lire. Certains chauffeurs de taxi y conduisent volontiers les voyageurs mal avisés, mais il se trouve de bien meilleurs choix.

Hotel Excelsior
93$
⊗, tv, ☎, ℜ, bar, S
Av. Cervantes, près du pont qui traverse le Río Chiquito
☎ *237-2638*
⇌ *238-0468*

Bien situé, à courte distance de marche du cœur de la cité et de la Colonia Palmira, l'Excelsior propose des chambres étonnamment grandes et spacieuses pour un hôtel de Tegucigalpa. Le mobilier et les objets décoratifs se veulent attrayant, et les sols sont tout de blanc carrelés, un revêtement beaucoup mieux adapté au climat tropical. Les fenêtres de quelques chambres donnent sur des couloirs intérieurs.

Hotel Plaza San Martín
127$
⊗, ☺, ◊, tv, ☎, ℜ, bar, S
en face de la Plaza San Martín, Col. Palmira
☎ *237-2928 ou 232-8268*
⇌ *231-1366*

L'Hotel Plaza San Martín, habillé de blanc, de jaune et de bleu, et établi dans une rue secondaire tranquille en face d'un tout petit square, compte 110 chambres et suites réparties sur neuf étages. Les chambres se révèlent petites quoique confortables, arborant un décor invitant aux tons de vert, de gris et de rose rehaussé d'œuvres d'art honduriennes originales. Toutes disposent d'un balcon, et plusieurs offrent une belle vue sur la ville et les collines avoisinantes. Quant au service, il se veut courtois et efficace.

Les Garífunas ont conservé divers aspects de leurs racines africaines. Leur musique, la *punta*, ajoute une dimension à la culture déjà variée du Honduras. - *Vicente Murphy*

Tegucigalpa, qu'entourent de hautes collines, repose dans un magnifique cadre naturel.
- *Claude Hervé-Bazin*

Hébergement

Hotel Plaza del Libertador
139$ (tarif promotionnel : 103$)
ℜ, bar, ⊙, △, ≡, tv, ☎
Plaza San Martín, Col. Palmira
☎ 220-4141
≈ 220-4242
libertad@netsys.hn

Ce chic hôtel de 14 étages, de construction récente, s'enorgueillit des œuvres d'art hondurien qui agrémentent ses chambres et ses salles communes. Ses 80 chambres sont d'ailleurs aménagées avec goût et offrent un confort appréciable (mobilier d'acajou et belles vues sur la ville). Un centre d'affaires et des salles de conférences complètent les installations.

Hotel Honduras Maya
160$
≡, ☎, ℜ, bar, ≈, ⊛, salles de conférences
Av. República de Chile, Col. Palmira
☎ 220-5000
≈ 220-6000
www.hondurasmaya.hn

Ce point de repère local de 10 étages renferme 180 chambres. Sa forme octogonale a permis l'aménagement d'un plus grand nombre de chambres en angle et offre de plus belles vues. Les étages pour gens d'affaires disposent de salons privés avec service de petit déjeuner, télécopieurs et prises d'ordinateur. Des boutiques, des services de voyages et un petit casino complètent les installations. Les chambres sont certes élégantes, mais tout de même petites et, somme toute, dénuées de charme. Le hall d'entrée vous impressionnera.

Comayagüela

Hotel Pinares
4$ bc, 6$ bp
6ª Avenida, entre 17 et 18 Calles
☎ 238-4663

À seulement 50 m de la gare d'autocars de Tica Bus, cet hôtel propose 38 chambres modestes, voire rudimentaires, autour d'un étroit atrium haut de trois étages.

Hotel San Pedro
4$ bc, 7$ bp
6ª Avenida, entre 8ª et 9ª Calles
☎ 222-8987
≈ 222-7783

Cet hôtel de 40 chambres présente un bon rapport qualité/prix aux voyageurs au budget serré. Les chambres, propres mais petites, sont aménagées autour d'une terrasse dont la propreté laisse à désirer. Celles du rez-de-chaussée disposent de chaises longues à l'extérieur.

Hotel Colonial
7$
⊛, ℜ
6ª Calle, entre 6ª et 7ª Avenidas
☎ 237-5785

L'Hotel Colonial propose 15 chambres propres mais petites offrant un confort élémentaire.

Hotel La Estancia
7$
⊗
7ª Ave., entre 11ª et 12ª Calles
☎ 237-3564

L'Hotel La Estancia dispose de 10 chambres donnant sur une petite cour garnie de plantes en pot. Les chambres s'avèrent grandement inégales, certaines étant claires et invitantes, alors que d'autres sont sombres et étouffantes. Le personnel se montre toutefois très amical.

Hotel María José
12$ ⊗, 16$ ≡
bp, tv
angle 12ª Calle et 7ª Avenida
☎ 237-7292

Chacune de ses 17 chambres se révèle fraîche, claire et invitante. Lampes de chevet. Non seulement cet établissement présente-t-il un bon rapport qualité/prix, mais l'atmosphère est de plus chaleureuse.

Condesa Inn
14-19
bp, ⊗, tv
angle 12ª Calle et 7ª Avenida
☎ 237-7857

Le Condesa Inn compte 35 chambres modestes mais propres, dont certaines sont quelque peu étouffantes, alors que d'autres n'ont pas de fenêtre ou donnent sur un couloir intérieur. L'endroit se veut toutefois paisible.

Tegucigalpa et ses environs

Hotel Hedman Alas
17$
tv, ☎, ⊗
4ª Avenida, entre 8ª et 9ª Calles
☎ *237-9333 ou 237-1479*
Cet endroit chaleureux, affilié à la compagnie d'autocars du même nom (même s'il ne se trouve pas dans le voisinage immédiat de sa gare routière), dispose de 20 petites chambres plutôt sombres, quoique confortablement meublées, ainsi que d'une agréable salle de séjour bien éclairée.

Hotel Centenario
23$
tv, ⊗, ☎, S
6ª Avenida, entre 9ª et 10ª Calles
☎ *222-1050 ou 237-7729*
⇌ *222-7575*
L'Hotel Centenario, un hôtel rassurant de 42 chambres, s'impose sans doute comme le plus confortable de Comayagüela. Les chambres sont simples mais propres, quoique certaines se révèlent sombres et d'autres bruyantes. Accès par un stationnement protégé.

Valle de Angeles

Los Tres Pinos Bed & Breakfast
14$/pers. pdj
tout juste à l'extérieur de la ville sur la route de San Juancito
☎ *766-2148*
Ce paisible établissement se trouve sur un vaste terrain ombragé par des pins, ainsi que le laisse d'ailleurs entendre son nom. On y loue quatre chambres confortables dans une grande maison. Petit déjeuner léger compris et possibilité d'équitation.

Hotel Posada del Ángel
28$
ℜ
au centre de la ville
☎ *766-2233*
L'Hotel Posada del Angel compte 30 chambres simples mais agréables donnant sur une belle cour agrémentée d'une piscine et de nombreuses plantes. Il a tendance à s'emplir les fins de semaine et en période de vacances.

Ojojona

Posada Joxone
3$
ℜ, *pas de téléphone*
Bien que ses chambres n'aient rien de particulier, cette chaleureuse auberge de cinq chambres regorge de stuc blanc, d'ornements en bois et de sols revêtus de carreaux rouges, sans oublier son jardin luxuriant et son verger. Excellent rapport qualité/prix. Les mets servis dans le petit restaurant sont cuisinés sur feu de bois, et la plupart des choix proposés au menu sont pour deux personnes.

Yuscarán

Hotel Carol
5$
☎ *881-7143*
L'Hotel Carol propose huit chambres simples et éclairées, rehaussées de plafonds de bois et de portes sculptées. La vue sur la montagne et la vallée est belle, mais seule une étroite saillie s'étire devant les chambres, ce qui ne laisse pas d'espace pour s'asseoir et profiter de la vue.

El Zamorano

Centro de Desarrollo Rural W.K. Kellogg
38$
ℜ, *tv*
immédiatement en bordure de la route Tegucigalpa-Danlí, sur la gauche en venant de Tegucigalpa
☎ *766-6140, poste 2528*
⇌ *766-6240*
Cet hôtel doublé d'un centre de conférences fait partie de l'Escuela Agrícola Panamericana, et on l'utilise parfois pour certains cours et séminaires spéciaux. C'est pourquoi il est fortement recommandé de réserver à l'avance. Il s'agit d'une jolie construction en pierre de deux étages qui renferme 53 chambres simples mais claires et confortables. Le restaurant est ouvert pour les trois repas, mais à des heures très hâtives et pour une durée limitée, de façon à ne pas empiéter sur l'horaire des cours.

Parque Nacional La Tigra

Vous trouverez de modestes lieux d'hébergement près de l'entrée d'El Rosario.

Un vieux bâtiment a été converti en prétendue Ecoalbergue (éco-auberge) et propose une trentaine de lits dans des dortoirs rudimentaires *(pas de téléphone)*. Prenez des arrangements à l'avance de Tegucigalpa en contactant **Los Amigos de la Tigra** *(Edificio Italia, Col. Palmira, Tegucigalpa,* ☎*232-6771)*. Il est également possible de camper à l'intérieur du parc.

Restaurants

Tegucigalpa

Pour de nombreux visiteurs de Tegucigalpa, faire un festin signifie bien souvent pouvoir mordre à belles dents dans un bon gros bifteck. C'est pourquoi les grilladeries dominent allègrement la scène des restaurants les plus chics de la capitale. Mais rassurez-vous, l'éventail ne se limite pas à ce genre d'établissement. On trouve en effet ici une profusion de restaurants chinois, mexicains et autres, et plusieurs endroits, quoique peu nombreux, se spécialisent dans les fruits de mer.

Dans le centre de la ville, vous trouverez surtout les habituels comptoirs de restauration rapide proposant hamburgers, poulet frit et pizzas. Certains autres restaurants affichent un menu plus varié mais guère plus intéressant. On ne peut en fait recommander que très peu de restaurants du centre à qui désire prendre un bon dîner dans une atmosphère détendue.

Quant aux visiteurs qui logent à Comayagüela ou qui y attendent un car, ils auront tôt fait de découvrir que les nombreux petits restaurants chinois qui émaillent ce secteur constituent sans doute leur meilleure option.

Le Boulevard Morazán (parfois simplement désigné sous le nom d'«El boulevard») possède incontestablement la plus forte concentration de restaurants de Tegucigalpa, la majorité d'entre eux se retrouvant sur un tronçon d'environ 2 km. Il y en a en tout genre, des comptoirs à *tacos* ou à *pinchos* à ciel ouvert aux élégantes salles à manger climatisées. Les prix s'étalent également sur une large fourchette, quoique peu d'établissements soient vraiment chers. Notez enfin que certains restaurants restent ouverts très tard le soir.

On trouve aussi plusieurs restaurants dignes de mention dans la Colonia Palmira, le quartier qui s'étend autour de l'hôtel Honduras Maya. D'autres encore se situent dans les banlieues, le long de l'Avenida Juan Pablo II et du Boulevard Suyapa. Nous retiendrons enfin quelques restaurants des villes voisines de Tegucigalpa.

La tenue vestimentaire se veut décontractée dans la plupart des établissements, mais sachez toutefois qu'on fronce les sourcils à la vue des bermudas et des t-shirts dans les restaurants plus huppés. Vous aurez rarement besoin d'une réservation; mais en ce qui concerne les établissements plus chics, il peut s'avérer prudent d'appeler au préalable, surtout les fins de semaine.

Café El Greco
$
lun-sam 8h30 à 19h
Calle Hipólite Matute, entre Jérez et Colón
☎*220-0441*
Cet établissement, dont les tables sont disposées autour d'un agréable petit jardin, offre un choix de cafés, de gâteaux et de divers plats tels qu'*empanadas*.

Repostería Duncan Maya
$
tlj 8h à 21h
Av. Colón, immédiatement à l'ouest de la place
☎*237-2762*
Il s'agit là d'un des rendez-vous favoris des employés de bureau du coin, soit un endroit énorme, bruyant et populaire pour prendre un verre, un casse-croûte ou un repas

simple. La décoration des lieux réunit des éléments de mauvais goût datant de plusieurs décennies, mais l'ensemble ne fait qu'ajouter à l'atmosphère tapageuse de l'établissement. Très économique.

La Terraza de Don Pepe
$
tlj 7h30 à 21h
Av. Colón, deux rues à l'ouest du Parque Central
☎ *237-1084*
Cet endroit est on ne peut plus convivial avec sa grande salle à manger tout à fait acceptable à l'étage, d'autant plus qu'y règne une ambiance folklorique parfaitement authentique. Les balcons surplombent la rue et le menu comprend des potages, des viandes grillées, des plats de riz et des crevettes.

Café Paradiso
$
lun-ven 9h à 20h, sam 9h à 18h
Plazuela Calle Los Horcones, Casa 1351
☎ *222-3066*
Occupant de nouveaux locaux près du centre-ville, le Café Paradiso est un endroit charmant pour prendre un café, un dessert ou un repas léger. Vous y trouverez une librairie, une galerie d'art et une boutique d'artisanat.

En guise d'alternative aux omniprésents comptoirs de restauration rapide, le **Salman's** possède plusieurs succursales, dont une dans la Calle Peatonal, où l'on sert des pains, des pâtisseries, du café et une grande variété de sandwichs à manger sur place ou à emporter.

Al Natural
$-$$
lun-ven 8h à 19h, sam 8h à 15h
sur l'étroite rue secondaire qui se trouve derrière la cathédrale de Tegucigalpa
Al Natural dispose d'un charmant jardin-terrasse qui fait figure d'oasis dans le centre-ville. Un comptoir de fruits et légumes en garde l'entrée. Outre une intéressante variété de boissons battues aux fruits frais, le menu propose nombre de salades, de soupes, de plats de viande, d'omelettes, de sandwichs, de *tacos* et d'assiettes de fruits. Ses locaux sont désormais partagés par la Tobacco Road Tavern, ouverte l'après-midi et le soir (voir p 105).

Restaurant Picadeli
$-$$
lun-ven 7h à 16h
Av. Cervantes, un quadrilatère et demi au nord de la place
☎ *237-9226*
Ce restaurant, qui possède une salle à manger toute simple et une petite terrasse extérieure, sert des petits déjeuners et des déjeuners façon cafétéria, et offre un grand choix de plats chauds, y compris d'économiques plats du jour.

Mirawa
$-$$
tlj 10h à 21h
Calle Peatonal
Le Mirawa s'impose comme l'un des meilleurs restaurants chinois du centre de la ville. Bien que la plupart des clients semblent opter pour l'économique combinaison riz frit et *chow mein*, cet établissement au décor coloré propose un vaste menu, y compris des préparations spéciales de poisson cuit à la vapeur.

Mediterraneo
$$
lun-sam 9h30 à 21h30
Av. Salvador Mendieta, à une rue de la Calle Peatonal, en face de Pizza Boom
Le Mediterraneo apprête la traditionnelle paella, des plats de viande, des sandwichs et des pâtes sans grande originalité, de même qu'un choix restreint de spécialités grecques. La salle à manger apparaît un peu lugubre.

Hotel Plaza
$$
tlj 7h à 20h
près de l'extrémité de la Calle Peatonal
L'Hotel Plaza dispose d'une salle à manger au menu plutôt conventionnel, mais l'endroit se veut confortable et climatisé. Profitez aussi de ses excellents déjeuners à prix fixe *(5$)* en semaine.

Restaurant Pepe Chalet
$$
tlj 10h à 22h
Av. Colón, angle Adolfo Zúniga
☎ 238-1340
Ce restaurant occupe une magnifique cour arborée jouxtant un vieux bâtiment, si ce n'est que le décor nécessite encore quelques retouches. Le menu tout simple réunit des mets honduriens et cubains, mais propose aussi de nombreux plats plus légers. Des musiciens se produisent parfois sur scène à l'heure des repas.

Colonia Palmira

Café du Monde
la majorité des plats 2-6, légèrement plus pour les plateaux de fromage
lun-sam 11h à 19h
3ª Calle
☎ 239-0334
Le Café du Monde se présente comme un élégant salon de thé donnant sur un adorable jardin. Les sandwichs sont servis sur pain baguette, sur *bagel* ou sur croissant, et l'on vous propose aussi une variété de soupes, de salades, de quiches, de jus, de cafés et de glaces, sans oublier les plateaux de fromage. La musique classique qu'on entend en sourdine semble de mise, puisque la propriétaire des lieux est une petite nièce du compositeur français Hector Berlioz.

Rojo Verde y Ajo
$$
tlj midi à minuit
Av. República de Argentina 1930, une rue derrière le Boulevard Morazán
☎ 232-3398
Avec un tel nom (Rouge, Vert et Ail), on ne s'étonne pas de trouver ici un assortiment intéressant de mets italiens, espagnols et français. Comme entrées, carpaccio et salade niçoise, entre autres; les plats de résistance comprennent pour leur part un poisson à la coriandre, un poulet sauce moutarde et une paella. Les trois petites salles à manger, fort sympathiques, sont décorées dans les tons de rose foncé.

Restaurant Daimyo
$$-$$$
tlj 10h30 à 14h30 et 17h30 à 22h
Av. República de Panamá, près du Parque Juárez
☎ 232-2271
Les visiteurs se voient accueillis dans une grande salle à manger richement ornée et rehaussée d'œuvres d'art japonais. Chaque table dispose de sa propre plaque de cuisson façon *teppen-yaki*, et le menu présente, il va sans dire, un large éventail de plats *teppen-yaki* mais aussi nombre d'autres plats japonais.

José y Pepe's
$$$
tlj 11h30 à 14h30 et 18h à 23h
Av. República de Panamá
☎ 232-5435
Il s'agit là du plus chic restaurant mexicain de Tegucigalpa, et vous y trouverez aussi bien le *queso fundido* (fromage fondu) et des cocktails de fruits de mer comme entrées, que d'excellents plats de viande, de poisson et de fruits de mer en guise de mets principaux. L'agréable salle à manger qui se trouve à l'étage arbore de savoureuses teintes de jaune et de pourpre.

Restaurant Alondra
$$$
lun-sam midi à 14h, 19h à 22h
Av. República de Chile, près de l'Hotel Honduras Maya
☎ 232-5909 ou 239-6678
Ce restaurant possède une somptueuse salle à manger aménagée dans un jardin à ciel ouvert de même que de plus petites salles à l'intérieur d'une vieille maison. Comme entrées, des calmars, des crevettes, des champignons et des salades. Parmi les plats de viande, retenons les spécialités provençale et les créations rehaussées de sauce piquante aux *jalapeños*. Parmi les plats de fruits de mer et de poisson, ce sera plutôt les crevettes sauce au gorgonzola et les prises du jour sauce au crabe.

Restaurant El Charrua
$$$$
tlj 11h à 23h
Av. República de Chile
☎ *232-3432*
Voici le rendez-vous par excellence des inconditionnels de la viande. On y propose un assortiment de biftecks géants et de grillades mixtes, sans oublier un choix de fruits de mer. La salle à manger principale se veut claire et attrayante, et il y a aussi de petites salles privées.

El Arriero
$$$
lun-sam 11h30 à 15h et 17h30 à 23h, dim 11h30 à 22h
☎ *232-5431*
El Arriero vous propose un service attentif dans plusieurs salles à manger invitantes où les tables sont garnies de nappes en tissu bleu et blanc. À l'heure de l'apéro, on vous servira des hors-d'œuvre de fruits de mer, des *ceviches*, des rognons grillés, des saucisses grillées et des langues marinées. Les plats principaux se composent principalement de steaks, mais comprennent aussi des brochettes et des grillades variées.

La Veranda
$$$$
tlj
Hotel Honduras Maya
La Veranda se présente comme une salle à manger de grand hôtel et propose un choix appétissant d'entrées, parmi lesquelles une crème de poivron et une salade de canard. Linguine aux crevettes, fruits de mers grillés et cochon de lait rôti figurent quant à eux parmi les plats principaux.

Boulevard Morazán

Restaurant Criollos
$-$$
tlj 11h à 23h
Boul. Morazán
☎ *236-6892*
Ce charmant restaurant en plein air coiffé d'un haut toit de tuiles rouges propose des plats typiquement honduriens de même que des mets d'autres pays d'Amérique centrale, y compris des côtelettes de porc fumé, du manioc, des *pupusas*, des *pinchos*, des *tacos* et divers plats mixtes.

Restaurant El Iguana Rana
$-$$
Boul. Morazán, près de son extrémité est
☎ *235-7644*
Ce vaste endroit, d'ailleurs très branché, est un des rendez-vous préférés des jeunes aspirant à devenir des yuppies même si leurs moyens demeurent très limités. Le menu gravite autour des hamburgers, des «pépites» de poulet, des *nachos*, des *fajitas* et des biftecks.

Plaza Garibaldi
$-$$
tlj midi à 5h
Boul. Morazán
☎ *236-6662*
Un alléchant assortiment de plats mexicains et honduriens, y compris des viandes et des fruits de mer, est ici servi dans une salle à manger accueillante de même que sur une terrasse extérieure. Plus tard dans la soirée, la salle à manger se transforme en discothèque.

China Palace
$$
tlj 10h à 21h
Calzada Cartagena, à 50 m du Boulevard Morazán
☎ *239-0506*
Un menu cantonais varié comprenant de nombreux plats de crevettes est ici offert dans une grande salle à manger rehaussée d'éléments décoratifs d'origine chinoise.

Pizzaría Tito
$$-$$$
tlj 10h30 à 21h30
Calle Las Minitas, près de l'intersection avec le Boulevard Morazán
☎ *239-0506*
Cet établissement, qui compte parmi les favoris de longue date des habitants de la ville, propose une grande variété de pizzas, mais aussi des pâtes, des viandes, des poissons et des crevettes. La salle à manger est tapissée de vieux billets de banque provenant de différents pays. Il y a aussi une petite terrasse extérieure.

Restaurant El Patio
$$
tlj 11h à minuit
Boul. Morazán, près du Banco del País
☎ *221-3842*
Ce vaste restaurant, partiellement en plein air, peut accueillir plus de 300 personnes. Des torches agrémentent sa

façade, tandis que l'intérieur se pare de colonnes lumineuses et de meubles en bois, entre lesquels circulent des serveurs en tenue de cérémonie paysanne. Le menu gravite autour des traditionnels plats de viande, que complètent certains plats de fruits de mer.

Restaurant Playa Negra
$$
tlj 11h à 23h
Boul. Morazán
☎*222-4186*
Ce restaurant de fruits de mer à ciel ouvert présente un décor nautique et sert une incroyable variété de *ceviches* (poisson ou fruits de mer marinés) de même qu'un assortiment complet de plats de poissons, de crevettes, de calmars et d'escargots.

Il Pomo d'Oro
$$
mar-dim 11h à 22h
Boul. Morazán
☎*239-3138*
Ce restaurant italien possède une agréable salle à manger et propose une grande variété de plats de pâtes, de même que des *antipasti*, des viandes et des poissons.

La Posada de Don Chema
$$
tlj 11h à 2h
Boul. Morazán
☎*232-2950*
Cet établissement présente un menu mexicano-espagnol qui met plus d'emphase sur la partie espagnole. Cailles, myes, jambon de Serrano et une variété

d'*antojitos* mexicains complètent la liste des entrées. Les plats de résistance se composent de cailles, de paellas, de cocottes de fruits de mer, de crevettes *vizcaino*, de *fabada asturiana* et de divers plats de viande. La carte des vins se veut étendue. Quant à la salle à manger, elle est plutôt exiguë et elle bénéficierait sans nul doute d'une nouvelle décoration.

Restaurant El Gachupín
$$$-$$$$
lun-sam 11h à 15h et 18h à 22h, dim 11h à 16h
Un alléchant assortiment de plats espagnols et une hospitalité chaleureuse ont mérité une excellente réputation à ce restaurant. Situé dans une rue secondaire tranquille, il possède une salle à manger agréable, quoique sans surprise, aménagée sur le pourtour d'un jardin. Comme entrée, divers plats de saucisse, de fromage et de fruits de mer, ainsi que des potages et des salades. Les plats de résistance comprennent des *zarzuelas* et d'autres plats de fruits de mer, de même que des poissons et des viandes. Le bar est on ne peut mieux garni et une petite piste de danse agrémente les lieux.

Les autres quartiers de Tegucigalpa

D'Barro
$
8h à 19h, 8h à 2h les fins de semaine
Av. Juan Manuel Gálvez, Col. Alameda
☎*236-6905*
Le D'Barro est un café aménagé dans une cour intérieure est doublé d'une petite librairie, d'une boutique d'artisanat et d'une scène où l'on présente des spectacles les vendredis et samedis soirs. Spécialités légères du Mexique et de l'Amérique centrale.

El Tablón BBQ
$$
tlj midi à minuit
100 m au-delà de l'Isla Guadalupe
☎*232-8255*
Des viandes grillées sont ici servies dans une salle à manger fort sympathique rehaussée de tables en bois et d'un décor rustique.

Casa Mar
$$-$$$
lun-sam 11h à 2h, dim 11h à 23h
Av. Juan Pablo II
☎*239-8789*
On propose à la Casa Mar des poissons et des fruits de mer frais dans une grande salle à manger climatisée, quoique plutôt simple.

Restaurant Furiwa
$$-$$$$
tlj 10h à 22h
Av. Juan Pablo II
☎ *239-1349*
Le menu de ce restaurant se veut très étendu et comporte une variété de plats de canard, de crevettes et de poissons entiers, que complètent de nombreux potages, diverses entrées et même des mets végétariens. La salle à manger principale, climatisée, se révèle élégante et il y a aussi plusieurs petites salles privées.

Restaurant Tony's Mar
$$$
tlj 11h30 à minuit
Boul. Juan Pablo II, angle Av. Uruguay
☎ *239-9379*
Cet endroit peut sembler quelque peu miteux de l'extérieur, mais la salle à manger intérieure, coiffée d'une coupole en bois, vous réserve un fascinant assortiment de plats de poisson et de fruits de mer, y compris des *ceviches* (poissons ou fruits de mer marinés), des poissons désossés farcis de crevettes, du crabe et des calmars farcis.

Restaurant La Cumbre
$$$
lun-ven 17h à 22h, sam midi à 22h
Km 7,5, El Hatillo
☎ *211-9000*
Le cadre est ici spectaculaire : à 500 m au-dessus de la ville, vous jouirez d'une vue splendide et d'une atmosphère intime, aussi bien dans la salle à manger intérieure que sur la terrasse extérieure. Le menu propose un mélange de mets honduriens, allemands et internationaux.

Hacienda El Trapiche
$$$$
tlj 9h à 22h30
Boul. Suyapa, près de l'université
☎ *239-0525 ou 232-4384*
Cet établissement grandiose occupe une spacieuse propriété du XIXe siècle et possède une série de terrasses à ciel ouvert séparées par des jardins, de même que plusieurs petites salles à manger intérieures. Le service est raffiné et le choix de plats de viande, de poisson et de fruits de mer se veut intéressant.

Santa Lucía

Donde El Francés
$$
tlj 8h à 20h, pas de téléphone
1 km avant l'entrée de la ville
Donde El Francés se présente comme un charmant petit restaurant en plein air entouré d'arbres et dispose également d'une petite salle à manger intérieure. Menu simple quoique appétissant de cuisine française (lapin, chèvre et rognons), auquel s'ajoutent des crêpes et des boissons aux fruits.

Parrilla Miluska
$$
mar-dim 10h à 20h
à la limite de la ville
☎ *237-0472 ou 231-3905*
Le Parrilla Miluska est un grand espace couvert où l'on sert des spécialités d'Europe centrale telles que *schnitzel*, goulasch et grillades mixtes.

Valle de Angeles

Plusieurs petits restaurants tout simples, établis autour de la place centrale, servent des *pinchos* grillés et des saucisses, de même que des sucreries et des pains locaux.

Restaurant El Papagayo
$-$$
mar-dim 9h à 17h
centre-ville
☎ *766-2152*
Le Restaurant El Papagayo compte plusieurs petites salles à manger rehaussées d'œuvres d'art. Menu hondurien de bœuf et de saucisses servis avec les accompagnements habituels, de soupe de tripes et de *tapado criollo*.

Il Pomodoro Pizza
$$
lun-jeu 10h à 20h, ven-dim 10h à 22h
à une demi-rue de la place
☎ *766-2895*
Vous trouverez ici une grande variété de pizzas. La section frontale du restaurant se veut attrayante, quoique la salle du fond soit plutôt sombre.

La Casa de las Abuelas
$$
mar-dim 10h à 22h
une rue au nord de la place
☎ 766-2626

Établi dans une magnifique maison du XIXe siècle et pourvu d'une salle à manger intérieure ainsi que d'une terrasse dallée de pierre, ce restaurant présente un menu intéressant qui varie au gré des saisons. Coupes froides et plateaux de fromages, crevettes, poissons, viandes, sandwichs et certains plats qu'on déguste plutôt au petit déjeuner comptent parmi les inscriptions au menu. La carte des vins se veut respectable (selon les critères honduriens, du moins) et les propriétaires se révèlent affables et bien informés.

Sorties

Le **Teatro Nacional Manuel Bonilla** affiche un programme varié de concerts et de pièces de théâtre. Malheureusement, les journaux en font rarement état, de sorte qu'il faut se rendre au théâtre même pour savoir ce qu'on y présente. L'édifice à jolie façade rose fait face au Parque Herrera, situé deux rues au-delà de l'extrémité de la Calle Peatonal. Le prix des billets est généralement très bas, sauf pour les spectacles de vedettes étrangères. Sachez enfin qu'il vaut la peine de prendre un billet d'entrée, ne serait-ce que pour visiter l'intérieur en forme de fer à cheval et tendu d'or et de blanc de ce joyau du début du XXe siècle.

Vous trouverez de nombreux **cinémas** dans le centre-ville et sur le Boulevard Morazán. Les grands quotidiens contiennent la liste de tous les films à l'affiche. La majorité des films étrangers sont présentés en version originale sous-titrée plutôt qu'en version traduite, ce qui les rend plus accessibles aux visiteurs. Le prix des billets est bas, quoique le choix de films demeure assez restreint, l'accent portant surtout sur les grands succès hollywoodiens de l'année précédente et sur des films d'action encore moins récents.

La **Tobacco Road Tavern** *(lun-sam jusqu'à minuit; locaux partagés avec le restaurant Al Natural, Calle Hipólite Matute, derrière la cathédrale)* est un de ces endroits sympathiques où il fait bon prendre un verre et bavarder entre amis. La clientèle se compose entre autres d'étrangers résidant au pays, et le directeur est lui-même Américain.

Une forme de divertissement populaire les fins de semaine, surtout auprès des jeunes instruits et raffinés, a pour nom *peña* et consiste en chants folkloriques à forte saveur politique ou sociale, souvent mêlés de satires théâtrales. Ce genre d'événement a cours dans plusieurs établissements les vendredis et samedis soirs, comme **D'Barro** *(Avenida Juan Manuel Gálvez, Col. Alameda)* et **La Mancha** *(ouvert tard, jusqu'à l'aube les fins de semaine; Boul. Suyapa, près de l'université)*. **La Mancha** se reconnaît facilement au grand moulin à vent qui se dresse devant sa façade, et l'on y **danse** chaque soir sur des rythmes tropicaux. Les *peñas* débutent généralement en fin de soirée. On exige de légers droits d'entrée et des boissons sont servies.

Si vous êtes à la recherche de quelque chose de moins raffiné et de plus bruyant, les nombreuses discothèques de Tegucigalpa feront sans doute votre bonheur. Le **Tropical Port** et deux ou trois autres établissements s'agglutinent entre deux coins de rue sur l'Avenida Juan Pablo II.

Plusieurs boîtes de nuit présentent en outre un mélange de strip-tease, de chants *ranchera*, de spectacles de jongleurs et de divers autres numéros. Ces établissements (les chauffeurs de taxi les connaissent très bien) ont surtout pignon sur rue en différents endroits de la ville. Les spectacles débutent en général un peu avant minuit. Notez que les jeunes femmes qui travaillent dans ces boîtes de nuit s'invitent souvent aux tables des visiteurs, où elles boivent plusieurs consommations à leurs frais alors qu'ils ignorent souvent que tel est le cas.

Casino Royale
tlj 13h à 2h
Hôtel Honduras Maya
Le Casino Royal constitue la seule maison de jeu légale de Tegucigalpa. Il se compose d'une petite salle garnie de machines à sous et de tables de jeu. Il n'y a aucun droit d'entrée, mais les visiteurs sont priés de montrer leur passeport afin de prouver qu'ils ne sont pas de nationalité hondurienne, car les Honduriens ne peuvent y entrer. On ferme les portes à 2h, mais les personnes qui se trouvent déjà à l'intérieur peuvent y rester jusqu'à 5h.

Votre dernière option, et non la moindre, est le soccer, ici connu sous le nom de *fútbol* et pratiquement érigé en religion nationale. Les matchs professionnels se déroulent à l'Estadio Nacional. Les chauffeurs de taxi et le personnel des hôtels sont à même de vous renseigner quant au jour et à l'heure auxquels se produisent leurs équipes favorites. Mais ce sport a aussi cours ici à l'échelle amateur et, dans presque tous les quartiers ouvriers, vous pourrez assister à des matchs enlevants en fin d'après-midi en semaine et pratiquement toute la journée les fins de semaine et les jours fériés.

Achats

Tegucigalpa

Le centre de la ville est émaillé de boutiques et de kiosques disposant d'un large éventail de produits artisanaux du Honduras et des pays voisins. **Tikamaya** *(Av. Cervantes, derrière la cathédrale)* propose un beau choix d'articles de cuir, de céramiques, de tissus, d'objets en bois et de bijoux essentiellement honduriens, mais aussi guatémaltèques et salvadoriens. D'autres commerces se trouvent un peu plus à l'est sur l'Avenida Cervantes, en direction de l'hôtel Excelsior, et présentent le même genre de produits. Enfin, plusieurs autres boutiques sont établies dans les rues voisines de l'hôtel Honduras Maya.

Nombre de petits kiosques mobiles font chaque jour leur apparition dans la Calle Peatonal et proposent surtout des articles de cuir et des objets en bois. Vous trouverez d'autres de ces petits kiosques sur le tronçon piétonnier de la Calle Los Dolores, une rue au nord de son point d'intersection avec la Calle Peatonal. Du côté de Comayagüela, vous pouvez trouver de bonnes aubaines au Mercado San Isidro, où objets d'artisanat côtoient aliments et articles d'usage courant, d'ailleurs beaucoup plus envahissants. Notez que, lorsque vous achetez quelque chose dans la rue ou au marché, vous devez habituellement marchander pour obtenir le meilleur prix possible, et vos chances de voir baisser les prix croissent avec le nombre d'articles que vous achetez au même endroit.

Le **Café Paradiso** *(Av. Paz Barahona, trois rues derrière la cathédrale de Tegucigalpa)* présente un choix restreint de tableaux originaux. Quant à **D'Barro** *(Av. Juan Manuel Gálvez, Col. Alameda)*, il fait à la fois office de café et de boutique, et vous y trouverez aussi des tableaux originaux, de même que certaines poteries et céramiques d'une belle facture.

Librería Guaymuras
Av. Cervantes, environ deux rues derrière la cathédrale
La Librería Guaymuras dispose d'un bon choix d'ouvrages en espagnol, et du meilleur inventaire qui soit d'ouvrages traitant du Honduras.

Metromedia
Edif. Casa Real, Av. San Carlos, deux rues derrière l'ambassade des États-Unis

☎ *221-0770*
Metromedia tient un bel assortiment de journaux, de revues, de livres et de vidéocassettes en anglais et en espagnol.

Shakespeare & Company
Av. Jérez, près de l'Hotel La Ronda
☎ *237-3909*
Shakespeare & Company offre pour sa part un choix de livres d'occasion dans plusieurs langues.

Santa Lucía

On vend des céramiques locales dans plusieurs boutiques situées près de l'entrée de la ville. **Cerámicas Santa Lucía** propose certaines très belles pièces émaillées, tandis qu'**Alfarería Ucles** tient plutôt de grosses pièces, dont plusieurs de forme animale ou humaine. Enfin, **Artesanías Flor de Barra** vend des articles simples mais attrayants.

Valle de Angeles

Le principal marché d'artisanat de la ville, exploité par l'Asociación Nacional de Artesanos de Honduras, écoule une variété impressionnante de sculptures de bois, de poteries, de bijoux, d'articles de cuir, de peintures naïves et de céramiques aux couleurs vives, particulièrement des coqs, devenus en quelque sorte un symbole national.

On y trouve par ailleurs des reproductions de sculptures mayas, des bronzes, des paniers colorés et des chapeaux de paille.

Un plus petit marché, situé à droite d'un grand marché d'artisanat, propose surtout des objets bon marché et des meubles de fabrication simple. Le marché municipal voisin renferme également des comptoirs d'artisanat, outre les habituels étals de produits comestibles.

En face du marché, une rangée de boutiques vend des articles de cuir, en bois et en céramique ainsi que des peintures naïves et un assortiment de vêtements et de tissus guatémaltèques et salvadoriens. Vous trouverez d'autres commerces dans la rue qui mène au square central, dont **Contrastes**, réputé pour ses beaux objets en bois et en étain. **Artesanías del Valle**, qui se trouve en face du restaurant El Papagayo, présente un choix de masques lencas de même que des articles plus communs. Enfin, la **Casa Yarumela**, qu'identifie un grand panneau une rue plus bas, recèle une intéressante petite collection de peintures honduriennes contemporaines.

Derrière l'église, **Souvenirs La Carrera** propose un bon choix d'articles faits de bois tropicaux, entre autres des sculptures et des objets peints à la main, mais aussi des céramiques et des étoffes. Près du marché, **Lessandro Leather** offre un excellent choix de sacs à main et de divers autres articles de cuir.

Ojojona

Ojojona possède une abondance de boutiques d'artisanat, mais la plupart d'entre elles semblent surtout proposer de simples articles locaux de poterie, dont plusieurs revêtent des formes animales peintes de couleurs criardes. Deux des plus intéressantes boutiques sont **Típicos Gerardo** et **Típicos San Juan**, toutes deux situées dans la rue principale entre les deux églises. Quant à **Ojojona Maya**, vous y trouverez beaucoup d'objets usuels en plus d'une collection de vases et de jarres possiblement utiles. Plusieurs autres commerces ont pignon sur rue un peu partout à travers la ville. Les potiers des villages voisins fournissent également certaines de leurs créations aux différentes boutiques d'artisanat de la rue principale d'Ojojona. Ces dernières années, plusieurs artisans d'autres régions du Honduras se sont établis ici, si bien que les produits offerts dans les commerces locaux gagnent peu à peu en qualité.

Ouest du Honduras
©ULYSSE
N
GUATEMALA
EL SALVADOR
P.N. Cusuco
Buenos Aires
San Pedro Sula
Río Ulua
El Progreso
Río Aguán
Arenal
Jocón
Cofradía
Quimistán
Villanueva
El Negrito
Pimienta
Petoa
Potrerillos
Santa Rita
Río Comayagua
Sula
Trinidad
Chinda
La Entrada
Yoro
La Unión
Llama
San Antonio
San José de Colinas
Pulhapanzak
Yorito
Jicatuyo
Florida
Guatala
Peña Blanca
Represa El Cajón
Río
Santa Bárbara
Lago de Yojoa
La Guama
El Florido
Santa Rita
Copán Ruinas
San Juán de Opoa
Arada
Concepción del sur
Minas de Oro
Guayape
Santa Rosa de Copán
Lepaera
Ceguaca
San Pedro
La Libertad
Río Otoro
Río Humuya
San José de Comayagua
Orica
Las Flores
San Ignacio
Río Higuito
Siguatepeque
San Jerónimo
Cedros
Campamento
Gracias
Río Gualcarque
El Rosario
Agua Caliente
Guaimaca
Belén
Jesús de Otoro
Comayagua
Agalteca
Nueva Ocotepeque
San Juan
Talanga
Masaguara
Ajuterique
Cololaca
El Poy
La Esperanza
La Paz
San Juan de Flores
Mercedes
Tomalá
Erandique
San Juan Guarita
Marcala
Morocelí
Tegucigalpa
La Virtud
Concepción
Iacaleapa
Mapulaca
Cabañas
San Juan
Virginia
Camasca
Colomcagua
Yuscarán
Santa Lucía
0
25
50km
0
15
30mi

L'ouest du Honduras

Les fabuleuses ruines mayas de Copán évoquent le passé mystérieux de l'Amérique centrale et constituent l'attrait touristique le plus frappant de l'ouest du Honduras, et même du pays tout entier.

Les stèles sculptées et les escaliers majestueux de ces ruines anciennes laisseront leur marque dans votre mémoire; rares sont en effet les visiteurs sur qui elles ne produisent pas une forte impression. Quant à la petite ville voisine, Copán Ruinas, elle se révèle en soi accueillante et chaleureuse avec ses rues pavées et son abondance d'architecture traditionnelle.

Mais l'ouest du Honduras a beaucoup plus à offrir. Les pittoresques villes coloniales de Santa Rosa de Copán et de Gracias vous attendent plus au sud, la seconde étant située à proximité du Parque Nacional Celaque, où se dresse le plus haut sommet du Honduras, le Monte Celaque. Au nord-est de la région de Copán, par une autre route, surgit la coquette ville de Santa Bárbara, située près d'un autre parc, le Parque Nacional Santa Bárbara, et réputée pour ses chapeaux de paille.

Aussi, la grande ville industrielle de San Pedro Sula donnera à plus d'un voyageur son premier aperçu du Honduras. Il s'agit là d'un bien pour un mal, car aussi raisonnablement propre et prospère qu'elle soit, à même d'offrir une gamme de services appréciables, San Pedro Sula n'en demeure pas moins écrasante de chaleur et résolument ennuyeuse; somme toute, les touristes n'y trouveront pas de quoi piquer leur curiosité pendant plus de quelques heures, quoique les gens qui s'y rendent par affaires soient davantage susceptibles d'y trouver leur compte. Au demeurant, elle est un bon tremplin pour explorer d'autres régions, notamment le Parque Nacional Cusuco, qui se distingue par sa forêt tropicale humide en plus haute altitude. En ce qui concerne la ville portuaire de Puerto Cortés, à 58 km au nord de San Pedro Sula, elle est bordée de belles plages et relève du chapitre portant sur la côte Caraïbe (voir p 150).

Même si vous ne nourrissez qu'un intérêt incertain pour l'archéologie, n'hésitez pas à mettre la visite des ruines de Copán sur votre liste de priorités. Quant aux amants de la nature et de la randonnée pédestre, ils devront sérieusement songer à se rendre dans les parcs nationaux Cusuco et Celaque. Par ailleurs, ceux et celles qui disposent d'un peu plus de temps n'éprouveront aucun mal à en faire bon usage dans le reste de cette région.

Pour s'y retrouver sans mal

En voiture

La première chose à se rappeler au moment d'établir un itinéraire de visite de l'ouest du Honduras est que deux points apparemment très rapprochés sur la carte deviennent souvent très distants l'un de l'autre lorsqu'on tient compte du piteux état des routes. À titre d'exemple, quiconque désire se rendre de Tegucigalpa à **Copán Ruinas** a tôt fait de découvrir que les routes ne permettent de se rendre qu'à de courtes distances à l'ouest de la capitale. Un simple coup d'œil sur la carte laisse croire que la meilleure solution de rechange consiste à piquer vers le nord-ouest jusqu'à Siguatepeque, puis vers l'ouest jusqu'à Santa Rosa de Copán, si ce n'est qu'un long tronçon de cette route est non revêtu et accidenté. Même une fois parvenu à Santa Rosa, vous devez encore prévoir un bon bout de chemin vers le nord jusqu'à La Entrada, puis faire route en direction du sud-ouest. Dans ce cas précis, la majorité des voyageurs filent vers le nord presque jusqu'à San Pedro Sula pour ensuite redescendre vers le sud-ouest, ce qui représente un long trajet. Et pourtant ce n'est là qu'un exemple parmi tant d'autres.

Il est sans doute exagéré, mais à peine, de dire que toutes les routes de l'ouest du Honduras mènent à San Pedro Sula. L'un des axes routiers majeurs les plus passants du pays relie San Pedro Sula au **Lago de Yojoa** au sud, puis à **Tegucigalpa** au sud-ouest. Un autre défile son ruban vers le nord jusqu'à **Puerto Cortés**, et un autre encore permet d'atteindre **El Progreso**, **Tela** et **La Ceiba** à l'est. Il s'agit dans tous les cas de routes à quatre voies au départ de San Pedro Sula, après quoi elles se resserrent à deux voies.

La route qui permet d'accéder au plus grand nombre de points traités dans ce chapitre part de San Pedro Sula en direction du sud-ouest. Au village de Canoa, un embranchement de cette route bifurque vers le sud en direction de **Santa Bárbara** et constitue une autre voie d'accès au **Lago de Yojoa**. La route principale continue vers le sud-ouest jusqu'à **La Entrada**, où un autre embranchement permet d'atteindre **Copán Ruinas** et **El Florido**, sur la frontière guatémaltèque. On s'attendait à ce que l'amélioration de la route entre la frontière et la ville de **Chiquimula**, du côté guatémaltèque, réduise la durée du trajet jusqu'à **San Pedro Sula** et **Ciudad de Guatemala** via Copán. Au départ de **La Entrada**, la route principale file vers le sud jusqu'à **Santa Rosa de Copán**, **Nueva Ocotepeque** et **El Poy**, sur la frontière salvadorienne. De Nueva Ocotepeque, une autre route passe la frontière guatémaltèque à **Agua Caliente**.

Toutes ces routes sont revêtues et bien conçues, compte tenu du relief montagneux qu'elles parcourent, mais elles n'en sont pas moins exposées à des inondations et à des glissements de terrain en saison pluvieuse, particulièrement sur certains tronçons des environs de Copán Ruinas et de Nueva Ocotepeque. La même remarque vaut pour la route qui relie Santa Rosa et Gracias. Enfin, à l'est de Gracias, en direction de La Esperanza, notez que la route est accidentée et non revêtue.

Location d'une voiture

San Pedro Sula

Avis
1ª Calle, angle 6ª Avenida N.E.
☎ *553-0888 ou 553-3716*
à l'aéroport
☎ *668-1088*

Blitz
Gran Hotel Sula, 1ª Calle, entre 3ª et 4ª Avenidas
☎ *553-2405*
à l'aéroport
☎ *668-3171*

Budget
1ª Calle, angle 7ª Avenida NO
☎ *552-2295 ou 552-6749*
à l'aéroport
☎ *668-3179*

C&B
1ª Calle, du côté de la route de La Lima
☎ *552-4910*

Dollar
3ª Avenida, entre 3ª et 4ª Calles NO
☎ *557-0820 ou 552-7626*
à l'aéroport
☎ *668-3211*

Hertz
à l'aéroport
☎ *668-3156 ou 668-3157*

Maya
3ª Avenida, entre 7ª et 8ª Calles
☎ *552-2670*
à l'aéroport
☎ *668-3168*

Molinari
Gran Hotel Sula, 1ª Calle, entre 3ª et 4ª Avenidas
☎ *553-2639*

National
4ª Avenida, entre 2ª et 3ª Calles NO
☎ *557-2644*

Thrifty
à l'aéroport
☎ *668-3153*

Toyota
3ª Avenida, entre 5ª et 6ª Avenidas NO
☎ *552-2666*
à l'aéroport
☎ *668-3174*

En autocar

Tous les points mentionnés ci-après sont desservis par des services de cars fréquents, faute d'être très rapides ou confortables. Sur nombre de lignes, on s'assoit à cinq par rangée, ce qui ne donne pas beaucoup de place pour respirer, et les multiples arrêts rendent les trajets particulièrement longs. Par contre, les tarifs sont très bas.

Quelques lignes directes relient Tegucigalpa à des points de l'ouest du Honduras autres que San Pedro Sula. Cet état de fait résulte en grande partie de l'infrastructure du réseau routier décrite précédemment. Il semble en effet que, peu importe votre destination, vous deviez changer de car à San Pedro Sula. Ce qui complique quelque peu les choses, c'est qu'il n'y a pas de gare d'autocars centrale dans cette ville; chaque entreprise y exploite sa propre petite gare, bien que la majorité soient regroupées dans un quadrilatère relativement restreint.

De San Pedro Sula

En direction de **Tegucigalpa**, **Viana** (*Av. Circunvalación, à 200 m du Wendy's,* ☎ *556-9261*) et **Saenz** (*8ª Avenida, entre 5ª et 6ª Calles SO,* ☎ *553-4969*) offrent toutes deux un service de premier ordre à raison de quatre à six départs quotidiens chacune et au coût d'environ 9$ pour un trajet d'une durée de 3 heures 30 min. **Hedman Alas** (*3ª Calle, entre 7ª et 8ª Avenidas NO*, ☎*553-1361*) offre un service de qualité légèrement inférieure que Viana et Saenz, avec une douzaine de départs quotidiens, dont certains sur des cars express, à un coût moyen d'environ 6$. Plusieurs autres compagnies, notamment **El Rey** (☎*553-4262*), **El Rey Express** (☎*550-8355*) et **Norteños** (☎*552-2145*), offrent un service plus lent et moins coûteux, les départs étant fréquents et la durée du trajet, de 4 heures 30 min ou plus. El Rey et Norteños marquent des arrêts aux carrefours routiers permettant d'accéder à plusieurs points intermédiaires, entre autres le **Lago de Yojoa**, **Siguatepeque** et **Comayagua**; de ces points, des cars locaux assurent des liaisons lentes vers le centre des deux villes précitées, à raison d'environ une fois l'heure.

En direction de **La Entrada** et de **Santa Rosa de Copán**, **Toritos y Copanecos** (*11 Calle, entre 6ª Ave. et 7ª Avenida.*, ☎*553-4930*) offre un service local environ deux fois l'heure et un service express, plusieurs fois par jour. Des cars supplémentaires circulent sous la bannière de **Congolón** (*8ª*

Avenida., entre 9ª et 10ª Calles, ☎*553-1174*), qui poursuit jusqu'à **Nueva Ocotepeque** et **Agua Caliente**.

En direction des **Copán Ruinas**, **Casarola** (*6ª Ave., angle 6ª Calle S.O.*, ☎*558-1378*) et **Gama** (*6ª Calle, entre 6ª et 7ª Avenidas SO*, ☎*552-2861*) dépêchent l'une comme l'autre des cars directs en milieu d'après-midi, le retour de Copán s'effectuant le matin. Comme alternative, vous pouvez vous rendre à La Entrada pour ensuite prendre une correspondance locale pour les ruines de Copán, les départs se faisant aux 40 min jusqu'en fin d'après-midi.

En direction de **Santa Bárbara**, **Cotisba** (*4ª Avenida., entre 9ª et 10ª Avenidas SO*, ☎*552-8889*) dépêche des cars lents à intervalle de 45 à 60 min, et ce, jusqu'à 18h (durée du trajet : 2 heures 30 min).

En direction de **Puerto Cortés** (*1$; 45 min*), **Impala** (*2ª Avenida, entre 4ª et 5ª Calles SO*), de même que **Citul** et **Expresos del Atlántico** (*6ª Avenida, entre 7ª et 8ª Calles SO*) proposent plusieurs départs par heure.

En direction de **Tela** (*2$; 1 heure 15 min*) et de **La Ceiba** (*2$; 2 heures 30 min*), **Catisa**, **Tucsa** et **City** (*2ª Avenida, entre 5ª et 6ª Calles SO*, ☎*553-1023*) exploitent un

service conjoint avec des départs à intervalles de 30 à 60 min, et ce, de 5h30 à 18h. Un car local à destination de Tela (*1$; 2 heures*) circule aux demi-heures. Un service express est aussi assuré quatre fois par jour par **Cotraipbal** (*1ª Avenida, entre 7ª et 8ª Calles Oriente,* ☎*557-8470*), le car poursuivant ensuite jusqu'à **Trujillo** (*5 heures; 5$*).

De Copán Ruinas

Casarola et Gama assurent l'une comme l'autre, et de façon quotidienne, un service direct vers **San Pedro Sula** (*4$; 3 heures*), avec des départs de bon matin. Comme alternative, sachez que des cars locaux plutôt lents partent à intervalles de 40 min à destination de **La Entrada** (*1$; 1 heure 30 min*), où vous trouverez des correspondances fréquentes pour **San Pedro Sula** au nord ou **Santa Rosa de Copán** et divers autres points au sud. Des minibus et des camionnettes se rendent également à **El Florido** sur la frontière guatémaltèque, d'où des cars partent en direction de **Chiquimula** en après-midi.

De Santa Rosa de Copán et de Gracias

D'une gare d'autocars située sur la route, des cars partent au moins deux fois l'heure en direction nord, vers **La**

Entrada (d'où l'on peut prendre une correspondance pour **Copán Ruinas**) et **San Pedro Sula**. D'autres cars partent de Santa Rosa en direction sud, vers **Nueva Ocotepeque**, à intervalles d'environ une heure, certains d'entre eux poursuivant jusqu'à **Agua Caliente**. Le service entre Santa Rosa et **Gracias** est assuré aux heures, la durée du trajet étant d'environ 1 heure 30 min. De Gracias à **La Esperanza**, il y a un ou deux cars par jour.

Lignes internationales

King Quality
6ª Calle, entre 7ª et 8ª Avenidas SO
San Pedro Sula
☎553-3443
King Quality, une compagnie salvadorienne, offre un service de luxe quotidien entre **San Pedro Sula** et **San Salvador**; la durée du trajet est de 7 heures et les billets se vendent 23$. Correspondance possible le jour même pour **Guatemala City**.

Monarcas Travel
une rue et demie au nord du Banco de Occidente
Copán Ruinas
☎651-4361
Monarcas Travel, une agence guatémaltèque, offre un service de minibus quotidien entre **Copán Ruinas** *(une rue et demie au nord du Banco de Occidente,*
☎*651-4361)*, **Guatemala City** et **Antigua Guatemala**.

La durée du trajet entre Antigua et Copán est d'environ neuf heures, le coût de l'aller simple étant de 35$; le départ à Antigua se fait à 4h, et le retour de Copán, à 14h. King Quality, une compagnie salvadorienne, projetait, lors de notre passage, d'offrir un service de luxe quotidien entre **San Pedro Sula** et **San Salvador**, avec correspondance pour **Guatemala City**; mais aucun détail n'était disponible au moment de mettre sous presse.

En train

Le service de passagers entre San Pedro Sula et Tela a été suspendu après que l'ouragan Mitch eut détruit un pont à la périphérie de San Pedro Sula. Le service bihebdomadaire se poursuit entre Puerto Cortés et Tela.

En taxi

Comme partout ailleurs au Honduras, le prix des courses est relativement bas, que ce soit pour les déplacements interurbains ou locaux. À San Pedro Sula, un trajet conventionnel vous coûtera entre 1$ et 2$, mais comptez 10$ pour vous rendre à l'aéroport.

On ne trouve pratiquement aucun taxi à Santa Bárbara, et pas le moindre à Copán Ruinas.

En outre, vous trouverez facilement des taxis à La Entrada, Santa Rosa de Copán et Nueva Ocotepeque.

En avion

L'**Aeropuerto Internacional Ramón Villeda Morales** se trouve à 17 km à l'est de **San Pedro Sula**, près de la petite ville bananière de La Lima. Un taxi entre l'aéroport et San Pedro Sula coûte environ 10$. Des cars locaux arpentent la route principale à intervalles de quelques minutes, mais il convient de savoir que l'aéroport ne se trouve qu'à 15 ou 20 min de marche de la route, quoique la sécurité y pose un problème. L'aérogare moderne renferme des restaurants, des bars et des boutiques hors taxes. Il y a aussi un comptoir de change à l'intérieur du bâtiment, les agents indépendants faisant leurs affaires à l'extérieur, tout près d'une station de taxis.

Le Grupo Taca propose quatre vols par jour à destination de **Tegucigalpa**. Isleña, Sosa et Rollins se font concurrence sur la ligne de **La Ceiba**, tout en offrant des correspondances vers les Islas de la Bahía. De La Ceiba, il y a aussi des liaisons vers Trujillo et la Mosquitia, bien qu'en direction est il faille parfois envisager une escale d'une nuit.

La piste d'atterrissage de **Copán Ruinas** a été fermée il y a de nombreuses années. Une petite piste d'atterrissage distante d'environ 20 km du côté guatémaltèque de la frontière accueille par contre à l'occasion des vols nolisés. Il a plus d'une fois été question d'une entente intergouvernementale destinée à supprimer les formalités douanières à cet endroit; le gouvernement hondurien a pour sa part fait savoir qu'il favorisait la construction d'un nouvel aéroport dans les environs, du côté hondurien, mais, pour l'instant, San Pedro Sula demeure l'aéroport le plus proche à offrir un service régulier.

Réservations aériennes

San Pedro Sula

American Airlines
16 Avenida., entre 1ª et 2ª Calles
☎ *558-0524 ou 558-0525*
à l'aéroport
☎ *668-3241*

Continental Airlines
Gran Hotel Sula, 1ª Calle, entre 3ª et 4ª Avenidas
☎ *557-4141 ou 557-4142*
à l'aéroport
☎ *668-3208*

Copa
Gran Hotel Sula, 1ª Calle, entre 3ª et 4ª Avenidas
☎ *550-5583*
à l'aéroport
☎ *668-6776*

Grupo Taca
Av. Circunvalación, angle 13 Avenida. NO
☎ *557-0525 ou 550-5264*
à l'aéroport
☎ *668-3112*

Iberia
Edif. Quiroz, 2ª Calle, angle 2ª Avenida SO
☎ *550-1604*
à l'aéroport
☎ *668-3217*

Isleña
à l'aéroport
☎ *668-3186*

Sosa
à l'aéroport
☎ *668-3223*

Renseignements pratiques

Information touristique

La succursale de **San Pedro Sula** de l'Instituto Hondureño de Turismo a cessé ses opérations, si bien que les commis d'hôtel et les chauffeurs de taxi s'avèrent souvent les meilleures sources de renseignements touristiques. À **Copán Ruinas**, vous trouverez des brochures et d'autres documents d'information à l'entrée du site archéologique.

Change

La plupart des banques et des *casas de cambio* changent les dollars américains en espèces et en chèques de voyage. Les *casas de cambio* pratiquent des taux semblables à ceux des banques, quoiqu'elles offrent un service plus rapide et des heures d'ouverture plus longues. À San Pedro Sula, la Lloyds Bank change en outre les dollars canadiens. Il y a aussi un comptoir de change à l'aéroport qui ferme à 17h et demeure fermé les fins de semaine. Des cambistes indépendants s'offrent enfin à changer vos devises aux abords immédiats de l'aéroport, de même que dans le Parque Central, là où il rejoint la section piétonnière de la 4ª Avenida. Certains d'entre eux offrent des taux peu avantageux, surtout lorsque les banques sont fermées.

Télécommunications

Si vous désirez vous épargner de grandes dépenses à l'hôtel, les meilleurs endroits pour vous prévaloir des services d'appels internationaux et de télécopie sont les bureaux de **Hondutel**. Le bureau principal de San Pedro Sula se trouve près de l'intersection de la 4ª Avenida et de la 4ª Calle SO, une rue et demie au-delà de la section piétonnière de la 4ª Avenida. Il est ouvert jour et nuit, mais le quartier est peu sûr le soir.

Hondutel dispose également d'un bureau facile d'accès dans chacune des autres localités dont traite ce chapitre. Les heures d'ouverture varient cependant, et toutes les succursales n'offrent pas le service de télécopie.

À **San Pedro Sula**, vous trouverez des services **Internet** au **Yupichat** *(lun-sam 9h à 20h; 1ª Calle, angle 10ª Avenida NO, ☎550-8365)*. À **Copán Ruinas**, songez plutôt à **Maya Connections** *(tlj 7h à 19h; à une rue du Banco de Occidente, ☎651-4077)*.

Écoles de langues

Ixbalanque Escuela de Español
☎*651-4432*
ixbalan@hm2.com
L'Ixbalanque Escuela de Español à Copán Ruinas, propose des cours individuels d'espagnol à raison de quatre heures par jour. Pour de plus amples renseignements, adressez-vous au Restaurante y Bar Tunkul.

Attraits touristiques

San Pedro Sula

La deuxième ville en importance du Honduras constitue le plus important centre commercial et industriel du pays. Avec une population estimée à près de 650 000 habitants, San Pedro Sula est au cœur même de l'industrie florissante du vêtement, sans compter d'autres secteurs d'activité dont la transformation des aliments, la fabrication d'objets en plastique et la production de ciment pour ne nommer que ceux-là. La ville s'étend près d'une importante région productrice de bananes, ce qui a grandement contribué à sa croissance au cours du XXᵉ siècle. Les *Sampedranos*, ainsi qu'on désigne les habitants de la ville, ont de ce fait acquis un sens de la production et un esprit commercial qui contrastent vivement avec le rythme léthargique et la pauvreté évidente de Tegucigalpa, le siège du gouvernement, qui se trouve plus au sud.

Établie à proximité de la fertile vallée du Río Ulúa, dans l'angle nord-ouest du Honduras, San Pedro Sula révèle une silhouette plutôt basse, ne s'élevant que légèrement vers l'ouest. Les imposants monts Merendón dominent le paysage non loin de la ville qui, malgré le fait qu'elle repose tout près du niveau de la mer, ne profite pas des brises océaniques, si bien que le climat y est particulièrement chaud et humide tout au long de l'année, seules d'abondantes averses occasionnelles venant le tempérer de juin à octobre. Les mois les plus chauds sont mars, avril et mai.

Il serait pour le moins excessif de décrire San Pedro Sula comme un havre touristique, mais elle n'en possède pas moins l'aéroport international le plus fréquenté de tout le pays, et nombre de visiteurs passent par ici pour se rendre en divers points du territoire. Le Parque Nacional Cusuco, réputé pour sa forêt tropicale humide et sa gent ailée, ne se trouve qu'à faible distance. Des autoroutes conduisent en outre aux ruines mayas de Copán, aux stations balnéaires et aux réserves naturelles de la côte caraïbe voisine, de même qu'au Lago de Yojoa, en direction de Tegucigalpa.

Les attraits propres à San Pedro Sula se révèlent toutefois plus limités, quoiqu'on y trouve un nouveau musée d'archéologie et d'histoire plutôt intéressant, un important marché d'artisanat, de nombreux hôtels et restaurants (les établissements «petit budget» s'avérant assez désagréables dans l'ensemble) et des voyagistes proposant des visites de diverses régions du Honduras.

La ville fut fondée en 1536 par le conquistador espagnol Pedro de Alvarado, mais des incendies, des tremblements de terre et des destructions injustifiées ont à peu près effacé toute trace de son passé, ne lui laissant que peu de souvenirs de son histoire. *Sula* serait une variante vocale d'*Ulúa*, le nom de la rivière locale, qui lui-même proviendrait, c'est du moins ce que certains avancent, d'un mot aztèque signifiant «oiseau». San Pedro Sula n'a vraiment trouvé son identité que vers la fin du XIXe siècle et le début du XXe siècle, à la suite de la construction du réseau ferroviaire, de l'établissement de gigantesques plantations de bananes dans les environs et de l'arrivée de familles du Moyen-Orient dont les descendants continuent de jouer un rôle majeur dans les affaires de la ville.

La partie centrale de San Pedro Sula, ceinturée d'une route circulaire du nom d'«Avenida Circunvalación», adopte un plan quadrillé où rues et avenues sont désignées par des numéros et un quadrant. Les rues *(calles)* courent d'est en ouest, tandis que les avenues *(avenidas)* suivent un tracé nord-sud. Le croisement de la 1ª Calle et de la 1ª Avenida marque le point d'intersection des quatre quadrants, identifiés par les initiales des vocables qui les désignent en espagnol, à savoir «NE» *(noreste)*, «NO» *(noroeste)*, «SE» *(sureste)* et «SO» *(suroeste)*; il s'agit, vous l'aurez deviné, des points intermédiaires de la boussole, *sur* se traduisant par «sud» et *oeste*, par «ouest».

La Primera Calle (1^a Calle) forme en quelque sorte l'épine dorsale du centre-ville; elle croise le Parque Central entre la 3^a et la 5^a Avenida Suroeste, et sert en outre d'approche principale à la ville en venant de l'aéroport et d'autres points situés plus à l'est. La majorité des sites du centre-ville se trouvent à courte distance de marche les uns des autres; par contre, pour des raisons de sécurité personnelle, il est souvent préférable de prendre un taxi le soir; même le jour, tous les visiteurs disposant d'un budget minimal trouveront les taxis plus commodes que les autobus municipaux, surtout conçus pour desservir les quartiers résidentiels et industriels.

Le **Parque Central** est le point de mire de la vie en plein air à San Pedro Sula, bien qu'il ne soit pas aussi animé ni pittoresque que son pendant de Tegucigalpa. Ici se dresse la statue du général Manuel Bonilla, illustre défenseur de l'éducation publique. La section piétonnière de la 4^a Avenida Suroeste ne s'étend que sur une rue en partant du parc, mais on y trouve plusieurs restaurants, de même que de nombreuses boutiques et des comptoirs de rue proposant une variété de produits artisanaux. Ces kiosques débordent d'ailleurs jusque dans le parc.

Parmi les points de repère qui entourent le Parque Central, mentionnons le **Gran Hotel Sula** (voir p 133), la magnifique **Alcaldía** (hôtel de ville) de style Art déco ainsi que la grande, moderne et très austère **Catedral de San Pedro**, construite dans le style néogothique sur une période de plusieurs années qui débuta en 1949.

Le **Museo de Antropología e Historia de San Pedro Sula** ★★ *(0,70$; mardim 10h à 16h15; angle 3ª Calle et 3ª Avenida NO)* occupe un agréable et radieux bâtiment ocre-brun inauguré en 1994 et financé en grande partie par un industriel local, également réputé fervent anthropologue amateur et collectionneur. La collection préhispanique, dont les pièces proviennent essentiellement de l'ouest du

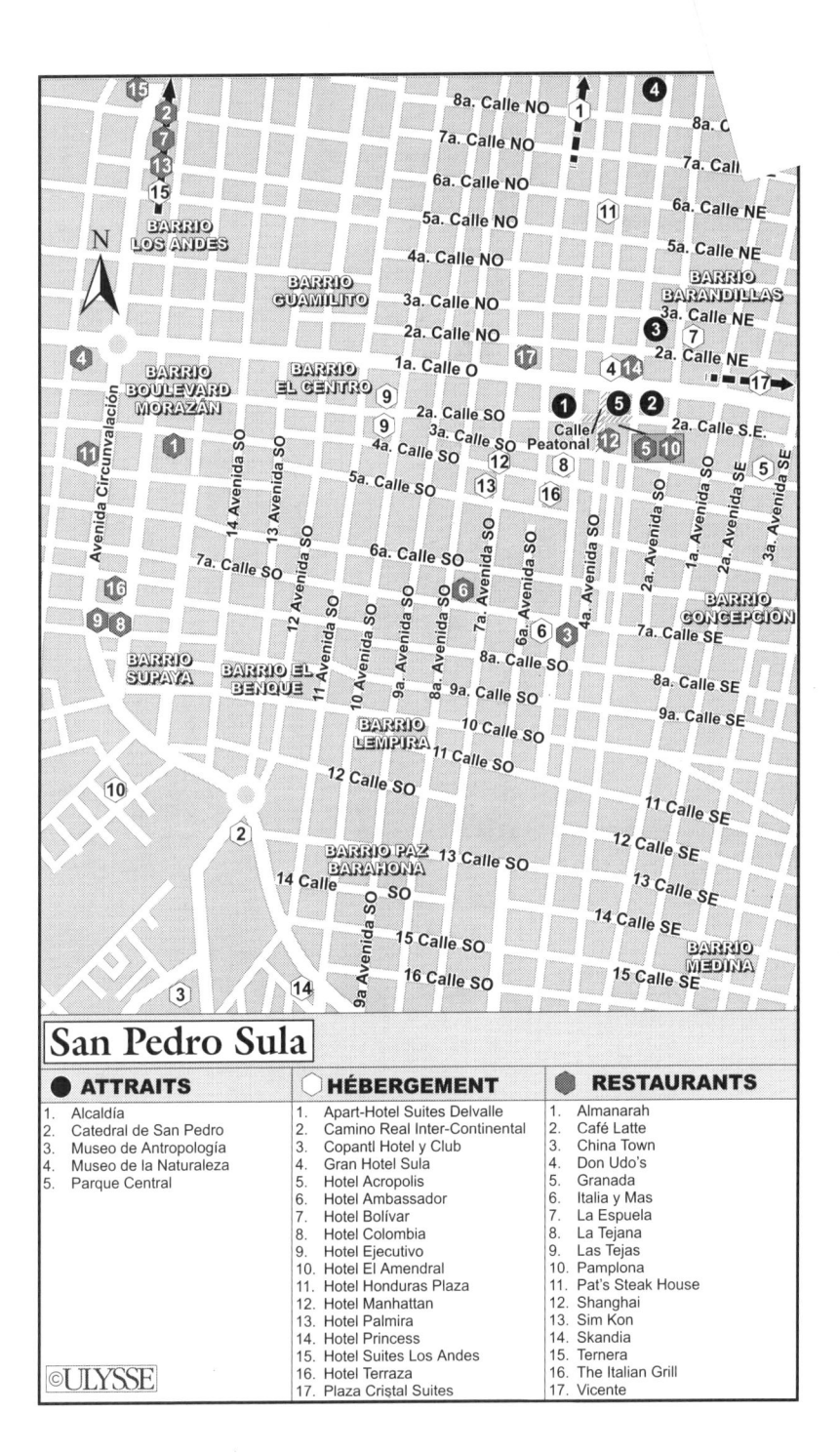

San Pedro Sula

● ATTRAITS

1. Alcaldía
2. Catedral de San Pedro
3. Museo de Antropología
4. Museo de la Naturaleza
5. Parque Central

◯ HÉBERGEMENT

1. Apart-Hotel Suites Delvalle
2. Camino Real Inter-Continental
3. Copantl Hotel y Club
4. Gran Hotel Sula
5. Hotel Acropolis
6. Hotel Ambassador
7. Hotel Bolívar
8. Hotel Colombia
9. Hotel Ejecutivo
10. Hotel El Amendral
11. Hotel Honduras Plaza
12. Hotel Manhattan
13. Hotel Palmira
14. Hotel Princess
15. Hotel Suites Los Andes
16. Hotel Terraza
17. Plaza Cristal Suites

● RESTAURANTS

1. Almanarah
2. Café Latte
3. China Town
4. Don Udo's
5. Granada
6. Italia y Mas
7. La Espuela
8. La Tejana
9. Las Tejas
10. Pamplona
11. Pat's Steak House
12. Shanghai
13. Sim Kon
14. Skandia
15. Ternera
16. The Italian Grill
17. Vicente

©ULYSSE

Honduras, comprend des objets en céramique, des sculptures de jade et d'obsidienne, de même que d'anciens ustensiles. Quoique les pièces soient bien présentées, on ne donne que peu d'information sur leur origine. Une autre section du musée présente de grands tableaux et divers objets retraçant l'histoire de San Pedro Sula depuis la conquête espagnole jusqu'à nos jours. Le musée renferme aussi un café-jardin et une salle de spectacle où l'on présente parfois des pièces de théâtre ou des récitals.

Le **Museo de la Naturaleza** *(entrée libre; lun-ven 8h à 17h, sam 8h à midi; 3ª Avenida., angle 9ª Calle NO., ☎ 552-5060)* est un musée de science et d'histoire naturelle qui s'adresse en grande partie aux jeunes enfants et aux étudiants, la plupart des inscriptions explicatives n'étant toutefois qu'en espagnol. Les éléments d'exposition concernent les plantes, les animaux, les forêts, la protection de l'environnement, les volcans et l'astronomie. Le musée se trouve à courte distance du centre-ville.

Le **Mirador Capri**, situé à flanc de colline à l'extrémité ouest de la ville, est un belvédère d'où l'on peut admirer la ville et, par temps clair, de vastes pans de campagne s'étendant jusqu'aux montagnes voisines du Lago de Yojoa. On y accède avec sa voiture privée ou en taxi.

Castillo Pográn

À l'est de San Pedro Sula, près du village de **La Lima**, tout juste au-delà de l'aéroport, vous pourrez visiter des **plantations de bananiers** et des usines de transformation exploitées par une filiale locale de la Chiquita Brands (jadis la firme United Fruit). Officiellement, vous devez vous procurer un permis de visite au bureau de la société à La Lima, mais, dans les faits, il suffit souvent de vous présenter sur les lieux pendant les heures normales d'ouverture (du début de la matinée au milieu de l'après-midi) pour jeter un coup d'œil sur les installations. Vous devrez toutefois prendre votre voiture ou un taxi. Les gens qui se trouvent à l'aéroport et qui ont deux ou trois heures à tuer avant leur vol peuvent en profiter pour sauter dans un taxi et faire une courte excursion dans les environs.

Parmi les autres excursions possibles à partir de San Pedro Sula, retenez le **Parque Nacional Cusuco** (voir p 129), le **Lago de Yojoa** et les **chutes de Pulhapanzak** (voir p 218).

★

Santa Bárbara

Située à 108 km au sud de San Pedro Sula, Santa Bárbara se présente comme une ville charmante caractérisée par de nombreuses constructions coloniales, une attrayante place centrale agréablement ombragée et un marché public animé, aménagé non loin de cette dernière. L'endroit est réputé pour ses chapeaux de paille et les autres objets de *junco* qu'on y fabrique (une matière voisine de la paille; se prononce *HUN-co*). Les vestiges d'un château du XIXe siècle, le **Castillo Pográn**, s'accrochent au flanc d'une colline à l'extérieur de la ville, et le Parque Nacional Santa Bárbara ainsi que le Balneario La Torre (voir p 130) s'étendent à proximité.

La Entrada

La Entrada, dont le nom complet est «La Entrada de Copán», est une vaste et poussiéreuse ville carrefour située à 126 km de San Pedro Sula, à 59 km de Copán Ruinas et à 44 km de Santa Rosa de Copán. Il s'agit d'un lieu de passage (rarement d'arrêt) pour les automobilistes et d'un endroit où les voyageurs changent de car en route vers quelque autre destination. On y trouve plusieurs restaurants et divers lieux d'hébergement.

Le **Museo de Arqueología** renferme une collection restreinte de poteries et de sculptures sur pierre ainsi qu'une reconstitution d'un cimetière maya. Les ruines principales, qui reposent en bordure d'un cours d'eau, se trouvent à 1 km du centre d'accueil, dans une zone reboisée, et se composent d'une pyramide de taille moyenne ainsi que de plusieurs autres constructions moins élevées. Le tout forme un ensemble harmonieux, quoique nullement impressionnant en regard des ruines de Copán. Somme toute, ce site n'intéressera que les vrais amateurs disposant de beaucoup de temps.

Le billet qui donne accès au musée permet en outre de visiter le **Parque Arqueológico El Puente** *(2$; 8h30 à 16h30)*, un site archéologique situé à 9 km de La Entrada. Un taxi vous coûtera environ 15$ aller-retour, y compris le temps d'attente du chauffeur. Ce site révèle un somptueux centre d'accueil financé par des intérêts japonais.

★★★
Copán Ruinas

La ville de Copán Ruinas (se prononce *co-PAN rou-I-nas*) s'élève à une altitude confortable, à 1 km des majestueuses ruines mayas que la majorité des visiteurs tiennent tant à voir. L'agglomération elle-même baigne dans une agréable atmosphère coloniale avec ses constructions basses et ses rues pavées et pentues. La place centrale, ombragée et animée, subissait récemment des travaux de revitalisation. L'importante montée du tourisme ces dernières années a donné lieu à la naissance de nouveaux hôtels, restaurants et boutiques de souvenirs, mais sans pour autant, heureusement, nuire au caractère paisible des lieux.

Le **Museo Regional** *(2$; tlj 8h à midi et 13h à 16h)* fait face à la place centrale et prépare à la visite des ruines en donnant des renseignements historiques et en exposant certaines pièces provenant du site, y compris des bijoux, des objets sacrés, des figurines de terre cuite et une tombe reconstituée. Ce musée a été éclipsé par le beaucoup plus grand **Museo de Esculptura de Copán** ★★★, qui possède une magnifique collection, avec certaines des plus belles pièces provenant des fouilles effectuées sur le site. Lorsqu'il a ouvert ses portes en 1996, on l'a encensé comme le plus splendide musée d'Amérique centrale. Le bâtiment lui-même se veut un hommage au symbolisme maya, l'intérieur épousant la forme d'un serpent sinueux par la bouche stylisée duquel pénètrent les visiteurs. Malheureusement, des failles structurales ont obligé les autorités à fermer les lieux à peine quelques années après l'inauguration du musée. Il est actuellement ouvert selon un horaire très irrégulier, durant la période que dureront les réparations. En outre, pour des raisons

Copán Ruinas

● ATTRAITS
1. Museo Regional
2. Parque Central

○ HÉBERGEMENT
1. Café Via-Via (R)
2. Hotel California
3. Hotel Camino Maya
4. Hotel La Posada
5. Hotel Los Gemelos
6. Hotel Los Jaguares
7. Hotel Marina Copán (R)
8. Hotel Posada de Anne
9. Hotel Yaragua
10. Iguana Azul
11. La Casa de Café

(R) établissement avec restaurant décrit

■ RESTAURANTS
1. Café Cinema Vamos a Ver
2. Carnitas Mia Lola
3. Pizza Rica
4. Restaurant El Zaguán
5. Restaurant Izabel
6. Restaurant Llama del Bosque
7. Restaurant Los Gauchos
8. Típicos El Rancho

© ULYSSE

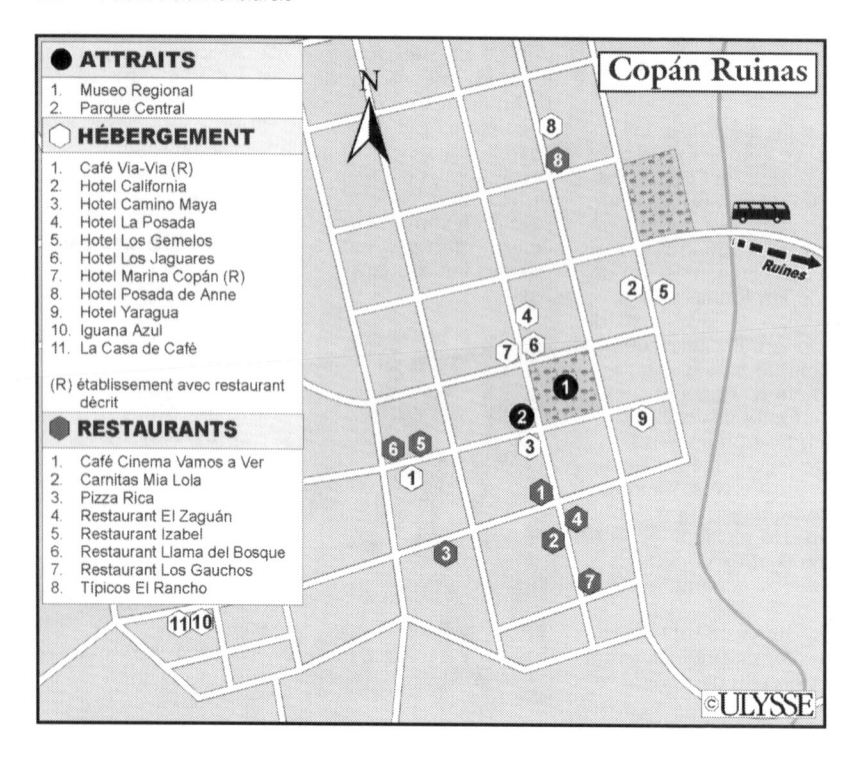

de sécurité, le nombre de visiteurs pouvant y accéder a été fortement réduit. Quoi qu'il en soit, tentez de faire coïncider votre visite avec une journée où il sera accessible car il s'avère vraiment dommage de le manquer. L'autel Q, fort bien préservé et réputé pour sa beauté sculpturale de même que pour ses glyphes et représentations humaines dépeignant 16 anciens chefs mayas, a été transporté ici depuis la cour ouest de l'Acropole. Hélas, comme le reste du musée, il demeure désormais inaccessible aux visiteurs.

Copán Ruinas est entourée d'une campagne montagneuse et verdoyante. Il y a des **sources chaudes** à proximité, et l'on peut faire de l'**équitation** à travers les forêts et les plantations de café (vous trouverez les coordonnées des excursionnistes à la page 68). **Santa Rita**, 9 km plus loin sur la route de La Entrada, se présente, pour sa part, comme un village pittoresque offrant de beaux exemples d'architecture coloniale.

D'autres attraits de la région comprennent les chutes de **Rubi**, à 45 min de marche de Santa Rita, ainsi que plusieurs **grottes** facilement accessibles de Copán. La campagne des environs de Copán est habitée par des **Indiens chortis**, et des visites de leurs villages peuvent être organisées.

La visite des ruines

Les ruines (10$; tlj 8h à 16h) se trouvent à 10 min de marche du centre de Copán Ruinas. Calculez 5$ de plus pour l'accès au Museo de Escultura de Copán. Les visiteurs qui désirent voir le tunnel Rosalila doivent en outre débourser 14$ de plus, ce qui a pour effet de réduire efficacement les foules. Ainsi, une visite complète peut coûter jusqu'à 29$, de quoi crever le budget de certains voyageurs, bien qu'il s'agisse d'une somme relativement peu élevée compte tenu de la magnificence des lieux. Près de l'entrée du site surgissent des casse-croûte, des boutiques de souvenirs et un centre d'accueil renfermant des vitrines d'exposition et une maquette du site.

Les ruines reposent dans un parc archéologique où se trouve un sentier pédestre de 1 km bordé de nombreuses espèces d'arbres. Les ruines principales apparaissent environ 400 m passé le centre d'accueil des visiteurs. Pour un montant variant de 10$ à 12$, vous pouvez retenir à l'entrée les services d'un guide qui vous fera faire le tour du site en deux à trois heures. Sinon, on vend sur place des livres qui fournissent une description détaillée des ruines. En voici un bref aperçu. La gestion du site est actuellement confiée à l'Instituto Nacional de Antropología e Historia de Honduras.

L'ascension et la chute d'une grande civilisation

Vers la fin de l'ère préclassique (de 300 av. J.-C. à 100 ap. J.-C.), le monde maya dans son ensemble traversait une période de profonds changements sociaux liés à l'établissement des premières dynasties royales et à la construction des premières structures monumentales qui en sont venues à caractériser cette civilisation grandiose. La vallée de Copán ne comptait alors que de petites communautés d'agriculteurs relativement autonomes.

Quetzal, roi maya

Du IIe au IVe siècles de notre ère, la région de Copán s'est vu transformer par une croissance démographique soutenue, qui a d'ailleurs conduit à la fondation de la ville-royaume de Copán. La région, alors gouvernée par une succession de dirigeants dynamiques, n'a cessé de prospérer entre le Ier et le IXe siècles, et la plupart des monuments aujourd'hui visibles datent de cette époque. Peu après, cependant, Copán connut le déclin, affaiblie par les guerres et les famines au dire de certains historiens. L'entretien des structures fut négligé et la jungle commença peu à peu à reprendre ses droits, pour finalement envelopper la ville tout entière vers 1200 ap. J.-C.

Aujourd'hui comme jadis, personne ne peut visiter Copán sans être ébloui par la beauté majestueuse et mystique des ruines, ainsi que le rapportait lui-même Diego García de Palacio dans une lettre adressée au roi d'Espagne en 1576 :

«[Dans la province du nom de Copán]... se trouvent les ruines et les vestiges d'une grande civilisation ainsi que des structures si magnifiques qu'on a peine à imaginer comment des esprits aussi primitifs que ceux qui habitent aujourd'hui cette région aient pu, à une certaine époque, concevoir un ensemble aussi somptueux et aussi harmonieux.»

Après les premiers explorateurs espagnols, le site a été visité au XIXe siècle par une succession de voyageurs et d'archéologues américains et britanniques qui entreprirent l'excavation des lieux que nous pouvons voir de nos jours, et sans doute encore pour des décennies à venir.

Le dynamisme des recherches effectuées jusqu'ici à Copán en font le site le plus étudié de tout le monde maya. La passion des archéologues et des historiens d'art pour ces ruines tient à plusieurs facteurs, et plus particulièrement au fait que Copán révèle plus d'inscriptions hiéroglyphiques et plus de sculptures que n'importe quel autre site du Nouveau Monde. Pour le commun des mortels comme pour les spécialistes, les splendeurs de Copán n'impressionnent pas tant par leur quantité que par leur qualité exceptionnelle, notamment en ce qui a trait aux ouvrages en pierre sculptée. Les artistes et les artisans de Copán sont en effet parvenus à atteindre un degré de perfection et de dextérité sans égales dans les Amériques. Ils ont en outre réussi à sculpter des hauts-reliefs d'une précision et d'une profondeur telles, que les silhouettes humaines semblent se détacher de la pierre.

Mais qu'est-il donc arrivé en ces temps reculés dans cette forêt luxuriante d'Amérique centrale pour que de petits groupes d'agriculteurs se trouvent réunis dans la vallée de Copán et entreprennent d'y construire, au fil des siècles, une somptueuse ville dont les temples et les monuments demeurent admirés pour leur splendeur?

L'accroissement de la population, provoqué par une véritable explosion démographique, a eu pour effet de restreindre l'accès aux ressources limitées de la vallée. Les surplus de nourriture et de richesses ne profitant qu'à certains groupes de la population, il en résulta des inégalités importantes au sein d'une communauté jusque-là relativement égalitaire. La société dut dès lors envisager de profondes transformations visant à réduire les tensions sociales qui, tôt ou tard, risquaient de menacer la survie même de ce nouvel établissement humain.

La création des grandes sociétés complexes résulte le plus souvent de l'invention, par une élite, de mécanismes de contrôle social et politique destinés à justifier et à conforter ses privilèges. À Copán, comme dans l'ensemble de la culture maya, la stratégie de l'élite consista à faire naître une idéologie religieuse servant directement son pouvoir politique. En s'attribuant le statut de demi-dieux, ses membres pourraient légitimer et perpétuer une structure sociale sur laquelle ils détiendraient une autorité absolue.

Les pyramides, les temples, les hiéroglyphes, les icônes, les stèles, les autels, les terrains de balle, les sculptures – qui sont autant de manifestations d'une grande civilisation – s'imposent comme des instruments servant à véhiculer l'idéologie religieuse de Copán. Ces travaux ont été réalisés sous l'œil de différents rois cherchant à consolider leur autorité religieuse et politique.

L'ubiquité des caractères hiéroglyphiques mayas (une forme complexe d'écriture découlant d'une logique phonétique et pictographique) sur toutes les réalisations artistiques et architecturales de Copán nous permet de plus en plus de reconstituer les traits saillants de l'histoire royale de cette ville.

L'année 426 ap. J.-C. marque la fondation de la dynastie royale de Yax-Kuk-Mo ainsi que l'accession de Copán au rang de puissant centre politique et économique maya. Au moment de prendre le pouvoir, chacun de ses 16 héritiers successifs prit grand soin de rappeler le souvenir de ce père fondateur afin de bien souligner sa généalogie et son lien direct avec les puissances spirituelles.

Parc archéologique de Copán Ruinas

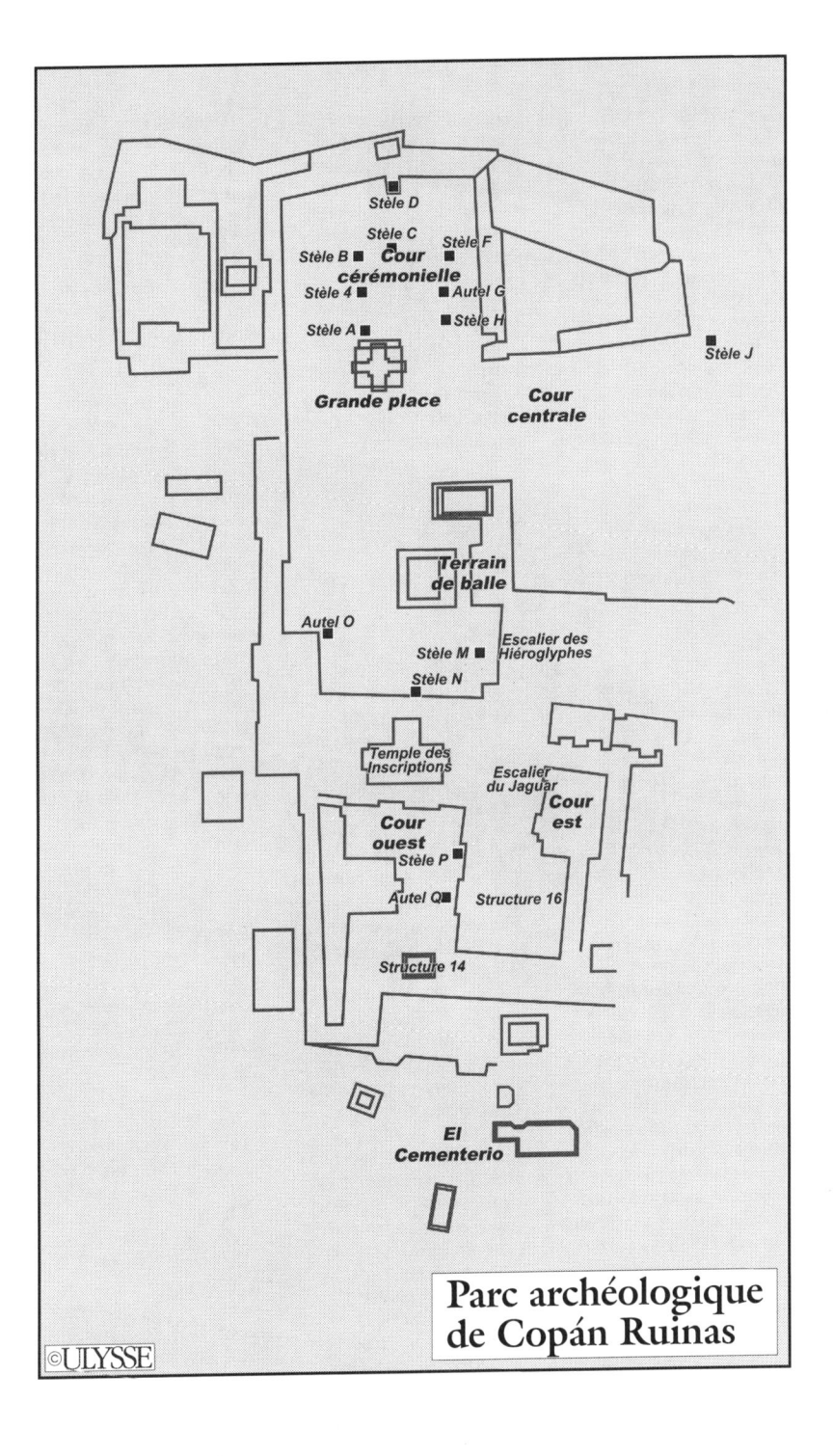

Le règne de Yax-Kuk-Mo et de ses 11 premiers successeurs demeurent néanmoins relativement obscurs, dans la mesure où les archéologues n'ont jusqu'ici trouvé que peu de vestiges de cette période. Cela n'a d'ailleurs rien de surprenant, puisque les dirigeants mayas, lorsqu'ils prenaient le pouvoir, observaient le rituel qui consistait à détruire les monuments de leurs prédécesseurs pour ériger leurs propres palais sur leurs ruines.

Ce n'est qu'à partir de 628, date de l'accession au trône d'Imix Fumant à titre de 12e souverain de la dynastie, que l'histoire de Copán commence vraiment à nous livrer ses secrets. Le règne de 67 ans de ce monarque, l'un des plus puissants et des plus dynamiques que Copán ait connus, a été marqué par la prospérité, l'hégémonie et l'élargissement des frontières du royaume de Copán au détriment de ses voisins et rivaux.

Lapin 18 a pris le pouvoir en 695. Tandis que son prédécesseur avait repoussé les frontières du royaume, le 13e souverain de la dynastie s'imposa en imprimant une transformation remarquable à la ville de Copán. Exhortant les architectes, les sculpteurs, les scribes et les artisans les plus accomplis de l'époque à se surpasser, Lapin 18 rehaussa considérablement les normes artistiques de Copán et du monde maya tout entier, qui atteignit du coup un degré de raffinement technique et esthétique demeuré inégalé par la suite.

La plupart des réalisations de cette période ont survécu à l'usure des siècles, si bien que nous pouvons en admirer la splendeur à ce jour. Lapin 18 a été l'instigateur de la **Cour cérémonielle**, ou la cour principale, qui borde une élégante avenue près de l'entrée nord des ruines. Il s'agit d'un vaste amphithéâtre quadrangulaire flanqué d'escaliers majestueux sur trois côtés. En marge de l'entrée nord-est se dresse la **stèle J**, le premier monument de son règne, érigé pour immortaliser son accession au pouvoir. Au centre de la cour surgissent en outre les chefs-d'œuvre de Lapin 18 : la plupart des **stèles**, d'une hauteur de trois ou quatre mètres, représentent des figures humaines, et les **autels A, B, C, D, F, H** et **4** présentent les hauts-reliefs les plus remarquables de Copán.

La **stèle A** représente un personnage masculin dont la coiffure se pare d'un masque à l'effigie du Dieu-Soleil, considéré comme un symbole d'autorité. Les **stèles A** et **B** recèlent une foule de détails minutieux et figurent parmi les plus beaux ouvrages issus de l'Empire maya. La **stèle C** présente deux formes humaines; elle fut enterrée pendant de nombreux siècles, ce qui explique qu'elle soit aussi bien conservée; une partie de la couleur rouge dont on l'avait peinte à l'origine est même encore visible. Sur la **stèle D**, des personnages en pied représentent une série de chiffres. La grande pierre circulaire qui lui fait face arbore un ensemble de visages grotesques représentant Chac, le dieu de la Pluie. Une autre sculpture de la cour cérémonielle, identifiée comme l'**autel G**, est à l'image d'un serpent à deux têtes, les mâchoires grandes ouvertes et laissant apparaître une tête humaine. La **stèle H**, qui appartient au rectangle formé avec elle par les **stèles F, B** et **A**, est quant à elle honorée par la présence d'une forme féminine et constitue la seule sculpture du site à représenter une reine. Un grand nombre d'inscriptions apparaissant sur cet ensemble ont déjà été déchiffrées, tandis que d'autres ne peuvent être traduites du fait que certains éléments manquent ou ont simplement été effacés par l'érosion.

La **Cour centrale**, située non loin de la Cour cérémonielle, abrite plusieurs autres stèles, dont la **stèle J**, aux quatre faces gravées d'inscriptions hiéroglyphiques formant un motif géométrique.

Au-delà de la cour centrale s'étend le **Terrain de balle**, aménagé en forme de *I* et entouré de longues terrasses inclinées et garni de hiéroglyphes sur sa bande médiane de même que de pierres sculptées surmontées de têtes d'aras dans sa partie supérieure. Le terrain de balle fait 28 m de long sur 7 m de large et, à l'instar de nombre d'autres cités mayas, s'y déroulaient des matchs violents à caractère religieux au cours desquels il s'agissait de constamment garder en mouvement une balle de caoutchouc dur. Les finitions du terrain de balle sont attribués au souverain Lapin 18.

Au sud du Terrain de balle s'étend l'**Acropole**, marquant la limite méridionale des ruines principales. Cet ensemble est composé d'une série de fondations pyramidales, de temples, de terrasses, de plate-formes et de cours intérieures. Une partie en fut érodée à une certaine époque par le flot constant du Río Copán.

La **Cour est** se trouve délimitée à l'ouest par un large escalier dit «l'escalier du Jaguar», en raison des deux grandes sculptures qui le flanquent de part et d'autre. Au nord de cet ensemble se trouve une des structures les plus importantes du règne de Lapin 18, le **temple 22**, qui présente une façade richement ornée et renferme plusieurs salles. La porte qui permet d'accéder au sanctuaire est encadrée par de volumineuses sculptures en forme de crânes, symboles de la mort et de la terre nourricière, cependant que des personnages assis illustrent la vie des dieux et des hommes. Dans les angles apparaissent des masques à l'effigie du dieu de la Pluie, Chac. De récentes études laissent entendre que ce temple représenterait une montagne sacrée et que sa porte principale symboliserait l'entrée d'une grotte abritant les ancêtres des Mayas. À l'intérieur de cette structure sacrée, Lapin 18 et ses successeurs pourraient s'être livrés à des rites d'automutilation devant leur permettre de communiquer avec les forces surnaturelles.

La **Cour ouest**, une construction rectangulaire de 33 m sur 70 m, se voit délimitée par divers monuments, y compris le **temple 11** aux lignes cruciformes et aux entrées garnies de panneaux hiéroglyphiques. Cinq escaliers sont reliés à la base de ce temple et forment la tribune des spectateurs, ornée de deux grandes sculptures et d'une série d'autels. L'**autel Q**, bien conservé, est notoire pour sa beauté sculpturale, ses hiéroglyphes et ses intéressantes formes humaines. Les anthropologues croient qu'il souligne un important progrès astronomique, soit l'établissement de l'année de 365 jours. À la base du **temple 14**, une sculpture désignée sous le nom de «Tunkul» représente un instrument de musique ressemblant quelque peu au marimba.

Le brillant règne de 43 ans de Lapin 18 prit fin tragiquement le 3 mai 738, lorsqu'il fut capturé et apparemment sacrifié par la dynastie Quirigua. Cette humiliante défaite aux mains d'un petit royaume satellite ébranla considérablement la confiance de Copán. L'affaiblissement du prestige de l'élite se fait évident par l'absence de structures grandioses à la gloire du 14ᵉ souverain, Singe Fumant, qui semble ne pas avoir eu suffisamment d'appuis politiques pour consolider son autorité au cours des neuf ans de son règne.

En 749, son successeur, Coquille Fumante, a hérité d'un royaume traversant l'une des périodes les plus sombres de son histoire. Malgré la courte durée de son règne (14 ans), il est néanmoins parvenu à raviver la gloire de la dynastie royale. Peu après avoir pris le pouvoir, il a notamment entrepris des projets architecturaux d'envergure, et le fruit spectaculaire de ses efforts se manifeste dans l'**Escalier hiéroglyphique**, construit en 743 ap. J.-C. et sans doute un des monuments les mieux préservés de Copán, situé immédiatement au sud du Terrain de balle. Il est désormais abrité du vent et de la pluie par un toit qui amoindrit son impact visuel, mais sans pour autant rien lui enlever de sa magnificence, puisque ses 63 marches portent des milliers d'hiéroglyphes relatant l'histoire de la maison royale de Copán. Cette histoire demeure toutefois incomplète, puisque, lorsqu'on l'a trouvé, l'escalier était déjà partiellement détruit. Cinq statues montées sur des trônes figurent près du centre de l'escalier, et un petit temple en couronne le sommet. Sur la partie supérieure du mur interne du temple apparaît une frise formée de pierres sculptées représentant des personnages humains. Le temple offre par ailleurs une vue imposante sur une grande partie des ruines principales.

En face de l'escalier se dresse la **stèle M**, dont la face postérieure se pare de blocs hiéroglyphiques, tandis que la partie antérieure représente un membre de la noblesse somptueusement décoré de pompons et de longues plumes. Tout près, la **stèle N** repose au pied d'un escalier donnant accès à un autre temple, et ses quatre faces sont sculptées de hiéroglyphes particulièrement complexes. Situé au sud du Terrain de balle, constitue l'un des plus beaux chefs-d'œuvre d'architecture préhispanique. Les milliers de hiéroglyphes sculptés sur ses 63 marches relatent la saga triomphale de la dynastie royale de Copán et composent le plus long «texte» préhispanique connu à ce jour. Les six statues qui ornent le passage central à intervalles réguliers sont à l'image de certains souverains antérieurs en tenue de guerre. Au pied du temple, dans l'angle sud-ouest, se dressent les **stèles M** et **N**, qui montrent Coquille Fumante dans toute sa splendeur. Le 15ᵉ souverain de Copán pourrait avoir utilisé ce temple pour rétablir la foi du peuple dans la dynastie royale en en glorifiant le passé.

Le 16ᵉ et dernier roi, Yax Pac, est monté sur le trône en 763. À l'instar de son père, il a entrepris des projets ambitieux visant à souligner la grandeur du royaume. La plupart des structures visibles de l'Acropole datent de son règne et comprennent la version finale de deux structures les plus imposantes du site, le **temple des Inscriptions** (structure 11) et le **temple 16**.

Situé au nord de la cour ouest de l'Acropole, le **temple des Inscriptions** possède quatre entrées ornées de panneaux hiéroglyphiques, soit une pour chacun des points cardinaux. Cinq escaliers se voient reliés à la base de ce temple et forment les gradins réservés aux spectateurs devant un terrain de balle symbolique. De l'avis de certains chercheurs, il pourrait s'agir là d'une arène vouée à des sacrifices humains, au cours desquels la tête de la victime remplaçait la traditionnelle balle. Le temple 16 se trouve en plein cœur de l'Acropole. Cette pyramide massive arbore plusieurs sculptures à saveur guerrière à l'effigie du dieu mexicain Tlaloc. À sa base se dressent la **stèle P**, qui représente le 7e dirigeant de Copán, et l'**autel Q**, qui dépeint et glorifie les 16 souverains de la dynastie. Certains archéologues y voient la plus importante réalisation artistique du site en raison de la richesse des détails historiques qu'elle livre. En érigeant cet autel, Yax Pac pourrait avoir cherché à légitimer sa position au sein de ce clan royal glorieux, tout en s'instaurant messager des dieux, responsable du bien-être du royaume.

L'exaltation du brillant passé de Copán par ses élites successives n'a toutefois pas suffi à éliminer les problèmes croissants auxquels les habitants de la vallée se voyaient confrontés. La croissance démographique soutenue au cours des siècles commençait à avoir des conséquences néfastes, les terres surexploitées ne répondant plus aux besoins en nourriture de la population. Famines, révoltes et guerres devinrent ainsi le lot quotidien du peuple, conduisant à sa perte

l'une des civilisations les plus fascinantes de l'histoire. Elle finit par disparaître complètement en 805, la dernière date sculptée par les scribes de Copán.

Le tunnel **Rosalila**, rendu accessible aux visiteurs en 1999 *(droit d'accès additionnel)*, permet au voyageur de pénétrer dans les profondes entrailles des temples et de divers autres monuments. Il s'agit d'un abîme sombre et labyrinthique, et vous pourrez presque sentir les esprits de ceux et celles qui ont habité ces lieux à une époque reculée. À l'extrémité du tunnel s'offre une vue renversante sur le **temple Rosalila**, un chef-d'œuvre architectural demeuré presque intact.

★

Santa Rosa de Copán

Cette agréable vieille ville, fondée peu avant que le Honduras n'obtienne son indépendance de l'Espagne, est établie à une altitude de 1 100 m dans un merveilleux décor de montagnes entouré de terres cultivées. Santa Rosa prend des allures coloniales avec ses rues pavées et ses nombreux bâtiments traditionnels à toit de tuiles rouges. Le Parque Central est perché sur une colline en face d'une vieille église.

Bien qu'elle ne mérite pas un long détour, cette ville constitue une halte intéressante sur la route vers d'autres destinations. Vous y trouverez plusieurs hôtels et restaurants, de même qu'un parc lacustre à 5 km à peine, le Parque Natural La Montañita (voir p 130).

À l'**usine de cigares La Flor de Copán** *(lun-ven 8h à 17h et sam 8h à midi)*, tout près de l'hôtel Elvir, les visiteurs peuvent observer les ouvriers occupés à rouler les cigares à la main selon des méthodes consacrées par l'usage. Innombrables, ils travaillent tous assis autour de longues tables, créant une scène qu'on dirait sortie d'un autre siècle.

★

Gracias

Cette ville endormie quoique pittoresque a été fondée en 1536 et a brièvement servi de base militaire et de centre administratif aux Espagnols, après quoi elle a rapidement perdu une bonne partie de son influence. Gracias, dont le nom premier était «Gracias a Dios» (Grâce à Dieu), a continué à bénéficier d'une prospérité relative au cours des siècles qui ont suivi, mais sans jamais vraiment devenir florissante, et elle n'a été reliée au reste du monde par des routes revêtues que tout récement. Ce phénomène lui confère d'ailleurs une atmosphère hors du temps grandement appréciée par les visiteurs.

Établie près des monts **Celaque** et du parc national du même nom (voir p 130), Gracias regorge de basses constructions traditionnelles et possède trois églises coloniales : **San Sebastián**, **San Marcos** et **Las Mercedes**. La **Fortaleza San Cristóbal**, une forteresse espagnole restaurée qui arbore de beaux canons, s'accroche au flanc d'une colline en bordure de la ville; si vous avez le temps de vous y rendre, elle vaut le coup d'œil. Il y a également une station thermale, le Balneario Aguas Termales (voir p 130), à 6 km de l'agglomération.

La Esperanza

La Esperanza se trouve au cœur du département montagneux d'Intibucá et il s'en dégage une impression de coin perdu. Un quartier à forte majorité amérindienne de la ville porte d'ailleurs également le nom d'Intibucá. Cette localité repose sur le chemin le plus court (mais non le plus rapide) entre Tegucigalpa et le département de Copán, en quittant la route principale tout près de Siguatepeque. Se rendre ensuite de La Esperanza à la petite ville de Gracias, plus à l'ouest, relève pour tout dire de l'aventure, puisqu'il faut alors franchir 83 km (vous aurez l'impression d'en parcourir beaucoup plus!) en terrain sauvage, montagneux et peu peuplé sur une route non revêtue.

La Esperanza, perchée à une altitude d'environ 1 600 m, est une ville d'arrière-pays typiquement centraméricaine ponctuée de constructions peu élevées et sillonnée de rues poussiéreuses qui ne tardent pas à devenir boueuses lorsqu'il pleut. Vous y trouverez une place centrale peu inspirante, encadrée de casernes militaires et d'une grande **église** des plus modestes flanquée d'une tour à horloge peu commune. En tant que centre administratif du département, la ville offre divers services, bancaires et autres, de même qu'une poignée de lieux d'hébergement et de restaurants. Une grande partie de la campagne environnante est habitée par des Indiens lencas.

Le plus important attrait de La Esperanza est son trépidant marché du dimanche, qui se tient sur la place du marché et qui empiète même sur les rues voisines. Les femmes lencas y portent leurs foulards colorés, mais la majorité des articles vendus sont des denrées alimentaires ou des produits industriels courants. Vous n'y trouverez que peu d'artisanat, bien que certains tissus locaux risquent de retenir votre attention. L'activité commence à s'atténuer vers le début de l'après-midi.

Nueva Ocotepeque

C'est là la première vraie ville hondurienne que sont susceptibles de voir nombre de voyageurs arrivant d'El Salvador ou du Guatemala par voie de terre ou, à l'inverse, la dernière qu'ils croiseront avant de quitter le pays pour ces destinations, exception faite bien entendu des villages frontaliers. La plupart n'ont guère de raison de s'attarder ici, à moins de chercher à se loger pour la nuit ou d'avoir à se rendre au consulat d'El Salvador (☎663-3357). Bien qu'elle révèle un attrayant environnement montagneux et des grappes de constructions traditionnelles, cette ville n'est pas très attirante en soi, et elle prend des airs plutôt lugubres le soir venu, ce qui ne l'empêche pas d'être raisonnablement sûre jusqu'à 22h environ. Vous y trouverez des endroits convenables où loger et manger.

El Poy, sur la frontière salvadorienne, se trouve 9 km plus au sud, et la route (sillonnée par des cars aux heures) poursuit sa course jusque dans ce pays voisin. À 9 km au

La cathédrale San Miguel, dont la façade est blanchie à la chaux, est le point de mire de la Plaza Morazán à Tegucigalpa. - *Claude Hervé-Bazin*

Avec son église du XVIe siècle, l'ancienne ville minière de Santa Lucía semble appartenir à une autre époque. - *Claude Hervé-Bazin*

sud de la frontière, au Salvador donc, apparaît le village de montagne de **La Palma**, réputé pour ses nombreuses boutiques d'artisanat. Il s'agit là d'une excursion intéressante pour ceux qui en ont le temps et qui sont prêts à subir les formalités douanières (pouvant nécessiter un visa supplémentaire pour les voyageurs de certaines nationalités).

La frontière guatémaltèque, près d'**Agua Caliente**, se trouve à 22 km à l'ouest de Nueva Ocotepeque. Un peu plus loin surgit **Esquipulas** (du côté guatémaltèque), un important lieu de pèlerinage doté d'une impressionnante basilique et d'un célèbre Christ noir.

Les deux frontières sont ouvertes de 6h à 18h. Les voyageurs qui prévoient s'y présenter plus tard feraient mieux de passer la nuit à Nueva Ocotepeque.

Parcs

★★

Parque Nacional Cusuco

À peine 20 km à l'ouest de San Pedro Sula s'étend l'une des plus belles forêts tropicales humides d'Amérique centrale *(10$; payable au centre d'accueil des visiteurs du Village de Buenos Aires)*. Le cœur du parc couvre une superficie de 1 000 ha et englobe la plus haute portion du Cerro Jilinco (2 242 m), le plus haut sommet de la région. Les autres 8 900 ha du territoire circonscrit par le parc forment une zone tampon à l'intérieur de laquelle on tolère certaines activités économiques. On projette d'élargir les frontières du parc, qui occupe le sommet du bassin hydrographique fournissant 80% de l'eau potable utilisée par San Pedro Sula. Environ 1 500 ha du territoire en est composé de forêt vierge, quoique 45 villages réunissant quelque 60 000 personnes se trouvent à l'intérieur de ses limites actuelles. Le climat est frais et pluvieux, et l'on enregistre jusqu'à 3 m de précipitations annuelles. Cette région alimente les bassins du Río Motagua et du Río Chamelecón.

Bien qu'à proximité de la ville, Cusuco demeure difficile d'accès en raison du mauvais état des routes. Un véhicule à quatre roues motrices ou un camion s'imposent, et le trajet demande près de deux heures dans chaque direction. Un chemin de terre se détache vers le nord de la petite ville de Cofradía et traverse le village de Buenos Aires, où vous trouverez un centre d'accueil des visiteurs. De simples lieux d'hébergement s'offrent aux visiteurs dans le village, à raison d'environ 5$ par personne. Il y a en outre un terrain de camping à l'ouest de l'entrée du parc, sur les hauteurs du Cerro Jilinco. Des excursions d'une journée complètement organisées, et plutôt coûteuses, sont proposées par diverses entreprises de San Pedro Sula (vous trouverez une liste partielle des excursionnistes à la page 68).

Quetzal

Plusieurs espèces d'oiseaux peuvent être observées dans le parc, y compris des toucans et, à l'occasion, des quetzals, sans oublier les singes, une variété de reptiles et une végétation abondante et variée, caractérisée par de très hauts pins et une forêt tropicale humide à plus haute altitude. Possibilité de randonnée pédestre (voir p 131).

Parque Nacional Santa Bárbara

Situé près de la ville de Santa Bárbara, ce parc englobe le mont du même nom, le deuxième en élévation au Honduras avec ses 2 744 m. Il renferme en outre deux mines abandonnées accessibles aux visiteurs à El Mochito et à Las Vegas. Il existe bien des sentiers de randonnée, mais sans aucun service ni installations (permis non requis). Vous pouvez obtenir de plus amples renseignements en vous adressant au service forestier du gouvernement hondurien, le Cohdefor, à Santa Bárbara (☎643-2519).

Balneario La Torre

Ce populaire lieu de bains et parc de loisirs se trouve aux limites de Santa Bárbara, là où une rivière a été canalisée de manière à former une série de bassins. L'entrée est de 1$, ou de 3$ lorsque des musiciens s'y produisent les fins de semaine. Nourriture et boissons disponibles.

Parque Natural La Montañita

Situé à 5 km à l'est de Santa Rosa de Copán, le dernier kilomètre se parcourant sur un très mauvais chemin de terre, ce parc gravite autour d'un lagon bordé d'arbres où l'on peut pêcher et faire de la navigation de plaisance.

★★

Parque Nacional Celaque

S'élevant à 2 849 m au-dessus du niveau de la mer, le mont Celaque s'impose comme le plus haut sommet du Honduras et ses versants abrupts sont désormais protégés depuis la création du parc. La végétation des lieux regroupe plusieurs variétés de pins et, à plus haute altitude, l'une des plus grandes forêts tropicales humides d'Amérique centrale. La gent ailée se fait particulièrement nombreuse au cours de la saison sèche, entre novembre et avril, et l'on peut à l'occasion apercevoir des quetzals. Parmi les mammifères rares qui y vivent, mentionnons le puma, le jaguar, l'ocelot et le pécari.

Alligator

L'entrée du parc se trouve à 8 km de Gracias, les derniers kilomètres ne pouvant être franchis que par un véhicule à quatre roues motrices ou un camion. On demande 1$ pour accéder au parc, et il n'y a pas d'heures d'ouverture précises.

Vous trouverez de simples gîtes et des installations pour faire la cuisine au centre d'accueil des visiteurs, qui se trouve à environ 1 400 m d'altitude, de même que deux emplacements de camping avec eau courante un peu plus haut. N'hésitez pas à vous munir de vêtements chauds.

★

Balneario Aguas Termales

Au sein d'une magnifique forêt tropicale située à 6 km de Gracias sur une route secondaire se détachant de l'autoroute de La Esperanza, cet endroit regroupe des bassins thermaux dont la température varie entre 37°C et 40°C en saison sèche (un ou deux degrés de moins au cours de la saison des pluies). On y accède toutefois difficilement à moins de disposer d'un véhicule, quoiqu'il soit parfois possible de trouver quelqu'un pour vous y amener à partir de Gracias. Les droits d'entrée sont fixés à 1$, et les heures d'ouverture s'étendent de 6h à 20h (possiblement plus tard par arrangement préalable). Le secteur est éclairé et l'on y autorise le camping. Vous pourrez vous y procurer boissons et repas légers, de même que louer serviettes et hamacs.

Activités de plein air

Randonnée pédestre

Parque Nacional Cusuco

Quatre sentiers pédestres sillonnent le parc. L'exploration du plus court prend 30 min, et le plus long sentier peut demander jusqu'à deux jours de marche. Certaines sections longent de hautes corniches et offrent de superbes vues sur la campagne environnante. Pour de plus amples renseignements, contactez la **Fundación Ecologista Hector Rodrigo Pastor Fasquelle**, à San Pedro Sula *(Edificio Pastor, angle 1ª Avenida et 7ª Avenida, ☎552-1014 ou 557-6598)*.

Parque Nacional Celaque

L'ascension jusqu'au centre d'accueil des visiteurs, au sommet de la montagne, dure environ six heures. Les sentiers sont clairement tracés jusqu'à une hauteur de 2 050 m, et des encoches de couleur pratiquées dans l'écorce des arbres balisent le reste du parcours, qui se fait principalement en forêt tropicale humide. Pour de plus amples renseignements, adressez-vous au bureau du Cohdefor, immédiatement en retrait de la place centrale de Gracias.

Hébergement

San Pedro Sula

San Pedro Sula a récemment vu se multiplier les hôtels haut de gamme, un boom qui semble dépasser de loin l'accroissement éventuel de la demande (ce qui en amène plus d'un à s'interroger sur la provenance des fonds nécessaires à de tels projets). Cela dit, la ville offre également un éventail appréciable d'hôtels de catégorie intermédiaire, ce qui n'est toutefois vraiment pas le cas des établissements pour petit budget. Dans certaines régions du Honduras, il demeure possible de trouver des hôtels bon marché qui compensent leur manque de confort par un charme indéniable, mais telle n'est pas la situation à San Pedro Sula.

Nous avons eu beau chercher, nous n'avons déniché aucun hôtel économique digne d'être recommandé. Les quelques-uns que nous avons retenus figurent parmi les moins délabrés, mais il reste que les rues avoisinantes sont plutôt sales et peu sûres le soir.

Hotel Palmira
9$ & 15$ ≡
tv
7ª Avenida entre 4ª et 5ª Calles SO
☎*550-2363*
Il s'agit là d'un des meilleurs choix dans la catégorie «petit budget». Les chambres sont simples mais convenables.

Hotel Manhattan
10$ bc; 14$ bp, & 21$ bp ≡
7ª Avenida entre 3ª et 4ª Calles SO
☎*550-2316*
Ses 29 chambres se révèlent rudimentaires mais propres et claires. L'entrée se trouve à l'étage.

Hotel Ambassador
12$ & 18$ ≡
angle 7ª Calle et 5ª Avenida SO
☎*557-6824*
⇌*557-5860*
Les 32 chambres de cet établissement semblent spacieuses, mais demeurent ordinaires et peu attrayantes. Entrée à l'étage.

Hotel Acropolis
14$ & 19$ ≡
3ª Calle, entre 2ª et 3ª Avenidas SE
☎*557-2091*
Cet hôtel de 30 chambres propose un hébergement simple et frais. Il se trouve immédiatement à l'est du centre-ville, et son entrée se trouve à l'étage.

Hotel Terraza
14$ & 20$
ℜ
6ª Avenida, entre 4ª et 5ª Calles SO
☎*550-0798*

Voici l'un de vos meilleurs choix dans cette catégorie de prix. Les 40 chambres n'ont rien d'extraordinaire, mais elles s'avèrent toutefois claires et relativement agréables. Les chambres situées à l'arrière sont plus tranquilles, et certaines d'entre elles donnent sur un petit boisé.

Hotel Colombia
14$ & 20$ ≡, *tv*, ☎
3ª Calle, entre 5ª et 6ª Avenidas SO
☎*553-3118*
≠*557-5345*

Cet hôtel de 27 chambres demeure convenable quoiqu'il ait connu de meilleurs jours. L'allure des chambres varie énormément, certaines étant assez sombres.

Hotel Bolívar
34$
≡, *tv*, ☎, ℜ, *bar*, ≈
angle 2ª Calle et 2ª Avenida NO
☎*553-3224 ou 553-1811*
≠*553-4823*

Bien situé, cet hôtel de 70 chambres dispose d'un grand hall d'entrée, d'un restaurant convenable et d'une agréable piscine, mais ses chambres passablement délabrées témoignent d'un manque de soin. Celles qui donnent vers l'intérieur se révèlent beaucoup plus paisibles que celles qui donnent sur la rue.

Hotel Ejecutivo
38-46 pdj
≡, *tv*, ☎
angle 2ª Calle et 10ª Avenida SO
☎*552-4289 ou 552-4361*
≠*552-5868*

Cet hôtel occupe deux bâtiments modernes semblables à tant d'autres, et plantés l'un en face de l'autre, offrant au total 52 chambres. Celles qui se trouvent dans le plus récent bâtiment sont plus agréablement aménagées, mais aussi plus coûteuses et plus petites. Le service se veut cordial.

Hotel El Almendral
61$
≡, *tv*, ☎, ℂ, *table de travail, S*
angle 16ªB Avenida et 12ªB Calle, Colonia Trejo
☎*556-8008 ou 556-8989*

Établi dans une paisible rue de banlieue, cet hôtel de 25 chambres, bâti de plain-pied, révèle une atmosphère chaleureuse et un hébergement simple quoique agréable. Il conviendra à ceux et celles qui désirent faire un séjour prolongé dans la région (prix spéciaux sur demande).

Hotel Suites Los Andes
65$
≡, *tv*, ☎, ℂ, ℜ, *bar*, ≈, ⊛
angle Av. Circunvalación et 17ª Avenida NO
☎*553-4425 ou 553-2526*
≠*557-1945*

Chacune des 40 chambres de cet hôtel de banlieue recèle un coin lit et un coin où se trouvent un canapé, une table et une cuisinette. Le décor est dépourvu d'originalité et le service peut s'avérer quelque peu lent. Les espaces communs sont agréables et entourent une grande terrasse en bois parsemée de chaises longues d'où l'on peut contempler le jardin et la piscine.

Apart-Hotel Suites Delvalle
68$
≡, *tv*, ☎
6ª Avenida, entre 11 et 12 Calles
☎*552-0134*
≠*552-0737*
fcastro@globalnet.hn

Établi dans un secteur tranquille à 1,5 km du centre-ville, cet établissement loue 13 grandes chambres agréablement meublées et pourvues de hauts plafonds en bois, si ce n'est que la vue est médiocre.

Plaza Cristal Suites
81$
ℜ, ℂ, ≡, *tv*, ☎
10ª Avenida, entre 1ª et 2ª Calles NE
☎*550-8973 ou 550-9772*
≠*550-9822*

À quelques rues du Parque Central, ce lieu d'hébergement renferme 19 suites aux dimensions variables. La plupart bénéficient d'une aire de séjour distincte et toutes possèdent une cuisinette. L'aménagement s'en veut confortable quoique plutôt ordinaire et certaines chambres se révèlent sombres.

Hotel Honduras Plaza
92$ pdj
ℜ, *bar*, ≈, *tv*, ☎
6ª Calle, angle 4ª Calle NO
☎*553-2424*
⇌*553-2140*
Situé à la limite du centre-ville, cet hôtel propose 40 chambres claires, confortables et modernes. Le service s'avère chaleureux, bien que les prix semblent quelque peu élevés.

⚓ Gran Hotel Sula
167$
≡, *tv*, ☎, ℜ, *bar*, ≈, ☺, S, centre d'affaires
1ª Calle, en face du Parque Central
☎*550-9900*
⇌*552-7000*
Ce grand hôtel de 117 chambres est celui qui bénéficie du meilleur emplacement en ville, sans compter qu'il propose des chambres confortables et joliment meublées. De nombreuses chambres ont été rénovées en 1998. L'hôtel, affilié à la chaîne Best Western, s'adresse surtout à une clientèle d'affaires à même d'apprécier les services qu'il a développés à son intention, tels que secrétariat, télécopie, photocopie, ordinateurs et cueillette de messagerie (disponibles de tôt le matin à tard le soir). Vous trouverez deux bons restaurants sur les lieux, de même qu'une boutique de souvenirs, une agence de voyages et un comptoir de location de voitures. La piscine est attirante.

Hotel Princess
157$
≈, ☺, ℜ, *bar*, ≡, *tv*, ☎
Av. Circunvalación, angle 10ª Avenida SO
☎*556-9600 ou 556-9590*
⇌*556-9595*
hotelprincess@globalnet.hn
Les 128 chambres de cet hôtel présentent un décor élégant et confortable et renferment notamment des tables de travail avec téléphone. Un centre d'affaires avec branchements Internet complète les installations. Enfin, le petit hall circulaire se révèle attrayant.

Copantl Hotel y Club
166$ étages d'affaires 171-182
≡, *tv*, ☎, ℜ, *bars*, ≈, ☺, *tennis*, S
Boulevard del Sur, salida a Chamelecón, à 3 km du centre-ville
☎*556-7108*
⇌*556-9461*
copantl3@copantl.hn
Les clients de cet hôtel de 200 chambres y accèdent par un vaste hall haut de trois étages élégamment décoré de paniers suspendus. Des ascenseurs vitrés, une grande piscine, six courts de tennis, une banque et des boutiques proposant un bon choix de revues américaines et de produits artisanaux de la région complètent les installations. Les chambres se révèlent plutôt exiguës, mais n'en demeurent pas moins très confortablement aménagées dans des tons de bleu clair. On retrouve dans chacune un petit canapé, et celles des étages d'affaires disposent d'un secrétaire. Il y a sur les lieux trois restaurants, y compris un café ouvert jour et nuit qui propose un buffet à l'heure des repas.

Camino Real Inter-Continental
280$
≈, ☺, ℜ, *bar*, ≡, *tv*, ☎
Multiplaza Mall, Boul. del Sur
☎*553-0000*
⇌*550-6255*
caminoreal@caminoreal.hn
Il s'agit là du plus grand hôtel d'affaires du Honduras. Même s'il n'a ouvert ses portes que récemment, son service lui vaut déjà une réputation enviable. Ses 150 chambres (auxquelles s'ajoutent sept grandes suites) sont en elles-mêmes plutôt petites, mais tout de même claires, riantes et confortablement meublées (chacune d'elles renferme notamment une table de travail). L'hôtel possède en outre un centre d'affaires.

Au sud de San Pedro Sula

Oasi Italiana
15-35 (davantage les jours fériés)
ℜ, *bar*, *tv*, certaines chambres avec ≡
Km 58, sur l'autoroute de Tegucigalpa, près du Lago de Yojóa
☎*991-1195*
Huit chambres, dont les dimensions et le niveau de confort varient considérablement, s'y louent bien en retrait de la route sur une propriété paisible et

Santa Bárbara

Gran Hotel Colonial
7$ bc, 10$ bp
à une demi-rue du marché
☎ 643-2665
Cet endroit accueillant compte 32 petites chambres aux murs blanchis à la chaux et réparties sur deux étages, sans oublier la boutique d'artisanat du hall d'entrée.

La Entrada

Vous trouverez plusieurs petits *hospedajes* et *hotelitos* économiques à La Entrada, mais seulement un hôtel offrant un certain niveau de confort.

Hotel San Carlos
11$ ⊗ 22$ ≡
tv, ☎, ℜ
à la croisée des chemins
☎ 661-2187
Ses 46 chambres sont fraîches et modernes, mais quelque peu sombres. Celles qui disposent de l'air conditionné sont plus grandes et comptent deux lits chacune. Les chambres de l'aile la plus récente sont plus avantageuses. Sympathique.

Copán Ruinas

Hotel La Posada
4$ bc, 14$ bp
près de la place
☎ 651-4070
Les chambres avec salle de bain privée sont sans prétention mais convenables, et elles font face à une petite cour paysagée. Les autres sont franchement miteuses. Les 20 chambres sont dotées de symboles. Quant au hall d'entrée, il est plutôt morne.

Iguana Azul
5$/pers. pour une couchette
11$/couple pour une chambre privée
bc
à côté de La Casa de Café
☎ 651-4620
www.todomundo.com/iguanazul
Il ne s'agit pas là d'une auberge de jeunesse comme les autres. Située à la périphérie de la ville devant une pittoresque vallée, elle propose trois chambres privées et deux dortoirs de quatre lits chacun, tous les occupants partageant une salle de bain commune. Les chambres sont spacieuses et pourvues de hauts plafonds en bois, et il y a une agréable terrasse extérieure. Excellent rapport qualité/prix.

Hotel Los Gemelos
7$
bc, ⊗
près de la place
☎ 651-4077
⇌ 651-4315
Ce sympathique établissement dispose de 13 chambres rudimentaires donnant sur un jardin lumineux, quoique mal entretenu.

Hotel California
7$
bc, ⊗
près de la place
Situé directement en face du Los Gemelos, cet endroit a tout d'une authentique auberge locale. Quatre chambres toutes simples y sont offertes en location sur une propriété rehaussée de boisés, de bambous et de palmiers. Leur font face des hamacs et un grand jardin sauvage.

Hotel Posada de Anne
11$
⊗
près du parc d'autocars
☎ 651-4536
Les quatre chambres de cet hôtel s'avèrent modestes et passablement confortables.

Café Via-Via
13$ bp
à deux rues de la place
☎ 651-4652
Quatre chambres ordinaires avec salle de bain privée se cachent derrière ce café, qui se targue d'être le rendez-vous des voyageurs.

Hotel Yaragua
18$
⊗
à une demi-rue de la place
☎ 651-4464
⇌ 651-4050
Avec ses 15 chambres propres et simples réparties sur deux étages autour d'un jardin attrayant, cet endroit chaleureux présente un

excellent rapport qualité/prix.

Hotel Los Jaguares
41$
≡, *tv*
près de la place
☎*651-4451*
≠*651-4075*
Les 10 chambres de cet hôtel font face à une terrasse ombragée rehaussée de touches décoratives mayas. Elles sont spacieuses mais ne présentent aucun attrait particulier.

La Casa de Café
44$ pdj
⊗
☎*651-4620*
≠*651-4623*
casadecafe@mayanet.hn
www.todomundo.com/casadecafe
Installé à quelques rues de la place près des limites de la ville, face à une vallée pittoresque, cet établissement loue cinq chambres pourvues de hauts plafonds, de ventilateurs et d'une décoration à la fois sobre et attrayante. Tenu par Howard Rosenzweig, auteur d'ouvrages touristiques sur le Honduras et ancien instituteur à New York, cet établissement bénéficie d'une large terrasse tendue de hamacs offrant de superbes vues de la vallée et des collines avoisinantes. Les hôtes ont accès à la salle de télévision et à la bibliothèque de la maison.

Hotel Camino Maya
52$
≡, *tv*, ☎
face à la place
☎*651-4518 ou 651-4646*
≠*651-4517*
Cet hôtel propose 23 grandes chambres confortables réparties sur deux étages autour d'une étroite cour paysagée. La décoration en est toutefois quelque peu saugrenue.

Hotel Marina Copán
98$
≈, ℜ, *bar*, ≡, *tv*, ☎
face à la place
☎*651-4070 ou 651-4071*
≠*651-4477*
hmarinac@netsys.hn
www.netsys.hn/~hmarinac
Les 40 chambres du Marina Copán, aménagées dans une série de bâtiments de style colonial, se révèlent spacieuses, confortables et bien meublées. La décoration allie le moderne et le colonial, et la plupart des chambres donnent sur une des trois luxuriantes cours paysagées. La piscine et ses environs immédiats se veulent invitants. Une salle de lecture et une boutique de cadeaux complètent les installations.

Santa Rosa de Copán

Hotel Copán
6-10
bc/bp, ⊗
1ª Calle, à deux quadrilatères à l'est de la place
☎*662-0265*
Chambres propres quoique plutôt rudimentaires. Les plus chères disposent d'une salle de bain privée.

Hotel Elvir
27$
⊗, *tv*, ☎
Calle Real Centenario, deux rues à l'ouest de la place
☎*662-0103 ou 662-0805*
Cet endroit situé à proximité de tout renferme 43 chambres, dont beaucoup font face à une attrayante cour centrale. Les chambres ont récemment été rénovées et se révèlent agréablement décorées.

Hotel Mayaland
29$
ℜ, *bar*, ⊗, *tv*, ☎
sur la route, près de la gare d'autocars
☎*662-0233*
≠*662-0147*
Cet hôtel propose 24 chambres propres, modernes, mais sans attrait particulier.

Gracias

Hotel Erick
9$
tv, ⊗
près de la place
☎*656-1066*
Les 25 chambres de cet hôtel sont quelque peu ternes, mais tout de même assez confortables pour le prix.

Hotel Fernando's
13$
ℜ, ⊗, *tv*
à trois rues de la place
☎*656-1231*
Sept chambres plutôt confortables arborant de hauts plafonds en bois sont ici disposées en rangée devant une aire arborée.

Posada del Rosario
℟, ⊗, tv
à quatre rues de la place
☎656-1219
≈656-1234
Les neuf chambres de cette auberge, aménagées dans des bâtiments blanchis à la chaux à un quadrilatère et demi du château, se révèlent lumineuses, simples et attrayantes. Situées sur différents étages, elles font face à un jardin.

Aparthotel Patricia
21$
⊗, ℟
à quatre rues de la place
☎656-1281
≈656-1175
Cet établissement propose cinq chambres plaisantes et modernes face à une aire boisée. La décoration des lieux présente des touches rustiques, et chaque chambre dispose d'un coin séjour distinct.

La Esperanza

Hotel Solis
10$
℟, bar
près du marché
☎998-2080
Les 10 chambres de cet hôtel sont ordinaires mais tout de même assez confortables.

Nueva Ocotepeque

Hotel Sandoval
19$
⊗, tv, ℟
sur une rue secondaire à deux rues de la gare routière
☎653-3098
Cet hôtel de 21 chambres présente un très bon rapport qualité/prix. Les chambres, petites mais agréablement meublées et décorées, occupent un bâtiment moderne de trois étages.

Restaurants

San Pedro Sula

Bien que le centre-ville possède un nombre raisonnable de restaurants, la plupart des établissements plus chics et plus confortables se trouvent sur l'Avenida Circunvalación ou dans ses environs immédiats, à courte distance du centre-ville en taxi. Le choix n'est cependant pas aussi vaste qu'à Tegucigalpa.

Les comptoirs de restauration rapide sont éparpillés un peu partout à travers la ville. Les voyageurs désireux de retrouver le goût de la cuisine américaine dans le centre-ville se rendront chez Wendy's, Burger King, Little Caesar's Pizza ou Pizza Hut, tous établis près de l'intersection de la 4ª Avenida et de la 3ª Calle SO, tout au bout de la zone piétonnière. Pollo Campero, une chaîne centraméricaine qui propose du poulet frit à l'américaine, exploite également un important comptoir non loin de là, sur la 3ª Avenida.

Restaurant Shanghai
$
tlj 10h à 21h
4ª Avenida, dans la zone piétonnière
☎550-1033
Autrefois connu sous le nom de Super Paso, ce populaire restaurant offre un large éventail de mets chinois et occidentaux à petits prix dans une salle à manger climatisée.

China Town
$
10h30 à 21h
angle 7ª Calle et 5ª Avenida SO
Le China Town se trouve à proximité de certains hôtels bas de gamme et de quelques-unes des gares routières. On y sert une variété de mets chinois et occidentaux dans une agréable salle à manger climatisée.

Skandia
$-$$
24 heures sur 24
à l'intérieur du Gran Hotel Sula, en face du Parque Central
☎552-9999
Le Skandia vous rappellera les anciennes salles de café des hôtels américains, d'autant plus que son décor et son menu s'accordent avec la mode des années cinquante. Un large éventail de plats, l'accent portant surtout sur les sandwichs et d'autres repas légers, vous est proposé dans une salle à manger claire et climatisée. Les plats du jour offrent un rapport qualité/prix particulièrement intéressant, le tout complété de desserts irrésistibles à l'américaine. Il

s'agit d'un bon endroit pour échapper momentanément à la chaleur du jour ou pour un casse-croûte en fin de soirée.

Pamplona
$-$$
lun-sam 7h à 20h, dim de 8h à 20h
de l'autre côté du Parque Central, en face du Gran Hotel Sula
☎**550-2639**
Pamplona propose un menu complet, y compris des plats espagnols et de très bonnes soupes. Salle climatisée au décor banal.

Vicente
$-$$
lun-ven 10h à 14h30 et 17h30 à 22h, sam-dim 10h à 22h
7ª Avenida entre 1ª et 2ª Calles NO
☎**552-1335**
Vicente se présente comme un restaurant italien et l'un des rares établissements du Honduras où l'on ne sert pas de pâtes trop cuites. Comme entrées : *zuppa pavesa* et *antipasto*. Au chapitre des pâtes : spaghetti à l'ail et aux anchois, spaghetti aux crevettes et *cannelloni bolognese*. Un assortiment de riz, de viandes et de fruits de mer complète le menu. La salle à manger, quoique climatisée, n'a aucun charme particulier et le service peut parfois s'avérer lent.

Restaurant Almanarah
$$
tlj 11h à 21h
4ª Calle, entre 15 et 16 Avenidas SO
☎**557-4593**
On sert ici une variété de plats libanais, y compris des viandes grillées et des entrées de *hoummos* et de *kibbeh*, dans une petite salle à manger climatisée.

Ternera
$$
tlj 11h à 15h et 17h à 22h
angle Av. Circunvalación et 8ª Calle NO
☎**552-4498**
Ternera est spécialisé dans les viandes grillées, y compris des grillades mixtes à la mode argentine. Plusieurs plats légers sont également proposés à moins de 3$. Salle à manger climatisée au décor rustique et terrasse extérieure.

La Espuela
$$
11h à 14h et 16h à 23h, jusqu'à 1h les fins de semaine
angle Av. Circunvalación et 17ª Avenida NO
☎**557-4221**
La plupart des places se trouvent sur une terrasse extérieure où l'on entend les bruits de la rue.

Sim Kon
$$
lun-ven 11h à 14h et 17h30 à 22h, sam-dim 11h à 22h
angle Av. Circunvalación et 17ª Avenida
☎**557-6370**
Sim Kon propose l'un des menus chinois les plus appétissants de tout le pays, et accueille ses clients dans une salle climatisée au décor feutré. Spécialités de potage aux algues et aux crevettes séchées, de roulades de poisson agrémentées de saucisse chinoise, de poisson au bacon et aux champignons, et de bœuf au gingembre frais.

Café Latte
$$-$$$
lun-sam 6h30 à 22h30, dim 8h à 14h
Av. Circunvalación, angle 16 Avenida NO, derrière l'Hotel Los Andes
☎**553-2526**
La spécialité de la maison est la *paella valenciana*, mais le menu propose également une variété de salades, de pâtes, de plats de viande et de crevettes, sans oublier les petits déjeuners, les desserts et les cafés. La salle à manger se veut lumineuse et invitante.

La Tejana
$$-$$$
tlj 10h à 23h, plus tard les fins de semaine
16 Avenida, angle 9ª Calle SO
☎**557-5276**
Pourvu de spacieuses salles à manger intérieure et extérieure, cet endroit offre un choix intéressant de plats de viande et de fruits de mer.

Las Tejas
$$-$$$
tlj 10h à 23h
17 Avenida, angle 9ª Calle SO
☎**552-2705**
Ce restaurant sert des plats de viandes grillés

ainsi qu'une variété de poissons et de fruits de mer, y compris des potages aux fruits de mer, dans une simple salle à manger à ciel ouvert.

The Italian Grill
$$-$$$
lun-sam 10h à 23h
8ª Calle, angle 16 Avenida SO
Le menu de cette grilladerie est étendu, et propose aussi bien des potages, des salades et des pâtes que des biftecks, les poissons et des crevettes. La salle à manger se révèle moderne, climatisée et confortable.

Italia y Mas
$$-$$$
mar-dim 11h30 à 23h
1ª Calle, angle 8ª Avenida NO
☎ 550-1837
Ce charmant établissement, qui dispose d'une terrasse extérieure aménagée autour d'une cour paysagée ainsi que d'une salle à manger climatisée, sert une intéressante et authentique variété d'*antipasti*, de pâtes et de pizzas, mais aussi des viandes, des poissons et des crevettes grillés. Au chapitre des desserts, retenez les glaces maison.

Granada
$$$
11h30 à 14h30 et 18h à 23h30
à l'étage du Gran Hotel Sula, en face du Parque Central
☎ 552-9999
Granada est l'un des établissements chics et confortables du centre-ville, avec son grand buffet de salades et,

chose plus rare encore au Honduras, un choix intéressant de légumes pour accompagner les plats principaux, sans oublier une variété de pains, dont un au maïs qui s'avère excellent. Spécialités de loup, de vivaneau, de steak au poivre, de filet mignon et de tempuras aux crevettes. L'établissement propose des déjeuners buffet à 8$ et un vaste choix de desserts à moins de 2$ complète le tout.

Don Udo's
$$$
lun-ven midi à 14h et 18h à 23h, sam 18h à 23h, dim 11h30 à 14h30
angle boulevard Los Próceres et 20ª Avenida, tout juste au-delà de l'Av. Circunvalación
☎ 553-3106
Ce charmant café en plein air propose une variété de soupes, de *ceviches* et de hors-d'œuvre de fruits de mer comme entrées, suivis de plats légers tels que quiches, croquettes et sandwichs au bifteck. Parmi les plats principaux : les habituels biftecks, poulet, poisson et crevettes, mais aussi du lapin et de la fondue bourguignonne. Le choix de desserts ne vous laissera pas en reste.

Pat's Steak House
$$$
tlj 11h30 à 15h et 18h à 23h
au croisement de l'Av. Circunvalación avec la 17ª Avenida et la 5ª Calle SO
☎ 553-0939
La Pat's Steak House se spécialise dans les steaks grillés; côtes levées, poulet, poisson et crevettes complètent le menu. Deux salles climatisées offrent un décor de grilladerie américaine.

Au sud de San Pedro Sula

Oasi Italiana
$$-$$$ (surplus de 30% de 23h à 7h)
24 heures sur 24
Km 58, sur la route de Tegucigalpa, près du Lago de Yojóa
☎ 991-1195
Il s'agit là d'un restaurant à ciel ouvert établi sur une propriété paisible et arborée. On y propose une grande variété de pâtes, entre autres de la lasagne et des gnocchis, mais aussi de la polenta et des plats de viande, de poissons et de fruits de mer, sans oublier les salades fraîches. Des petits déjeuners raffinés (mais coûteux) figurent également au menu.

La Entrada

San Carlos
$-$$
à l'intérieur de l'hôtel San Carlos, à la croisée des chemins
Le San Carlos propose un vaste menu de plats savoureux à des prix remarquablement bas (filet mignon à 5$ par exemple). La salle à manger est climatisée et confortable, quoique plutôt sombre.

Copán Ruinas

Tous les restaurants présentés ici ont pignon sur rue à moins de quelques quadrilatères de la place centrale. Leur emplacement exact peut être déterminé à l'aide du plan qui figure à la page 123.

Típicos El Rancho
$
tlj 8h à 22h
Ce restaurant en plein air, ombragé par une grande *champa* au toit de chaume, sert de simples plats de viande de même que des *tacos*, des *enchiladas* et des *pupusas*.

El Zaguán
$
tlj 10h à 20h
☎*651-4592*
Cet endroit propose des plats de viande simples et économiques, mais aussi des spaghettis, dans une modeste salle à manger un tant soit peu fantaisiste.

Izabel
$
tlj 6h30 à 21h
Le très humble Izabel sert une nourriture simple mais bonne, y compris des œufs, des spaghettis et des assiettes de fruits.

Café Via-Via
$
tlj 7h à 22h
☎*651-4652*
Ce populaire rendez-vous des voyageurs au budget restreint, tenu par un couple de Belges d'un certain âge, présente un menu varié dans un cadre décontracté : plats de viande, mets végétariens, spaghettis, gaufres et autres.

Pizza Rica
$-$$
tlj 11h à 23h
☎*651-4016*
Son nom dit tout : des pizzas et encore des pizzas dans une petite salle à manger où pendent des paniers.

Carnitas Mía Lola
$-$$
tlj 10h à 22h
☎*651-4196*
Ce restaurant au décor intéressant propose une sélection de simples plats mexicains et honduriens, entre autres des *carnitas* et du *pollo al pastor*.

Café Cinema Vamos a Ver
$-$$
tlj 6h à 22h
Ce café à ciel ouvert des plus décontractés (le service peut même s'avérer d'une lenteur extrême) sert une variété d'œufs, de salades, de pâtes, de thés et de cafés. Parmi les spécialités de la maison, il faut mentionner la quiche et le poulet au gingembre.

Llama del Bosque
$$
tlj 6h30 à 22h
☎*651-4431*
Pourvu d'une grande et attrayante salle à manger à haut plafond décorée d'œuvres artisanales très colorées, cet endroit propose une variété de petits déjeuners, potages, salades, pâtes, viandes et plats de riz.

Los Gauchos
$$$
tlj 18h à 22h
☎*651-4221*
Cette grilladerie à l'uruguayenne sert une variété de viandes grillées dans une grande salle à manger climatisée. Il y a aussi des crevettes au menu.

Glifos
$$$
tlj 6h à 22h
Hotel Marina Copán, face à la place
☎*651-4070*
Ce restaurant confortable et climatisé, aménagé sur deux étages, offre un assortiment de plats honduriens et internationaux, notamment un poulet aux graines de pavot et un steak flambé.

Santa Rosa de Copán

Une rangée de restaurants qui ne paie pas de mine dans la Calle Centenario, à deux rues au sud de la place centrale, réunit à peu près toutes les possibilités de Santa Rosa à ce chapitre.

El Rodeo
$-$$
lun-sam 10h à minuit
Calle Centenario
☎*662-0697*
El Rodeo sert des viandes et des plats plus légers dans un décor d'Ouest sauvage.

Flamingos
$-$$
mer-lun 10h à 22h
Calle Centenario
☎ 662-0654
Un menu varié, entre autres de viandes, de poissons et de fruits de mer, vous est ici proposé dans une sympathique salle à manger bien aérée ou sur une terrasse extérieure aménagée derrière le bâtiment.

Gracias

Típicos La Galera
$
tlj 8h à 22h
une rue à l'ouest de la place
☎ 656-1080
Des petits déjeuners et, au dîner, une variété de plats, notamment des viandes grillées, des *fajitas*, des *burritos*, des côtelettes de porc fumées, vous sont ici servis sur des tables disposées autour d'une cour paysagée.

Juancascos
$-$$
tlj 7h à 22h
Posada del Rosario, à quatre rues de la place
☎ 656-1219
Une variété de plats honduriens vous y attend sur une terrasse aérée en surplomb dans la ville.

Nueva Ocotepeque

Comedor Tomasita
$
tlj 7h à 21h
à une rue de la rue principale, près de la place centrale
Le Comedor Tomasita est surtout populaire auprès des familles. On y présente une sélection de casse-croûte et de repas complets à base de viande, y compris des plats du jour, à des prix très raisonnables. Essayez le steak accompagné d'œufs, de fromage et de haricots à moins de 2$.

Sandoval
$-$$
tlj 7h à 21h
à l'intérieur de l'Hotel Sandoval
Le Sandoval propose une variété de casse-croûte, de sandwichs et de plats de viande ou de fruits de mer dans une salle à manger bien éclairée.

Sorties

San Pedro Sula

Vous trouverez plusieurs grands **cinémas** à San Pedro Sula, y compris le Cine Presidente et le Cine Tropicana, à deux rues l'un de l'autre, dans la 2ª Calle entre les 7ª et 9ª Avenidas SO, en plein centre-ville. Les films à l'affiche et l'horaire des représentations sont annoncés dans la presse locale.

Comme partout ailleurs au Honduras, le *fútbol* (soccer) bénéficie ici d'une grande popularité. Le stade se trouve dans la 1ª Calle, à quelques rues à peine à l'ouest du centre-ville. Tout le monde, y compris les chauffeurs de taxi et le personnel des hôtels, se fera un plaisir de vous informer de l'horaire des matchs disputés par leurs équipes favorites.

Des **pièces de théâtre** et des **récitals** sont parfois présentés dans la salle de spectacle du Museo de Antropología *(angle 3ª Calle et 3ª Avenida NO)*. Pour de plus amples renseignements, adressez-vous au musée (voir p 116).

Pour vos sorties nocturnes, sachez qu'il y a un petit **casino** à l'hôtel Copantl *(20h à 4h; preuve de nationalité étrangère requise)* et plusieurs **discothèques**, entre autres Shadows, sur l'Avenida Circunvalación, à l'angle de la 15ª Avenida NO.

Copán Ruinas

Ici, on se lève tôt et l'on se couche tôt, mais le **Tunkul** et le **Cambalache**, deux restaurants-bars, présentent tout de même des soirées animées.

Le bar **Macanudo**, tout près, s'auréole d'une

atmosphère fantaisiste. Le **Café Cinema Vamos a Ver** présente des films presque tous les soirs à 19h.

Achats

San Pedro Sula

Un bon endroit où se procurer des produits artisanaux est le **Mercado Guamilito**, délimité par les 8ª et 9ª Avenidas et les 6ª et 7ª Calles NO La plupart des comptoirs vendent de la nourriture et des objets peu coûteux de fabrication industrielle mais à l'une des extrémités du marché, vous trouverez plusieurs rangées d'étals disposant d'un large éventail d'articles honduriens, de même que quelques objets du Guatemala et du Salvador tels que sculptures de bois, céramiques, articles de cuir, objets en bois peints à la main, étoffes, objets en osier et imitations de sculptures mayas. Bien que tous les prix soient indiqués, n'hésitez pas à faire un peu de marchandage.

Au cœur de la ville, la section piétonne de la 4ª Avenida et la zone voisine du Parque Central voient se succéder de nombreux comptoirs et boutiques proposant une gamme variée d'objets artisanaux. Bien que les prix soient légèrement plus élevés dans les boutiques, leur sélection est généralement plus recherchée que celle des comptoirs de rue ou du marché.

Santa Bárbara

Plusieurs kiosques du marché public proposent des chapeaux et d'autres articles tressés à base de *junco*, une matière semblable à la paille.

La boutique de cadeaux du Gran Hotel Colonial voisin vend, quant à elle, des objets en osier colorés de même que de nombreux chapeaux et quelques céramiques.

Copán Ruinas

Le centre de la ville est parsemé d'étals exposant une variété d'objets d'artisanat intéressants d'origine centraméricaine. Il y a aussi deux ou trois boutiques près de l'entrée des ruines. Certains commerces tiennent des livres dans plusieurs langues sur Copán et sur l'histoire de la civilisation maya en général.

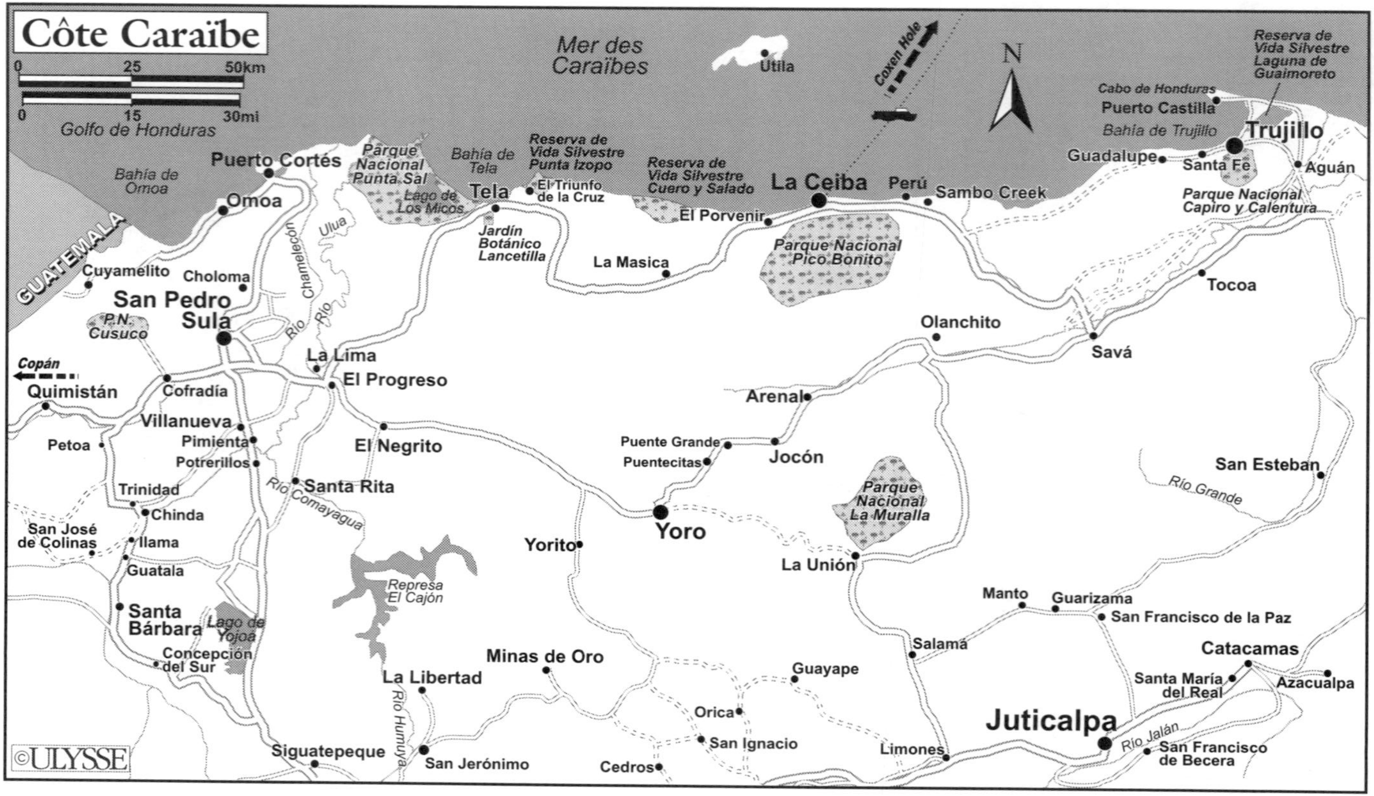
Côte Caraïbe
0 25 50km
0 15 30mi
Mer des Caraïbes
Golfo de Honduras
Bahía de Omoa
GUATEMALA
Utila
Coxen Hole
N
Cabo de Honduras
Puerto Castilla
Reserva de Vida Silvestre Laguna de Guaimoreto
Trujillo
Bahía de Trujillo
Guadalupe
Santa Fe
Aguán
Parque Nacional Capiro y Calentura
Puerto Cortés
Omoa
Parque Nacional Punta Sal
Lago de Los Micos
Bahía de Tela
Tela
Reserva de Vida Silvestre Punta Izopo
El Triunfo de la Cruz
Jardín Botánico Lancetilla
Reserva de Vida Silvestre Cuero y Salado
El Porvenir
La Ceiba
Perú
Sambo Creek
La Masica
Parque Nacional Pico Bonito
Tocoa
Olanchito
Savá
Cuyamelito
Choloma
San Pedro Sula
P.N. Cusuco
Ulua
Chamelecón
Río
Río
La Lima
El Progreso
Copán
Quimistán
Cofradía
Villanueva
Pimienta
Potrerillos
Petoa
El Negrito
Santa Rita
Río Comayagua
Trinidad
Chinda
San José de Colinas
Ilama
Guatala
Santa Bárbara
Lago de Yojoa
Concepción del Sur
Represa El Cajón
Arenal
Puente Grande
Puentecitas
Jocón
Yoro
Yorito
Parque Nacional La Muralla
La Unión
San Esteban
Río Grande
Manto
Guarizama
San Francisco de la Paz
Salama
Catacamas
Santa María del Real
Azacualpa
Juticalpa
Río Jalán
San Francisco de Becera
Minas de Oro
La Libertad
Río Humuya
Guayape
Orica
San Ignacio
Limones
Siguatepeque
San Jerónimo
Cedros
©ULYSSE

La côte caraïbe

La plupart des gens, y compris les habitants du Honduras, ont tendance à attribuer un caractère presque purement centraméricain au pays.

Cette impression se trouve d'ailleurs renforcée par la situation géographique du Honduras, au beau milieu de l'isthme centraméricain, de même que par la langue, la culture et les origines d'une grande majorité de sa population.

Mais le Honduras, ne l'oublions pas, fait aussi partie des Caraïbes, ainsi qu'en témoignent ses plages somptueuses et étincelantes, de même que ses ascendants culturels, lesquels débordent largement l'héritage hispano-amérindien qui a façonné la majeure partie de l'Amérique centrale. L'influence des Caraïbes se fait surtout sentir dans les Islas de la Bahía (voir p 177), dont la population fortement antillaise parle couramment l'anglais, quoique les régions côtières du nord du pays aient également été touchées.

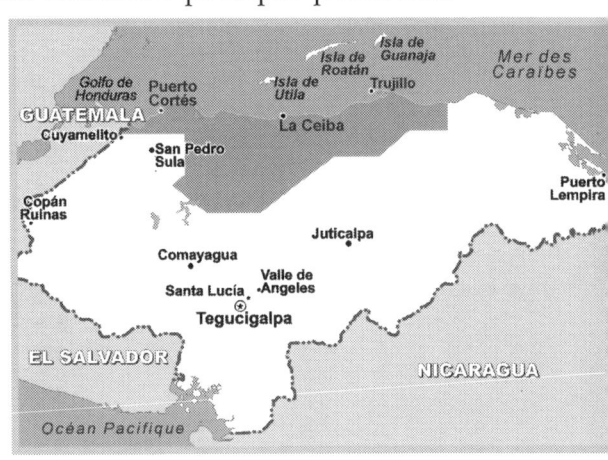

La côte hondurienne, caressée par les eaux azur de la mer des Caraïbes, est partiellement peuplée de Garífunas à la peau foncée et est parsemée d'anciennes fortifications destinées à repousser les attaques des pirates. De nos jours, elle vibre au rythme de la salsa, du *merengue*, de la *punta* et du reggae. Plus que tout autre pays d'Amérique centrale (exception faite, il va sans dire, du Belize), le Honduras et son économie, fondée sur les traditionnelles exploitations fruitières, sur la plus récente industrie manufacturière légère et sur le tourisme, se tournent beaucoup plus volontiers vers les Caraïbes que vers le Pacifique.

La côte caraïbe s'étend d'Omoa, dont la forteresse se dresse à proximité de la frontière guatémaltèque, au port très fréquenté de Puerto Cortés, affecté au transport des bananes, puis jusqu'aux plages et aux réserves naturelles de Tela. Elle se prolonge ensuite vers l'est jusqu'à La Ceiba, réputée pour ses installations portuaires et ses randonnées en nature, puis jusqu'à la ville coloniale de Trujillo, entourée de plages. De là, la côte s'enfonce dans la région sauvage et faiblement peuplée de la Mosquitia, qui s'étire au-delà même de la lointaine frontière nicaraguayenne.

Tela et Trujillo, avec leurs larges baies protégées et leurs plages bordées de palmiers, recèlent toutes deux un énorme potentiel touristique. Cette industrie n'a pourtant connu qu'une croissance lente à Tela, et les problèmes survenus à Trujillo ont eu pour effet, vers la fin des années quatre-vingt-dix, de réduire le nombre des visiteurs (nous en verrons les raisons plus loin dans ce chapitre). Vous trouverez en outre de belles plages aux environs de La Ceiba et de Puerto Cortés, à proximité de bons lieux d'hébergement.

De spectaculaires réserves fauniques en bordure de la mer attendent par ailleurs les amants de la nature près de Tela et de La Ceiba, sans oublier de belles possibilités de randonnée en montagne et de descente en rivière, également autour de La Ceiba, et un peu de tout près de Trujillo. Quant aux anciennes forteresses, les plus intéressantes se trouvent à Omoa et à Trujillo. Bref, il y en a pour à peu près tous les goûts le long de la côte Caraïbe du Honduras.

Pour s'y retrouver sans mal

En voiture

Une autoroute à quatre voies déroule son ruban à l'est de San Pedro Sula en direction de **La Lima** et d'**El Progreso**, où elle devient une route à deux voies avant de piquer vers le nord-est jusqu'à **Tela**. Elle continue alors vers l'est, essentiellement à l'intérieur des terres, jusqu'à **La Ceiba** puis **Trujillo**. De San Pedro Sula, comptez 90 km jusqu'à Tela, 188 km jusqu'à La Ceiba et 440 km jusqu'à Puerto Castilla, juste à l'est de Trujillo. Plus à l'est, un chemin de terre rejoint le village de **Limón**, après quoi il s'amenuise et ne devient guère plus qu'une piste.

Une autre autoroute à quatre voies franchit les 58 km qui séparent San Pedro Sula de **Puerto Cortés**, au nord. De cette ville, une route revêtue se rend à **Omoa**, à l'ouest, puis jusqu'à **Cuyamel**, avant de s'éteindre tout près de la frontière guatémaltèque. Il n'y a pas de poste-frontière officiel à cet endroit, mais il arrive que les habitants de la région traversent la rivière qui sépare les deux pays.

Du côté guatémaltèque, une route nouvellement revêtue relie **Puerto Barrios** à la frontière hondurienne, et l'on projette la construction d'un axe routier international à part entière dès que le Honduras disposera des fonds nécessaires pour jeter un pont sur le Río Matagua à Cuyamelito. Voilà qui comblera le vide existant entre Puerto Barrios et Puerto Cortés, deux des ports maritimes commerciaux les plus affairés d'Amérique centrale. De Puerto Cortés, il demeure toutefois impératif de faire un détour par San Pedro Sula pour atteindre les points plus à l'est.

De **Tegucigalpa** à Tela ou La Ceiba, la meilleure solution consiste à emprunter la route principale jusqu'à San Pedro Sula, puis à prendre l'embranchement de Santa Rita à mi-chemin environ entre le Lago de Yojoa et San Pedro Sula. Vous atteindrez ainsi El Progreso et la jonction de la principale route côtière. Entre Tegucigalpa et Trujillo, le chemin le plus court part de la capitale en direction du nord-est en empruntant l'autoroute de **Juticalpa**; environ 40 km avant Juticalpa, il faut tourner à gauche au croisement du minuscule village de **Los Limones**. De ce point, un large chemin de gravier file vers le nord en passant par **La Unión**, près du Parque Nacional La Muralla, jusqu'à atteindre une route revêtue tout juste à l'est d'**Olanchito**. Cette route défile jusqu'à **Savá** (parfois épelé «Sabá») et à la jonction de l'autoroute côtière, dont le tracé s'enfonce profondément à l'intérieur des terres à cet endroit. Une autre route, plus mauvaise, relie Tegucigalpa et Trujillo en passant par **Juticalpa** et **San Esteban**.

La route qui relie La Ceiba et Trujillo passe assez loin à l'intérieur des terres sur presque toute sa longueur, et les paysages tendent à être plutôt ternes. Si l'on a retenu ce tracé, c'est en partie pour servir les intérêts des plantations de palmiers à huile des environs de Savá. On projette cependant, à long terme, de construire une véritable route côtière parallèle à celle-ci. Il y a en effet beaucoup de belles plages le long de cette côte, mais, exception faite de celles qui se trouvent tout près de La Ceiba, elles sont très difficiles d'accès (et dépourvues de toute installation ou service) du fait, justement, de l'absence de liens routiers.

Location d'une voiture

Puerto Cortés
Maya
3ª Avenida, entre 2ª et 3ª Calles Este
☎ *665-0064*

La Ceiba

Budget
Col. Miraflores
☎ *441-1105*

Dino's
Hotel Partenon Beach, 1ª Avenida
☎ *443-0434*

Maya
Hotel La Quinta
☎ *443-3071*

Molinari
Gran Hotel Paris
☎ *443-0055*

En autocar

Comme partout ailleurs au Honduras, les services d'autocars de la côte caraïbe varient énormément en termes de vitesse et de confort. Un service rapide et confortable est offert sur les lignes reliant San Pedro Sula, Tela, La Ceiba et Trujillo, ce qui, dans certains cas, notamment à Tela, veut dire que vous pouvez toujours courir le risque de héler un car au passage sur la route à la sortie de la ville. Les passagers peuvent voyager en tout confort sur les lignes Tegucigalpa–Tela–La Ceiba et Tegucigalpa–Trujillo. Le service entre San Pedro Sula et Puerto Cortés se veut rapide et très fréquent, mais n'offre pas le même confort. Ailleurs, vous devrez voyager à l'étroit, accepter un service beaucoup plus lent et vous attendre à de nombreux arrêts; cela est particulièrement vrai sur les lignes Tela–San Pedro Sula et Tela–La Ceiba.

De Puerto Cortés

Trois compagnies, soit Impala, Citul et Expresos del Atlántico, assurent chaque heure plusieurs départs sur la ligne Puerto Cortés–**San Pedro Sula**, la durée du trajet étant de 50 min. Les autocars partent de points situés près du Parque Central et font plusieurs arrêts en ville avant de prendre la route. Recherchez les cars qui portent l'inscription «Directo» ou «Expreso», sans quoi votre voyage sera beaucoup plus long. Dans tous les cas, cependant, les places sont très serrées. Les cars à destination d'**Omoa** et de **Cuyamel** partent deux fois l'heure d'une gare routière située à l'angle de la 6ª Avenida et de la 4ª Calle, presque en face de la gare routière d'Impala et de Citul. Les trajets de Puerto Cortés vers la plupart des régions du Honduras comportent une correspondance à San Pedro Sula, une exception à cette règle étant le service express à bord d'un car climatisé offert sur la ligne de **Tegucigalpa** (moins de 4 heures) par **Maya Express** (☎665-6404), avec un seul départ de bon matin de Puerto Cortés et un retour en après-midi de Tegucigalpa.

De Tela

Nombre de cars rapides et confortables passent à Tela environ deux fois l'heure en route vers **San Pedro Sula** *(2$; 1 heure 30 min)* et **La Ceiba** *(2$; 1 heure 15 min)*, et il est possible de les héler au passage à un endroit situé près d'un restaurant à ciel ouvert du nom de Merendero Tío Jaime; cela dit, étant donné qu'ils viennent d'ailleurs, vous pourriez avoir du mal à déterminer l'heure précise de leur passage, et rien ne dit que vous trouverez une place à bord. Comme alternative, vous pouvez recourir aux cars locaux, lents et bondés, qui partent deux ou trois fois l'heure jusqu'à 18h, dans une direction comme dans l'autre, d'une gare routière située en face du marché public à deux rues du Parque Central de Tela. Bref, il s'agit de déterminer si vous préférez attendre un car express et confortable au bord de la route ou vous engouffrer dans un car lent et bondé qui s'arrête un peu partout. Si vous vous rendez à Tela en partant de San Pedro Sula ou de La Ceiba, optez pour le service express, même s'il coûte légèrement plus cher; vous trouverez facilement des taxis à votre descente du car à Tela, au bord de la route. Il en va de même sur la ligne de **Trujillo**, les cars circulant quatre fois par jour dans les deux sens. Vers **Tegucigalpa** *(5$; 5 heures 30 min)*, **Etrusca** (☎448-1328) et Cristina offrent toutes deux un service rapide et confortable plusieurs fois par jour, en marquant un arrêt à Tela au départ de La Ceiba. Etrusca possède une petite gare routière à environ 100 m à l'est du Merendero Tío Jaime.

De La Ceiba

La Ceiba est à peu près la seule ville du Honduras à posséder une gare routière centrale bien organisée (quoique tout de même un peu terne) d'où partent presque tous les long courriers (une exception notable étant le service de luxe de Viana à destination de Tegucigalpa, qui part de la station-service Esso, à environ une rue et demie de là). La grande gare d'autocars se trouve à environ 2 km du centre-ville. En direction de **Tela** *(2$; 1 heure 15 min)* et de **San Pedro Sula** *(2$; 2 heures 30 min)*, Catisa, Tucsa et City offrent un service coordonné avec des départs à intervalle, de 30 à 60 min, et ce, de 5h30 à 18h; le service local à destination de **Tela** *(1$; 2 heures)* est pour sa part offert aux demi-heures. En direction de **Trujillo** *(2$; 3 heures 30 min)*, des cars lents et inconfortables circulent plusieurs fois par jour, les départs se faisant à intervalles irréguliers. Comme d'alternative, des cars partent aux demi-heures en direction de Tocoa, d'où il est possible d'obtenir une correspondance pour Trujillo, et ce, aux 15 min jusqu'à la fin de l'après-midi. Cela dit, une alternative plus attrayante, quoique moins évidente, consiste à prendre l'express confortable San Pedro Sula–Trujillo, qui circule quatre fois par jour sous les auspices de **Cotraipbal** (☎557-8470 à San Pedro Sula, ☎434-4932 à Trujillo); il s'arrête en effet à La Ceiba près de l'Hotel La Quinta. En direction de **Tegucigalpa** *(6$; 6 heures 30 min)*, **Etrusca** (☎441-0340) et **Cristina** (☎441-2028) assurent un service confortable quelques fois par jour, les départs s'effectuent tous les jours de 3h à 15h30. **Viana** (☎*441-2330*) offre pour sa part un service de luxe à bord de cars climatisés *(17$; 6 heures)* deux fois par jour; des boissons et des casse-croûte sont servis en cours de route.

De Trujillo

La plupart des autocars partent des rues secondaires voisines du Parque Central. En direction de **La Ceiba** *(3$; 2 heures 30 min)*, de **Tela** *(4$; 3 heures 30 min)* et de **San Pedro Sula** *(5$; 5 heures)*, Cotraipbal dépêche des cars rapides et confortables à raison de quatre départs quotidiens, pour la plupart de bon matin. Cotuc envoie des cars lents et inconfortables à **La Ceiba** *(2$; 3 heures 30 min)* plusieurs fois par jour, les départs se faisant de 2h à 13h30. Comme d'alternative, des cars partent plusieurs fois l'heure à destination de Tocoa, d'où il est possible d'obtenir une correspondance pour La Ceiba. En direction de **Tegucigalpa** *(7$; 8 heures)*, Cotraipbal circule deux fois par jour, avec des départs de très bon matin; ses cars passent par La Unión, soit la ville la plus proche du Parque Nacional La Muralla.

En train

Le seul train de passagers interurbain et régulier du Honduras relie **Tela** à **Puerto Cortés**; le trajet demande plus ou moins quatre heures et s'effectue à travers d'interminables plantations de bananes et d'autres exploitations agricoles. Au moment d'écrire ces lignes, le train ne circulait que le vendredi et le dimanche, partant de Puerto Cortés à 7h pour revenir de Tela vers 13h45. L'horaire peut varier, de sorte qu'il est impératif de s'en informer au préalable. Il s'agit, somme toute, davantage d'une aventure panoramique que d'un moyen de transport confortable. Le bruit et la poussière atteignent des niveaux élevés, et les places assises sont pour le moins rudimentaires. En revanche, le prix du billet est dérisoire.

Le service entre San Pedro Sula et Tela a été suspendu après qu'un pont eut été détruit par l'ouragan Mitch en 1998. Baracoa est l'arrêt le plus près de San Pedro Sula.

À **La Ceiba**, un train urbain aux voitures non recouvertes parcourt deux fois l'heure une courte boucle entre le centre-ville et le Puente Cangrejal. Pour la plupart des visiteurs, il s'agit plus d'une curiosité que d'un moyen de transport réellement pratique. Les trains d'excursion vers les plages qui partaient jadis de La Ceiba vers l'est ne circulent plus depuis que l'ouragan a détruit une partie du chemin de fer.

En taxi

Vous trouverez des taxis dans toutes les localités importantes mentionnées dans ce chapitre. Les tarifs sont particulièrement bas à La Ceiba et à Tela, bien que les passagers doivent parfois partager leur taxi avec d'autres personnes allant plus ou moins dans la même direction qu'eux. À Trujillo, les taxis se font très rares après la tombée du jour. Ceux et celles qui comptent rentrer tard devraient prendre au préalable les dispositions nécessaires pour qu'on vienne les cueillir à un point de rencontre et à une heure précise. Les passagers des autocars qui quittent La Ceiba en fin d'après-midi à destination de Trujillo pourraient se voir déposer à Tocoa sans autre forme de discours. Des taxis sont alors disponibles pour franchir les 61 km qui restent à parcourir jusqu'à Trujillo.

À bicyclette

La bicyclette est un moyen de transport populaire dans la majorité des localités de la côte caraïbe. À Puerto Cortés, des voies cyclables très passantes longent la route principale qui se rend jusqu'au centre-ville. On utilise aussi beaucoup le vélo à La Ceiba. Sachez toutefois qu'on se sert beaucoup plus rarement de ce moyen de transport entre les villes. Vous trouverez des entreprises de location à **Tela** *(chez Mike's Bikes, près du restaurant Luces del Norte, et à l'Hotel Villas Telamar)*, de même qu'à **La Ceiba** *(chez Renta Bicicletas, 13ª Calle, entre Av. San Isidro et Av. 14 de Julio)*.

En traversier

Le service de traversier constitue une alternative intéressante au service aérien entre La Ceiba et les Islas de la Bahía. Le *Galaxy*, un navire moderne de 350 passagers pourvu d'un pont principal climatisé et d'un pont supérieur à ciel ouvert, effectue quotidiennement la traversée entre **La Ceiba** et **Roatán** *(10$; 1 heure 45 min)* de même qu'entre **La Ceiba** et **Utila** *(9$; 1 heure)*. Les horaires approximatifs se lisent comme suit :

départ de Roatán :
7h
arrivée à La Ceiba :
8h45

départ de La Ceiba :
9h30
arrivée à Utila :
10h30

départ d'Utila :
11h

arrivée à La Ceiba :
midi

départ de La Ceiba :
15h
arrivée à Roatán :
16h45

Le *Galaxy* est exploité par la **Safeway Transportation Company** *(☎445-1695 à Roatán, ☎425-3161 à Utila, pas de téléphone à La Ceiba)*. À Roatán, l'embarcadère du traversier se trouve dans la petite ville de Coxen Hole. À Utila, vous le trouverez au quai municipal, à proximité de tout, de sorte qu'aussitôt débarqué vous vous verrez directement plongé dans l'action. À La Ceiba, cependant, l'embarcadère se trouve dans un endroit isolé à environ 10 km de route du centre-ville, qui n'est accessible pratiquement qu'en taxi *(3,50$/pers.)*.

Autrefois, trois bateaux assuraient la liaison entre La Ceiba et les Islas de la Bahía. Au moment de mettre sous presse, la compagnie songeait à remettre un de ces navires en service pour offrir une deuxième traversée quotidienne vers Roatán et rétablir le service à destination de Guanaja.

En avion

La Ceiba constitue la principale plaque tournante des vols intérieurs du Honduras. On y trouve des vols à destination de San Pedro Sula, de Tegucigalpa, des Islas de la Bahía sur Roatán, de Guanaja et d'Utila, Trujillo, de même que vers plusieurs points de la région de la Mosquitia. Trois compagnies, qui ont leurs sièges à La Ceiba, se font concurrence sur la plupart de ces lignes : **Isleña Airlines** (qui fait désormais partie du Grupo Taca), **Aerolíneas Sosa** et **Rollins Air**. Les tarifs sont en général assez bas (par exemple, 19$ pour Utila), et presque tous les vols se font de jour, les départs étant moins fréquents le dimanche. Au moment de mettre sous presse, chacune des trois compagnies reliait La Ceiba à San Pedro Sula, à Tegucigalpa, à Roatán et à Guanaja. Seule Sosa se rendait à Utila, à raison de trois vols par jour, et seule Rollins desservait Trujillo, à raison d'un vol par jour, ce dernier poursuivant ensuite jusqu'à Palacios, dans la Mosquitia.

Très peu de vols internationaux atterrissent à La Ceiba, sinon deux ou trois vols par semaine en provenance de Grand Caïman et un vol quotidien partant du Belize à destination de Roatán qui y fait escale. La plupart des passagers internationaux doivent donc passer par San Pedro Sula ou Tegucigalpa, tout en sachant que La Ceiba constitue le principal point de correspondance vers les Islas de la Bahía.

Tous les renseignements concernant les aéroports et les billetteries se trouvent ci-dessous, dans la section «Renseignements pratiques».

Renseignements pratiques

Information touristique

Il n'y a pas de bureau d'information touristique à proprement parler dans les localités dont traite ce chapitre. Le personnel des hôtels et les chauffeurs de taxi demeurent les meilleures sources locales de renseignements, les voyagistes pouvant aussi vous être d'un certain secours même s'il est évident qu'ils sont en affaires et cherchent d'abord et avant tout à promouvoir leurs produits.

Aéroports

L'**aéroport Golosón** se trouve à 10 km à l'ouest de **La Ceiba** et dispose d'un restaurant, d'un bar ainsi que d'une boutique de souvenirs. Les taxis spécialement affectés à l'aéroport attendent leurs passagers immédiatement à l'extérieur de l'aérogare et demandent environ 6$ par personne pour effectuer le trajet jusqu'à la ville. Quant aux taxis réguliers de la ville, ils attendent souvent à l'extérieur des grilles du stationnement et demandent plutôt 3$ ou 4$ par personne. La piste d'atterrissage de **Trujillo** (il n'y a pas d'aérogare à proprement parler) se trouve à environ 2 km du centre-ville aux abords de la plage, et plusieurs hôtels et restaurants se dressent tout près. Les taxis vont à la rencontre de tous les vols qui arrivent à l'aéroports.

Réservations aériennes

Au Honduras, les réservations internationales doivent être confirmées au moins 72 heures à l'avance.

Les réservations portant sur des vols intérieurs doivent être confirmées au plus tard la veille du départ. Les passagers en possession d'un billet de retour mais sans réservation confirmée pour le vol de retour devraient s'enregistrer au préalable à l'aéroport ou à une billetterie de la ville. Suivent les coordonnées des différentes compagnies aériennes à **La Ceiba** :

Aerolíneas Sosa
Av. San Isidro, en face du Parque Central
☎*443-1399 ou 443-1894*
à l'aéroport
☎*441-2512*

Grupo Taca
Av. San Isidro, en face du Parque Central
☎*443-3720 ou 443-1915*
à l'aéroport
☎*441-2534 ou 441-2536*

Isleña
Av. San Isidro, en face du Parque Central
☎*443-0179*
à l'aéroport
☎*441-2521 ou 441-2522*

Rollins Air
Hotel Príncipe, 7ª Calle, entre Av. Atlántida et Av. 14 de Julio
à l'aéroport
☎*441-0641 ou 443-4181*

À **Trujillo**, le bureau de Rollins Air se trouve au centre de la ville, aux abords immédiats du Parque Central.

Change

Presque toutes les banques des villes mentionnées dans ce chapitre changent les devises américaines, et la plupart changent également les chèques de voyage. Les taux sont généralement un peu moins bons à Trujillo qu'ailleurs.

Appels internationaux et télécopie

Les bureaux de **Hondutel** se trouvent dans le centre de chacune des localités mentionnées dans ce chapitre. Les heures d'ouverture varient, mais la plupart sont ouverts jusqu'au moins 21h. À **La Ceiba**, le bureau de Hondutel se trouve sur l'Avenida Ramón Rosa à l'angle de la 6ª Calle, à deux rues du Parque Central, et il est ouvert jour et nuit.

Écoles de langues

Le **Centro Internacional de Idiomas** de La Ceiba (☎*440-0547, cii@tropicohn.com, www.worldwide. edu/honduras/cici*) propose des cours individuels d'espagnol et d'anglais de différents niveaux. Les cours se donnent à raison de quatre heures par jour, cinq jours par semaine. Comptez 135$ par semaine pour les cours seulement, et 200$ par semaine pour les cours et l'hébergement auprès d'une famille locale.

Attraits touristiques

Puerto Cortés

Puerto Cortés possède les plus vastes installations portuaires du Honduras, celles-ci s'étendent sur plusieurs kilomètres en bordure d'une baie située près de l'embouchure du Río Chamelcón. Mais dans l'ensemble, cette ville commerciale en pleine activité ne présente que peu d'intérêt pour la majorité des visiteurs. Tout près, cependant, surgissent de belles plages (voir p 157) dotées de lieux d'hébergement confortables, sans oublier les villages garifunas de Travesía et de Bajamar, quelques kilomètres plus à l'est. Omoa, que rehausse une ancienne forteresse espagnole, se trouve pour sa part légèrement à l'ouest de la ville. La place centrale de Puerto Cortés, ombragée par de grands arbres parvenus à maturité, se révèle, somme toute, animée.

Travesía est accessible par un chemin de terre à l'est de Puerto Cortés. Ce village recèle encore quelques constructions garifunas traditionnelles de bambou et de chaume, mais s'avère pourtant moins pittoresque que **Bajamar**, situé un peu plus à l'est. Des cars desservent plusieurs fois par jour ces deux destinations qui semblent s'étirer à l'infini le long d'une bande étroite qui épouse les contours de la plage, et l'on aurait bien du mal à dire où se termine la première et où commence la seconde. Plusieurs kiosques proposent ici du poisson frit et diverses spécialités garifunas, dont le *pan de coco* (pain au coco). Quant à la plage émaillée de bateaux de pêche, elle s'avère plutôt étroite et n'offre que bien peu d'ombre. Les meilleures sections s'en trouvent entre les deux villages.

On célèbre ici un festival annuel en août.

Omoa

Le port d'Omoa, 13 km à l'ouest de Puerto Cortés, a été fondé en 1752 près de l'embouchure du Río Motagua afin d'assurer les échanges commerciaux entre le Guatemala et le Honduras. Il fut en outre fortifié pour empêcher tout gain territorial ultérieur des Britanniques, qui avaient déjà des protectorats au Belize et aux Islas de la Bahía et qui cherchaient à prendre le contrôle de la côte tout entière.

Le **Castillo de San Fernando** ★★ fut érigé entre 1759 et 1775 au prix de nombreuses vies humaines et, à peine quelques années plus tard, il tomba brièvement aux mains de troupes commandées par les Anglais. Cette vaste forteresse qui, malgré son nom, n'est pas réellement un château, a été restaurée et peut désormais être visitée *(2$; lun-ven 8h à 16h; sam, dim et fêtes 9h à 17h)*. Elle a été construite à bonne distance de la mer, tout juste au-delà des limites de la ville. Vous trouverez à l'entrée un centre d'accueil des visiteurs doublé d'une boutique de souvenirs ainsi qu'un petit musée diffusant des renseignements historiques et renfermant quelques objets anciens, dont un canon, des ancres, des bouteilles et des vases. La forteresse est ceinte de hauts murs épais, et sa large promenade sur les remparts offre une vue imprenable sur la mer d'une part et sur les montagnes de l'autre. Les remparts eux-mêmes, qui abritent ici et là de sombres alcôves, délimitent une grande étendue herbeuse.

La ville d'Omoa possède une petite plage plutôt sale, ponctuée de plusieurs petits restaurants et un choix croissant de lieux d'hébergement. Omoa se destine depuis plusieurs années déjà à figurer sur les circuits de randonnée, et l'amélioration des conditions d'hébergement en ville commence même à attirer d'autres catégories de touristes. Il y a des chutes à environ 45 min de marche au sud de la ville; informez-vous dans les hôtels ou restaurants locaux pour en connaître l'emplacement précis.

Un hôtel plus luxueux se dresse néanmoins quelques kilomètres plus à l'est.

★★

Tela

Jadis un port bananier prospère et une importante tête de ligne ferroviaire, Tela est aujourd'hui une ville tropicale entourée de plages et de réserves naturelles dont le port s'est endormi. Curieusement, la principale filiale active de Chiquita Brands (autrefois United Fruit) au Honduras s'appelle encore la Tela Railroad Company, et ce, bien que la société ait depuis longtemps rompu ses liens avec le chemin de fer en question, qui appartient désormais au gouvernement. De nos jours, tous les chargements de bananes sont en effet acheminés vers le port par camion.

L'industrie bananière a grandement perdu de son importance dans la région, et Tela com-

de l'hébergement s'améliore peu à peu. On parlait, il y a quelques années, de développements importants immédiatement à l'ouest de la ville, et un comité de surveillance environnementale fut même invité à examiner ces projets de plus près. Pour l'instant, cependant, la plupart d'entre eux semblent en suspens.

À l'heure actuelle, Tela présente un visage quelque peu défait sans pour autant s'avérer repoussant avec ses bâtiments coiffés de zinc et les longs croissants sablonneux qui l'encadrent aussi bien à l'est qu'à l'ouest. De fait, il faut marcher très longtemps pour atteindre les confins des plages (mais ne manquez pas de consulter l'encadré sur la sécurité à la page 165). La place centrale se trouve à deux rues de la plage, et vous trouverez de nombreux commerces et services dans son voisinage, sans oublier un marché public animé.

La région qui s'étend immédiatement à l'ouest de la ville, reliée à celle-ci par des ponts, porte le nom de **Nueva Tela** (Nouvelle Tela). On y trouve, entre au-

Castillo de San Fernando

...ôtel Villas Tela, ...une vaste enclave ...rée qui formait ...our ainsi dire une ville dans la ville, à l'époque où les directeurs américains de l'United Fruit y vivaient avec leur famille. Ceux-ci ayant déserté les lieux depuis longtemps, leurs villas accueillent aujourd'hui des touristes dans un luxe discret (voir p 167).

Outre ses plages, Tela possède deux principaux attraits : le Jardín Botánico Lancetilla, aménagé bien à l'intérieur des terres et peuplé d'une grande variété de plantes et d'arbres tropicaux, et le Parque Nacional Punta Sal, qui longe la côte légèrement à l'ouest de Tela (pour plus de détails sur ces deux endroits, voir p 158).

Vous pourrez visiter plusieurs villages garifunas dans les environs de Tela. En faisant route vers l'ouest par un chemin de terre, vous en croiserez un premier, qui a pour nom **San Juan**, quotidiennement desservi par plusieurs cars. À marée basse et par temps particulièrement sec, un banc de sable se transforme en voie routière vers **Tornabé**, accessible par bateau seulement en tout autre temps, ou encore par une nouvelle route le reliant à la route principale à l'ouest de Tela.

Une étroite route sablonneuse, que seuls les véhicules à quatre roues motrices peuvent emprunter après de fortes pluies, se détache de Tornabé et rejoint le village de pêche traditionnel de **Miami**, 12 km plus à l'ouest.

Bananes

Cette route épouse les contours d'une plage bordée de palmiers d'une part et longe sur une certaine distance un isthme étroit caractérisé par une grande lagune de l'autre. Il s'agit là d'un bras de la Laguna de los Micos, un lieu de prédilection pour les ornithologues amateurs. Malheureusement, certains des palmiers de cette région ont été affligés par la maladie, et l'on n'en a pas replanté de nouveaux assez rapidement. Miami ne possède ni hôtel ni restaurant, et les vagues y sont plus violentes qu'à Tornabé. Pour ceux et celles qui ne possèdent ni voiture privée ni bateau, des camions prenant des passagers à leur bord passent régulièrement par ici. Au-delà de Miami s'étend le Parque Nacional Punta Sal, clairement visible du village.

Enfin, à environ 7 km à l'est de Tela, repose le village garifuna d'**El Triunfo de la Cruz**, accessible à pied par la plage, à moins que vous ne préfériez prendre le car. Site d'une ancienne colonie espagnole, il compte aujourd'hui, le long de la plage, deux ou trois restaurants et au moins un hôtel.

★★

La Ceiba

La Ceiba, au port bourdonnant d'activité, est la troisième ville en importance du Honduras. Le plus grand client du port est la Standard Fruit, dont les bananes, les ananas et les autres produits frais sont vendus à l'étranger sous l'étiquette «Dole». La Ceiba et la Standard Fruit ont grandi ensemble, mais les fruits ne dominent plus l'économie locale comme ils le faisaient autrefois. D'autres industries, dont celles de la transformation des aliments et de la production de vêtements, ont fait leur apparition dans les environs de La Ceiba. En outre, la ville possède désormais un campus universitaire connu sous le nom de CURLA (Centro Universitario Regional del Litoral del Atlántico) à ses limites occidentales, ses facul-

La Ceiba

ATTRAITS
1. Museo de la Mariposa
2. Parque Central
3. Playa La Barra
4. Musée ferroviaire

HÉBERGEMENT
1. Gran Hotel Ceiba
2. Gran Hotel Líbano
3. Gran Hotel París
4. Hotel Amsterdam 2001
5. Hotel Caribe
6. Hotel Conquistador
7. Hotel El Colonial
8. Hotel Iberia
9. Hotel La Quinta
10. Hotel Los Angeles
11. Hotel Plaza Flamingo
12. Hotel Príncipe
13. Hotel Rotterdam Beach
14. Partenon Beach Hotel
15. VIP Siesta Hotel

RESTAURANTS
1. Brisas del Mar
2. Cafetería Shalom
3. Chabelita
4. Deutsche Australien Club
5. Expatriates Bar & Grill
6. Golden Palace
7. Hole-in-the-Wall
8. La Carreta
9. La Plancha
10. My Friend
11. Ricardo's

Océan Atlantique

Barra Cangrejal

Playa La Barra

Estadio Municipal

Parque Central

Cementerio Municipal

Toronjal

Río Cangrejal

© ULYSSE

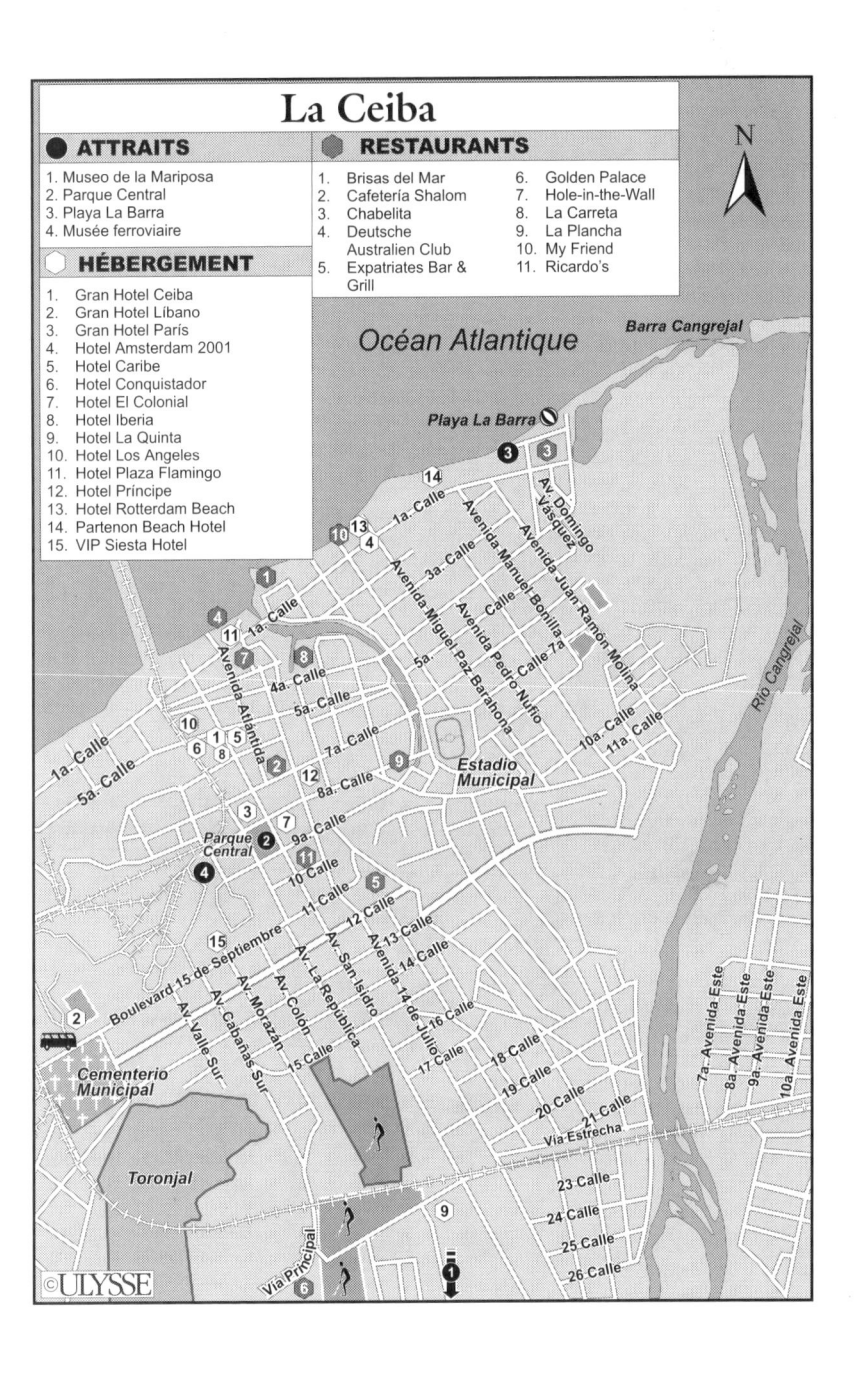

tés maîtresses étant celles vouées à l'agriculture et à l'exploitation forestière.

La Ceiba voit également croître diverses entreprises à caractère touristique. Son joyeux tempérament tropical s'y prête d'ailleurs à merveille, même si les attraits se font plutôt rares à l'intérieur de la ville. Il y a aussi une population d'expatriés installés ici à résidence, faible mais tout de même croissante; de nouveaux développements hôteliers en bordure de la plage, près des villages situés à l'est de La Ceiba, ont commencé à attirer les touristes en plus grand nombre. L'aéroport Goloson, qui se trouve 10 km plus à l'ouest, constitue la principale plaque tournante du Honduras en ce qui a trait aux vols intérieurs, et La Ceiba s'impose depuis longtemps déjà comme le plus important tremplin vers les Islas la Bahía, sans compter qu'elle sert de plus en plus de point de départ aux naturalistes et aux randonneurs qui se lancent à la découverte des parcs nationaux Cuero y Salado et Pico Bonito.

La ville possède un centre peu étendu au tracé de rues essentiellement quadrillé. Les avenues, nommées plutôt que numérotées, suivent une orientation nord-sud, la plus importante étant l'Avenida San Isidro, qui traverse le cœur de la ville en passant par le Parque Central. Quant aux rues *(calles)*, orientées d'est en ouest, elles sont numérotées, et les numéros qui les désignent augmentent au fur et à mesure qu'on s'éloigne de l'eau. Le quartier qui s'étend immédiatement à l'ouest du centre porte le nom de «Barrio Mazapán», tandis qu'à l'est apparaît une petite quoique pittoresque anse *(estero)*, sur la rive occidentale de laquelle se dresse l'immense et fort vieil arbre *(ceiba)* qui a donné son nom à la ville. Le stade de football *(fútbol)* se trouve pour sa part à l'extrémité sud de cette même anse. Le Barrio La Isla et le Barrio La Barra, plus à l'est, s'enorgueillissent tous deux de larges plages sablonneuses, et les banlieues est se voient séparées de la ville par le Río Cangrejal.

Un des nouveaux attraits de la ville est le **Museo de la Mariposa** ★ ou musée des papillons *(1$; lun-sam 8h à midi et 14h à 17h; Col. El Sauce, Segunda Etapa, Casa G-12, ☎442-2874)*. Il s'agit d'un musée privé installé dans une rue résidentielle paisible (dont la plupart des chauffeurs de taxi connaissent l'emplacement), à l'intérieur d'un petit bâtiment situé derrière la maison du propriétaire et curateur américain, Robert Lehman, qui collectionne les papillons depuis plus de 25 ans. Les vitrines du musée exposent plus de 5 000 papillons dont beaucoup arborent des couleurs éclatantes, la plupart étant indigènes au Honduras, mais aussi un grand nombre d'insectes. Le personnel est à même de vous renseigner en espagnol ou en anglais. Un autre musée de papillons, où des spécimens vivants volaient librement dans un vaste espace prévu à cette fin, a brièvement accueilli les visiteurs au parc national Pico Bonito et devrait rouvrir ses portes sous peu, quoiqu'on ne sache pas encore dans quelle partie du parc l'installer. Vous pourrez obtenir de plus amples renseignements en composant le numéro de téléphone mentionné ci-dessus.

La Ceiba recèle nombre de curiosités qui feront le bonheur des amateurs de chemins de fer. Un train urbain, sorte de petit métro à voitures non recouvertes, effectue deux fois l'heure *(6h à 18h)* le trajet entre le centre-ville et le Puente Cangrejal, à l'est. Un minuscule segment d'une ancienne voie de chemin de fer assure en outre l'accès principal au Parque Nacional Cuero y Salado (voir p 159), et un petit **musée ferroviaire** en plein air, aménagé dans un parc joliment paysagé à une rue à l'ouest du Parque Central, expose divers spécimens d'une autre époque, y compris une locomotive de 1915.

À l'est de La Ceiba, vous découvrirez plusieurs villages garifunas, notamment **Corozal**, à 12 km de la ville, et **Sambo Creek**, à 18 km. Tous deux sont desservis par des cars deux fois l'heure, et tous deux disposent de restaurants. On peut encore y admirer des constructions traditionnelles de bambou, de boue et de chaume, bien que la majorité d'entre elles aient été remplacées par des constructions modernes de béton et d'adobe. Des bateaux de pêche émaillent les plages.

★ Trujillo

Trujillo compte parmi les plus anciennes colonies européennes du Nouveau Monde. Fondée en 1525, elle fut brièvement la capitale du Honduras et le siège de l'évêché national. À une certaine époque, elle se trouvait sur une importante voie de transport d'or, ce qui lui valut d'être attaquée à maintes reprises par les pirates. Une forteresse érigée dans le but de mettre fin à ces attaques constitue d'ailleurs un des rares témoins de l'histoire ancienne de la ville. Au fur et à mesure que la population et l'économie honduriennes se sont déplacées vers l'ouest et le sud, Trujillo devint un poste de plus en plus isolé sur la route de la région oubliée de la Mosquitia.

Un bref regain d'activité survint en 1860, lorsque William Walker, un aventurier américain qui s'était emparé du pouvoir au Nicaragua pour le perdre peu de temps après, tenta sa chance au Honduras et fit de Trujillo son quartier général. Des troupes anglaises, dépêchées sur les lieux pour veiller à ce que les revenus portuaires soient utilisés pour rembourser les dettes du Honduras envers les banques britanniques, amenèrent toutefois Walker à se rendre en lui offrant un sauf-conduit, après quoi elles s'empressèrent de le remettre aux mains des autorités honduriennes qui n'hésitèrent pas un instant à l'abattre. Vous trouverez une petite plaque commémorative sur sa tombe, dans le vieux cimetière *(cementerio viejo)* qui s'étend à flanc de colline en s'éloignant du centre-ville en direction du musée.

Au XXe siècle, Trujillo participa à l'économie fruitière, financée par des intérêts américains, bien que son importance sur le plan agricole soit aujourd'hui éclipsée par la ville de Tocoa, 61 km plus à l'ouest. Ses activités portuaires ont également cédé le pas à celles de Puerto Castilla, située sur un isthme à 20 km à l'est de Trujillo. Le centre de la ville se révèle accidenté et baigné d'une atmosphère amicale et détendue, ponctué de nombreuses constructions à toit de zinc telles qu'on en trouve dans les Caraïbes. Juché sur un promontoire au pied duquel s'étend une plage, un large belvédère situé à une rue du Parque Central donne sur la mer. Outre les plages et les attraits culturels de Trujillo, il faut mentionner le **Parque Nacional Capiro-Calentura** (voir p 162), réputé pour ses cascades et ses sentiers pédestres, ainsi que le **Refugio de Vida Silvestre Laguna Guaymoreto** (voir p 162), privilégié par les ornithologues amateurs. Tous deux se trouvent à proximité de la ville.

Avec sa belle baie protégée et ses plages idylliques, Trujillo semblait destinée à attirer un nombre croissant de touristes, mais, d'une façon ou d'une autre, cela ne s'est pas produit. Pour tout dire, le nombre de visiteurs semble même avoir chuté vers la fin des années quatre-vingt-dix, ce qui s'explique en partie par l'inaccessibilité relative de Trujillo. Pour s'y rendre en avion, il faut habituellement faire une escale d'une nuit à La Ceiba, pour ensuite se voir tirer du sommeil avant l'aube afin de poursuivre le voyage. Quant aux routes venant de l'ouest et du sud, elles peuvent paraître longues et désolées, sans compter qu'au cours des mois qui suivirent le passage de l'ouragan Mitch, en 1998, elles étaient on ne peut plus accidentées. Qui plus est, le plus important complexe hôtelier de la région a souffert d'une gestion incompétente et n'a pas su attirer une clientèle régulière, sans compter les problèmes occasionnés par la criminalité (voir encadré, p 165). Tous ces facteurs réunis ont eu pour effet de saper quelque peu le potentiel de la région. Mais il n'en demeure pas moins que la ville possède des atouts grâce auxquels elle pourrait parvenir à surmonter ces obstacles.

La **Fortaleza Santa Bárbara** ★ *(0,20$; tlj 8h à midi et 13h à 16h; à une rue du Parque Central)* est un château fort espagnol érigé dans le but de repousser les attaques des pirates anglais. Sa construction débuta en 1599, et d'anciens murs de pierres entourent aujourd'hui un espace gazonné, tandis qu'une ancienne petite prison aménagée à l'intérieur des murs abrite des expositions temporaires. Dix canons s'alignent sur une falaise dominant la plage. Au-delà des remparts de cette forteresse détruite en grande partie se dressent un hôpital moderne et une deuxième pierre tombale à la mémoire de William Walker. Quant à la grande et austère **Iglesia y Catedral San Juan Bautista**, elle date de 1832 et fait face au Parque Central.

Le **Museo y Piscina Riberas del Pedregal** ★★ *(1$; heures d'ouverture variables, peut généralement être visité entre 7h et 18h; à environ 10 min de marche du centre-ville)* est un musée privé qui renferme une fascinante collection de pièces archéologiques et de bric-à-brac. Ses propriétaires, Don Rufino Galán et son épouse, Doña Margarita, l'ont fondé en 1954. Leur collection hétéroclite comprend plus de 20 000 pièces préhispaniques, dont une petite partie seulement sont exposées, incluant des têtes sculptées, des poteries et des ustensiles d'origine maya pour la plupart.

L'épave d'un avion militaire américain qui s'est écrasé dans les environs en 1985 se trouve sur la propriété. Des armes à feu, d'anciennes pièces d'équipement de bureau, des bouteilles, des machines à coudre, des pièces de monnaie, des timbres-poste, des instruments de musique et des faïences comptent parmi les objets exposés à l'intérieur de ce musée caverneux. On y trouve également une petite bibliothèque.

Mais il n'y a pas que le musée; l'endroit est aussi un endroit idéal pour la baignade. Une série de bassins alimentés par le Río Cristales (dont les eaux peuvent se charger de sédiments boueux après de fortes pluies) se succèdent en effet sur la pente en contrebas du musée et sont entourés d'une petite forêt tropicale enchanteresse où l'on retrouve des massifs de bambous. Des ponts de corde et de bois enjambent par ailleurs la rivière; on y trouve aussi des aires de pique-nique et des vestiaires.

La majorité des résidants du **Barrio Cristales**, le quartier qui fait face à la plage du côté ouest de la ville, sont de souche garifuna. Ce secteur est réputé pour ses restaurants sur le front de mer, ses discothèques et ses formations musicales (voir p 176).

Vous découvrirez des **sources d'eau chaude** immédiatement en retrait de la route à 7 km de Trujillo, à 2 km à l'ouest de la jonction de Puerto Castillo, là où l'Hotel Agua Caliente se trouvait autrefois. L'hôtel a par la suite fermé ses portes, mais les sources sont demeurées accessibles, quoique de façon plus ou moins irrégulière. Il vaut donc mieux prendre sur place les renseignements nécessaires au préalable. Quatre bassins d'eau sulfureuse aux propriétés dites curatives, chacun entouré d'un abri, affichent des températures variant entre 20°C et 40°C.

À l'ouest de Trujillo, le long d'un chemin de terre épousant les contours de la côte, se succèdent trois villages garifunas. **Santa Fe** *(à 12 km à l'ouest de Trujillo),* **San Antonio** *(à 15 km)* et **Guadalupe** *(à 18 km)* sont entrecoupés de plages bordées de palmiers. Des cars relient ces destinations quatre fois par jour, le premier départ de Trujillo ayant lieu à 9h et le dernier retour s'effectuant en début d'après-midi. À Santa Fe, le plus gros des trois villages, se trouvent des restaurants et quelques hôtels des plus modestes. Guadalupe, le plus petit et le plus joli des trois, possède nombre de constructions traditionnelles de terre séchée et de chaume. Ailleurs, ces maisons d'une autre époque ont presque toutes été remplacées par des constructions modernes en parpaing. Il y a d'autres villages au-delà de Guadalupe, mais ils ne sont accessibles qu'en bateau. Cette région demeure paisible la plus grande partie de l'année, mais elle accueille de nombreux visiteurs lors de la Semaine sainte (qui précède Pâques) et des festivals locaux célébrés en juin.

Santa Rosa de Aguán, qui se trouve à environ 40 km à l'est de Trujillo à l'embouchure du Río Aguán, était un village garifuna notable pour le style traditionnel de ses habitations de même que pour son isolement fort agréable. La plupart des bâtiments du village ont toutefois été lourdement endommagés par l'ouragan Mitch en 1998, qui fit également de nombreuses victimes. Les nouvelles constructions entreprises par la suite semblent beaucoup moins prometteuses d'un point de vue esthétique. Quant à la route (quotidiennement empruntée par plusieurs autocars), elle ne se rend pas jusqu'au village, et il faut prendre un bateau pour franchir la rivière.

Parcs et plages

Les environs de Puerto Cortés

La **Playa Coca Cola** (c'est bel et bien son nom!) s'étend tout juste à l'ouest de Puerto Cortés, et pourtant il faut faire un long détour par les installations portuaires et la raffinerie de pétrole pour s'y rendre. La plage fait environ 2 km de longueur, et vous trouverez plusieurs petits restaurants à son extrémité est. Il y a une danse les soirs de fin de semaine, mais sachez que le secteur est généralement peu sûr après la tombée du jour.

Les **Playas de Cienaguita** ★★, situées plus à l'ouest en direction d'Omoa, constituent un meilleur choix dans cette région. Nombre d'hôtels jalonnent cet attrayant chapelet de plages au sable immaculé et aux vagues clémentes. Les installations portuaires de Puerto Cortés sont visibles au loin.

Les environs de Tela

Vous découvrirez à Tela de belles plages s'étendant sur de nombreux kilomètres de part et d'autre de la ville (veuillez lire l'encadré sur la sécurité à la page 165).Certaines des plus belles plages bordées de palmiers de la région se trouvent à l'ouest de la ville de Tornabé. Certains de ces palmiers ont été affligés par la maladie, et l'on a entrepris d'en planter de nouveaux. Par endroits, l'eau salée de l'océan et l'eau douce de la Laguna de los Micos ne sont séparées que par une étroite langue de terre.

Le **Parque Nacional Punta Sal** ★★ *(entrée libre; ouvert en tout temps)*, situé sur la côte à environ 22 km à l'ouest de Tela, s'impose comme une réserve forestière et marine inviolée, et possède de quoi satisfaire à peu près tous les goûts. Il faut environ une heure pour s'y rendre en bateau depuis Tela, à moins que vous ne préfériez faire le trajet à pied le long de la plage, puis d'un sentier forestier au départ du village garifuna de Miami, ce qui demande quatre ou cinq heures de marche. Des bateaux d'excursion prévus à cet effet quittent Tela à peu près tous les jours, puis reviennent à leur point de départ quelques heures plus tard. Il est possible de camper sur la plage.

Punta Sal recèle des plages bordées de palmiers dignes de figurer sur des cartes postales, sans parler de ses eaux cristallines, de ses écosystèmes variés et de l'incomparable richesse de sa faune et de sa flore. Parmi les écosystèmes présents, retenons des récifs côtiers, des bassins côtiers d'eau douce, des savanes humides, des mangroves, une forêt tropicale, des rivières et des plages aussi bien sablonneuses que rocailleuses. Quant à la faune, elle se compose, entre autres, de dauphins, de lamantins, de tigres, de plusieurs espèces simiesques, de lézards, de perroquets, de toucans, de canards et d'aigles.

La **Laguna de los Micos** (*mico* se traduit par «singe»), située près du village de Miami, est ceinturée d'une part par une plage de sable et de l'autre par une mangrove. Elle abrite par ailleurs une riche faune ailée. Le **Refugio de Vida Silvestre Punta Izopo**, à 9 km à l'est de Tela, est ponctué de lagons le long du Río Plátano et du Río Hicaque, et il présente également une grande variété biologique. Des excursions organisées, entre autres celles de Garífuna Tours, à Tela, permettent d'explorer ces deux endroits. Les déplacements s'effectuent par la route et en canot.

Le **Jardín Botánico Lancetilla** ★★ *(5$; 7h30 à 14h30, après la fermeture des portes, les visiteurs peuvent rester jusqu'à 16h)* occupe une vaste étendue et renferme des milliers d'espèces végétales, y compris l'une des plus importantes collections d'arbres et arbustes fruitiers asiatiques. Vous pourrez en outre admirer une arche en bambou particulièrement impressionnante près de l'entrée. Ce jardin botanique a été créé par l'United Fruit Company en 1926 pour servir de station expérimentale vouée au développement de nouvelles espèces de bananiers et de diverses autres cultures; il fut cédé au gouvernement hondurien en 1975. L'arboretum Wilson Popenoe, ainsi nommé en mémoire du directeur de longue date de Lancetilla, abrite une multitude d'arbres fruitiers et de plantes, sans oublier les orchidées, les palmiers,

Toucan

les bambous, les bois précieux (comme l'acajou), les plantes ornementales et les plantes médicinales. Il se divise en lots que distinguent leurs collections respectives d'agrumes, de caféiers, de cacaoyers, de manguiers, de muscadiers, de tecks et de diverses autres espèces végétales, toutes clairement identifiées. Une vaste réserve écologique, une pépinière et un laboratoire de recherche avoisinent le jardin botanique comme tel.

L'entrée principale se trouve sur la route à 1 km à peine de la ville, mais l'accès au parc à proprement parler est aménagé 4 km plus loin et aucun bus régulier ne s'y rend. Le taxi constitue donc le meilleur moyen de transport pour ceux et celles qui ne disposent pas d'un véhicule. Mais, si vous comptez passer un certain temps sur les lieux, vous devrez clairement signifier au chauffeur de taxi à quelle heure vous désirez qu'il revienne vous prendre, à moins que vous ne préfériez négocier au préalable une entente ferme quant à la somme que vous devrez débourser pour que le chauffeur vous attende sur place. Une visite guidée du jardin est gratuitement offerte toutes les 30 min. Vous trouverez en outre à l'entrée un dépliant vous permettant de faire une visite autoguidée, de même

qu'une liste des espèces d'oiseaux qui ont élu domicile dans le jardin. Un petit restaurant vous accueille aussi près de l'entrée.

Les environs de La Ceiba

Vous apercevrez des plages acceptables dans la partie est de la ville, notamment la **Playa La Barra**, entre l'*estero* (anse) et le Río Cangrejal, mais les meilleures plages de la région se trouvent bien à l'extérieur de la ville.
Perú ★★, par exemple, à 9 km à l'est de La Ceiba, possède une magnifique plage de sable blanc ombragée par des palmiers et dotée de bonnes installations à l'intention de ceux et celles qui s'y rendent pour la journée, incluant des tables de pique-nique couvertes, des grils au vent, des toilettes et un casse-croûte ouvert les fins de semaine durant toute l'année et en semaine également en haute saison. Certains visiteurs y viennent en groupe à bord d'un train spécial offrant un paisible voyage de 25 min à travers des vergers de pamplemousses, des champs de maïs et des pâtura-

ges sur fond de montagnes plus lointaines.

Il y a aussi de belles plages bordées de palmiers un peu plus à l'est, près des villages garifunas de **Corozal** et de **Sambo Creek**. À Corozal, les cochons circulent librement le long de la plage municipale; vous trouverez des étendues sablonneuses plus invitantes vers l'est. Le Balneario Playas de Zambrano possède, quant à lui, des installations qui feront le bonheur des visiteurs d'un jour moyennant de faibles droits d'entrée. À Sambo Creek, une rivière se jetant dans la mer alimente une anse d'eau douce; les gens du coin y font parfois leur lessive.

Le **Parque Nacional Cuero y Salado** ★★ se trouve à 41 km à l'ouest de La Ceiba, entre les rivières Cuero et Salado, et a ceci de particulier qu'on n'y accède facilement qu'en train. En effet, aucune route n'y va et les bateaux n'y trouvent aucun mouillage, bien qu'un canot ou un skiff léger puisse toujours accoster sur la plage, un réseau de canaux reliant entre eux divers lagons et estuaires en partant de

Singe hurleur

la côte. Le parc abrite des écosystèmes terrestres et marins, sans oublier 12 km de plages et de mangroves où vit une faune ailée hautement diversifiée. Près de 200 espèces d'oiseaux tropicaux évoluent ici, ce qui représente près de 30% de toutes les espèces ailées du Honduras. D'autres parties du parc sont couvertes de forêts et servent d'habitat à divers animaux, dont des singes, des lamantins et des jaguars.

Les singes hurleurs sont surtout actifs le matin, et l'appel retentissant du mâle lorsqu'il se balance d'une branche à l'autre alimente depuis longtemps des récits où se mêlent le mythe et la réalité sous le ciel des tropiques. Le refuge sert en outre d'habitat à une variété de poissons et de reptiles, entre autres des crocodiles, des iguanes, des tortues et plusieurs espèces de serpents.

En dépit d'efforts considérables visant à protéger cet écosystème fragile, l'activité économique dont certaines terres avoisinantes font l'objet a des répercussions néfastes, le déboisement entrepris au profit de l'élevage du bétail et de l'agriculture ayant notamment provoqué une sédimentation accrue. Par ailleurs, les plantations de fruits, de palmiers africains et de cacao ont favorisé l'infiltration de pesticides et d'engrais dans les sols et les voies d'eau de la région, et la pêche clandestine constitue elle-même un problème.

Plusieurs voyagistes (voir p 68) organisent des excursions à Cuero y Salado, fournissant le transport aussi bien sur terre que sur l'eau. Cela dit, les touristes entreprenants peuvent également s'y rendre par leurs propres moyens. La Fundación Cuero y Salado, dont l'acronyme est FUCSA, est la fondation privée responsable de la gestion du parc. Son bureau de La Ceiba *(lun-ven 8h à 11h30 et 13h30 à 16h30;* ☎*443-0329, fucsa@laceiba.com)* se trouve dans la Zona Mazapán à deux rues et demie à l'ouest du Parque Central, derrière les bureaux de la Standard Fruit. Vous êtes requis de réserver à l'avance, en personne ou par téléphone, et le droit d'accès au parc s'élève à 10$.

Pour atteindre le parc, sachez que des autocars partent aux heures, à la demie et à compter de 6h30, de La Ceiba en direction du village de La Unión, à 33 km à l'ouest, pour un lent trajet de 60 min. De ce point, un chemin de fer de 9 km autrefois utilisé pour le transport des noix de coco aboutit dans le parc. Deux genres de véhicules y circulent. Le premier est le *motocarro* motorisé de la Standard Fruit Company, dont les départs dépendent de la demande et qui met de 30 à 40 min pour effectuer le trajet; comptez 4$ par personne jusqu'à concurrence de 16 passagers, et réservez à l'avance auprès de la Standard Fruit (☎*443-0511, poste 2171 ou 2184)*. Le second est la *burra*, mue par des humains, qui met environ 60 min à effectuer le trajet; on fournit ainsi du travail à des gens de la région, et les réservations ne sont pas nécessaires; les tarifs varient dans ce cas de 7$ pour une personne seule à 1,50$ par personne pour un groupe de huit. Une fois à l'intérieur du parc, un bateau à moteur et un guide peuvent être loués à raison d'environ 20$ les deux heures pour un groupe ne devant pas excéder 10 personnes. Il est aussi possible de louer des canots.

Vous trouverez des toilettes et une petite épicerie de dépannage près de l'entrée, mais vous feriez mieux d'apporter votre propre nourriture et votre eau potable. Le camping est autorisé sur la plage. Certaines entreprises locales organisent des excursions à Cuero y Salado. Sachez enfin que les gens qui habitent à l'intérieur des limites du parc vivent essentiellement de la pêche et de la culture du coco.

Le **Parque Nacional Pico Bonito** ★ s'impose

La ville de Copán Ruinas s'encadre d'un paysage verdoyant et montagneux.
- *Claude Hervé-Bazin*

Roatán offre un décor enchanteur qui favorise la relaxation et l'exploration, comme d'ailleurs toutes les Islas de la Bahía.
- *Claude Hervé-Bazin*

Les fabuleuses ruines mayas de Copán évoquent le passé mystérieux de l'Amérique centrale. - *Claude Hervé-Bazin*

comme l'un des plus grands parcs nationaux du Honduras. Il abrite des singes-araignées, des singes hurleurs, des jaguars, des ocelots, des aigles, des iguanes et des quetzals. Nombre de cours d'eau et de cascades agrémentent les pentes densément boisées des profondeurs du parc, mais le réseau de sentiers demeure très rudimentaire. Vous pouvez toutefois faire une randonnée de trois ou quatre heures le long d'un sentier qui part d'un centre d'étude établi par la CURLA, l'université locale. Ce centre se trouve près du village d'Armenia Bonito (desservi par la ligne 1 du réseau d'autobus local). Le Pico Bonito comme tel s'élève à 2 433 m, et son ascension demande quelques jours, la forêt tropicale qui s'étend près de sa base se transformant en forêt tropicale humide à plus haute altitude.

Les abords étendus du parc présentent certains des principaux attraits de la région, y compris les chutes de Bejuco, dont l'accès exige 30 min de piste en véhicule tout-terrain et une heure et demie d'ascension ardue. Immédiatement hors des limites du parc, vous pourrez en outre descendre des rapides sur le Río Cangrejal, et une grande variété de firmes organisent des excursions dans le parc. À l'intérieur du parc, une cascade est située sur le Río Zacate; pour l'atteindre, il faut emprunter l'autoroute de Tela jusqu'au pont qui enjambe la rivière (les cars à destination de Tela permettent à leurs passagers de descendre à cet endroit), puis parcourir 2 km en direction du sud sur un chemin de terre qui traverse des champs d'ananas.

Jaguar

Un musée de papillons, où des spécimens vivants volaient librement dans un vaste espace prévu à cette fin, n'a été ouvert que pendant peu de temps; on prévoit cependant sa réouverture en lieu non encore déterminé du parc. Pour de plus amples renseignements sur le musée, composez le ☎442-2874.

Plusieurs voyagistes offrent des excursions dans le Parque Nacional Pico Bonito, un parc géré par la Fundación Parque Nacional Pico Bonito, une fondation privée dont l'acronyme est FUPNAPIB. Son bureau de La Ceiba se trouve à l'étage de l'édifice Plaza del Caribe, sur le Boulevard 15 de Septiembre, à deux rues au sud du Parque Central (lun-ven 7h à 17h, sam 7h à 11h; ☎443-3824). Un permis d'entrée, au coût de 6$ et en vente à ce bureau, est nécessaire pour visiter le parc, qui compte deux entrées ouvertes tous les jours de 7h à 16h. L'entrée «Río Cangrejal» se trouve à seulement 2 km de la ville et est dotée d'un centre d'accueil des visiteurs, tandis que l'entrée «Río Zacate» se trouve à 16 km de la ville sur un chemin de terre. On peut camper gratuitement près du Río Cangrejal.

Les environs de Trujillo

Il y a plusieurs belles plages dans les environs de Trujillo. Une large bande sablonneuse bordée de restaurants se blottit directement au pied d'une falaise dans le centre-ville. Une autre plage somptueuse entourée de palmiers se trouve 2 km plus loin, près de la piste d'atterrissage, plusieurs hôtels et restaurants se trouvant dans les environs. Plus loin encore, autour de la pointe qui surgit au-delà de Puerto Castilla, s'étendent de longues plages isolées qui seraient d'autant plus idylliques si ce n'étaient des problèmes de sécurité (voir encadré, p 165).

Le **Parque Nacional Capiro-Calentura** ★ englobe une région de montagnes et de rivières sillonnée de sentiers pédestres, de cascades et de bassins où vous pourrez faire trempette. On y trouve également une faune abondante, caractérisée par des singes hurleurs, dont les cris se font souvent entendre en fin de matinée et en début d'après-midi, ainsi qu'une variété de perroquets et de toucans. Deux sommets enrichissent le relief du parc : le Capiro, qui s'élève à 625 m au-dessus du niveau de la mer, et le Calentura, haut de 1 250 m. On peut les gravir tous les deux grâce à des sentiers jadis empruntés de façon presque exclusive par les paysans locaux et aujourd'hui également fréquentés par les touristes, quoiqu'ils ne soient pas très bien balisés.

Entre les montagnes, trois rivières ponctuées de cascades et de bassins propres à la baignade coulent dans le parc : le Río Negro, le Río Grande et le Río Cristales. On prévoit construire une passerelle au-dessus du Río Negro afin de permettre une meilleure vue sur les chutes.

Un sentier circulaire de 1,5 km partant près de l'entrée comporte quelques ascensions abruptes, mais offre en contrepartie de superbes panoramas de Trujillo et de sa baie.

Ce parc et la réserve faunique de la Laguna Guaymoreto (voir ci-dessous) sont gérés par la Fundación Calentura y Guaymoreto, une fondation privée dont l'acronyme est FUCAGUA. Ses bureaux *(lun-ven 7h30 à midi et 13h30 à 17h, sam 7h30 à midi; ☎434-4294)* se trouvent à Trujillo dans la Calle 18 de Mayo, à flanc de colline en partant du Parque Central, passé l'Hotel O'Glynn. La FUCAGUA précise que l'entrée du parc est ouverte tous les jours de 7h30 à midi et de 13h30 à 17h, sauf le dimanche (on songe toutefois à en permettre aussi l'accès le dimanche). Le droit d'entrée s'élève à 4$ et peut être acquitté au bureau de la FUCAGUA ou à l'entrée du parc. On vous recommande par ailleurs de louer les services d'un guide pour les randonnées pédestres dans le parc, et la fondation peut en outre réserver pour vous un bateau à moteur si vous désirez visiter la Laguna Guaymoreto (prière d'aviser une journée à l'avance.

Le **Refugio de Vida Silvestre Laguna Guaymoreto** se trouve à 8 km de Trujillo. Une grande partie s'en trouve bordée par une mangrove, et le site a été constitué en réserve naturelle. Les ornithologues amateurs et les amateurs de pêche peuvent louer des kayaks près du vieux pont *(puente viejo)* qui enjambe le lagon. On peut y apercevoir une étonnante variété d'oiseaux et de singes, mais l'endroit est littéralement pris d'assaut par les éleveurs et les cultivateurs locaux, qui se sont illégalement appropriés certaines terres avoisinantes. Pour l'instant, toutefois, les autorités en place ne semblent pas prêtes à les déloger.

Hébergement

Puerto Cortés

La plupart des hôtels de cette ville sont plutôt délabrés, mais il y a quelques exceptions. Les meilleurs établissements se trouvent à l'extérieur de la ville, en bordure de la plage.

Hotel y Restaurante Fronteras del Caribe
14$
⊗, ℛ
Barrio Camagüey, en face de la plage, immédiatement à l'est de Puerto Cortés
☎665-5001
Ce modeste hôtel de plage de sept chambres doublé d'un restaurant de fruits de mer présente un très bon rapport qualité/prix. Il se trouve tout juste à l'extérieur de la ville et est desservi par la ligne

d'autobus locale numéro 2. Les chambres sont grandes et éclairées, mais, somme toute, austères, ce qu'une large terrasse en bois donnant sur la mer fait quelque peu oublier. La plage, quant à elle, se veut large et sablonneuse, parsemée de touffes d'herbe, de rares palmiers et d'abris à toit de chaume. Les vagues sont souvent violentes.

Mister Ggeer Hotel
27$
≡, tv, ☎
angle 2ª Calle et 9ª Avenida
☎*665-0444 ou 665-0422*
≠*665-0750*
Hôtel central de 30 chambres au service courtois. Les chambres, quoique grandes, se révèlent sombres et piètrement meublées, un peu comme un sous-sol aménagé avec des moyens de fortune.

Hotel Palmeras Beach
45$
tv, ℜ, ≡, bar, ≈
Playa Cienguita, Carretera a Omoa
☎*665-3891*
Cet hôtel qui fait face à la plage à quelques kilomètres à l'ouest de Puerto Cortés, dispose de huit grandes chambres avec hamacs au décor plus ou moins attrayant. Le secteur de la plage est toutefois invitant.

Hotel Playa
56$
tv, ≡, ℜ, bar, ≈
Playa Cienguita, Carretera a Omoa
☎*665- 0453 ou 665-1105*
≠*665-2287*
hotelplaya@lemaco.hn
L'Hotel Playa se veut plus vivant que les autres hôtels de la région. Situé en bordure de la plage à quelques kilomètres à l'ouest de Puerto Cortés, il propose 22 chambres fraîches et attrayantes réparties entre un pavillon central et une rangée de bungalows en périphérie de la propriété. Les chambres arborent des planchers et des murs de bois, et renferment des fauteuils confortables. Le secteur de la plage s'avère propre et attirant, des chaises et des tables de jardin y étant protégées par des parasols individuels.

Hotel Villa Capri
57$/pers. pdj
tv, ≡, ℜ, bar
1ª Avenida, angle 2ª Calle
☎*665- 6136 ou 665-0860*
≠*665-6139*
L'Hotel Villa Capri est un nouvel établissement situé à la limite du centre-ville. Ses neuf grandes chambres lumineuses présentent de hauts plafonds en bois et des couleurs vives. Contrairement à l'usage des hôtels plus coûteux, les tarifs affichés ne valent que pour une seule personne, ce qui n'est guère avantageux pour les couples. Petit déjeuner léger.

Omoa

Plusieurs hôtels se dressent entre la route et la plage, dont certains passablement miteux, quoique au moins deux soient dignes de mention.

Roli's & Bernie's Place
8$
bc
à 200 m de la plage
☎*658-9082*
R&B@yaxpactours.com
Roli's & Bernie's Place possède quatre chambres sans prétention et un porche spacieux garni de fauteuils. Ses propriétaires suisses sont une bonne source de renseignements touristiques et peuvent organiser des excursions à votre intention. Service de location de bicyclettes et de planches à voile sur place.

Hotel Bahía de Omoa
25$
≡, ℜ, bar
☎*658-9076*
L'Hotel Bahía de Omoa est un petit hôtel de plage confortable et chaleureux aux chambres intimes et attrayantes.

Acantilados del Caribe
59$, 67$ jusqu'à 4 personnes, 81$ pour un petit chalet de deux chambres, 137$ pour un grand chalet familial pouvant accueillir jusqu'à 8 personnes
≡, ℝ, tv, ☎, ℜ, bar
5 km à l'est d'Omoa
☎*665-1403*
☎*800-327-4149 réservations des États-Unis*
Aussi connu sous le nom de Caribbean

Cliffs Marine Club, ce complexe hôtelier doublé d'un centre de congrès, luxueux malgré sa taille réduite, propose 10 bungalows, cinq grandes *cabañas* et trois appartements dispersés à flanc de colline, et domine aussi bien la mer qu'une vaste forêt tropicale. Ses attrayantes constructions, tantôt de bois tantôt d'adobe, sont confortablement meublées et donnent sur une longue plage qui ne se révèle pas particulièrement attrayante, sans compter qu'il faut quelques minutes de marche pour s'y rendre. Le véritable attrait des lieux est la réserve forestière de 300 ha qui s'étend tout juste derrière la propriété et que sillonnent divers sentiers de randonnée. L'hôtel dispose d'un bon service, y compris des sports nautiques et tout l'équipement nécessaire pour la pêche. Un bar, une discothèque et deux restaurants complètent les installations.

Tela

Sauf indication contraire, tous les hôtels mentionnés ci-dessous se trouvent près du centre-ville. Sachez qu'on n'utilise guère les noms de rues à Tela, une réalité que reflètent les adresses fournies ci-après.

Les visiteurs qui tiennent à loger tout à côté du Jardín Botánico Lancetilla seront heureux d'apprendre qu'un petit *hospedaje* situé près de l'entrée du parc propose 13 chambres simples et dotées de ventilateurs. Des renseignements sont disponibles au centre d'accueil des visiteurs.

Hotel Marazul
8$
⊗
sur la route principale, à une rue de la plage
☎*448-231*
Les 14 chambres plutôt rudimentaires de cet hôtel font face à une cour plantée d'arbres.

Hotel Bertha's
13$* ⊗ *24$ ≡
une rue derrière la gare routière, à trois rues de la plage
Cet établissement tenu par une famille locale compte 15 chambres simples, éclairées et convenablement meublées. Toutes les chambres donnent sur une cour défraîchie, mais celles qui disposent d'un climatiseur se révèlent plus grandes et plus attrayantes.

Hotel Tela
15$
⊗, ℜ
dans la rue principale, à mi-chemin entre le Parque Central et le vieux pont
☎*448-2150*
Cet hôtel de 15 chambres qu'on dirait sorti d'une autre époque est tenu par deux femmes âgées et existe depuis les années cinquante, bien qu'on s'y sente comme s'il était plus vieux encore. Les chambres sont simples, mais confortablement meublées dans un style très vieillot, pour ne pas dire complètement démodé. L'entrée se trouve à l'étage.

Hotel Bahía Azul
13$* ⊗ *25$ ≡
ℜ, *bar*
en face de la mer et à côté du nouveau pont
☎*448-2381*
Les 18 chambres de cet établissement se révèlent simples, claires et quelque peu défraîchies, quoique raisonnablement convenables. Elles n'offrent cependant pas de vue sur la mer, contrairement au restaurant de l'hôtel, établi sur une terrasse en bordure de la plage.

Hotel Bellavista
16$* ⊗ *24$ ≡ *et tv*
ℂ
une rue à l'ouest du Parque Central
☎*448-1064*
L'Hotel Bellavista propose 18 chambres ordinaires e,t somme toute, confortables dans un bâtiment de quatre étages sans ascenseur à une rue de la plage. Certaines chambres renferment une cuisinette.

Posada de Don Carlos
24$
tv, ≡
à une rue du Parque Central
☎*448- 1820*
La Posada de Don Carlos loue sept chambres modestes mais agréables, et pourvues de hauts plafonds dans un bâtiment en fer à cheval.

La sécurité à Tela et à Trujillo

Vers la fin des années quatre-vingt-dix, un nombre croissant de touristes en visite à Tela et à Trujillo rapportaient des assauts visant leur personne et leurs biens. Le plus souvent, ces assauts étaient l'œuvre de bandes de jeunes armés, agissant généralement à la faveur de l'obscurité ou sur certaines portions de plage isolées, bien qu'il arrivait aussi aux voleurs de se montrer plus audacieux. L'argent, les passeports et les montres coûteuses sont sans aucun doute les objets les plus convoités, mais les vêtements et les chaussures signés semblent également exercer un puissant attrait. Les autorités de Tela ont entrepris de réagir en multipliant visiblement les patrouilles de police, quoique leurs homologues de Trujillo, peut-être moins au fait des dommage infligés à l'image du Honduras à l'étranger (et aux yeux des visiteurs individuels), semblent plus réticents à agir.

Cela dit, les visiteurs peuvent prendre quelques précautions toutes simples visant à réduire considérablement les risques d'assauts de toute sorte :

● Premièrement, profitez des services offerts par la plupart des hôtels concernant la mise en lieu sûr des objets de valeur et évitez de transporter de grosses sommes d'argent, de porter des bijoux, et ainsi de suite.

● Deuxièmement, aussi alléchantes que puissent être les promenades en solitaire sur les idylliques plages tropicales isolées, rappelez-vous que plus il y a de monde autour de vous, plus vous êtes en sécurité, les voleurs étant alors moins portés à agir. Si vous tenez tout de même à faire une longue promenade sur la plage hors des zones développées, faites-le donc plutôt en groupe. Il y a une portion de plage isolée immédiatement à l'est de Tela où l'on tolère officieusement le nudisme, ce qui a pour effet d'attirer de nombreux étrangers, mais compte tenu des assauts répétés qu'on y a enregistrés, il vaut mieux s'en tenir à l'écart pour le moment.

● Troisièmement, si vous devez rentrer tard le soir, assurez-vous de prévoir un moyen de transport sûr au moment de retourner à votre lieu d'hébergement. À Trujillo, vous ne trouverez pour ainsi dire aucun taxi après 22h. Plusieurs restaurants intéressants bordent le front de mer au pied de la colline sur laquelle s'étend le Parque Central, mais on a rapporté de nombreux assauts dans ce secteur. Ainsi, lorsque vous sortez le soir, demandez à l'avance à un chauffeur de taxi de venir vous chercher à une heure précise.

Dans l'ensemble, il convient de rappeler que le Honduras n'est pas un pays particulièrement dangereux, et que ni Tela ni Trujillo ne sont en soi des villes violentes, mais mieux vaut connaître les risques éventuels et agir en conséquence.

Hotel Vista Maya
17-31
⊗, ℜ, *bar*
au sommet d'une colline à quatre rues à l'est du parque central
☎448-1497
L'Hotel Vista Maya est un endroit très accueillant tenu par un couple de Québécois. Ses six chambres, dont les dimensions varient, sont aménagées dans un haut bâtiment de béton perché au sommet d'une colline offrant des vues panoramiques sur la mer, qui ne s'étend qu'à quelques rues de là. Toutes se révèlent simples, lumineuses et confortables, rehaussées de peintures signées par des artistes de la région, et pourvues d'une bonne ventilation naturelle. Il y a deux entrées, l'une par la route et l'autre par un long escalier.

Hotel César Mariscos
31$
tv, ≡, ℜ, *bar*
face à la plage
☎448-1934
⇌448-2083
Cet hôtel propose 11 chambres sans prétention et agréablement meublées, dont certaines disposent d'un balcon faisant face à la mer.

Cabañas Campamento
16-21
⊗, ℜ
pas de téléphone sur place
sur la route de Santa Fe, à 5 km à l'ouest de Trujillo,
☎448-4244 *pour information (restaurant Granada)*
Ce regroupement de 10 *cabañas* à toit de chaume et à sol de béton, dispersées sur un grand terrain gazonné en face d'une plage idyllique bordée de palmiers, propose un hébergement simple mais attrayant. Les prix varient en fonction des dimensions des *cabañas*. Le restaurant affiche de longues heures d'ouverture et est spécialisé dans le poisson frais.

Ejecutivo Apart-Hotel
32$
⊗, ≡, ℂ, *tv*
à quatre rues de la plage, à une demi-rue du bureau de Hondutel
☎448-1076
Les huit chambres blanches et orange clair de cet éblouissant bâtiment blanchi à la chaux présentent un très bon rapport qualité/prix pour les voyageurs à la recherche de grands lits, d'un grand coin séjour et d'une cuisine complète. Tarifs hebdomadaires et mensuels sur demande.

Hotel Sherwood
42$, *prix réduit pour les séjours prolongés*
≡, ℜ, *tv*, *bar*
en face de la plage et près du centre de Tela
☎448-2416
⇌448-2294
Les 14 chambres ici se révèlent claires, fraîches et confortablement meublées, sans compter qu'elles disposent de terrasses faisant face à la mer. Les chambres qui se trouvent à l'étage sont un peu plus attrayantes.

Caribbean Coral Inn
41$ *pdj*
tv, ⊗, ℜ, *bar*
Triunfo de la Cruz
☎669-0224 *(messages)*
⇌448-2942
caribcoral@globalnet.hn
www.globalnet.hn/caribcoralinn
Le Caribbean Coral Inn fait face à la plage dans le village garifuna de Triunfo de la Cruz, à environ 7 km à l'est de Tela. Cette auberge idyllique, qui a ouvert ses portes en 1999, dispose de six *cabañas* au toit de chaume et aux murs de stuc, simplement mais confortablement aménagées, et à même d'accueillir quatre personnes chacune (le tarif affiché ne vaut que pour deux personnes). Le bar et la salle à manger à ciel ouvert se veulent aérés et tout à fait charmants. Bicyclettes, planches de surf et attirail de plongée-tuba sont offerts en location sur place. Petit déjeuner léger. Des forfaits tout compris sont aussi proposés.

The Last Resort
42$** ⊗ **52$
≡, ℜ, *bar*
Tornabé, 7 km à l'ouest de Tela
☎448-2545
Les nouveaux propriétaires ont réussi à ressusciter cet hôtel de neuf chambres, toutes aménagées dans de grands bungalows en bois au décor rustique, à proximité de la plage, quoique tous n'offrent pas de vue sur la mer. Des trottoirs en bois, des patios en pierre et une grande terrasse en bois ombragée par des

palmiers et agrémentée de chaises longues ajoutent à l'atmosphère et au confort des lieux. Le restaurant en plein air, sous un toit de chaume, est entouré d'arbres ainsi que d'un lagon sur l'une de ses faces.

Hotel Villas Telamar
64$/2 pers.,
96$ pour une suite avec C,
116-231 villa de 2 à 4 chambres,
212-353 villa de 3 à 5 chambres en bordure de la plage
≡, ☎, tv, ℜ, bar
1 km à l'ouest du centre de Tela
☎448-2196
☎800-742-4276 *réservations des États-Unis*
≈448-2984

Cette ville dans la ville renferme 97 appartements dans des villas dispersées sur un vaste terrain bordé d'une longue plage. De plus, lorsque nous parlons d'appartements, le terme est bien faible, car, dans bien des cas, il s'agit de magnifiques quoique simples maisons de bois pourvues de hauts plafonds, d'intérieurs clairs et aérés, de planchers de bois dur bien polis, de confortables fauteuils et canapés, de chambres individuelles, de grandes salles à manger et de nombreux autres éléments de confort qui vous rappelleront votre foyer. Certaines des villas renferment plusieurs chambres et s'avèrent naturellement plus petites et plus simples que les autres, mais demeurent néanmoins fort accueillantes. On logeait autrefois ici les directeurs de l'United Fruit Company et leur famille, et l'aménagement clôturé de ce site fait presque penser à une version tropicale d'une petite ville américaine. L'aménagement paysager n'a rien d'époustouflant, les installations sont convenables sans être luxueuses et le service peut parfois laisser à désirer, mais il n'en s'agit pas moins d'un endroit des plus intéressants. Parmi les installations et services proposés, retenons les boutiques, les salles de réunion, les sports nautiques, les quatre courts de tennis, le golf parcours de golf à neuf trous, la pêche, l'équitation et le service de garde.

La Ceiba

Le coût de l'hébergement est relativement peu élevé à La Ceiba. Aussi y trouverez-vous un bon choix d'établissements de catégories petit budget et moyenne.Un nouveau complexe hôtelier établi en bordure de la plage à l'est de la ville commence à répondre à la demande en établissements haut de gamme. On envisage également la construction d'un hôtel de luxe dans le cadre d'un nouveau développement mixte à la périphérie de la ville. Les hôtels énumérés ci-dessous sont divisés en deux sections : la première couvre le centre-ville et ses environs immédiats, tandis que la seconde couvre les régions rurales qui s'étendent à l'est de la ville.

Hotel Los Angeles
3$/pers.
Av. La República, près de 5ª Calle
☎443-0723

Délicieusement pittoresque ou terne et fétide, selon les goûts, ce vieux bâtiment de bois aux nombreux recoins renferme de grandes chambres sombres et austères dont certaines s'ouvrent sur un large balcon.

Hotel Rotterdam Beach
5$
bc, ⊗, ℜ
Barrio La Isla, près de la plage, à 1 km du centre-ville de La Ceiba
☎440-0321

Huit chambres modestes mais agréables vous accueillent ici sur une rue tranquille à proximité de la plage. Devant l'hôtel s'étend une aire gazonnée plantée de palmiers où l'on a installé des hamacs. Très bon rapport qualité/prix.

Hotel Amsterdam 2001
7$
bc
Barrio La Isla, près de la plage, à 1 km du centre de la ville
☎442-1133

L'Hotel Amsterdam 2001 possède quatre chambres ordinaires et un dortoir de huit lits *(3$/pers.).*

Hotel Caribe
9$/2 pers.
⊗
5ᵃ Calle entre Av. San Isidro et Av. Atlántida
☎ *443-1857*
Les 18 chambres de cet hôtel sont claires et aérées, mais plutôt piètrement meublées. Le hall d'entrée se trouve à l'étage.

Hotel Conquistador
13$ ⊗ 19$ ≡, *tv,* ☎
angle Av. La República et 5ᵃ Calle
☎ *443-3670*
Les 23 chambres de cet hôtel du centre-ville sont propres, fraîches et convenablement meublées. Celles qui sont équipées d'un climatiseur ont aussi des fenêtres donnant sur l'extérieur, tandis que celles équipées d'un ventilateur font face à un passage intérieur. Il n'y a pas d'ascenseur, et seul un escalier étroit permet d'accéder aux paliers de ce bâtiment de quatre étages.

Hotel Príncipe
19$
≡, *tv,* ℜ
7ᵃ Calle, entre Av. 14 de Julio et Av. San Isidro
☎ *443-0516*
≠ *443-2720*
Les 52 chambres de ce modeste hôtel du centre-ville se révèlent simples mais convenables

Gran Hotel Líbano
20$
≡, *tv,* ℜ
directement derrière la gare routière, à 2 km du centre-ville de La Ceiba
☎ *443-4102*
Cet hôtel de 29 chambres simples et, somme toute, accueillantes, réparties sur trois étages, présente un bon rapport qualité/prix et se révèle plus intéressant que ne le laisse présager son apparence extérieure.

Hotel Iberia
21$
≡, ☎, *tv*
Av. San Isidro, entre 5ᵃ et 6ᵃ Calles
☎ *443-0401*
≠ *443-0100*
Les 44 chambres de cet établissement on ne peut plus central se révèlent tout à fait ordinaires quoique raisonnablement confortables. Toutes sont aménagées autour d'une grande cour, au centre de laquelle jaillit une fontaine, mais celles qui se trouvent du côté de la rue sont passablement bruyantes.

Gran Hotel Ceiba
24$
≡, ☎, *tv,* ℜ, *bar*
angle Av. San Isidro et 5ᵃ Calle
☎ *443-2737*
≠ *443-2747*
Les couloirs de ce bâtiment de six étages sont lugubres et l'unique ascenseur de la maison est particulièrement exigu, mais ses 40 chambres ne s'en révèlent pas moins convenablement meublées et le service se veut courtois. Les chambres donnant sur la rue sont bruyantes.

Partenon Beach Hotel
18$ dans l'ancienne aile
50$ dans la nouvelle aile
≡, ☎, *tv,* ℜ, *bar*
en face de la Playa La Barra, à 2 km du centre-ville de La Ceiba
☎ *443-0464*
≠ *443-0434*
La nouvelle aile renferme des chambres claires et invitantes aux sols carrelés, chacune d'elles étant dotée d'un balcon donnant sur la mer. Quant aux chambres de l'ancienne aile, elles se révèlent plus petites et plus sombres, et un peu désuètes, et certaines offrent également une vue sur la mer. On dénombre au total 110 chambres dans cet établissement.

Hotel El Colonial
24$
≡, ☎, *tv,* ℜ, ⊛, △
Av. 14 de Julio, entre 6ᵃ et 7ᵃ Calles
☎ *443-1953 ou 443-1954*
≠ *443-1955*
Cet accueillant hôtel de 40 chambres réparties sur cinq étages s'impose comme un sympathique malgré l'absence d'un ascenseur et de fenêtres dans certaines chambres. Une attention toute spéciale a été portée au décor, rehaussé de tissus d'inspiration guatémaltèque, de meubles en bois et de carreaux peints.

Hébergement

Hotel Plaza Flamingo Beach
33$
tv, ≡, ℜ
1ª Calle, angle Av. San Isidro
☎*443-3149*
Situé à une rue de la mer, l'Hotel Plaza Flamingo Beach propose 19 grandes chambres dépourvues de charme dans un bâtiment moderne de trois étages. Quelques chambres font face à la mer.

Gran Hotel Paris
35$
tv, ≡, ℜ, ≈, ☎, bar
face au Parque Central
☎*443- 2391*
≠*443-1614*
Situé en plein centre-ville, le Gran Hotel Paris a décidément meilleure mine depuis qu'il a été rénové en 1997. Les 63 chambres de ce bâtiment de trois étages en fer à cheval se révèlent confortables, quoique sans attrait particulier. Toutes font face à la piscine et à ses environs immédiats, plantés de palmiers.

VIP Siesta Hote
44$
tv, ≡, ℜ, bar
Boul. 15 de Septiembre
☎*443-0968 ou 443-0969*
≠*443-0970*
Cet hôtel situé tout juste au-delà du centre-ville loue 23 chambres plutôt exiguës au décor néanmoins sympathique. Certaines chambres ne disposent que de minuscules fenêtres donnant sur une cour étroite.

Hotel La Quinta
41$
≡, ☎, tv, ℜ, bar, ≈
à 2 km du centre-ville de La Ceiba, sur la route de Tela
☎*443-0223 à 0225*
≠*443- 0226*
Les 113 chambres de cet établissement sont ordinaires, mais confortables et aménagées autour d'une série de petits jardins et terrasses. Cet hôtel moderne présente un très bon rapport qualité/prix et le service se veut efficace. Le restaurant pratique des prix élevés en comparaison de ses concurrents locaux, mais la nourriture est bonne.

À l'est de La Ceiba

Hôtel Canadien
21$
≈
immédiatement à l'est de Sambo Creek, 17 km à l'est de La Ceiba
pas de téléphone, réservations : ☎*1-450-658-5015*
L'Hôtel Canadien, tenu par un couple de Québécois, propose 22 chambres simples, confortables et blanchies à la chaux dans un bâtiment en *L* de deux étages qui donne directement sur la plage. Chacune d'elles dispose d'une chambre à coucher fermée et d'une aire de séjour distincte, de même que d'un réfrigérateur. L'une d'elles est même conçue pour accueillir les personnes à mobilité réduite. Un restaurant en bordure de la plage se trouve à la porte voisine. L'accès par la route emprunte un petit chemin secondaire à quelques centaines de mètres à l'est du principal embranchement vers Sambo Creek.

Villa Rhina
chambre 43$, cabaña 68$
ℜ, bar
route de Trujillo, 14 km à l'est de La Ceiba
☎*443-1222 ou 443-1434*
≠*443-3558*
villarhina@honduras.com
www.honduras.com/ villarhina
La Villa Rhina a élu domicile dans une zone boisée à côté d'un ruisseau de montagne ponctué de bassins naturels, et l'on y a vue sur la mer au loin. Les chambres (plutôt petites) et les *cabañas* (plus grandes et pourvues de hauts plafonds) se trouvent au sommet de longs escaliers dans des bâtiments au revêtement extérieur en bois et au décor intérieur sans attrait particulier. Des randonnées pédestres, cyclistes et équestres peuvent être organisées sur place.

Caribbean Sands Resort
81$ chambre standard, davantage pour les suites
tv, ≡, ℜ, ≈, bar
22 km à l'est de La Ceiba ou 4 km à l'ouest de Jutiapa
☎*443-0035*
≠*443-1026*
info@caribbeansands.com
www.caribbeansands.com
Le Caribbean Sands Resort est un complexe hôtelier moderne établi en bordure de la plage. Il a ouvert ses portes en 1999, possède un hall d'accueil somptueux et propose 42

grandes chambres confortables à haut plafond réparties entre quatre bâtiments plantés sur une vaste propriété. Parmi les installations, il convient de retenir un parcours de golf à trois trous, un terrain de volley-ball, des courts de tennis, un lagon artificiel et, tout près, une rivière naturelle propre à la baignade.

Trujillo

Trujillo offre un choix d'hôtels de catégories petit budget et moyenne, auxquels s'ajoute un complexe d'hébergement haut de gamme. Certains des établissements les plus intéressants se trouvent en marge du centre-ville. Vous pouvez également faire du camping dans le parc national Capiro-Calentura (voir p 162).

Hotel Plaza Centro
5$
⊗
Calle Conventillo, près du marché central
☎434- 4651
L'Hotel Plaza Centro loue 12 (bientôt 22) petites chambres tranquilles et fort simples réparties sur deux étages autour d'une cour.

Hotel Mar del Plata
7$ bc, 11$ bp
quatre rues plus haut que le Parque Central
☎434-4458
Cet hôtel propose un service amical et 11 chambres propres quoique très simples.

Hotel Emperador
9$
tv, ⊗
à trois rues du Parque Central
☎434-4446
Les 14 chambres de cet hôtel sont petites mais, somme toute, attrayantes, certaines d'entre elles s'ouvrant sur une petite terrasse en béton. On y trouve par ailleurs une petite boutique de souvenirs.

Hotel O'Glynn
26$
≡, *tv*
à trois rues du Parque Central
☎434-4592
Les 22 chambres de cet établissement offrent un décor vivant, et la plupart disposent d'un balcon. Le hall se révèle confortable et le service, attentionné.

Hotel Colonial
23$
≡, *tv,* ℜ
près du Parque Central, en face de l'église
☎434-4011
Les 20 chambres de l'Hotel Colonial, quoique simples, sont décorées avec goût et pourvues de plafonds de bois, et la plupart arborent des sols carrelés. Choisissez de préférence celles qui se trouvent à l'étage, car elles offrent le plus souvent une vue sur la mer ou la montagne. Les couloirs sont garnis, quant à eux, de peintures naïves.

Villa Brinkley Hotel
22$ & 31$ ≡
tv, ℜ, *bar,* ≈
à 2 km du Parque Central, en remontant la pente
☎434-4444
Campée bien haut à flanc de colline et offrant une vue saisissante sur la baie de Trujillo, cette auberge de 20 chambres est toute de bois et de pierres. Les chambres sont spacieuses, claires et très joliment décorées, sans compter que toutes disposent d'une terrasse faisant face à la mer. Le restaurant, d'où vous aurez aussi une vue panoramique sur la région, propose un menu complet le soir, mais seulement des sandwichs au déjeuner. Retenez que la route conduisant à l'hôtel est en piteux état.

Trujillo Bay Hotel
43$
≡, *tv,* ℜ
à 2 km du centre de Trujillo, près de la piste d'atterrissage
☎434-4732
Situé à 3 min de marche d'une des plus belles plages, cet établissement accueillant renferme 25 grandes chambres de plain-pied tranquilles et agréablement décorées.

Christopher Columbus Beach Resort
62$
≡, *tv,* ☎, ℜ, *bar,* ≈
en bordure de la plage, à 2 km du centre de Trujillo
☎434-4966
⇄434-4971
Il s'agit là d'un des complexes hôteliers les plus luxueux du Honduras continental. Ses

70 chambres sont réparties à travers deux bâtiments peu élevés aux tons de vert et de blanc qui font face à la plage en tournant le dos à la piste d'atterrissage. Les chambres sont garnies de sols carrelés, de couvre-lits et de rideaux colorés, et disposent de balcons individuels. Toutes ont vue sur la mer, et certaines offrent aussi une vue sur les montagnes. Parmi les services et les installations disponibles, retenons une glissade d'eau, des courts de tennis, des jeux vidéo, tout l'équipement nécessaire à la pêche et un quai privé.

Restaurants

Puerto Cortés

Fronteras del Caribe
$$
tlj 7h à 19h
Barrio Camagüey, face à la plage, immédiatement à l'est de ville
☎*665-5001*
Pourvu d'une salle à manger à ciel ouvert en bordure de la plage, cet établissement propose une variété de plats de poisson et de fruits de mer, et plus particulièrement de conque, de même que des plats de riz et poulet.

Restaurant Candiles
$$
tlj 11h à 23h
2^a Avenida, entre 7^a et 8^a Calles
☎*665-0765*
Installé sous un toit de chaume élevé, ce restaurant se spécialise dans les plats de viande, entre autres les *pinchos* (brochettes).

Restaurant Matt's
$$-$$$
lun-mar 11h à 21h, mer-dim 11h à 23h
2^a Avenida, entre 6^a et 7^a Calles
Ce restaurant se spécialise entre autres dans les plats de fruits de mer, les cocktails de fruits de mer et les *ceviches*. Plusieurs plats de crevettes et de conque figurent au menu, de même que des viandes et des sandwichs. La salle à manger est climatisée, mais son décor est dépourvu de charme.

Restaurant Delfín
$$-$$$
tlj 8h à 23h
face à la Laguna Alvarado, vers l'extrémité sud de la ville
☎*665-1409*
Ce restaurant a été reconstruit après avoir été endommagé par l'ouragan Mitch, et il se révèle plus élégant qu'avant. Il s'agit là d'un restaurant de fruits de mer en plein air, confortable et accueillant. Parmi les plats recommandés, retenons la *sopa marinera* (soupe de fruits de mer variés), le *caracol al coco* (conques arrosées d'une sauce coco) et le *camarón al ajillo* (crevettes à l'ail).

Tela

Plusieurs restaurants, dont la plupart se spécialisent dans les fruits de mer, se succèdent sur trois rues en face de la mer et à proximité du centre-ville. À l'est de la ville, le long de la plage, s'alignent enfin nombre de bars bruyants et agités, la plupart offrant des repas.

Pizzería El Bambino
$
tlj 9h30 à 22h
une rue à l'ouest du Parque Central et à une rue de la plage
Cet endroit propose une variété de pizzas servies sur une terrasse extérieure toute simple.

Rancho Gably
$
tlj 8h à 21h
en face des Villas Telamar
Ce restaurant propose de simples plats honduriens tels que côtelettes de porc, saucisses et hamburgers sous un abri à haut toit de chaume.

Restaurant Garibaldi
$
tlj 7h à 3h
une rue à l'ouest de la place
☎*448-1909*
Le Garibaldi sert une alléchante variété de plats mexicains sur une grande terrasse extérieure. Le menu comprend des spécialités telles que le bœuf barbecue, la langue à la Veracruz et le *mole poblano*. Le petit déjeuner est également servi.

Los Angeles
$
tlj 10h à 14h30 et 17h à 21h
la rue principale, à une rue à l'est du vieux pont

Le Los Angeles propose un assortiment de mets chinois et occidentaux dans une salle climatisée plutôt sombre.

Luces del Norte
$-$$
tlj 6h30 à 22h
à une rue de la plage, à côté du Gran Hotel Puerto Rico
☎ *448-1044*

Le Luces del Norte est une sorte de rendez-vous pour randonneurs, bien que ses prix ne soient pas particulièrement moins élevés qu'ailleurs. Ce restaurant en plein air à l'aménagement hétéroclite, peint de vert et de blanc, baigne dans une atmosphère d'originalité et propose un menu varié allant des sandwichs aux fruits de mer. Un endroit à retenir pour un bon petit déjeuner. Une des spécialités de l'établissement est la soupe aux fruits de mer parfumée à la noix de coco.

Alexandro's
$-$$
tlj 8h à 22h
en face de la plage, près du centre-ville de Tela

Alexandro's se présente comme un simple café de plage. On y sert des viandes, du poisson et des fruits de mer.

Restaurant La Red
$-$$
tlj 7h à 23h
Hotel Bahía Azul, face à la mer à côté du pont
☎ *448-2381*

Ce restaurant se spécialise dans les cocottes de fruits de mer et les potages, quoique viandes, pâtes et sandwichs figurent aussi au menu. Le service se fait dans une salle à manger intérieure ainsi que sur une terrasse extérieure.

🌴 Restaurant Vista Maya
$$
tlj 9h à 21h
au sommet d'une colline, quatre rues à l'est du Parque Central
☎ *448-1497*

Tenu par un couple de Québécois, cet établissement propose un menu de spaghettis, de crevettes, de poissons et de poulet. Les spécialités en sont, entre autres, les spaghettis à l'ail et aux crevettes, de même que les tartes aux fruits tropicaux maison. La salle à manger revêt la forme d'une terrasse aérée en surplomb sur la mer.

Restaurant César Mariscos
$$
tlj 7h à 22h
face à la plage, tout juste à l'ouest du Parque Central
☎ *448-1934*

Le César est un restaurant de plage qui se spécialise dans les poissons et les fruits de mer. Confortable et aéré.

Restaurant La Estación Victoria
$$
mer-lun 9h à 21h
en face des Villas Telamar
☎ *448-2154*

Le restaurant La Estación Victoria possède une élégante salle à manger classique et une petite terrasse à l'arrière. Spécialité de potages aux fruits de mer, entre autres, bien que le menu affiche également des salades, des poissons, des biftecks et du poulet.

🌴 Casa Azul
$$
mer-lun 16h à minuit
à mi-chemin entre le Parque Central et la plage
☎ *448-1443*

Le Casa Azul propose un menu italien riche en pâtes, en sandwichs, pizzas, en salades et en spécialités telles que le *pollo cacciatore*. Ce charmant établissement abrite une petite salle à manger, un bar tranquille ainsi qu'une galerie d'art à l'arrière.

Sherwood
$$
tlj 6h30 à 22h30
à l'intérieur de l'hôtel Sherwood, en face de la plage, près du centre-ville de Tela
☎ *448-2416*

Le Sherwood dispose d'une grande salle à manger à plafond haut, de même que d'une terrasse en bois ombragée par des arbres faisant face à la mer. Au menu : de nombreux plats chauds et froids de fruits de mer ainsi que des soupes, des viandes, des sandwichs et un vaste choix de jus et de boissons aux fruits.

La Ceiba

Côté restaurants, La Ceiba a beaucoup à offrir, et les amateurs de fruits de mer comme les oiseaux de nuit y seront davantage comblés que dans la plupart des autres régions du Honduras, d'autant plus que les heures d'ouverture des établissements sont légèrement plus longues qu'ailleurs. Les restaurants sont dispersés à travers le centre-ville, dans la *zona viva*, tout juste à l'est, ainsi qu'en périphérie.

Cafetería Shalom
$
tlj 7h à 20h
Plaza Panayotti, 7ª Calle, entre Av. 14 de Julio et Av. San Isidro
Il s'agit là d'un petit restaurant de rien du tout situé dans un mail intérieur où l'on sert du *hoummos*, des *falafels*, du *shawarma* et d'autres spécialités du Moyen-Orient. Excellent tant pour les végétariens que pour les mangeurs de viande.

Hole-in-the-Wall
$
lun-sam midi à 3h, dim 16h à 3h
Av. 14 de Julio, angle 1ª Calle
Jadis connu sous le nom de Bar El Canadiense, ce bar-restaurant qui appartient désormais à des Américains, propose des spécialités Tex-Mex et divers autres plats, dont des biftecks sur rôties.

Deutsche Australien Club, aussi connu sous le nom de **Dieter's**
$-$$
tlj 8h à minuit, cuisine ouverte jusqu'à 21h
face à la plage, près de l'Avenida 14 de Julio
Voici un bar-restaurant en plein air tenu par un Allemand d'origine australienne. On y offre une variété de mets allemands et honduriens dans une atmosphère décontractée.

Restaurant Brisas del Mar, aussi connu sous le nom de **Marvin's**
$-$$
mar-dim 8h à 22h ou plus
face à la plage, à l'est de l'*estero* près de la Disco Arenas
Le Brisas del Mar est un restaurant en plein air de deux étages aménagé sous un abri à haut toit de chaume. Tenu par un Américain expatrié, il propose notamment des poissons frits et du bifteck frit à la mode campagnarde. Il s'agit d'un endroit chaleureux.

El Portal
$$
tlj 7h à 22h
à l'intérieur de l'Hotel El Colonial, Av. 14 de Julio, entre 6ª et 7ª Calles
☎*443-1953 ou 443-1954*
El Portal présente un des menus les plus intéressants de la ville grâce à ses sandwichs originaux, ses mets thaïlandais et ses classiques honduriens. La salle à manger, plutôt petite, n'en est pas moins attrayante.

La Carreta
$$-$$$
tlj 10h30 à 23h30
angle Calle La Barra et Av. 14 de Julio, près du Hondutel
☎*443-0111*
La Carreta se spécialise dans les viandes grillées incluant une variété de biftecks et de *pinchos*, mais vous pourrez également y savourer des potages de fruits de mer et des *ceviches*. Le décor de ce restaurant à ciel ouvert se révèle attrayant avec ses tables en bois, ses paniers et ses poteries suspendus, ses plantes et ses arbustes disposés un peu partout.

Restaurant Chabelita
$$-$$$
mar-dim 10h à 22h
Barrio La Barra, près de l'extrémité de 1ª Calle, à 2 km du centre de La Ceiba
☎*440-0027*
Le Restaurant Chabelita s'est taillé une réputation enviable pour ses poissons et ses plats de fruits de mer, entre autres pour ses potages et ses poissons frits ou grillés. Des plats de viande figurent aussi au menu. La salle à manger se veut simple avec ses tables en bois et son air conditionné, et le service est amical.

Restaurant My Friend
$$
tlj 10h à 2h
face à la mer, à trois rues de l'*estero*
☎*443-2859*
Il s'agit là d'un restaurant en plein air sur

front de mer sans prétention aucune qui se spécialise dans les plats de poisson et de crevettes. Viandes, potages et pâtes figurent en outre au menu.

Expatriates Bar & Grill
$$
jeu-lun 16h à minuit
Barrio El Imán, au bout de 12ª Calle
☎*443-2272*
À quelques rues du centre-ville, l'Expatriates est un endroit accueillant fort prisé des Nors-Américains. Tenu par un Canadien, il se spécialise dans les viandes grillées et les poissons, quoique des plats végétariens soient aussi offerts. On y accède par un escalier et il est abrité par un toit de chaume élevé.

La Plancha
$$-$$$
tlj 10h à 14h et 17h à 23h
Calle Lempira, Barrio El Imán, près du stade de *fútbol*
☎*443-0223*
La Plancha propose un menu varié de steaks, de *pinchos* et de potages. La salle à manger est climatisée et accueillante.

Palace
$$
11h à 15h et 17h à 23h
9ª Calle, entre Av. San Isidro et Av. 14 de Julio
☎*443-0685*
Le Palace, qui se trouve en plein cœur de la ville, sert des mets chinois et occidentaux sur une grande terrasse rehaussée de motifs orientaux et rafraîchie par des ventilateurs.

Golden Palace
$$-$$$
11h à 15h et 17h à 23h
sur la route de Tela, à 2,5 km du centre de La Ceiba
☎*443-0243*
Le Golden Palace propose des mets chinois et occidentaux caractérisés par une variété de viandes et de fruits de mer. Le canard, par exemple, se mange aussi bien à l'orange qu'à la mode de Pékin. Pour ne pas oublier le Honduras, il y a aussi des soupes aux fruits de mer et, au dessert, du flan au coco. Grande salle à manger climatisée et confortable, mais sans attrait particulier.

Ricardo's
$$$
lun-sam 11h à 13h30 et 17h30 à 22h
angle Av. 14 de Julio et 10ª Calle
☎*443-0468*
Ricardo's dispose d'une magnifique terrasse paysagée ainsi que d'une salle à manger climatisée. Au menu : divers plats de viande, des crevettes, des calmars et du poisson. Les spécialités comprennent les crevettes «thermidor», le poisson sauce à la crème et aux *jalapeños*, ainsi que le poisson noirci. Des mets végétariens et des plats de pâtes figurent également au menu.

À l'est de La Ceiba

Restaurant Mi Rancho
$$
tlj 8h à 23h
Sambo Creek, face à la plage, près de l'extrémité est du village
Mi Rancho est un petit restaurant en plein air fort sympathique bercé d'une douce musique où l'on peut déguster une grande variété de préparations à base de poissons et de fruits de mer, dont certains assaisonnés au cari ou au coco. Une des spécialités de la maison est la *casava* au poisson, accompagnée de haricots et d'un riz parfumé au coco. Salades et viandes sont aussi servies.

Helen's Restaurant
$$
tlj 10h à 18h ou plus
immédiatement à l'est de Sambo Creek, accès par la route à quelques centaines de mètres passé l'embranchement principal de Sambo Creek
Tenu par un couple de Québécois, Helen's est un idyllique restaurant à ciel ouvert situé en bordure de la plage qui propose un vaste menu de poissons, de crevettes, de *ceviches*, de potages de fruits de mer et de jus frais.

Villa Rhina
$$-$$$
tlj 7h à 1h
route de Trujillo, 14 km à l'est de La Ceiba
☎*443-1222 ou 443-1434*
Il s'agit là d'un hôtel doublé d'un restaurant qui dispose d'une grande salle à manger en plein air offrant de

belles vues sur la mer et de la forêt. Quelques tables sont disposées en bordure de bassins naturels formés par un ruisseau de montagne. Le menu gravite autour des plats de viande et de fruits de mer, quoiqu'on puisse aussi commander des sandwichs et des petits déjeuners.

Trujillo

Café Oasis
$-$$
tlj 7h à 22h ou plus
à une demi-rue du Parque Central
☎434-4828
L'Oasis offre une variété intéressante de plats honduriens et cubains dans une salle à manger à la fois modeste et charmante. Le vaste menu comporte des potages, des salades, des *tacos* et des sandwichs aux fruits de mer. Un plat particulièrement délicieux est la *sopa de capirotadas*, soit un potage de farine d'avoine, de fromage blanc et de légumes. On sert aussi des petits déjeuners variés.

Gringo's Restaurant et bar
$-$$
mar-dim 7h à 22h
adjacent à la piste d'atterrissage, face à la plage
☎434-4277
Gringo's est un lieu prisé tenu par un Américain. Installé sous un toit de chaume élevé face à la mer, il est garni de simples tables et bancs. Viandes, poissons, fruits de mer et sandwichs composent la majeure partie du menu. Quant aux barbecues organisés les fins de semaine, ils portent surtout sur le poulet et les côtes levées.

Pantry
$-$$
tlj 7h à 22h
à deux rues du Parque Central
☎434-4856
Le Pantry propose des pizzas et un menu hondurien traditionnel, sans oublier de bonnes crêpes au petit déjeuner dans une salle à manger un peu quelconque.

Restaurant Pirulos
$-$$
tlj 10h à 23h, plus tard la fin de semaine
en bordure de la plage, en contrebas du Parque Central
Le Pirulos est un simple restaurant de plage en plein air qui vous offre des potages aux fruits de mer, des poissons frais, de la conque, des crevettes et de la langouste.

Perla del Caribe
$$
tlj 9h à 22h
sur la plage, au pied du Parque Central
☎434-4486
Le Perla del Caribe est un des nombreux restaurants en front de mer qui s'alignent à proximité du centre-ville, et certains habitants de la région le classement parmi les meilleurs. Vous pourrez y déguster de savoureux potages de fruits de mer, du poisson grillé, des conques, des crevettes et du homard à des prix on ne peut plus raisonnables.

Granada
$$
tlj 7h30 à 22h30
à deux rues du Parque Central
☎434-4244
Le Granada propose des potages de fruits de mer à la garifuna, des pâtes, des viandes, des poissons et des crevettes dans une agréable salle à manger rehaussée de nappes bleues en tissu.

Comedor Caballero
$$-$$$
tlj 8h à 18h
Santa Fe, 12 km à l'ouest de Trujillo
Le Comedor Caballero occupe une maison tout ordinaire à côté d'une église dans le village garifuna de Santa Fe. On y sert de plantureuses portions de poisson frais et de fruits de mer, entre autres du vivaneau rouge grillé, des crêpes aux fruits de mer et du ragoût de conque, le tout accompagné d'une salade. Le propriétaire a jadis été chef cuisinier sur un bateau de croisière.

Sorties

Dans la plupart des localités mentionnées dans ce chapitre, les restaurants et les bars assurent l'essentiel de la vie nocturne. À **Tela**, le **Restaurant Casa Azul** *(à mi-chemin entre le Parque Central et la* plage) est aussi un endroit où l'on se rend volontiers pour prendre un verre. À **La Ceiba**, un secteur de la ville connu sous le nom de *zona viva*, où se trouvent plusieurs restaurants, bars et discothèques répartis sur quatre quadrilatères de la Calle 1ª en prenant vers l'est à l'Avenida 14 de Julio, tend à devenir très animé (et assez sûr) le soir venu. Une discothèque du nom de **Cherrie's**, immédiatement à l'est de l'Avenida 14 de Julio, serait la plus populaire au moment de mettre sous presse. Le bar aménagé sur le toit de l'**Hotel El Colonial** *(Av. 14 de Julio, entre 6ª et 7ª Calles)* est pour sa part sympathique et agréable, sans compter qu'il offre de belles vues panoramiques de la ville.

Le festival annuel de La Ceiba, marqué par des danses de rue et diverses autres festivités, débute le 11 mai et se termine par un feu d'artifice le 21 mai.

Trujillo

Dans le Barrio Cristales, un quartier principalement habité par des Garífunas en bordure de la plage, dans la partie ouest de la ville, on présente tous les vendredis et samedis soirs des **danses traditionnelles** et de la musique *punta*, un ancien rythme tropical. À ne pas manquer : le **Sede Afro-Garífuna**, directement sur la plage, où se produit le plus connu des groupes locaux, Grupo Menudo, avec une vingtaine de musiciens et danseurs. D'autres formations folkloriques animent les établissements voisins. Il y a aussi un certain nombre de **discothèques**, dont Black & White, Kenya et Mountain View. On a toutefois rapporté des cas d'agressions nocturnes dans le Barrio Cristales, de sorte qu'il vaut mieux ne pas circuler dans les secteurs mal éclairés.

Achats

Tela

L'Hotel Villas Telamar renferme un petit centre commercial où vous trouverez, entre autres, une boutique de souvenirs proposant un choix de produits artisanaux. Le marché public du centre-ville est pour sa part animé, mais n'a que peu à offrir en matière d'artisanat.

La Ceiba

Vous trouverez une sélection de créations artisanales du Honduras et de l'Amérique centrale chez **Artesa**, de même qu'à **The Rain Forest** *(Calle La Julia, immédiatement en retrait de 9ª Calle, quatre rues à l'est du Parque Central, ☎443-2917)*. Ce dernier offre un service d'échange de livres et un choix intéressant de cigares honduriens. La **Virgie Gallery of Caribbean Art** *(1ª Calle, près de l'Avenida San Isidro, ☎440-0666)* expose des œuvres signées par le propriétaire des lieux, Virgie Castillo, ainsi que par d'autres artistes de la région *(pour de plus amples renseignements, composez le ☎441-2733)*.

Trujillo

La boutique de souvenirs de l'hôtel Emperador, à trois rues du Parque Central, propose un choix d'artisanat local, y compris des tambours garifunas.

Islas de la Bahía ★★★

Imaginez un instant un petit archipel des Caraïbes offrant de fabuleuses occasions de plongée, de belles plages sablonneuses, des palmiers ondulant au gré des vents, une luxuriante végétation de montagne, un vaste choix d'hôtels et de restaurants, et le tout, miracle d'entre les miracles, à des prix modérés!

C'est là une description qui convient parfaitement aux Islas de la Bahía, qui baignent dans l'atmosphère des Caraïbes et qui permettent des plongées parmi les plus spectaculaires du monde à des prix nettement inférieurs à ceux que vous réservent les autres destinations de ce coin du globe. Il va sans dire que vous pouvez toujours dépenser une fortune dans certains des complexes d'hébergement luxueux de Roatán ou de Guanaja, mais il n'en existe pas moins ici une foule d'établissements moins coûteux, sans compter que même les tarifs de certains des hôtels plus huppés se comparent avantageusement à leurs homologues des autres îles de la mer des Caraïbes. Retenez toutefois que les prix se révèlent ici quelque peu plus élevés que sur le continent.

Le tourisme s'est développé plus tôt sur les Islas de la Bahía que dans la majorité des autres régions du Honduras. Cela s'explique en grande partie par la présence d'une série de récifs de corail qui s'étendent jusqu'au Belize et qui forment la plus longue structure du genre au monde, mis à part la Grande Barrière d'Australie. Les sites de plongée à faire rêver ont commencé à attirer les visiteurs il y a de cela plusieurs décennies déjà, surtout à Roatán, et jusqu'à maintenant les Islas de la Bahía empochent plus de dollars des mains des touristes étrangers que tout le reste du pays réuni. Bref, le tourisme et la pêche constituent les deux principales industries locales.

En arrivant dans les Islas de la Bahía, vous aurez du mal à croire qu'elles font partie d'un pays à majorité hispanophone et *mestizo*. Bien que des milliers de natifs du continent se soient établis sur ces îles au cours des dernières années pour profiter de la manne toute relative dont bénéficie cette région, la plus grande partie de la population locale demeure noire et anglophone, puisqu'elle descend principalement d'esclaves s'étant évadés des îles Caïmans et d'autres régions des Antilles. Par ailleurs, puisque les écoles et les services administratifs ont adopté l'espagnol, presque tout le monde est bilingue ici. Sinon, les habitants des Islas de la Bahía ressemblent étrangement à plusieurs habitants du Belize, aussi bien par leur cuisine et leur culture musicale que par leur façon de parler l'anglais.

Les Islas de la Bahía se composent de trois îles principales et de nombreux îlots, tous regroupés à une distance de la côte variant entre 35 et 60 km. Roatán est de loin la plus grande et la plus variée de toutes. Longue et étroite, elle fait plus de 40 km sur à peine 2 à 4 km, et sa population est de près de 20 000 âmes. Elle offre en outre le plus vaste choix de lieux d'hébergement de toutes les Islas de la Bahía et certaines des plus belles plages. Le village de West End, situé, ainsi que son nom l'indique, près de l'extrémité occidentale de l'île, attire volontiers les voyageurs au budget restreint ou modéré, tandis que West Bay, adjacent, plus récemment développé, se révèle, dans l'ensemble, quelques coches au-dessus. Divers complexes hôteliers répartis en plusieurs points de l'île s'adressent en effet aux bien-nantis, quoique les établissements de catégorie intermédiaire ne se trouvent jamais bien loin. Coxen Hole est la principale ville de Roatán, et elle s'enorgueillit pour sa part de plusieurs hôtels de catégorie moyenne. La majorité des touristes préfèrent toutefois loger ailleurs et ne se rendre à la ville que pour changer des devises ou combler d'autres besoins d'ordre pratique.

Guanaja et Utila, deux îles moins peuplées que Roatán, sont pratiquement opposées en ce qui a trait au genre de visiteurs qu'elles attirent. Guanaja, longue d'environ 18 km sur 6 km en son point le plus large, se révèle verdoyante et montagneuse. Plusieurs complexes d'hébergement haut de gamme occupent les différentes parties de l'île et ne sont pour la plupart accessibles que par bateau. La fascinante petite ville de Bonacca repose sur son propre îlot et se voit traversée de canaux en tous sens, ses étroites rues n'étant accessibles qu'aux piétons.

Utila, longue d'environ 14 km et large de 5 km, se veut quant à elle un paradis pour les voyageurs moins fortunés. La plupart des visiteurs logent dans la seule et unique ville de l'île, à distance de marche d'à peu près tout. Bien qu'on puisse

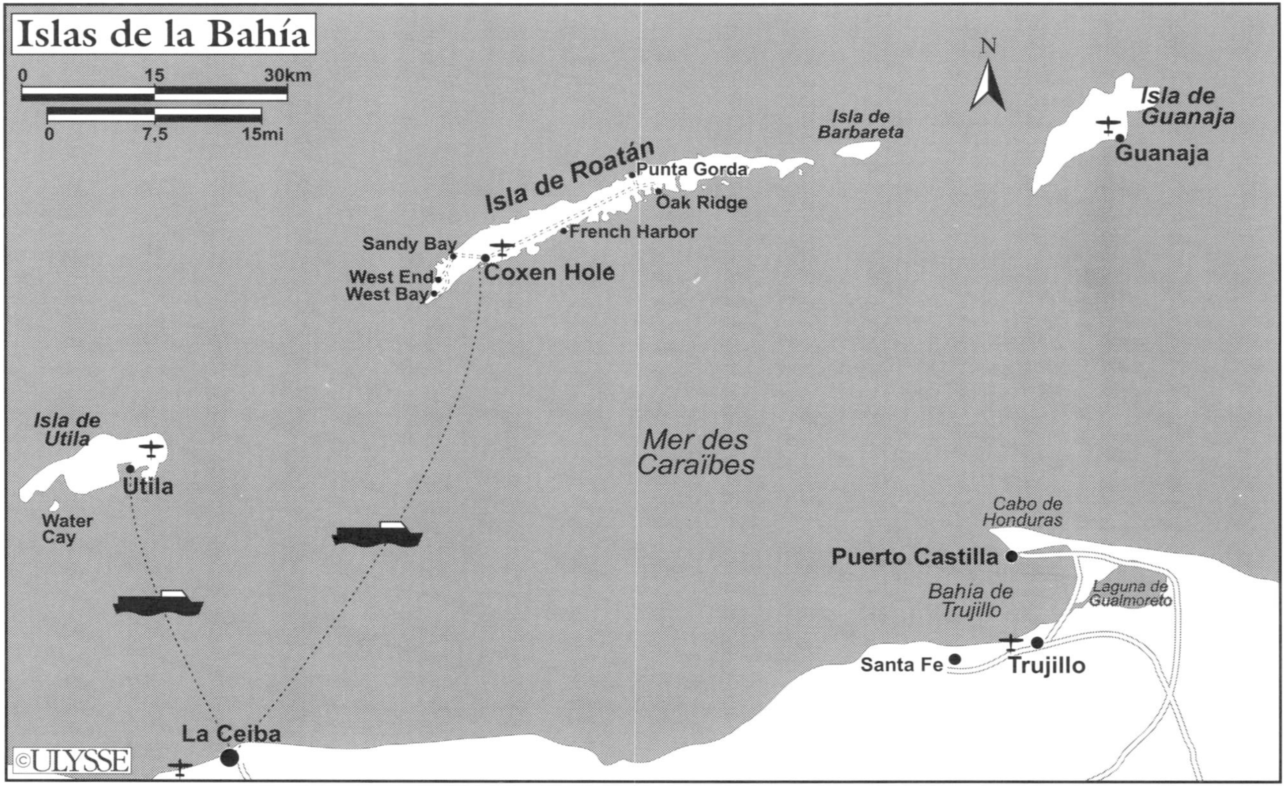
Islas de la Bahía
0
15
30km
0
7,5
15mi
N
Isla de Roatán
Punta Gorda
Oak Ridge
French Harbor
Sandy Bay
Coxen Hole
West End
West Bay
Isla de Barbareta
Isla de Guanaja
Guanaja
Isla de Utila
Utila
Water Cay
Mer des Caraïbes
Cabo de Honduras
Puerto Castilla
Laguna de Gualmoreto
Bahía de Trujillo
Santa Fe
Trujillo
La Ceiba
©ULYSSE

se demander comment il est possible de concilier petit budget et plongée sous-marine, nombreux sont ceux et celles qui semblent y parvenir. Naturellement, tous les visiteurs ne s'adonnent pas à la plongée, et cet endroit a un certain charme, à même de transformer le simple repos en pur plaisir. Il s'agit d'un de ces endroits où l'on projette habituellement de passer deux ou trois jours et où l'on finit par s'installer pour plusieurs semaines. Et les hôtels et restaurants ne desservent pas tous qu'une clientèle modeste, puisque plusieurs établissements plus chics ont désormais pignon sur rue. Dans le même ordre d'idées, il est tout à fait possible de visiter Guanaja sans y laisser sa chemise. Les visiteurs de ces deux îles devraient se munir d'une bonne provision d'insectifuge, car les puces de sable peuvent s'avérer très voraces, surtout à Utila et à l'époque de la mousson.

Nombre de visiteurs du Honduras passent tout leur temps dans les Islas de la Bahía. Bien qu'il puisse sembler dommage de négliger certains des autres attraits du pays, le cadre idyllique de certaines des îles explique qu'on ait du mal à s'en éloigner. Cela est particulièrement vrai pour les amateurs de plongée sous-marine, pour qui les Islas de la Bahía sont un véritable paradis. De plus, même si les plages ne sont pas aussi envoûtantes ici qu'en certains points du continent, nombre de ceux et celles qui s'y sont rendus ont prolongé leur séjour de façon considérable.

Pour s'y retrouver sans mal

En avion

Des vols fréquents relient quotidiennement **La Ceiba** à **Roatán**, beaucoup d'autres font la navette entre La Ceiba, **Guanaja** et bon nombre vers **Utila**, quoique le service se fasse plus sporadique le dimanche. Les prix sont étonnamment bas. **Isleña Airlines**, **Aerolíneas Sosa** et **Rollins Air** s'envolent vers Roatán et Guanaja, si ce n'est qu'au moment de mettre sous presse Sosa est la seule compagnie aérienne à desservir Utila. Presque tous les vols se font de jour, bien qu'on compte au moins un vol en début de soirée entre Roatán et La Ceiba. En période d'affluence, il arrive qu'on ajoute des vols supplémentaires pour accommoder le plus de passagers possible.

Aucun vol régulier ne circule entre les îles, de sorte qu'il est généralement nécessaire d'effectuer une correspondance à La Ceiba. Il en va de même à destination ou en provenance de San Pedro Sula et de Tegucigalpa, bien qu'à certains moments, surtout lorsqu'il s'agit de déplacer des groupes entiers, on ajoute des vols directs entre San Pedro Sula et Roatán ou entre San Pedro Sula et Guanaja.

Roatán n'accueille qu'un trafic international restreint; il s'agit entre autres de vols directs sur des avions à réaction en provenance, les fins de semaine, de Miami et de Houston sous les auspices du Grupo Taca. Cette même compagnie propose en outre des vols quotidiens à bord d'avions turbopropulsés entre Roatán et le Belize, d'où se font des correspondances avec Miami et Houston. Quelques vols nolisés atterrissent également à Roatán, un service étant notamment offert toute l'année au départ de

Milan, à raison d'une fois par semaine. Il n'y a aucun vol international vers Guanaja ou Utila.

Aéroports

Roatán

L'**aéroport de Roatán** se trouve à 1 km à l'est de **Coxen Hole**. Son aérogare flambant neuf a été inauguré en 1995, mais ses concepteurs espagnols avaient apparemment les fenêtres en horreur. Les voyageurs qui doivent se rendre en des points de l'île autres que Coxen Hole feront sans doute des économies en prenant un taxi jusqu'à la ville pour ensuite monter à bord d'un taxi collectif ou d'un minibus.

Guanaja

La piste d'atterrissage de Guanaja se trouve à la limite de l'eau sur l'île principale, à courte distance de bateau de **Bonacca** (2$). De petites embarcations accueillent tous les voyageurs à leur arrivée et quittent la ville quelque 20 min avant chaque départ. Il y a un comptoir de rafraîchissements en bordure de la piste d'atterrissage, mais aucune aérogare à proprement parler. Les complexes d'hébergement de grand luxe dépêchent généralement des bateaux sur place pour accueillir leurs clients dès qu'ils se posent au sol; si tel n'est pas le cas, vous devrez prendre un bateau-taxi pour atteindre votre hôtel, ce qui risque de vous coûter assez cher *(20$ et plus)*.

Utila

La piste d'atterrissage d'Utila s'étire en bordure de la ville à distance de marche de tout pour ceux qui ne sont pas trop chargés. Dans le cas contraire, une camionnette vient à la rencontre des vols et assure le service de taxi.

En traversier

Le service de traversier constitue une alternative intéressante au service aérien entre La Ceiba et les Islas de la Bahía. Le *Galaxy*, un navire moderne de 350 passagers pourvu d'un pont principal climatisé et d'un pont supérieur à ciel ouvert, effectue quotidiennement la traversée entre **La Ceiba** et **Roatán** *(10$; 1 heure 45 min)* de même qu'entre **La Ceiba** et **Utila** *(9$; 1 heure)*. Voici un aperçu des horaires (ces horaires sont sujets à changement; alors n'hésitez pas à vérifier ces informations sur place) :

*départ de Roatán : 7h
arrivée à La Ceiba : 8h45*

*départ de La Ceiba : 9h30
arrivée à Utila : 10h30*

*départ d'Utila : 11h
arrivée à La Ceiba : midi*

*départ de La Ceiba : 15h
arrivée à Roatán : 16h45*

Le *Galaxy* est exploité par la **Safeway Transportation Company** (☎445-1695 *à Roatán,* ☎425-3161 *à Utila, pas de téléphone à La Ceiba*). À Roatán, l'embarcadère du traversier se trouve dans la petite ville de Coxen Hole, près du Cay View Hotel. À Utila, vous le trouverez au quai municipal, à proximité de tout, de sorte qu'aussitôt débarqué vous vous verrez directement plongé dans l'action. À La Ceiba, cependant, l'embarcadère se trouve dans un endroit isolé à environ 10 km de route du centre-ville, qui n'est pratiquement accessible qu'en taxi *(3,50$/pers.)*.

Autrefois, trois bateaux assuraient la liaison entre La Ceiba et les Islas de la Bahía. Au moment de mettre sous presse, la compagnie songeait à remettre un de ces navires en service pour offrir une deuxième traversée quotidienne vers Roatán et rétablir le service à destination de Guanaja.

En voiture

Il n'y a aucune route à **Guanaja**, où les bateaux constituent le principal moyen de transport (exception faite des allées piétonnières de Gregory Town), et le réseau routier d'**Utila** est franchement négligeable, puisqu'à peine

Aborder le XXIᵉ siècle après avoir loupé le XXᵉ

Dans l'histoire des communications, il est communément admis que l'usage du téléphone s'est largement répandu bien avant l'avènement d'Internet. Dans certaines parties du Honduras, cependant, et plus particulièrement dans les Islas de la Bahía, cela n'est pas forcément le cas. Hondutel, la société d'État qui détient le monopole des services téléphoniques et s'impose comme une des institutions publiques les moins respectées dans un pays où l'on n'a de toute façon bien souvent que peu d'estime pour les institutions publiques, a mis beaucoup de temps à étendre le service à certaines régions. C'est notamment le cas de West Bay, une zone balnéaire en pleine expansion au sud-ouest de Roatán. Le plus grand complexe hôtelier du Honduras y a ouvert ses portes en 1999 sans le moindre lien téléphonique avec le reste du monde (hormis une liaison satellite fort coûteuse), et ce, parce que Hondutel hésitait à prolonger ses lignes terrestres de seulement 4 km, un investissement qui se serait pourtant avéré rentable en quelques semaines à peine grâce aux seuls revenus générés par les appels interurbains! Et ce n'est pas là le seul exemple du genre, si bien qu'il n'est pas rare de trouver ici des hôtels pourvus d'une adresse électronique et d'un site Web, mais sans téléphone; le personnel des hôtels en question se rend ainsi quotidiennement à un endroit doté du téléphone et d'un accès Internet pour recueillir les messages qui leur sont destinés et pour répondre à leurs correspondants. L'inefficacité des services téléphoniques (et le coût prohibitif des appels internationaux) ont d'ailleurs suscité pour Internet un engouement auquel on ne se serait pas attendu à retrouver dans un pays aussi peu économiquement développé que le Honduras. Après tout, il s'agit d'un endroit où vous risquez de redécouvrir les téléphones à cadran nombre d'années après avoir oublié qu'ils ont jamais existé!

quelques véhicules motorisés y circulent; on s'y déplace le plus souvent à bicyclette ou à pied. À **Roatán**, une bonne route revêtue parcourt l'île sur presque toute sa longueur en traversant toutes les localités importantes (ou à proximité), tandis que des chemins secondaires donnent accès aux autres points. Au départ de Coxen Hole et de l'aéroport voisin, la route file vers l'est en bordure de la rive méridionale de l'île jusqu'à Brick Bay et French Harbour, puis pique vers l'intérieur des terres, toujours vers l'est, un embranchement permettant d'atteindre Oak Ridge. Ce tronçon sinueux et légèrement montagneux laisse voir la mer des deux côtés. Vers l'ouest, au départ de Coxen Hole, la route principale enjambe l'île jusqu'à sa face nord, puis croise Sandy Bay et West End.

Des minibus et des taxis collectifs circulent plusieurs fois l'heure, et ce, jusqu'en début de soirée, entre Coxen Hole, Sandy Bay et West End, à l'ouest, et moins fréquemment entre Coxen Hole, French Harbour et Oak Ridge, à l'est. Il en coûte environ 1$ en minibus jusqu'à West End et environ 2$ jusqu'à Oak Ridge; comptez un peu plus pour les taxis collectifs.

Renseignements pratiques

Change

Les banques de **Coxen Hole**, **Bonacca** et **Utila** changent les dollars américains et les chèques de voyage en dollars américains au taux officiel, généralement plus avantageux que celui des hôtels. En temps normal, il vaut mieux s'y rendre le matin, certaines banques étant fermées l'après-midi. Quoi qu'il en soit, préparez-vous à une longue attente. Coxen Hole est le seul point de Roatán où vous trouverez des services bancaires.

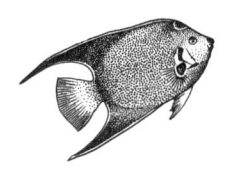

Réservations aériennes

Roatán

Grupo Taca
☎ *445-1387 ou 445-1918*

Isleña
☎ *445-1550*

Rollins
☎ *445-1967*

Guanaja

Isleña
☎ *453-4208*

Rollins
☎ *453-4202*

Sosa
☎ *453-4349*

Utila

Sosa
☎ *425-3368*

Isleña
☎ *425-3368*

Location d'une voiture

Vous trouverez des voitures de location sur **Roatán**, mais pas dans les autres îles.

Roatán

Avis
à l'aéroport
☎ *445-1568*

Sandy Bay Rent a Car
Sandy Bay
☎ *445-1710*
à l'aéroport
☎ *445-1741*

Toyota Rent a Car
à l'aéroport
☎ *445-1729*

Téléphone et Internet

Hondutel a des bureaux au Coxen Hotel (Roatán), à Bonacca (Guanaja) et à Utila d'où l'on peut effectuer des appels locaux et internationaux. Ailleurs, il se peut que vous deviez passer par la réception des hôtels (qui exigent souvent des frais élevés) pour téléphoner, à moins que des téléphones publics acceptant les cartes d'appel prépayées n'aient été mis en service lors de votre séjour.

Les cybercafés (la partie «café» n'ayant le plus souvent qu'une importance secondaire) se multipliaient comme des champignons vers la fin des années quatre-vingt-dix, tant à Roatán qu'à Utila, à tel point qu'on peut s'attendre à ce qu'une sélection naturelle s'opère parmi eux. Voici certains des établissements en activité lors de notre passage :

Coxen Hotel (Roatán)

Hotel Cay View

West End (Roatán)

Foster's Restaurant

Utila

**Internet Café
Howell's Internet and
e-mail Service**

Attraits touristiques

Les plaisirs des Islas de la Bahía gravitent surtout autour de leurs formations coralliennes et de leurs plages bordées de palmiers, mais elles n'en recèlent pas moins d'autres attraits.

Les Islas de la Bahía forment un archipel composé de trois grandes îles (Utila à l'ouest, Guanaja à l'est et Roatán entre les deux) et de plusieurs autres plus petites et pour la plupart inhabitées, la plus notable étant Cayo Cochinos. Chacune de ces îles possède son charme propre.

★★★ Roatán

Roatán, la plus grande des Islas de la Bahía, présente également la plus grande variété d'attraits. La ville de **Coxen Hole**, sur la côte méridionale de l'île en direction ouest, est l'endroit où la plupart des visiteurs découvrent un premier aperçu de Roatán. Il s'agit du principal centre de commerce, où l'on peut changer de l'argent, faire son épicerie, acheter ses billets de traversier ou d'avion, renouveler ses documents d'immigration et s'acquitter de diverses autres tâches pratiques. La Bay Islands Conservation Authority y a ses bureaux, à l'intérieur de l'édifice Cooper, et diffuse des cartes, des brochures, et des renseignements d'un intérêt particulier à l'intention des naturalistes. La ville elle-même ne présente que peu d'intérêt, bien qu'il vaille la peine de faire une balade dans la rue principale et autour du marché public, que deux rues séparent de celle-ci.

Plusieurs villages s'étendent à l'est, entre autres **French Harbour** et **Oak Ridge**, qui abritent la majeure partie de la flottille de pêche de Roatán, mais aussi des complexes balnéaires. Oak Ridge, qui s'imprègne d'une atmosphère toute caribéenne et possède un port où s'affairent de petits bateaux de pêche et de passagers, s'impose sans doute comme le plus pittoresque des villages de Roatán. Tout près, du côté nord de l'île, se trouve le village garifuna de **Punta Gorda**, qui a durement été frappé par l'ouragan Mitch en 1998; ses maisons et autres structures s'alignent en une étroite bande le long de la plage, suivant la tradition garifuna. À l'est de ce village, l'île demeure très peu peuplée.

C'est à l'ouest de Coxen Hole que la plupart des plus récents développements ont eu lieu. **Sandy Bay** accueille ainsi plusieurs complexes hôteliers haut de gamme, tandis que, plus à l'ouest, s'étendent les environs beaucoup plus décontractés de **West End**, avec son long littoral sablonneux et son vaste choix de lieux d'hébergement de catégories intermédiaire et petit budget. Au sud de West End, dans une partie de l'île rendue accessible par une route nouvellement construite qui serpente à l'intérieur des terres derrière les collines côtières, se trouve **West Bay**, avec sa plage particulièrement splendide et son animation touristique. De nouveaux hôtels s'y sont élevés, mais le nombre des visiteurs y avoisine plutôt les centaines que les milliers, ce qui risque de demeurer le cas pendant plusieurs années encore.

Même si son nom laisse croire le contraire, le **Tabayana Beach Resort** de West Bay n'est pas un hôtel, mais plutôt une plage flanquée d'une aire de pique-nique d'abord et avant tout destinée aux passagers des bateaux de croisière et aux hôtes de l'Anthony's Key Resort, qui en assure la gestion. Cette vaste étendue de plage et de forêt recèle un restau-

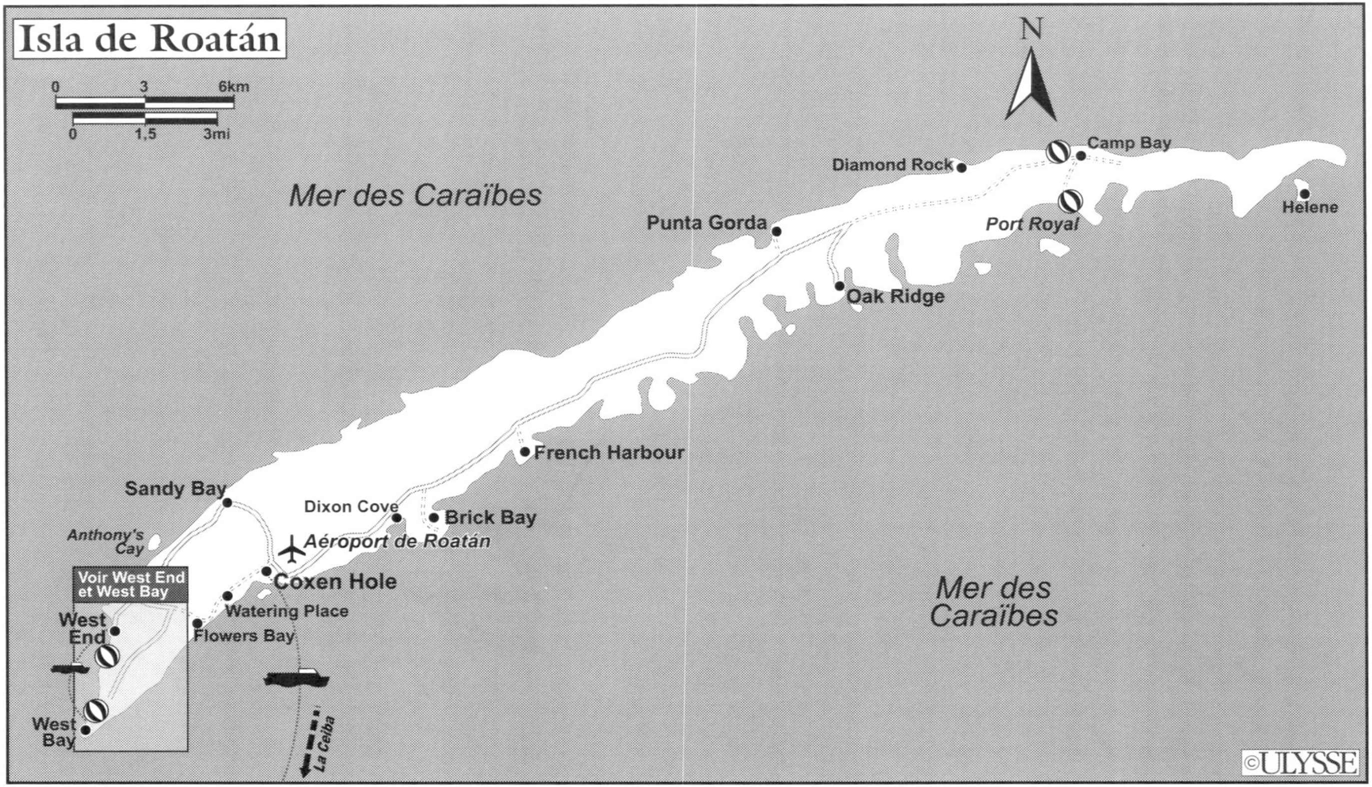
Isla de Roatán
0
3
6km
0
1,5
3mi
N
Mer des Caraïbes
Diamond Rock
Camp Bay
Punta Gorda
Port Royal
Helene
Oak Ridge
French Harbour
Sandy Bay
Dixon Cove
Brick Bay
Anthony's Cay
Aéroport de Roatán
Coxen Hole
Voir West End et West Bay
Watering Place
Flowers Bay
West End
West Bay
La Ceiba
Mer des Caraïbes
©ULYSSE

rant, plusieurs boutiques, un centre de plongée et plusieurs constructions rustiques, même s'il arrive souvent qu'on n'y trouve personne d'autre que le personnel des lieux.

Le **Jardin botanique Carambola** *(entrée libre; frais minimes pour les services d'un guide; tlj 7h à 17h; Sandy Bay, près de l'Anthony's Key Resort, ☎445-1117)* abrite une grande variété d'arbres et de plantes exotiques. Des trottoirs conduisent les visiteurs à travers des massifs de plantes en fleurs, d'orchidées, de fougères, d'épices, d'arbres fruitiers et de feuillus, parmi lesquels l'acajou du Honduras. Une randonnée facile d'une vingtaine de minutes permet d'atteindre le sommet du mont Carambola; chemin faisant, vous croiserez des zones de reproduction d'iguanes et de perroquets, et jouirez de belles vues une fois parvenu au sommet (entre autres, une perspective intéressante sur les formations corallines).

Le **Roatán Museum and Institute for Marine Sciences** *(4$; jeu-mar 8h30 à 17h; Anthony's Key Resort, Sandy Bay)*, un petit musée climatisé présentant quelques pièces préhispaniques

Oiseaux du paradis

de même que des objets fabriqués et des dioramas sur la période coloniale. Mais la majorité des visiteurs vient surtout assister aux spectacles de dauphins *(tlj 10h et 16h sauf mer, représentation supplémentaire à 13h sam-dim)*. Vous pourrez même vous baigner avec les dauphins à certaines heures *(75$/pers.)* ou plonger en leur compagnie *(100$/pers.)*.

★★★
Guanaja

Les principaux attraits de la région sont les récifs et les plages qui entourent l'île principale et la petite ville de **Bonacca**, surnommée (peut-être à outrance) la «Venise des Caraïbes». Il est vrai qu'elle repose sur une petite île séparée des autres et qu'elle est sillonnée de canaux, mais la ressemblance s'arrête là. Bonacca se révèle en effet on ne peut plus antillaise avec ses habitations à clins de bois et son atmosphère franchement maritime. L'absence de véhicules à moteur et son labyrinthe de rues étroites et de passerelles de bois n'en font pas moins un pur délice. Il n'y a rien de particulièrement intéressant à visiter ici, mais le charme et l'ambiance des lieux com-

pensent largement cette lacune.

Guanaja a lourdement fait les frais de l'ouragan Mitch en 1998, lorsque son littoral s'est vu balayé par des vents violents et des vagues atteignant 20 m de hauteur. Des centaines de maisons et divers autres bâtiments ont ainsi été détruits; les quelques hôtels de l'île n'ont pas non plus été épargnés, et, s'il est vrai que la plupart s'en sont remis en quelques mois, il en est un ou deux qui risquent de ne jamais rouvrir. L'ouragan a par ailleurs emporté une bonne partie de la végétation de l'île, en abattant notamment des milliers d'arbres; dès lors, même si Guanaja peut sembler très luxuriante et tropicale aux yeux des visiteurs qui s'y rendent pour la première fois, il faudra sans doute de nombreuses années avant que le couvert végétal ne redevienne ce qu'il était.

★★
Utila

Cette île, la plus petite des trois principales îles de l'archipel, est aussi la plus plane et la moins panoramique, mais ses bas prix et son atmosphère détendue attirent nombre de visiteurs en quête d'un séjour prolongé. Presque tout le monde loge dans la seule localité de l'île, dont la longue rue

West End et West Bay

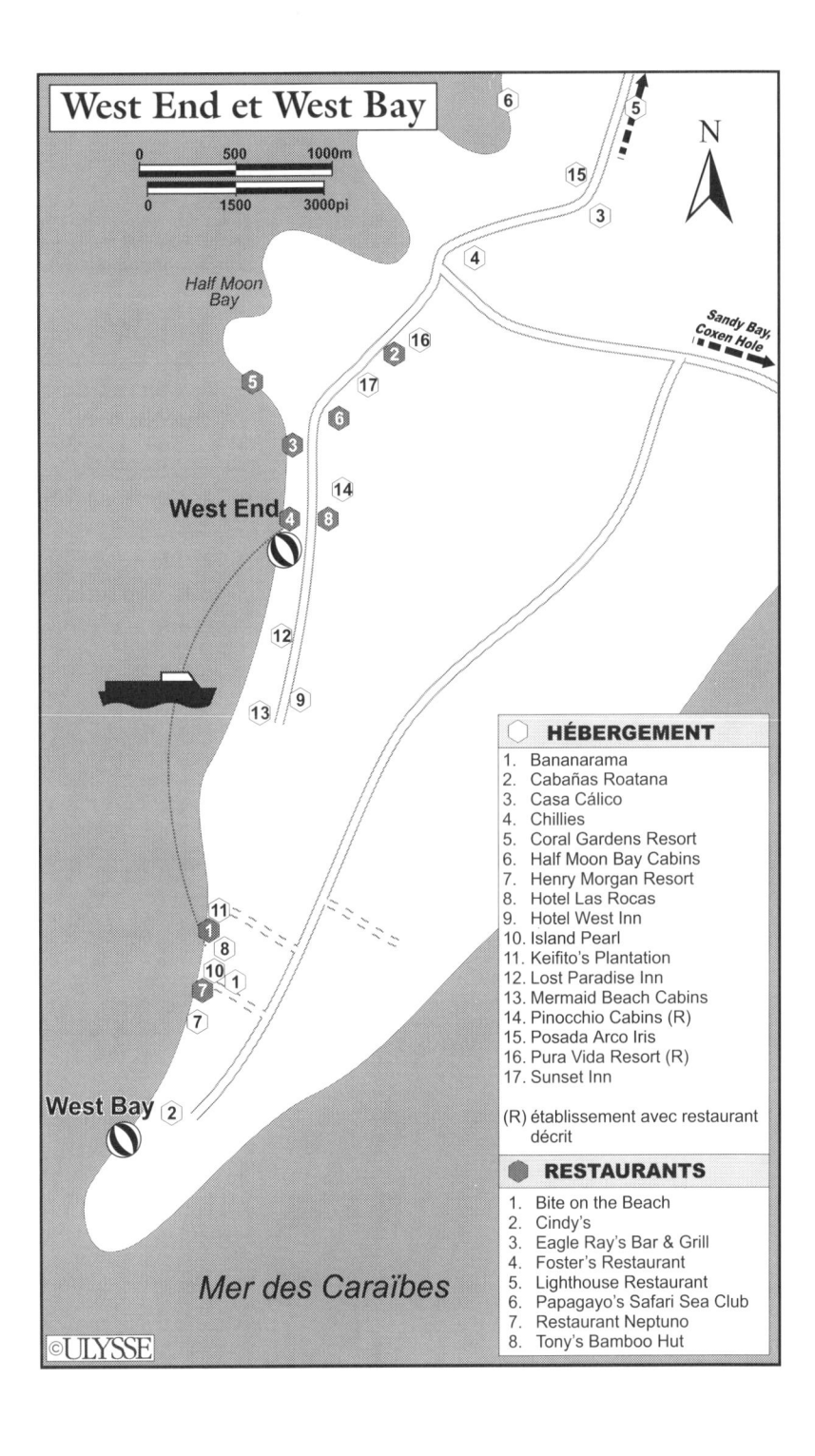

HÉBERGEMENT

1. Bananarama
2. Cabañas Roatana
3. Casa Cálico
4. Chillies
5. Coral Gardens Resort
6. Half Moon Bay Cabins
7. Henry Morgan Resort
8. Hotel Las Rocas
9. Hotel West Inn
10. Island Pearl
11. Keifito's Plantation
12. Lost Paradise Inn
13. Mermaid Beach Cabins
14. Pinocchio Cabins (R)
15. Posada Arco Iris
16. Pura Vida Resort (R)
17. Sunset Inn

(R) établissement avec restaurant décrit

RESTAURANTS

1. Bite on the Beach
2. Cindy's
3. Eagle Ray's Bar & Grill
4. Foster's Restaurant
5. Lighthouse Restaurant
6. Papagayo's Safari Sea Club
7. Restaurant Neptuno
8. Tony's Bamboo Hut

Half Moon Bay

Sandy Bay, Coxen Hole

West End

West Bay

Mer des Caraïbes

©ULYSSE

principale, d'ailleurs animée, est presque entièrement libre de véhicules à moteur. Comme partout ailleurs dans les Islas de la Bahía, la plongée sous-marine, la plongée-tuba et la baignade comptent parmi les principaux attraits des lieux. Munissez-vous toutefois d'une bonne provision d'insectifuge, car les phlébotomes sont voraces.

Parcs et plages

Roatán

La **West Bay Beach**, une longue et large plage de sable blanc située non loin au-delà de West End, est ombragée par des palmiers et est à juste titre l'une des plus populaires des îles. Vous pouvez vous y rendre à pied par un sentier longeant le rivage, mais le trajet se fait mieux en bateau. Des embarcations partent du quai du restaurant Foster entre 9h et 21h, généralement une fois l'heure *(1,50$; trajet de 10 min)*. West Bay peut aussi être atteinte par une route qui passe à l'intérieur des terres, derrière les collines côtières.

Dans la partie est de l'île, vous trouverez une belle plage à **Half Point Bay**, près d'Oak Ridge. Plus à l'est s'étend **Port Royal**, qui possède les restes d'une forteresse et une magnifique plage pratiquement déserte où certains font du nudisme.

Guanaja

Michael Rock et **Diana Beach** sont les noms donnés à deux des somptueuses plages isolées au nord de l'île. Quant à sa face orientale, elle s'enorgueillit de 5 km de plages pour ainsi dire ininterrompue. Vous découvrirez de plus petites plages à proximité de chacun des complexes hôteliers.

Utila

L'une des plus belles plages d'Utila ne se trouve pas sur l'île principale, mais sur un îlot du nom de **Water Cay**, tout juste au sud-ouest de celle-ci. De la ville, vous pouvez vous rendre à Water Cay en doris *(environ 5$/pers. lorsqu'on a rassemblé un nombre suffisant de passagers; trajet d'une trentaine de minutes)*. La plage se révèle presque déserte, le camping est autorisé et il y a de beaux sites de plongée-tuba tout près.

Vous pouvez atteindre la **Pumpkin Hill Bay**, du côté nord d'Utila même, en une demi-heure de marche environ. La plage est sablonneuse, et l'on semble tolérer le nudisme. Non loin de là, vous trouverez des cavernes qu'on dit avoir jadis été utilisés par des pirates.

Activités de plein air

Plongée sous-marine et la plongée-tuba

Aux Islas de la Bahía, qui dit «activités de plein air» dit «plongée». L'archipel repose en effet au cœur d'une des grandes formations coralliennes du monde. Nombre de plongeurs reviennent ici année après année pour explorer certains des plus beaux sites qui soient. Mais outre les plongeurs d'expérience, les Islas de la Bahía attirent aussi une foule d'amateurs, si bien que des cours sont proposés en plusieurs endroits. Ceux et celles qui ne possèdent pas une grande expérience de ce sport devraient au préalable se familiariser avec les ô combien importantes règles de sécurité qui lui sont associées. Un simple moment d'insouciance pouvant être fatal.

Isla de Utila

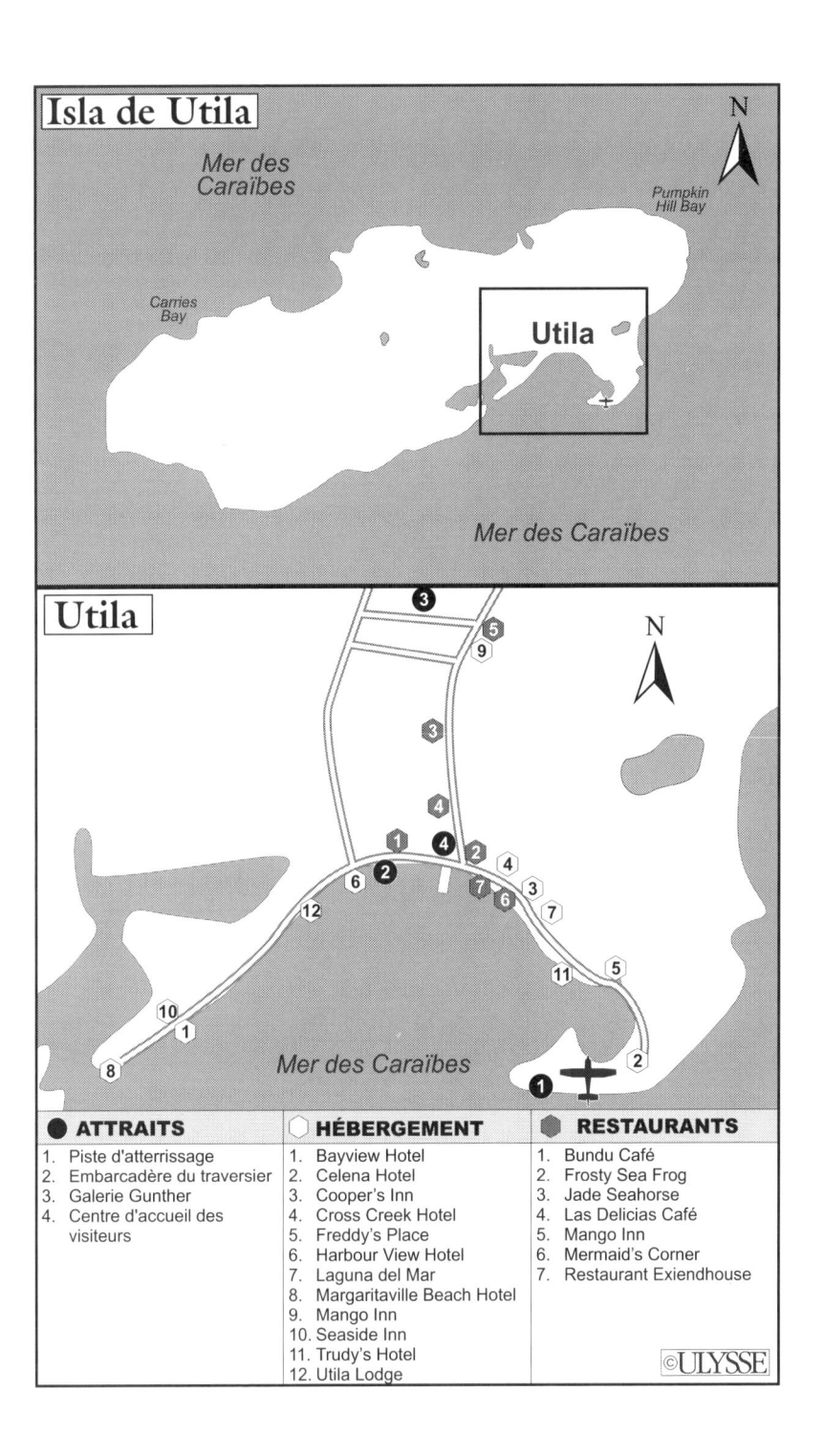

Mer des Caraïbes

Pumpkin Hill Bay

Carries Bay

Utila

Mer des Caraïbes

Utila

Mer des Caraïbes

● ATTRAITS	○ HÉBERGEMENT	● RESTAURANTS
1. Piste d'atterrissage	1. Bayview Hotel	1. Bundu Café
2. Embarcadère du traversier	2. Celena Hotel	2. Frosty Sea Frog
3. Galerie Gunther	3. Cooper's Inn	3. Jade Seahorse
4. Centre d'accueil des visiteurs	4. Cross Creek Hotel	4. Las Delicias Café
	5. Freddy's Place	5. Mango Inn
	6. Harbour View Hotel	6. Mermaid's Corner
	7. Laguna del Mar	7. Restaurant Exiendhouse
	8. Margaritaville Beach Hotel	
	9. Mango Inn	
	10. Seaside Inn	
	11. Trudy's Hotel	
	12. Utila Lodge	

©ULYSSE

Location d'équipement, cours, bateaux et guides sont disponibles dans les nombreux centres de plongée et les différents complexes d'hébergement dont les îles sont émaillées. Au moment de mettre sous presse, le tarif en vigueur pour quatre jours de formation donnant droit à l'accréditation était de 160$, ce qui est un très bon prix lorsqu'on le compare à ceux pratiqués dans d'autres parties du monde. Soyez avisé que l'industrie de la plongée n'est guère réglementée au Honduras. N'ayez donc pas peur de poser des questions précises avant de vous inscrire à un cours ou de partir en mer. Les cours se donnent généralement en anglais ou en espagnol, mais aussi, à l'occasion, en français et en allemand.

La plus grande concentration de boutiques de plongée se trouve à West End (Roatán) et sur Utila. La majorité d'entre elles desservent la clientèle des hôtels moins coûteux qui ne proposent pas de forfaits-plongée. Quant aux complexes d'hébergement plus luxueux, ils possèdent pour la plupart leur propre centre de plongée. Tous les propriétaires, guides et instructeurs, ont leurs sites favoris, mais à ceux et celles qui désirent des renseignements plus détaillés sur les différents sites de plongée des îles, nous recommandons le guide *Diving and Snorkelling Roatán and Honduras Bay Islands* de Sharon Collins, publié par Pisces Books à Houston (Texas) et vendu 15$ à la Librería Casi Todo de West End, entre autres.

Corail

Là où les récifs effleurent la surface de l'eau, la plongée-tuba devient presque aussi populaire que la plongée sous-marine. Quiconque sait nager peut s'adonner à cette activité, le seul équipement requis se résumant à une paire de palmes, à un tuba et à un masque bien ajusté que vous pouvez louer dans presque toutes les boutiques spécialisées pour à peine quelques dollars par jour. Il vous suffit ensuite de nager un peu vers le large, de vous maintenir à la surface de l'eau, de respirer par le tuba et d'admirer les merveilles qui s'étalent sous vos yeux. Quant à la plongée sous-marine, elle demande beaucoup plus d'efforts et fait appel à des bonbonnes d'air sous pression. Il s'agit en outre d'un sport plus coûteux, même dangereux si vous ne savez pas ce que vous faites.

Roatán

Une bonne variété de sites de plongée autour de Roatán s'avère ponctuée de parois verticales, de dérives, de grottes, de canyons et de formations aussi bien profondes que peu profondes. Il y a aussi des épaves près de **French Harbour**. La majorité des sites ne se trouve qu'à courte distance du rivage en bateau.

Certains des plus beaux sites sont situés tout près d'**Oak Ridge**, dans la partie est de l'île. L'un des plus spectaculaires, la **Calvin's Crack**, présente une ouverture dans le récif où foisonnent les homards, les crabes géants, les poissons-globes, les requins, les lamproies tachetées et les murènes vertes.

Près de **West End**, un site connu sous le nom de **La Punta** présente une longue plate-forme balayée par des courants assez forts pour vous laisser dériver. Le corail est en bon état, et l'on peut y admirer toutes sortes de poissons. Le **West End Wall** varie d'une profondeur de 15 m à une profondeur de 45 m et permet d'observer différentes espèces de requins (on dit qu'ils ont amplement de nourriture et qu'ils ne s'intéressent pas aux plongeurs). Quant à **Pablo's Place**, il recèle de magnifiques parois coralliennes et une abondance d'éponges cylindriques à moins de 25 m de profondeur.

Guanaja

L'île est entourée de coraux, et vous n'y serez jamais bien loin d'un bon site de plongée. Deux des plus intéressants se nomment **Yellow Trader** et **Black Rock**, mais les maîtres-plongeurs des complexes hôteliers ont beaucoup d'autres suggestions en réserve pour vous.

Utila

Les sites de plongée du sud de l'île sont moins profonds, plus faciles d'accès et plus courus que ceux du nord. L'un des plus populaires est le **Labyrinth**, où vous découvrirez des plateaux coralliens, des grottes et de magnifiques spécimens de la faune marine. Les formations du nord de l'île sont à une plus grande profondeur et attirent surtout les plongeurs chevronnés. Explorez-y de grands jardins coralliens, de nombreuses petites grottes et des montagnes marines envahies par les poissons à 2 km de la côte. Au départ de la ville, les bateaux mettent de 20 à 40 min pour atteindre ces sites.

De bonnes occasions de plongée-tuba s'offrent à vous au-dessus des récifs qui s'étendent à proximité de la piste d'atterrissage, de même qu'à Water Cay (voir p 188).

Hébergement

Roatán

Dans l'île de Roatán, vous trouverez un large éventail de lieux d'hébergement. Pour les besoins de la cause, ils peuvent se diviser en deux catégories : ceux qui accueillent principalement des plongeurs et ceux qui s'adressent à une clientèle plus variée. Ces catégories ne sont toutefois pas immuables, puisque certains visiteurs logent dans des établissements réguliers et organisent leurs excursions de plongée par l'intermédiaire de centres indépendants, tandis que d'autres ne pratiquant pas ce sport choisissent de séjourner dans des hôtels axés sur la plongée sans acheter les forfaits proposés. D'une manière générale, les hôtels de plongeurs visent une clientèle fortunée et se révèlent souvent plus luxueux, plus confortables et plus coûteux que les autres; plusieurs sont toutefois beaucoup plus modestes et se font un point d'honneur de proposer des forfaits-plongée accessibles aux voyageurs disposant d'un budget plus restreint. Enfin, aucun complexe d'hébergement, quel que soit le nombre de plongeurs qui y logent, ne refusera des clients n'ayant aucun intérêt pour l'exploration des fonds marins.

Le meilleur choix d'établissements de catégories petit budget et moyenne se trouve à West End et à Coxen Hole. Quant aux hôtels de catégories moyenne-élevée et supérieure, ils sont éparpillés un peu partout sur l'île.

Coxen Hole

Hotel Allen
8$
bc, ⊗, tv
Barrio El Ticket, près des limites de la ville
☎*445-1247*
Cet hôtel rustique et ombragé compte 11 petites chambres rudimentaires pourvues d'un lit pour deux personnes.

Hotelito Ronnie
10$
bc/bp, ⊗
Barrio El Ticket, près des limites de la ville
Les 10 chambres de cet établissement sont minuscules, mais, somme

toute, agréables dans leur simplicité.

Hotel El Paso
12$
bc, ⊗, ℜ, bar
centre-ville
☎ *445-1059*
Les six chambres de l'Hotel Le Paso se révèlent propres, mais ordinaires et quelque peu sombres.

Hotel Cay View
30$
≡, tv, ℜ, bar
centre-ville
☎ *445-1202*
Cet établissement est pourvu de chambres claires, aérées et sans prétention; le mobilier est neuf et le service se veut cordial.

Hotel Bella Vista
30$
⊗, ℜ, bar
Watering Place, en retrait du centre-ville
☎ *445-1036*
Cet hôtel d'atmosphère chaleureuse propose 10 chambres claires et aérées avec planchers de bois, sur deux étages, à l'intérieur d'une construction en L. Une petite plage s'étend juste devant la façade.

Sandy Bay

Oceanside Inn
58-70
⊗, ℜ, bar
à côté de l'Anthony's Key Resort
☎ *445-1552*
≈ *445-1532*
oceanside@globalnet.bn
Cet hôtel on ne peut plus accueillant compte parmi les plus agréables de l'île et présente d'ailleurs un des meilleurs rapports qualité/prix. Ses huit chambres revêtent un caractère rustique, la plus grande partie du mobilier étant en bois, rehaussé d'agencements de couleurs intéressants. Presque toutes ont vue sur la mer, mais il y a en plus une grande terrasse à l'étage supérieur. La plongée-tuba se révèle excellente tout près d'ici, et vous avez également la possibilité de faire de la plongée sous-marine. L'hôtel se trouve à distance de marche du jardin botanique et de la réserve ornithologique. Le bassin des dauphins est visible de la terrasse supérieure.

Ships Inn
60$
⊗, ℜ, bar
☎ *445-1661*
Les cinq chambres du Ships Inn, aménagées dans des constructions en bois, se révèlent agréables et éclairées. Les environs immédiats de cet établissement sont attrayants, sablonneux et ombragés de palmiers. Un mauvais chemin y conduit depuis la route principale. La plage qui s'étire devant l'hôtel permet la baignade et la plongée-tuba. Un centre de plongée sous-marine se trouve aussi sur les lieux.

Bay Islands Beach Resort
141$ chambre seulement
235$ repas compris pour deux personnes
294$ repas et forfait-plongée compris pour deux personnes
≡, ⊗, ℜ, bar
☎ *445-1425*
≈ *445-1855*
Les 12 chambres de cet établissement sont spacieuses, claires et joyeusement décorées. L'hôtel fait face à une belle plage bordée de palmiers où vous aurez plaisir à vous baigner et à y pratiquer la plongée-tuba puisqu'un récif se trouve à quelques brasses de la plage. Outre une grande salle à manger intérieure, son restaurant dispose d'une terrasse extérieure. Des prix réduits sont consentis pour les forfaits d'une semaine, et vous trouverez sur place un centre de plongée de même qu'une boutique de souvenirs.

The Inn of Last Resort
230$ pour deux en pc
270$ en pc avec forfait plongée
forfaits de plusieurs jours offerts à moindre prix
ℜ, ≡, ☎
entre West End et Sandy Bay
☎ *445-1838*
≈ *445-1848*
www.coral.net/innlast.html
Cet établissement somptueux est perché au-dessus d'une anse connue sous le nom de Gibson Bight qui se trouve notamment protégée contre les ouragans et déborde dans une lagune propice à la baignade et à la plongée-tuba. Il est

La reconstitution du temple 16, érigé à la gloire du Dieu-Soleil maya, fait partie du riche patrimoine archéologique du Honduras. - *Claude Hervé-Bazin*

Cette adorable plage bordée de palmiers se trouve près de West End, sur Roatán, la plus grande île du pays.
- *Claude Hervé-Bazin*

Les sites de plongée des environs de Roatán recèlent une abondance de grottes sous-marines et de récifs où l'on ne peut que faire d'intéressantes découvertes.
- *John Haught*

tenu par des Américains dont les installations et services comprennent deux bateaux de plongée, un bateau de pêche, une bibliothèque, une boutique de souvenirs et une grande terrasse en bois sur la lagune où se trouve par ailleurs une fosse à barbecue. Les 30 chambres spacieuses et confortables présentent un décor rustique et sont réparties dans trois bâtiments plantés sur une vaste propriété. On accède à l'hôtel par un chemin de terre de 1,5 km.

Anthony's Key Resort
313$- 360$ pc et excursion de plongée compris pour deux personnes
⊗, ℜ, *bar*
☎445-1003
≠445-1140
www.aventuras.-com/anthonys-key

À plusieurs égards, et non les moindres, il s'agit là du complexe d'hébergement à la fois le plus luxueux et le plus respectueux de la nature de tout le Honduras. Quinze de ses 56 chambres se trouvent sur la terre ferme, les 41 autres ayant été aménagées dans un îlot voisin desservi par bateau jour et nuit. L'îlot conserve en grande partie sa pureté d'origine; il se couvre d'une forêt tropicale et de grandes cabanes rustiques largement espacées et reliées entre elles par des passerelles de bois. Chacune de ces constructions bénéficie de fraîches brises marines, de terrasses intérieure et extérieure, d'un décor discret rehaussé de meubles en bois et témoignant d'un goût assuré, et d'une grande salle de bain luxueuse. Les chambres situées sur la terre ferme, dans un cadre de verdure luxuriante, se révèlent un peu moins chères. Tous les repas sont de style buffet et, parmi les installations et services mis à la disposition des clients, il faut mentionner le sentier de randonnée du Bailey's Cay, les visites de musées, les spectacles de dauphins, l'équitation et l'usage, entre autres, des kayaks, des canots, des pédalos et des dériveurs de l'hôtel. Vous trouverez enfin un centre de plongée sur les lieux (forfaits d'une semaine disponibles) et de beaux sites à proximité, aussi bien pour la plongée sous-marine que pour la plongée-tuba.

West End

Vous trouverez à West End un assortiment variable de lieux d'hébergement petit budget, pour la plupart établis près de la route principale qui longe la plage; leurs tarifs oscillent généralement entre 5$ et 15$. Nous hésitons à vous fournir des adresses spécifiques du fait que ces établissements vont et viennent au gré des saisons, bien que certains d'entre eux aient pignon sur rue depuis quelques années déjà. Il s'agit souvent de regroupements de petites cabanes peu inspirantes signalées par un simple panneau grossier peint à la main sur lequel on peut lire *«Alquilar de habitación»* ou quelque chose du genre. Vous n'aurez aucun mal à repérer certains de ces panneaux en marchant sur la route, mais vous pourriez par contre avoir plus de mal à trouver quelqu'un sur place pour s'occuper de vous une fois sur les lieux.

Chillies
15$; bc
⊗
Half Moon Bay
☎445-1214
online@globalnet.hn

Chillies propose sept chambres simples dans un joli bâtiment en bois de deux étages entouré de larges vérandas. Il y a aussi des places en dortoir offertes à 7,50$ par personne. Bon rapport qualité/prix.

Sunset Inn
20$ bc ⊗, 50$ bp ≡
au nord du quai du Foster's Restaurant
☎445-1925

Cet endroit chaleureux offre une variété de formules d'hébergement dont les prix varient considérablement selon les services désirés. Le bâtiment, en forme de fer à cheval, s'imprègne d'une atmosphère tropicale, mais la zone qui s'étend devant sa façade se révèle plutôt négligée. Quelques chambres sont rehaussées de tissus guatémaltèques aux couleurs vives.

Hotel West Inn
25-35
⊗
près de l'extrémité sud de la route
☎445-1615
Ayant ouvert ses portes en 1999, l'Hotel West Inn loue 18 chambres dans un bâtiment moderne de deux étages en L, peint en rose et découpé de bois. La décoration ne présente aucun attrait particulier, mais le service s'avère cordial.

Pinocchio Cabins
30-35
ℜ, bar, ⊗
en haut du sentier qui part de la boutique de plongée Sueño del Mar
pas de téléphone
pinocchio69@bigfoot.com,
www.roatanet.-
com/pinocchio
Ce petit établissement offre quatre cabanes rustiques en bois et à haut plafond, rehaussées de tissus guatémaltèques et ombragées par des arbres. Des rabais sont consentis pour les séjours de plus longue durée.

Casa Cálico
25-50
⊗, ≡, ℂ
au nord du carrefour
pas de téléphone
www.roatanet.-
com/casacalico
La Casa Cálico est constitué d'un joli bâtiment en bois de deux étages renfermant trois appartements spacieux aux planchers de bois dur où se trouvent une cuisine complète et

deux plus petites pièces. Cet établissement tenu par des Américains fait face à une baie derrière et met des kayaks à la disposition de ses hôtes.

Pura Vida Resort
30-40 ⊗, *50-60* ≡
ℜ, bar
au nord du quai du Foster's Restaurant
☎445-1141
www.puravidaresort.com
La Pura Vida Resort possède 12 chambres à la fois modestes et élégantes à proximité de tout.

Posada Arco Iris
23-69
⊗/≡, ℂ
au nord du carrefour
☎445-1264
roberto@hondutel.hn
À la Posada Arco Iris, on loue 12 grandes chambres et appartements invitants dans deux bâtiments en béton et en bois construits dans une aire boisée. Les tarifs varient selon les services désirés.

Mermaid Beach Cabins
41$* ⊗ *58$ ≡
à l'extrémité sud de la route
☎445-1335
Les Mermaid Beach Cabins regroupent 10 chambres dans trois bâtiments en bois rustiques plantés dans un secteur boisé tout près de la plage. La décoration s'en révèle simple et plaisante, et vous trouverez un centre de plongée sur place.

Coral Gardens Resort
52$* ⊗ *81$ ≡
ℜ
1 km au nord de West Bay
☎445-1428
www.coralgardensresort.com
Le Coral Gardens Resort, soit l'ancien Seagrape Plantation Resort, est un endroit accueillant où vous attendent 20 chambres fraîchement rénovées, modestes mais tout de même agréablement meublées, dans des cabanes en bois réparties autour d'une vaste propriété. Toutes font face à la mer. Vous trouverez sur place un centre de plongée, avec possibilité de plonger depuis le rivage.

Lost Paradise Inn
58$* ⊗ *79$ ≡
au sud du quai du Foster's Restaurant
☎445-1306
www.lost-paradise.com
Ce charmant établissement compte 18 cabanes en bois hexagonales fort attrayantes avec leurs hauts toits pointus, la plupart d'entre elles étant situées en bordure de la plage et certaines d'entre elles faisant directement face à la mer.

Half Moon Bay Cabins
64$* ⊗ *86$ ≡
ℜ, bar
☎445-1075
⇌445-1053
Les Half Moon Bay Cabins compte 14 chambres rustiques au décor dominé par le bois et rehaussé de touches colorées; situées à proximité de la mer, elles n'ont pas

Hébergement

toutes vue sur l'eau. Le restaurant se révèle agréable.

West Bay

Keifito's Plantation Resort
29-52
pas de téléphone; messages :
☎*445-1252*
www.keifitos.com
Ici, on propose neuf chambres ordinaires mais confortables dans une série de bâtiments dispersés sur une vaste propriété ombragée par des manguiers, des amandiers et des palmiers en surplomb sur la plage de West Bay. On y accède en bateau ou par une mauvaise route franchissant une colline abrupte. Les tarifs varient au gré des saisons. Quelques chambres disposent d'une cuisine, et un restaurant accueille les hôtes en haute saison. Il est possible de louer des chevaux sur place.

Bananarama
52-64 pdj (20% de moins en basse saison)
⊗
pas de téléphone; messages :
☎*455-5799, poste 513*
⇌*445-1271*
bananarama@globalnet.hn
Le Bananarama se targue d'être un *bed and breakfast* doublé d'un centre de plongée. Ses quatre charmantes cabanes rustiques en bois présentent des dimensions variables et reposent à 50 m de la plage parmi des jardins évoquant l'Allemagne natale des propriétaires.

Hotel Las Rocas
81$ pdj ⊗ *93$ pdj* ≡
☎*445-1841*
info@lasrocasresort.com
Cet hôtel loue six chambres dans des *cabañas* rustiques en bois, disposées à proximité les unes des autres sur une propriété paysagée aux abords de la plage. La décoration ne présente aucun attrait particulier.

Cabañas Roatana
70-111 ⊗
77-121 ≡ *(deux nuitées au moins)*
ℜ, *four à micro-ondes*
☎*888-626-9531*
⇌*445-1271*
beatman@globalnet.hn
Proposant un lieu accueillant installé directement sur la plage, ce lieu d'hébergement dispose de huit chambres dont la taille et décoration varient.

Island Pearl
116$
≡
www.roatanpearl.com
L'Island Pearl est un établissement de plage tenu par des Français où vous attendent quatre maisons en bois de deux étages et de deux chambres à coucher rehaussées de touches décoratives mexicaines et pourvues de balcons tendus de hamacs offrant une vue sur la mer. Les salles de bain se révèlent joliment carrelées. Au moment de mettre sous presse, on projetait de construire un restaurant et un bar.

Henry Morgan Resort
174$/pers. pc, boissons et activités sportives sauf la plongée
≈, ℜ, *bar, tv,* ≡, ☎
téléphone en attente; réservations de l'Italie :
☎*39-02-290461*
Ce complexe hôtelier s'impose comme le plus grand et l'un des plus luxueux du Honduras. Ses 128 chambres, qui peuvent accueillir 300 personnes, sont réparties dans 16 bâtiments en bois presque en tous points identiques; peintes dans les tons pastel et sont agréablement meublées. Cet hôtel, qui donne directement sur la splendide plage de West Bay, se veut digne des plus grandes stations balnéaires des Caraïbes, si ce n'est que la plupart de ses clients (et des repas qu'on y sert) sont italiens. Il est géré par un voyagiste de Milan, I Grandi Viaggi, qui parvient souvent à louer toutes ses chambres à des groupes organisés.

Brick Bay

Brick Bay Resort
52$
≈, ℜ, *bar, tv,* ⊗
☎*445-1337 ou 445-1127*
⇌*445-1594*
Le Brick Bay Resort, qui portait jadis le nom de Romeo's Resort, dispose de 25 chambres à haut plafond et pourvues de balcons face à une anse paisible bien en retrait de la route. Nombre de chambres sont fraîchement rénovées, et dotées de sols carrelés

Islas de la Bahía

de
n. Il n'y
à
on
...faits de
plongée.

French Harbour

Hotel Joee
8$ bc, 13$ bp
en face du port
Les 10 chambres de cet hébergement sont plutôt rudimentaires, quoique certaines aient vue sur le port.

Hotel Harbour View
18$ ⊗ 21$ ≡
en face du port
☎ *455-1390*
≈ *455-1379*
Les neuf chambres de l'Hotel Harbour View se révèlent agréables, simples et confortables. Une bonne partie de la clientèle se compose de gens d'affaires et une salle de télévision fait face à la mer.

Hotel Casa Romeo
45$
≡, *tv,* ☎*,* ℜ*, bar*
en face du port
☎ *455-1518*
≈ *455-1645*
Cet hôtel se compose de sept chambres plaisantes, simples et aérées, toutes avec vue sur le port. Le restaurant du rez-de-chaussée est attrayant.

Gio's
56$
ℜ*, bar,* ≡*, tv*
en face du port
☎ *455-5215*
≈ *455-5536*
Gio's loue neuf grandes chambres claires et rehaussées de bois, dont certaines avec vue sur la mer, au-dessus d'un des meilleurs restaurants de Roatán.

Fantasy Island Beach Resort
120$
≡*, tv,* ☎*,* ℜ*, bars,* ≈
sur une île à l'extérieur de French Harbour
☎ *455-1222 ou 455-1191*
≈ *455-5268*
Il s'agit là d'un des complexes hôteliers les plus luxueux des Islas de la Bahía, ses 76 chambres étant réparties dans trois bâtiments. Il occupe en fait à lui seul une île complète, reliée à l'île principale par un petit pont de bois. Les chambres sont pourvues de moquette et décorées avec élégance dans les tons de bleu et de rose, la majorité d'entre elles donnant sur la piscine ou la plage. Les eaux sont ici très calmes. Le bâtiment principal se coiffe d'avant-toits et de tourelles qui lui donnent des airs de château. Toutes sortes de forfaits-plongée sont disponibles sur place, sans parler du centre de plongée comme tel, des courts de tennis, de la boutique de souvenirs, de la salle de conférences et des nombreux sites de sports nautiques.

Oak Ridge

Oak Bay Resort
200$/pour quatre nuits, comprenant un cours de plongée en mer, six plongées d'essai et l'usage de tout le matériel nécessaire
335$/pour sept nuits, comprenant huit plongées en bateau et un nombre illimité de plongées du rivage
⊗
à l'extérieur d'Oak Ridge
☎ *435-2337*
www.2extreme.net/scuba
Cet établissement, qu'on peut atteindre en bateau-taxi ou par la route, représente une excellente affaire pour les fervents de la plongée qui ne craignent pas de se passer des services d'un complexe plus luxueux. Ses quatre pavillons genre appartements, dont le nombre passera bientôt à six, sont spacieux et convenablement meublés, certains disposant même d'une grande salle de séjour et d'un coin salle à manger. Vous trouverez des magasins d'alimentation et de petits restaurants dans les environs. Le centre de plongée du complexe hôtelier propose en outre des cours.

Reef House Resort
193$/pc pour deux personnes et des plongées depuis le rivage
263$/pc et des plongées au large
⊗*,* ℜ*, bar*
en face d'Oak Ridge, de l'autre côté de la lagune
☎ *435-2297*
≈ *435-2297*
Ce havre rustique et romantique, aménagé

de l'autre côté d'une lagune paisible, n'est accessible que par bateau. Il s'adresse surtout aux plongeurs et aux amateurs de pêche, des guides et des embarcations étant disponibles pour chacune de ces activités, soit séparément soit à l'intérieur d'un forfait. Des forfaits comprenant des plongées sur plusieurs jours sont aussi proposés par le centre de plongée de l'établissement. De beaux sites de plongée sous-marine et de plongée-tuba se situent à courte distance de nage, à 200 m à peine du rivage, où se dresse une muraille corallienne bien signalée. Plusieurs autres sites de plongée ne se trouvent qu'à 15 min de bateau. Les 12 chambres de cet hôtel arborent de hauts plafonds de bois et un décor où se mêlent le rustique et le moderne. Toutes font face à la mer et se voient rafraîchies autant par les brises océaniques que par les ventilateurs qu'on y a disposés.

Punta Gorda

Hotel Henry's Cove
90$
≈, ℜ, bar, ≡, ⊗, ☎
à 1 km de Punta Gorda
☎*435-2187*
≠*435-2709*
L'Hotel Henry's Cove occupe un grand bâtiment en bois aéré et lumineux à flanc de colline en surplomb sur la mer. Ses installations comprennent une jolie salle à manger et une large terrasse en bois

face à la mer. Les 14 chambres confortables aménagées à l'étage du pavillon principal présentent un simple décor où domine le bois, et certaines d'entre elles possèdent des balcons avec vue sur la mer; 20 autres chambres, légèrement plus grandes que les premières, se trouvent dans 10 *cabañas* disposées dans une aire boisée. En contrebas s'étendent une plage et un quai de plongée qui a dû être reconstruit après avoir été endommagé par l'ouragan de 1998.

Guanaja

Certains hôtels de Guanaja ont grandement souffert du passage de l'ouragan Mitch. La plupart ont été reconstruits et rouverts, mais deux ou trois d'entre eux pourraient bien ne jamais rouvrir leurs portes. Les hôtels situés en ville et aux abords de la piste d'atterrissage se veulent plutôt simples, tandis que les complexes hôteliers dispersés autour de l'île se révèlent volontiers plus luxueux, quoique certains s'enveloppent d'une aura assez rustique.

La plupart préfèrent confier l'aération de leurs installations aux brises marines et aux ventilateurs plutôt qu'aux systèmes de climatisation.

Hotel Miller
20$** ⊗ **35$ ≡ *et tv*
centre de Bonacca
☎*453-4202*
≠*453-4227*
Les 29 chambres de cet établissement se révèlent miteuses et peu invitantes, et leur prix sont excessifs.

Hurricane Hillton
50$
ℜ, ⊗, tv, ℝ
à côté de la piste d'atterrissage
pas de téléphone
Jadis connu sous le nom de Hotel Airport Hillton, le Hurrican Hillton n'est en aucune façon affilié à la célèbre chaîne internationale (dont le nom s'écrit d'ailleurs avec un seul *l*). Il s'agit plutôt là du repaire du redoutable capitaine Al Veverica, un Américain qui vit ici depuis de nombreuses années et qui fait figure de véritable personnage local. L'hôtel a été entièrement détruit par l'ouragan Mitch, et l'on s'affaire à le reconstruire chambre par chambre. Situé en bordure immédiate de la piste d'atterrissage, il semble reposer au milieu d'un dépôt de ferraille, mais l'hospitalité proverbiale du capitaine Al et de sa famille compense amplement cette première impression. Les repas (qui peuvent faire l'objet d'un forfait) sont cuisinés maison et servis en généreuses portions. Quant aux chambres, sans prétention aucune, elles sont montées sur pilotis au-dessus de l'eau et se révèlent confortables.

Hotel Rosario
34$
≡, *tv*
centre de Bonacca
☎453-4240
La famille qui tient cet hôtel de cinq chambres, fraîches et propres, observe le sabbat adventiste et ne reçoit aucun nouvel arrivant entre le vendredi soir et le samedi soir.

Hotel Alexander
33$* ⊗ *41$ ≡
près du centre de Bonacca
☎453-4326
Les 13 chambres de cet établissement se révèlent grandes et convenablement aménagées, mais plutôt mal entretenues. Celles qui font face à la mer donnent sur une terrasse malpropre, et seules celles qui se trouvent du côté des terres disposent de l'air conditionné. L'hôtel occupe un secteur paisible au bout de la rue principale. Les prix sont excessifs.

Nautilus Dive Resort
212$ pc, incluant deux plongées pour deux personnes
⊗, ℜ, *bar*
du côté ouest de Guanaja
☎454-4389
Les sept chambres de cet hôtel, rehaussées de motifs mexicains et centraméricains, se trouvent dans un bâtiment bien en retrait de la plage, sur un terrain herbeux visiblement négligé. Vous pouvez toutefois bénéficier de tarifs à la semaine, et il y a une boutique de plongée sur place. Géré par les mêmes propriétaires, le **Dunbar Rock**,

qui compte six chambres, un restaurant et un bar, se trouve juché sur rocher à environ 400 m du rivage. Les tarifs en sont à peine plus élevés.

Bayman Bay Club
186$ pc pour deux personnes, 232$ comprenant deux plongées par jour
⊗, ℜ, *bar*
du côté nord de Guanaja, accessible par un passage intérieur traversant le côté ouest de l'île
pas de téléphone
≠454-4179
dpearly@compuserve.com
Les 14 chambres agréablement décorées de cet établissement, situées à l'intérieur de rustiques cabanes en bois, offrent une vue splendide et une bonne aération naturelle. Les cabanes pointent ici et là à travers une forêt tropicale perchée bien haut à flanc de colline au-dessus d'une petite plage néanmoins attrayante. Des kayaks sont mis à votre disposition, et vous trouverez sur place un centre de plongée et une boutique. Des sentiers de randonnée se trouvent à quelques pas de l'établissement.

Posada del Sol
321-353 pc pour deux personnes
364-385 pc et trois plongées par jour
⊗, ≈
du côté sud de Guanaja
réservations des États-Unis,
☎800-642-3483 ou (561) 624-3483
La plupart des 23 chambres claires et confortablement meublées de ce somptueux hôtel se trouvent dans une construction de style colonial espagnol agréablement rehaussée de bois et de carreaux peints. La magnifique piscine est entourée de palmiers et de bougainvilliers, de même que d'une terrasse en bois. Il y a de plus une petite plage en contrebas. Bien que l'établissement dispose d'une salle à manger traditionnelle, la majorité des repas sont servis à l'extérieur. Les chambres donnant sur la mer ou sur la colline sont un peu plus chères que celles qui font face à la piscine. Tarifs hebdomadaires et forfaits «lune de miel» disponibles. Des courts de tennis, tout ce qu'il faut pour la pêche, un centre de plongée et une boutique de souvenirs complètent les installations et services de la Posada del Sol.

Utila

Les lieux d'hébergement d'Utila sont pour l'essentiel peu coûteux et situés en ville, mais on dénombre aussi au moins une station balnéaire en activité.

Seaside Inn
5$ bc, 7$ bp
en face d'Economarine
☎425-3150
Cet établissement loue 11 petites chambres très rudimentaires dans un bâtiment de deux étages.

Margaritaville Beach Hotel
10$
⊗
à l'extrémité ouest de la route
☎ 425-3366
Le Margaritaville Beach Hotel propose 16 chambres claires, bien aérées et sans prétention aucune, dans un grand bâtiment en bois de deux étages offrant une vue sur la mer. Une plage s'étend tout près. Excellent rapport qualité/prix.

Freddy's Place
17$
⊗
près du pont en direction de la piste d'atterrissage
Ici on loue des chambres simples et aérées, et l'on s'enorgueillit d'une large terrasse en bois donnant sur l'eau. Si personne n'est là pour vous accueillir, demandez à voir Lucille dans la maison au toit rouge qui se dresse de l'autre côté de la route.

Mango Inn
10$ bc et ⊗ 15$ bp et ⊗ 35$ cabaña avec ≡
ℜ, bar
environ 300 m au nord du carrefour
☎ 425-3335
Cet établissement propose 19 chambres ordinaires quoique confortables dans un bâtiment en bois de deux étages et en L. Les *cabañas* s'avèrent sympathiques et bordées de boisés.

Utila Lodge
54$
≡
immédiatement en retrait de la rue principale
☎ 425-3143
www.roatan.-com/utilalodge.htm
Cet hôtel intime s'impose comme la première station balnéaire d'Utila et propose des forfaits-plongée comprenant des repas de style buffet servis en fonction des horaires de plongée. Ses huit chambres, aménagées dans une construction en bois de deux étages, arborent un décor rustique et sont pourvues de porches grillagés donnant sur la mer. La salle à manger se veut tout particulièrement attrayante et fait également face à l'océan.

Restaurants

Roatán

Coxen Hole

Les restaurants des hôtels **El Paso** et **Cay View**, presque immédiatement voisins dans le centre-ville de Coxen Hole, ouvrent leurs portes de 7h à 22h et chacun dispose d'une agréable terrasse front de mer. Leur menu porte essentiellement sur le poisson et les fruits de mer, et leurs prix sont modérés. Enfin, ils proposent des petits déjeuners complets.

Sandy Bay

Rick's American Café
$$
jeu-mar 17h à 22h
Situé en bordure de la route, ce restaurant se spécialise dans les bif-tecks, les hamburgers et les *fajitas*. Une antenne parabolique permet d'y capter des émissions sportives diffusées depuis les États-Unis. Bar à service complet.

West End

L'univers de la restauration se veut ici animé et informel. La plupart des restaurants sont à ciel ouvert, généralement abrités sous un simple toit de chaume. En vous promenant sur la route principale, en bordure de la plage, vous dénicherez une variété d'endroits intéressants.

Le **Papagayo's Safari Sea Club** et le **Safari Sea Japanese Garden** *($-$$; mer-lun 7h à 15h et 18h à 23h; devant le Sunset Inn)* sont deux restaurants distincts qui partagent les mêmes locaux quoique à des heures différentes. Le Papagayo sert d'intéressants petits déjeuners et déjeuners, notamment composés de *burritos* et de *quesadillas* au poulet fumé, tandis que le Japanese Garden, qui prend la relève le soir venu, sert des sushis et des tempuras, mais aussi certains mets thaï-landais, y compris des currys.

Foster's Restaurant
$$
tlj 8h à minuit
☎ *445-1124 ou 445-1008*
Le Foster's Restaurant est une institution locale établie sur un large quai s'avançant dans la mer. Il propose un vaste menu et une atmosphère animée le soir venu, avec musiciens sur scène (musique des îles) le vendredi soir.

Eagle Ray's Bar & Grill
$-$$
tlj 7h30 à minuit
au-dessus de la boutique de plongée Sueño del Mar
☎ *445-1717*
L'Eagle Ray's Bar & Grill, qui possède une terrasse en plein air au bout d'un quai, propose un long menu de petits déjeuners, un choix de sandwichs et de casse-croûte, ainsi que des menus de poissons, de crevettes, de viandes et de mets végétariens. La liste des boissons est impressionnante.

Lighthouse Restaurant
$$
tlj 7h30 à 22h
en bordure de la plage, accessible par la route qui se dessine derrière l'église baptiste
Le Lighthouse Restaurant est un modeste établissement à ciel ouvert qui propose un menu varié de mets locaux et de plats du jour, entre autres du poisson aromatisé à la noix de coco, des calmars à l'ail, un potage de conque et des légumes sautés.

Cindy's
$$
lun-sam 11h à 22h
près de la boutique de plongée Sueño del Mar
Cindy's est un restaurant très décontracté de poissons et de fruits de mer tenu par un pêcheur et son épouse. Au menu, du vivaneau rouge, du mahi-mahi, du thon, du thazard bâtard et du barracuda. «*Tous les poissons sont frais pêchés, et nous les faisons griller sur place*», d'affirmer les propriétaires (vous pouvez aussi les demander cuits au four ou frits).

Pinocchio Restaurant
$$
jeu-mar 18h à 21h
en haut du sentier qui part de la boutique de plongée Sueño del Mar
Le Pinocchio Restaurant est tenu par un Italien et présente un menu fascinant qui va des crêpes aux fruits de mer sautés au mérou à la noix de coco, et du poulet sauce gorgonzola ou gingembre aux calmars. La salle à manger à ciel ouvert et à plancher de bois se trouve au cœur d'une forêt.

Tony's Bamboo Hut
$$-$$$
tlj 17h30 à 23h
au sud du quai du Foster's Restaurant
Tony's Bamboo Hut offre une variété intéressante de pizzas et de pâtes, entre autres des spaghettis à la langouste, ainsi que du thazard royal, du vivaneau et des crevettes grillées. Il repose sous un grand abri au toit de chaume face à la mer.

Pura Vida Restaurant
$$-$$$
mer-lun 7h30 à 21h30
au nord du quai du Foster's Restaurant
☎ *445-1141*
Le Pura Vida Restaurant sert des pizzas, des pâtes, des poissons et des viandes dans une attrayante salle en plein air donnant sur la mer.

West Bay

Bite on the Beach
$$
mer-sam midi à 20h, dim 11h à 17h
Bite on the Beach est un restaurant de plage en plein air qui offre des plats variés de poisson et de viande.

Restaurant Neptuno
$$-$$$
tlj 7h30 à minuit
Le Restaurant Neptuno propose un vaste menu où l'on retrouve aussi bien des hamburgers que des *ceviches* à la langouste, mais aussi des petits déjeuners, servis sur des tables et autour d'un bar en bordure de la plage.

French Harbour

Romeo's
déjeuner $$,
dîner $$$-$$$$
mar-dim 7h à 22h
Hotel Casa Romeo
☎ *455-5215*
Romeo's se présente comme un chic restau-

rant aéré dont les tables se parent de nappes en tissu mauve. Le menu du déjeuner se compose essentiellement de sandwichs, de pâtes et de plats de fruits de mer sans prétention, alors que le menu du soir, plus généreux, comprend des fruits de mer, des steaks, des pâtes aux fruits de mer à toutes les sauces et une grande assiette de fruits de mer frais.

Gio's
$$$-$$$$
lun-sam 10h à 14h et 17h à 22h
en face du port
☎455-5215
Gio's possède une attrayante salle à manger et une terrasse extérieure sur front de mer. Son menu axé sur les fruits de mer affiche des sauces intéressantes, entre autres aux *jalapeños* et à la coriandre.

Guanaja

Pirate's Den
$-$$
tlj 7h30 à 14h et 18h à 22h
Bonacca
☎453-4308
Pirate's Den, aussi connu sous le nom de Silver Dollar, sert une variété de plats de viande et de poisson, entre autres des hamburgers, des *tacos* et quelques mets de la région. La salle à manger se veut simple, lumineuse et pourvue de ventilateurs.

Ashley's Restaurant
$$-$$$
dim-ven 7h30 à minuit, sam 17h à minuit
Bonacca
☎453-4139
L'Ashley's Restaurant présente une variété de plats de viande, de poisson et de fruits de mer, notamment à base de crevettes et de langouste, dans une salle à manger sans prétention et bien aérée au bord d'un canal.

Utila

Restaurant Exiendhouse
$
dim-ven 7h à 22h
au centre de la ville
☎425-3301
Le Restaurant Exiendhouse propose des plats de poisson et des assiettes de viande hachée, mais aussi un potage de conque et des petits déjeuners variés, dans une curieuse petite salle en plein air donnant sur la rue.

Bundu Café
$
7h30 à 15h, les jours d'ouverture pouvant varier
au centre de la ville
Le Bundu Café sert des sandwichs, de la salade de fruits, des crêpes, du muesli et des jus, tout en offrant un service d'échange de livres et de location de vidéocassettes.

Mermaid's Corner
$
dim-jeu 11h30 à 22h, ven 11h30 à 15h, sam 18h30 à 22h
rue principale
☎425-3299
Mermaid's Corner sert des pizzas, des pâtes, des hamburgers et des salades dans une salle à manger en plein air fort sympathique. Vous y trouverez en outre un buffet chaud comportant des plats variés.

Las Delicias Café
$-$$
lun-sam 7h à 23h
au nord du carrefour
Las Delicias Café est un établissement en plein air où l'on déguste de bons petits déjeuners, mais aussi une variété de plats allant des hamburgers aux spaghettis, et du requin au barracuda.

Frosty Sea Frog
$-$$
tlj 10h à 22h
au centre de la ville
Frosty Sea Frog est un endroit tout simple donnant sur la rue qui s'enorgueillit d'un vaste menu affichant des potages, des sandwichs, des *fajitas*, des poissons, des viandes, des pâtes, des pizzas, des plats de riz et des crevettes.

Mango Inn
$$
tlj 6h30 à 22h
environ 300 m au nord du carrefour
☎425-3335
Le Mango Inn exploite un restaurant en plein air sur une aire ga-

zonnée. Il propose des petits déjeuners variés, y compris un buffet le dimanche. Au déjeuner et au dîner, on y sert entre autres des poissons, des spaghettis et des sandwichs frais. Le mardi soir est réservé à la paella et le jeudi, aux brochettes. On sert presque tous les soirs du poisson cuit sur le gril.

Jade Seahorse Restaurant & Gardens
$$
ven-mer midi à 23h
à environ 200 m au nord du carrefour
☎ 425-3270
Le Jade Seahorse Restaurant & Gardens est un endroit extraordinaire doté d'une salle à manger intérieure, décorée d'œuvres d'art originales et de figurines imaginatives, ainsi que d'une terrasse à ciel ouvert dans un jardin extravagant, sans oublier son bar installé dans les branches d'un grand arbre et accessible par un escalier en bois. Au menu : des poissons grillés ou cuits au four (souvent du vivaneau ou du thazard royal), de la conque grillée, des potages de conque ou de poisson, des spaghettis au pesto et des assiettes végétariennes, que complètent des laits battus aux fruits et des pains fraîchement sortis du four, y compris un pain aux noix et aux bananes. Même la musique est bonne et variée.

Sorties

L'activité nocturne dans les Islas de la Bahía gravite autour des restaurants et des bars. Les événements culturels sont rares et espacés, bien que certains restaurants offrent à l'occasion des projections vidéo. Quoi qu'il en soit, s'il se produit quelque chose de spécial (surtout à West End ou Utila), vous le verrez normalement annoncé plusieurs jours à l'avance. Enfin, une ou deux discothèques ont sporadiquement pignon sur rue à Roatán.

Achats

Les prix sont plus élevés aux Islas de la Bahía que partout ailleurs au Honduras. La plus grande partie des denrées, exception faite du poisson et des fruits de mer, doit être transportée du continent, ce qui en hausse forcément le coût, et il en va de même pour une foule d'autres produits de consommation courante. Le supermarché **B. Warren**, établi dans la rue principale, présente le meilleur choix d'aliments et de marchandises variées.

Les visiteurs qui vont à West End ou dans d'autres parties de l'île devraient songer à faire toutes les provisions nécessaires avant de prendre la route.

Les Islas de la Bahía n'ont que peu à offrir en matière d'artisanat original. Les visiteurs à la recherche d'articles fabriqués dans d'autres régions du Honduras et de l'Amérique centrale trouvent généralement leur bonheur dans l'une ou l'autre des nombreuses petites boutiques de souvenirs qui bordent la rue principale de Coxen Hole, ou dans deux ou trois autres établissements de West End (également dans la rue principale). Vous découvrirez en outre des boutiques de souvenirs dans plusieurs complexes hôteliers de Roatán et de Guanaja.

La **Librería Casi Todo** de West End vend et échange des livres en anglais et en espagnol.

À Utila, la **Gunther's Gallerie** propose des œuvres d'art originales.

Un commerce dépourvu d'enseigne et établi presque directement en face de la boutique de plongée Sueño del Mar tient un fabuleux assortiment de pièces artisanales guatémaltèques. Tenu par des Mayas du Guatemala, il offre notamment un large éventail de tissus et de vêtements teints à la main.

Le centre et l'est du Honduras ★

Le centre et l'est du Honduras font en quelque sorte figure de fourre-tout. Nous incluons d'ailleurs dans ce chapitre la région qui s'étend entre Tegucigalpa et San Pedro Sula, plus particulièrement la ville de Comayagua, une ancienne capitale truffée de constructions coloniales, et le Lago de Yojoa, qui offre les plaisirs lacustres habituels.

Tout près se trouvent les chutes de Pulhapanzak; puis, à l'est de Tegucigalpa, non loin de la frontière nicaraguayenne, s'étend la ville de Danlí, un important centre de production de cigares où vous pourrez voir les artisans en rouler d'odorantes variétés à la main selon la méthode ancestrale.

Nous couvrons également Juticalpa et Catacamas (près du site des crânes flamboyants – voir encadré, p 211), dans le département oriental d'Olancho, de même que les splendides parcs nationaux La Muralla et Sierra de Agalta pour les amants de la nature et de l'air des montagnes. Enfin, nous parlerons de la Mosquitia, cette vaste région peu peuplée qui couvre le nord-est du Honduras et où la jungle est en bonne partie reine.

Nombre des sites que nous mentionnons dans ce chapitre sont de ceux que vous risquez de croiser sur votre passage vers d'autres destinations. Cela ne veut pas dire pour autant que cette région ne mérite pas quelques détours, mais il reste qu'au moment de planifier leur voyage beaucoup de visiteurs choisissent de consacrer la plus grande partie de leur temps à d'autres régions. Exception faite de Danlí et de certains endroits situés sur la route qui relie Tegucigalpa et San Pedro Sula, et dont nous traitons au début de la section «Attraits touristiques», ce chapitre présente surtout un intérêt pour ceux et celles qui désirent s'aventurer hors des sentiers battus, loin des plages, des récifs coralliens et des ruines mayas qui attirent tant de touristes. Vous êtes ici dans le Honduras profond, dont la rudesse et la simplicité terre à terre ont un charme bien à eux.

Pour s'y retrouver sans mal

En voiture

La principale route qui franchit les 241 km séparant Tegucigalpa de San Pedro Sula défile en partie en terrain montagneux, mais elle est bien revêtue et signalisée. Il s'agit d'une route à deux voies sur la presque totalité du trajet, un court tronçon à quatre voies se présentant au sud de San Pedro Sula. Cette autoroute relie **Comayagua**, **Siguatepeque** et une portion du **Lago de Yojoa**. Une route secondaire s'en détache pour donner accès aux autres parties du lac.

Danlí se trouve à 92 km à l'est de Tegucigalpa, sur une bonne route qui mène à Las Manos, sur la frontière nicaraguayenne, 30 km plus au sud. De l'autre côté de la frontière, cette même route continue jusqu'à Estelí et Managua.

Les voyageurs qui désirent se rendre à **Juticalpa**, **Catacamas**, au **Parque Nacional La Muralla** ou à **Sierra de Agalta** emprunteront vraisemblablement la belle route revêtue qui part de Tegucigalpa en direction du nord-est (bien qu'elle débute dans le sud-ouest de la ville de manière à contourner les montagnes qui se dressent directement au nord). L'embranchement vers le nord, qui conduit à La Muralla, part du village de Limones près du kilomètre 126 de la route principale. Ce chemin particulier, non revêtu, voit se multiplier les ornières et devient glissant lorsqu'il pleut, mais il peut tout de même être parcouru par les voitures régulières. Une route secondaire relie en outre la petite ville de La Unión et La Muralla. Quant à la route principale, elle continue vers le nord jusqu'à Olanchito, d'où des routes revêtues permettent de se rendre à La Ceiba et à Trujillo.

La Mosquitia se distingue, entre autres choses, par l'absence totale de grandes routes. On y trouve quelques pistes difficiles qui font la vie dure même aux véhicules tout-terrain, ainsi que quelques chemins grossiers partant de Puerto Lempira en direction du sud-ouest (qui ne conviennent également qu'aux véhicules tout-terrain), mais aucune route propre aux longs déplacements par voie de terre. Vous comprendrez dès lors que, dans cette région, on voyage surtout par la voie des airs ou des eaux.

En autocar

Comayagua, **Siguatepeque** et la portion du **Lago de Yojoa** qui longe la route principale sont desservies par des autocars circulant entre Tegucigalpa et San Pedro Sula, avec plusieurs départs à chaque heure du jour. Pour de plus amples renseignements sur les horaires, les tarifs et l'emplacement des gares routières, veuillez vous reporter aux pages 76 et 111. Notez que les autocars de luxe n'effectuent aucun arrêt intermédiaire. On dépose les passagers au bord de la route, d'où ils peuvent prendre un taxi sur une

©ULYSSE
Puerto Castilla
Bahía de Trujillo
Trujillo
Santa Rosa de Aguán
Palacios
Santa Fe
Aguán
Iriona
La Ceiba
Guadalupe
San Antonio
Limón
Brus Laguna
Río Sico
Río Aguán
Tocoa
Río Paulaya
Río Plátano
Mer des Caraïbes
Olanchito
Savá
Laguna de Caratasca
Arenal
Biosfera del Río Plátana
Jocón
Río Patuca
San Esteban
Puerto Lempira
P.N. La Muralla
Wanpusirpi
Sirsirtara
Dulce Nombre de Culmí
La Unión
Gualaco
P.N. Sierra de Agalta
Mocorón
Río Kruta
o Segovia
Cabo de Gracias a Dios
Reserva Antropológica Tawahka
Manto
Guarizama
Salamá
San Francisco de la Paz
Catacamas
Río Coco
Auasbila
Santa María del Real
Azacualpa
Guayape
Juticalpa
San Ignacio
Rus Rus
Suhi
Leimus
San Francisco de Becera
Limones
Guaimaca
Campamento
Río Patuca
Parque Nacional Patuca
NICARAGUA
San Juan de Flores
Morocelí
0
25
50km
Lacaleapa
Las Trojas
Chichicaste
Danlí
0
15
30mi
Yuscarán
El Paraíso
Est du Honduras

courte distance jusqu'à Comayagua ou Siguatepeque. Au moment de retourner à Tegucigalpa ou à San Pedro Sula, vous n'aurez qu'à héler les cars à leur passage depuis les arrêts fixes prévus le long de la route. Il arrive que les véhicules soient pleins ou qu'ils n'aient que quelques sièges de disponibles, mais il ne faut généralement que peu de temps avant que tout le monde y trouve son compte (sauf, cela va sans dire, en période de vacances ou lors des congés fériés). Des autobus locaux se rendent à Tegucigalpa une ou deux fois l'heure au départ de Comayagua et de Siguatepeque, mais ceux-là effectuent de nombreux arrêts et se révèlent généralement lents et inconfortables. Il y a aussi un service local vers San Pedro Sula au départ de Comayagua et de Siguatepeque.

Des autobus locaux desservent par ailleurs certaines portions du **Lago de Yojoa** situées au nord-ouest de la route principale, et ce, aux demi-heures jusqu'à 18h; ils partent de l'embranchement de La Guama pour se rendre à **Peña Blanca**, qui est aussi desservie deux fois l'heure par des cars directs partant de San Pedro Sula, et poursuivent leur route jusqu'à El Mochito. Ces mêmes cars desservent en outre **Pulhapanzak**. Les passagers qui désirent visiter les chutes devraient descendre au village de Buenaventura, près de l'entrée du site; le trajet est d'environ une heure et demie. La gare routière de San Pedro Sula se trouve sur la 2ª Avenida entre les 5ª et 6ª Calles SE, et le dernier car en partance de Buenaventura quitte normalement les lieux à 17h30, mais tout cela étant sujet à changement, il vaut mieux s'en assurer au préalable.

Entre Tegucigalpa et **Danlí**, les cars partent aux demi-heures dans un sens comme dans l'autre entre 5h30 et 18h. La gare d'autocars de Tegucigalpa se trouve dans la Colonia Kennedy, c'est-à-dire très loin de tous les autres points de transport. Trois compagnies, soit Discua, Litena et Extraoriente, ont fusionné de manière à exercer un quasi-monopole absolu sur cette ligne, et ce, malgré leurs véhicules délabrés et leur personnel maussade. Un service supplémentaire est fourni par El Dandy, au départ d'une gare routière située sur la 6ª Avenida à Comayagüela. La durée du voyage est d'environ deux heures, et certains cars poursuivent jusqu'à El Paraíso, à courte distance de Las Manos, sur la frontière nicaraguayenne. La gare d'autocars de Danlí se situe aux limites de la ville, et vous trouverez plusieurs restaurants dans les parages.

Deux compagnie, Discovery et Aurora, relient Tegucigalpa à **Juticalpa**, et toutes deux disposent de véhicules raisonnablement confortables. Chacune d'elles exploite une gare routière à Comayagüela (*Aurora, 8ª Calle, entre 6ª et 7ª Avenidas; Discovery, 7ª Avenidas, entre 12ª et 13ª Calles*), les départs s'effectuant aux heures environ presque toute la journée. Certains cars de Discovery poursuivent également jusqu'à Catacamas. De plus, des cars locaux circulent entre Juticalpa et Catacamas. En ce qui concerne **La Muralla**, Cotraipbal circule au moins deux fois par jour entre Tegucigalpa (*7ª Avenida, entre 11ª et 12ª Calles, Comayagüela*, ☎237-1666) et Trujillo en passant par Olanchito. Les passagers qui désirent se rendre au parc national devraient descendre à La Unión et faire appel aux transports locaux pour couvrir la dernière petite partie du trajet.

Il n'y a pas de cars dans la région de la **Mosquitia**.

En taxi

Des taxis attendent les passagers des autocars à Comayagua, Siguatepeque et Danlí. Ils desservent en outre les villes éloignées. Vous ne trouverez cependant

Centre du Honduras
GUATEMALA
Cuyamelito
P.N. Cusuco
Puerto Cortés
Choloma
Tela
La Ceiba
La Masica
Tocoa
Olanchito
Río Aguán
Savá
San Pedro Sula
La Lima
El Progreso
Cofradía
Copán Ruinas
Quimistán
Río Chamelecón
Villanueva
Petoa
Pimienta
Potrerillos
El Negrito
Arenal
Jocón
San Esteban
Río Grande
Trinidad
Santa Rita
Chinda
Yoro
Parque Nacional La Muralla
San José de Colinas
Ilama
Pulhapanzak
Yorito
Gualaco
Guatala
La Unión
Peña Blanca
Represa El Cajón
Manto
Guarizama
San Francisco de la Paz
Santa Bárbara
P.N. Santa Bárbara
La Guama
Lago de Yojoa
Catacamas
Arada
Minas de Oro
Guayape
Salamá
Santa María del Real
Azacualpa
Ceguaca
Concepción del Sur
Humuya
La Libertad
Orica
San Pedro
San José de Comayagua
Juticalpa
San Ignacio
Río
San Francisco de Becera
Siguatepeque
San Jerónimo
Cedros
Limones
El Rosario
Guaimaca
Campamento
Belén
Jesús de Otoro
Comayagua
Agalteca
San Juan
Ajuterique
Talanga
La Esperanza
La Paz
San Juan de Flores
0
25
50km
Erandique
0
15
30mi
Marcala
Tegucigalpa
Morocelí
©ULYSSE
Cabañas

aucun taxi au Lago de Yojoa.

En avion

L'avion constitue le meilleur moyen de transport pour atteindre les différents points de la région de la **Mosquitia**, et le prix des billets est généralement très peu élevé (à titre d'exemple, un aller simple entre La Ceiba et Palacios coûte 40$).

Isleña, Sosa et Rollins s'envolent toutes vers la Mosquitia de façon plus ou moins régulière, ajoutant ou supprimant des vols au gré de leur fantaisie. Une liaison directe est quotidiennement offerte de La Ceiba à Palacios et Puerto Lempira (sauf le dimanche), tandis que le service se fait moins fréquent à destination de Brus Laguna. Certains vols vers Palacios font en outre escale à Trujillo. Pour connaître les coordonnées des compagnies aériennes à La Ceiba, veuillez vous reporter à la page 149.

En bateau

De petits doris transportent des passagers entre les principales localités de la **Mosquitia** et certains villages éloignés. Des cargos, dont certains peuvent parfois accueillir des passagers, circulent en outre de façon très irrégulière entre La Ceiba ou Puerto Castilla et Palacios, Brus Laguna ou Puerto Lempira.

Attraits touristiques

★ Comayagua

Située à 84 km au nord-ouest de Tegucigalpa, Comayagua fut la capitale du Honduras de 1543, soit quelques années après la fondation du pays, jusqu'en 1880, date à laquelle le siège du gouvernement fut déplacé vers la capitale actuelle. La rumeur veut que le président de l'époque ait décidé de retirer à Comayagüela son statut de capitale afin de punir les habitants de la ville pour avoir boudé sa maîtresse amérindienne. Beaucoup des constructions les plus anciennes ont été détruites par des tremblements de terre à la fin du XVIIIe siècle, ou par des incendies provoqués par les envahisseurs guatémaltèques plusieurs décennies plus tard; malgré tout, un certain nombre d'édifices coloniaux subsistent. Néanmoins, en dépit de sa richesse architecturale et de son importance historique, Comayagua se révèle, aux yeux de beaucoup de visiteurs, largement inférieure à la somme de ses éléments constituants, et il s'en dégage une impression résolument banale. Cela dit, certains de ses musées et églises méritent une brève visite.

Le Parque Central et le Museo de Arqueología étaient tous deux en rénovation en lors de notre passage.

La **cathédrale de Comayagua** ★, qui fait face à la place centrale et dont la construction remonte au XVIIIe siècle, arbore une façade richement ornée à niveaux multiples, ponctuée de niches abritant des représentations sculptées du Christ et de plusieurs saints. D'un des côtés s'élance un clocher couronné d'une coupole colorée et serti d'une horloge mauresque du XIIe siècle ayant appartenu à l'Alhambra de Grenade avant que le roi Philippe II d'Espagne n'en

Cathédrale de Comayagua

fasse don au Honduras. Il s'agit d'ailleurs d'une des plus vieilles horloges encore en bon état au monde. L'intérieur de la cathédrale révèle des lignes épurées, rehaussées de peintures religieuses, un autel et une chaire somptueusement sculptés, ainsi que de nombreux retables.

L'**Iglesia La Merced**, trois rues plus loin, s'impose comme la plus vieille église de Comayagua. Érigée par étapes successives à partir de 1550, cette simple construction de pierres et d'adobes est pourvue d'un autel sculpté, et un seul des deux clochers subsiste (l'autre ayant été détruit par un tremblement de terre). Parmi les autres églises de Comayagua, retenons celles de **San Sebastían** et de **San Francisco**, toutes deux reconstruites en partie après avoir subi divers dommages au fil des siècles, et la plus modeste **Caridad Illescas**.

Le **Museo de Arqueología** ★ *(2$; mer-dim 9h à 16h; à une rue du Parque Central)* renferme une petite quoique intéressante collection de gravures, de poteries, de bijoux et d'ustensiles préhispaniques.

Cigares : les caprices de l'offre et de la demande

Des conditions de sol et de climat particulières, qui ne se trouvent que dans certaines parties du monde, permettent la culture des feuilles de tabac requises pour fabriquer des cigares de qualité. Les environs de Pinar del Río, dans l'ouest de Cuba, sont propices à une telle culture, et il va de même de la campagne qui entoure Danlí, dans le sud-est du Honduras. Les cigares ont peu à peu, sur une longue période, perdu la faveur des consommateurs, aux États-Unis comme dans divers autres pays occidentaux, mais voilà qu'ils sont soudain redevenus à la mode au cours des années quatre-vingt-dix. Compte tenu de l'embargo imposé par les États-Unis sur le commerce avec Cuba, les distributeurs de cigares dans ce pays ont dû se tourner vers d'autres sources d'approvisionnement, et le Honduras s'est dès lors imposé comme un choix naturel.

Pendant plusieurs années au milieu de la dernière décennie, Danlí a ainsi fait figure de ville en plein essor. Les usines de cigares existantes ont rapidement grossi pour répondre à la demande fulgurante, et nombre d'autres ont vu le jour dans cette industrie à très forte intensité de main-d'œuvre, ce qui a eu pour effet de créer une multitude d'emplois. Mais tout cela était trop beau pour durer. Plusieurs grands distributeurs américains avaient surestimé l'ampleur croissante de la demande, si bien qu'ils se sont retrouvés avec d'énormes stocks de cigares invendus et ont réduit considérablement leurs commandes afin de liquider leurs surplus. Il en résulta des licenciements massifs à Danlí, une usine employant plus de 2 000 personnes quelques années plus tôt et ayant même dû ramener le nombre de ses employés à 600 en 1999, tandis que quelques usines ont carrément fermé leurs portes. Une lueur d'espoir pointe toutefois à l'horizon : lorsque les stocks auront retrouvé des niveaux acceptables, de nouvelles commandes devraient normalement affluer vers Danlí, qui pourrait ainsi raviver sa prospérité, toute modeste qu'elle soit.

Le **Museo Colonial** *(1$; tlj 9h30 à 16h30; à une demi-rue de la cathédrale)* occupe la Casa Cural (XVIe siècle) et présente une collection essentiellement composée d'objets sacrés.

★ Ajuterique

À 11 km au sud de Comayagua, sur le chemin de gravier en mauvais état qui conduit à La Paz, Ajuterique s'entoure d'une auréole intemporelle, étoilée de nombreuses constructions en bois et en stuc de style colonial coiffées de tuiles rouges. L'**Iglesia Jesús Nazarena** se distingue par sa façade noire et blanche, son plafond de bois dur et son autel, petit quoique élaboré. Les touristes se font encore rares dans cette petite ville amicale et digne, desservie deux fois l'heure par des autocars en provenance de Comayagua.

Siguatepeque

Siguatepeque se trouve à 2 km de la route principale, à peu près à mi-chemin entre Tegucigalpa et San Pedro Sula. Il s'agit d'une localité chaleureuse, mais dépourvue de caractère, juchée à une altitude de 1 140 m, ce qui lui permet de bénéficier d'un climat agréable. Sa place centrale s'ouvre sur une grande église moderne, et vous trouverez dans cette ville plusieurs lieux d'hébergement.

★ Danlí

Cette localité du sud-est du Honduras, près de la frontière nicaraguayenne, n'a rien de bien intéressant à offrir, si ce n'est plusieurs **usines de cigares** ★★ dispersées çà et là. Grandes ou petites, elles emploient plusieurs milliers de personnes qui, pour la plupart, semblent se rendre au travail à bicyclette, ce qui fait de l'endroit l'un des centres où l'on utilise le plus ce moyen de transport dans toute l'Amérique centrale.

L'état du sol et du climat de part et d'autre de la frontière s'est avéré propice à la production de tabacs fins dans cette région, tabacs que l'on décortique, roule et emballe à la main selon des techniques en usage depuis des siècles. La plupart des usines se font un plaisir d'accueillir les visiteurs pour leur montrer leurs installations (et tenter de leur vendre quelques boîtes de cigares) durant les heures de travail habituelles, soit d'environ 7h30 à 16h, du lundi au vendredi (avec une interruption d'une heure le midi). Nombre d'entre elles ouvrent également le samedi matin. Des rangées et des rangées d'ouvriers s'assoient à de longues tables pour rouler les cigares, créant des scènes qu'on dirait sorties d'une époque révolue. L'usine de cigares San Cristóbal, qui appartient à des intérêts espagnols, se trouve près de l'entrée de la ville et s'impose sans doute comme la plus grande. Tabácos de Oriente *(à 3 km de la ville sur la route de San Marcos)* est une autre grande entreprise faisant partie de Tabácos Placencia, qui appartient à une famille d'exilés cubains. Plusieurs autres usines de moindre envergure parsèment la ville, dont certaines n'ont même pas d'enseigne extérieure. Les chauffeurs de taxi locaux peuvent, si vous le désirez, vous conduire à différentes usines moyennant un tarif horaire.

Le paisible **Parque Central** de Danlí est arboré, attrayant et bordé par la massive **Iglesia Inmaculada Concepción**.

Le **Museo Municipal** ★ *(entrée libre; lun-ven 8h à 16h; en face du Parque Centrale)*, un bâtiment en bois du XIXe siècle, renferme toutes sortes d'objets disparates, de même que des pièces préhispaniques et coloniales. La plus intéressante des salles est la *sala de maíz*, qui présente une collection d'instruments servant à la préparation du maïs.

Le **Balneario Los Arcos**, situé dans les montagnes à l'extérieur de la ville, recèle une série de bassins naturels propres à la baignade, de même qu'un petit jardin zoologique.

La Unión

Cette ville amicale mais endormie est surtout notoire pour la proximité du Parque Nacional La Muralla (voir p 215), 14 km plus haut dans les collines. La Unión se trouve à 70 km au nord de la principale route qui relie Tegucigalpa et Juticalpa, et l'on y accède par un chemin de gravier truffé d'ornières. Les autocars qui circulent entre Tegucigalpa et Trujillo passent par ici (voir p 204), le dernier départ de La Unión en direction de Tegucigalpa s'effectuant vers 13h. La municipalité dispose d'un petit hôtel sur la rue principale. À dans rue de là, vous trouverez les bureaux du COHDEFOR, le département des forêts du gouvernement hondurien, où vous devriez vous arrêter pour organiser votre visite du parc national.

Yocón est un simple village d'aspect idyllique en bordure de la route, à quelques kilomètres au sud de La Unión. Vous aurez l'impression d'y faire un saut dans le temps.

Les crânes flamboyants de Talgua

En 1994, un groupe de spéléologues amateurs fit une étonnante découverte. Ils se trouvaient à environ 600 m à l'intérieur d'une grotte près du village de Talgua, à 4 km au nord de Catacamas, lorsque deux membres du groupe ont remarqué une ouverture dans une paroi de calcaire à une certaine hauteur au-dessus du sol. Ils parvinrent à escalader cette paroi et y firent une trouvaille digne d'une œuvre de science-fiction. Devant eux, dans la lumière de leurs lampes frontales, se trouvaient en effet des centaines de crânes et d'ossements cristallins qui semblaient presque briller d'eux-mêmes.

Après l'annonce de cette découverte, une équipe d'archéologues se rendit à la grotte en question et parvint à établir que cette chambre funéraire renfermait quelque 200 squelettes humains, soigneusement nettoyés de leur chair et peints de couleur ocre, de même que des offrandes rituelles de céramique et de jade, le tout datant d'environ 2 500 ans. Les ruissellements de calcite au cours des siècles avaient enduit ces ossements et ces objets cérémoniels d'une couche de pierre lumineuse contribuant à les maintenir dans un état de conservation presque parfait. On a par la suite déterminé qu'ils provenaient d'une civilisation méso-américaine jusque-là inconnue, et avancé que les dépouilles des morts avaient été mises dans cette grotte pour accélérer leur accès à l'au-delà. Deux autres grottes ont plus tard été découvertes tout près, l'une d'elles renfermant encore plus d'ossements que la première, et dont les parois révèlent des pictogrammes.

La légende de la Ville Blanche

Quelque part sous la jungle de la Mosquitia gît une ancienne ville bâtie d'une pierre blanche et étincelante, du moins à en croire l'interprétation d'écrits issus des cultures toltèque et maya. La légende de la Ciudad Blanca, ou «Ville Blanche», a d'ailleurs été gardée vivante par plusieurs explorateurs et auteurs ayant formulé diverses théories quant à l'emplacement possible de cette ville perdue, qu'on situe plus probablement dans l'une ou l'autre des régions voisines du confluent de certaines rivières... si tant est qu'il ne s'agit pas que d'une légende. On attribue la récente absence de toute découverte significative en ce sens au manque d'appuis financiers nécessaires aux fouilles envisagées, mais on retient que la capitale du royaume depuis longtemps disparu de Tlapalán était vraisemblablement associée à une divinité humaine hautement vénérée par les cultures précolombiennes de la Méso-Amérique.

Des articles publiés par Ricardo Madrid, un Hondurien d'origine américaine qui a dirigé des excursions dans la Mosquitia, nous éclairent sur certains des faits historiques qui entourent cette légende. Dans un rapport qu'il envoya au roi d'Espagne en 1544, Cristóbal Pedraza, alors évêque du Honduras, faisait allusion à un territoire connu sous le nom de Veragua, visible du haut d'une montagne, et dont on disait que la principale ville était remplie de trésors. En 1939, une expédition de cinq mois conduite par l'explorateur américain Theodore Morde découvrit les ruines d'un temple consacré à un dieu-singe et faisant partie d'un vaste ensemble ceinturé d'un mur. Dans un compte rendu publié plusieurs années plus tard, Morde faisait état d'une structure pyramidale pourvue de hautes colonnes en pierre au sommet desquelles trônaient des effigies de singes et d'autres animaux. Non loin de là se trouvait une chute et des rapides, les berges de la rivière étant recouvertes d'un sable immaculé. La pierre blanche des environs aurait pu servir à la construction de la ville, et Morde garda le secret sur son emplacement exact afin de la protéger contre les pillards. Puis, alors qu'il se trouvaient à Londres en quête de fonds destinés à financer une nouvelle expédition, il fut frappé par une voiture, emportant ainsi son secret avec lui. Une expédition britannique ultérieure devait échouer dans sa tentative de retrouver le site tant convoité.

Quelques archéologues se montrent sceptiques quant à l'existence de la Ville Blanche, mais plusieurs érudits affirment qu'il ne faut pas en écarter la possibilité sans approfondir davantage la question. Après tout, la ville grecque de Troie, tenue pour «mythique», n'a-t-elle pas été enfin trouvée qu'en 1870, et la cité perdue des Incas du Machu Picchu n'a-t-elle pas à son tour été découverte qu'en 1911? Peut-être la jungle de la Mosquitia cache-t-elle donc vraiment des trésors archéologiques d'envergure.

Juticalpa

Juticalpa s'impose comme le principal centre administratif du département d'Olancho, mais elle n'a aucun charme particulier. Elle se situe en zone frontière, et les principales activités y sont l'élevage du bétail, l'exploitation des forêts et l'extraction de l'or. Vous y trouverez quelques modestes hôtels et un ou deux restaurants respectables, mais guère d'attraits comme tels.

★

Catacamas

Cette petite ville charmante et pittoresque se distingue par ses rues pavées et ses maisons coiffées de tuiles rouges, dans le style hondurien traditionnel. Outre son église néoclassique, elle ne possède que peu d'édifices dignes de mention, mais son atmosphère d'ensemble en fait un lieu tout à fait enchanteur, du moins le jour. (Veuillez vous reporter à l'encadré de la page 211.) Bien que la ville s'enorgueillisse de quelques petits hôtels et restaurants, elle ne reçoit que peu de visiteurs

★★

Région de la Mosquitia

La Mosquitia (parfois épelé «Moskitia») est le nom donné aux vastes étendues peu peuplées de forêts, de savanes, de marécages, de lagons et de bassins riverains qui couvrent le nord-est du Honduras et une partie du Nicaragua. Des montagnes se dressent dans la partie sud-ouest de cette région, tandis que de basses collines se retrouvent en plusieurs endroits. Ici le climat reste humide toute l'année et les précipitations se révèlent les plus abondantes en octobre et en novembre.

La région tire son nom des Indiens mosquitos qui représentent une part importante de la population locale, dont le reste se compose, entre autres, de Pechs, de Tawahkas, de Garífunas et, bien entendu, de *mestizos*. Il serait trop facile d'assumer, d'ailleurs à tort, que ce nom lui vient des moustiques, ces insectes agaçants qui abondent partout dans la région tout au long de l'année, surtout après de fortes pluies. Quiconque projette de passer beaucoup de temps dans la nature, à plus forte raison le soir, devrait faire ample provision d'insectifuge et sans doute prendre des cachets contre le paludisme. Compte tenu de l'alimentation irrégulière de la région en électricité, même dans les agglomérations, des lampes de poche seront également d'une grande utilité. Dans plusieurs secteurs, il vous faudra aussi des cachets purificateurs d'eau et de bonnes provisions d'aliments, car, même si le poisson local peut être délicieux, vous ne trouverez souvent pas grand-chose d'autre.

La Biosfera del Río Plátano, ponctuée de rivières et d'écosystèmes variés, constitue le plus grand attrait de la Mosquitia (voir p 217). La descente en rivière sur le Río Sico attire également nombre de visiteurs. Plusieurs excursionistes proposent des programmes couvrant différentes parties de la région (reportez-vous à la page 68).

Même ceux qui aiment tout faire par eux-mêmes trouveront la Mosquitia pour le moins intimidante. Vous n'aurez pas trop de mal à prendre un avion au départ de La Ceiba vers une des petites localités de la région. Le défi prend toutefois des proportions alarmantes lorsqu'il s'agit de remonter les rivières ou de parcourir la jungle sans l'assistance d'un batelier ou d'un guide compétent, dont les tarifs peuvent rapidement monter en flèche, et ce, à condition que

Palacios

Ce village de pêcheurs, près de l'angle nord-ouest de La Mosquitia, repose en bordure d'un lagon côtier, et des vols s'y rendent six jours par semaine. Palacios sert souvent de point de départ vers la Biosfera del Río Plátano. Il s'agit là de l'ancienne colonie de Black River, fondée par des bûcherons britanniques au XIXe siècle. Les derniers vestiges des manoirs en bois construits par les Britanniques ont été rasés en 1939 pour faire place à la piste d'atterrissage, qui demeure toutefois à ce jour couverte d'herbe. On peut néanmoins voir quelques restes épars d'un fort en terre de même que quelques canons. Hébergement et restauration possibles sur place.

Puerto Lempira

Cette petite ville rustique aux rues proprement quadrillées se situe à l'extrémité sud-est de la Laguna de Caratasca, dans l'est de la Mosquitia. Bien qu'il s'agisse de la plus grande localité de la région, elle ne présente aucun attrait particulier autre que la pêche d'agrément dans le lagon. De petites vedettes partent d'ici en direction de plusieurs villages, y compris **Cauquila**, de l'autre côté du lagon, non loin de la côte Caraïbe. Le vent peut se lever très soudainement sur l'eau, surtout en après-midi, ce qui rend parfois le lagon très dangereux. Vous trouverez dans cette ville plusieurs endroits où manger et dormir. Par ailleurs, un bar du nom de «Yampus», établi dans un grand bâtiment en bois monté sur pilotis au-dessus du lac, fait plus ou moins office de lieu de rencontre public; il dispose d'une agréable terrasse au bord de l'eau et fait surtout allègrement entendre de la musique country. Les banques locales ne

L'Est sauvage

Le département d'Olancho fait figure de dernière frontière avec ses nombreux éleveurs de bétail, ses colons, ses prospecteurs et ses opportunistes (souvent en marge de la loi) rappelant tous ceux qui ont façonné l'Ouest sauvage américain au XIXe siècle, si ce n'est, du fait de sa position géographique, que l'Olancho mérite plutôt l'appellation d'Est sauvage. Les litiges concernant la propriété des terres ne sont pas rares, et la faible présence policière, doublée du peu de foi de la population dans le système judiciaire, fait que certains de ces litiges se règlent par les armes. Le taux de possession d'armes à feu est élevé, et aucun homme digne de ce nom n'oserait se promener sans être dûment armé. Il faut par ailleurs être franchement brave (ou complètement idiot) pour se frotter quelque peu brutalement à un étranger dans un bar malfamé à la tombée de la nuit. Plusieurs communautés de l'Olancho ont bien tenté d'interdire la vente d'alcool, mais cela a seulement eu pour effet de donner naissance à un marché noir. Les visiteurs sont généralement en sécurité tant qu'il fait jour, mais, dans certaines localités, dont Catacamas, il vaut sans doute mieux ne pas trop sortir le soir.

changent pas les dollars; l'Agencia Matra, une agence maritime, pourra sans doute vous aider à cet égard, quoique à un taux inférieur au cours officiel.

Parcs

★
Parque Nacional La Muralla

Vaste et montagneux, ce parc national situé dans le centre géographique du Honduras abrite une faune et une flore exceptionnellement variées, de même qu'un réseau naissant de sentiers pédestres et deux terrains de camping rudimentaires. Vous êtes ici en territoire frontière, dont de vastes pans n'ont encore subi aucun assaut aux mains de l'homme. Le parc s'étend sur 21 935 ha, dont 13 850 sont entièrement protégés, tandis que le reste fait office de zone tampon et est en partie consacré à l'agriculture de subsistance. Seul son angle sud-ouest a été développé en vue du tourisme. Le réseau de sentiers et les autres installations s'étendront sans doute un jour de manière à couvrir de plus en plus de zones reculées, y compris plusieurs pics montagneux, mais, pour l'instant, le développement se fait à une échelle résolument modeste.

Ce parc englobe les sources du Río Aguán, qui se jette dans la mer des Caraïbes près de Trujillo. L'entrée se trouve à 14 km de La Unión, à 1 430 m d'altitude. Des différentes montagnes comprises à l'intérieur de ses frontières, seule La Muralla elle-même offre un sentier qui conduit à son sommet, haut de 1 650 m. Le plus haut pic du parc est celui de la Montaña de las Parras (2 064 m), mais il demeure pour ainsi dire impossible à atteindre, et il en va de même pour la Montaña Los Higuerales (environ 1 800 m).

À l'intérieur du périmètre de ce parc, les biologistes ont dénombré 853 variétés de plantes, 179 espèces d'oiseaux, 58 espèces de mammifères, 51 espèces de reptiles et d'amphibiens, et 294 espèces d'insectes. Parmi les représentants de la faune ailée, il faut retenir le fascinant quetzal, avec sa longue queue et son plumage splendide, ainsi que le dindon sauvage, plusieurs variétés de toucans et un oiseau chanteur quasi invisible, le *jilguero* (chardonneret).

Toucan

Quant aux arbres, ils comptent dans leurs rangs des feuillus tropicaux comme le *caboa*, de même que différentes espèces de chênes.

Le centre d'accueil des visiteurs, à l'entrée du parc, occupe une construction en bois complexe, et son personnel y est en fonction jour et nuit. Dans le hall principal, vous verrez une petite exposition sur la nature, une projection de diapositives et une maquette topographique du parc, mais aucun plan des lieux n'est disponible. On demande aux visiteurs de La Muralla de se présenter au préalable au bureau du COHDEFOR, le département national des forêts à La Unión. Cet organisme reste en contact radio avec le centre d'accueil des visiteurs du parc et fait en sorte qu'un guide local accueille les voyageurs à leur arrivée. Bien qu'il ne soit pas obligatoire de louer les services d'un guide, l'administration du parc préfère de loin vous voir entre bonnes mains, et, à raison de 8$ par jour pour un groupe comptant jusqu'à 10 personnes, vous ne risquez pas de vous ruiner. À l'heure actuelle, il n'existe que quatre sentiers pédestres, dont la longueur varie entre 1 km et 10 km, et aucun d'eux ne dépasse les limites de l'angle sud-ouest du parc. Pour ce qui est des deux terrains de camping, ils disposent d'eau courante, de toilettes sèches et de grils au vent.

Quetzal

Le simple fait d'atteindre l'entrée du parc constitue en soi une petite aventure. Un étroit chemin de terre essentiellement en pente franchit les 14 km qui la sépare de La Unión, ponctués de trois passages à gué. Le décor en est un de montagnes couvertes de pins entrecoupés de petites plantations de café, de fermes bovines et de cultures de subsistance. Vous pouvez effectuer l'ascension à bord d'une voiture conventionnelle, mais un véhicule tout-terrain haut sur roues est nettement plus indiqué, surtout par temps pluvieux. Si vous ne disposez pas déjà d'un véhicule, sachez que ceux du COHDEFOR font le trajet plusieurs fois par jour et que les employés du gouvernement acceptent généralement de prendre des passagers, quoique nous ne puissions formuler aucune garantie à cet égard. Les hôtels, à La Unión, peuvent également offrir un service de transport à leurs clients.

L'un des sites les plus impressionnants du parc, complètement à l'écart de la zone principale, est une haute chute rocheuse et brumeuse connue sous le nom de «Cascada de Mucupina». Vous pouvez l'atteindre en trois ou quatre heures de marche au départ du minuscule village de Los Planes de Mucupina, situé à 25 km au nord de La Unión sur la route d'Olanchito. Un habitant de la région, Don Jerónimo Menocal, propose ses services comme guide.

★

Parque Nacional Sierra de Agalta

Il s'agit là d'un des parcs nationaux les plus difficilement accessibles du Honduras, sans compter qu'il ne dispose que de très peu d'installations, mais, pour nombre de randonneurs et d'amants de la nature, il constitue une trouvaille de choix. Ses principaux attraits sont le pic de La Pichuca, qui culmine à 2 354 m au-dessus du niveau de la mer et qui offre de somptueux panoramas par temps clair, et plusieurs cours d'eau et chutes, de même qu'une variété d'écosystèmes parmi lesquels figure une forêt tropicale humide où poussent des espèces végétales uniques qu'on ne voit nulle part ailleurs. L'humidité constamment élevée des lieux y donne naissance aux sources de nombreux ruisseaux et crée un environnement idéal à la prolifération de la flore caractéristique des forêts tropicales humides, composée d'une grande quantité d'épiphytes, d'orchidées, de broméliacées, de mousses, de lichens et de fougères arborescentes. Au chapitre de la faune, il faut souligner la présence de quetzals, de toucans verts, de jaguars, de couguars, de tapirs et de chats à queue annelée.

Le village le plus près est celui de **Gualaco**, situé légèrement plus au nord sur la route de Juticalpa à San Esteban. De là, vous accéderez au parc à pied ou à dos de mulet. Il est également possible d'atteindre le parc par **Catacamas** (au sud). Les voyageurs indépendants ne doivent compter que sur eux-mêmes. Le camping est autorisé, même nécessaire, puisque la visite peut prendre plusieurs jours. Il faut, par exemple, compter deux jours pour gravir le sommet, auquel seul un sentier convenable quoique occasionnellement abrupt permet d'accéder. Le COHDEFOR peut être à même de vous fournir des renseignements sur le parc depuis ses bureaux de Juticalpa, Gualaco, San Esteban et Catacamas. L'agence La Moskitia Ecoaventuras (voir p 69) propose en outre des visites organisées du parc.

★★

Biosfera del Río Plátano

La Biosfera del Río Plátano (réserve de la biosphère du Río Plátano) s'étend à travers la partie nord-ouest de la Mosquitia. Il s'agit théoriquement d'une zone protégée, bien qu'aucune mesure concrète ne décourage les entreprises illégales des fermiers et des chasseurs sur son territoire. La réserve englobe de vastes forêts tropicales humides, des savanes plantées de pins et des mangroves marécageuses. Elle doit entre autres sa riche diversité faunique à ses nombreux hôtes sauvages, qu'il s'agisse des singes hurleurs, des loutres de rivière, des tapirs, des jaguars, des crocodiles, des perroquets, des aras, des martins-pêcheurs, des hérons ou des papillons bleus géants.

Les excursions dans la Biosfera del Río Plátano et dans les zones plus méridionales regroupées sous le nom de **Reserva Antropológica Tawahka** durent normalement une semaine ou plus, et comprennent des randonnées dans la jungle, des descentes de rivière et la visite de villages indigènes traditionnels. Un peu partout dans la région, existent nombre de petits sites archéologiques révélant des pétroglyphes (symboles gravés dans la pierre à des époques reculées).

Certains groupes organisés partent de la ville de **Palacios**, construite en bordure d'un lagon côtier; les visiteurs arrivent par avion et remontent la rivière en bateau à moteur. D'autres procèdent par voie de terre au départ de Tegucigalpa et pénètrent dans la réserve en un point situé plus au sud, près de l'embouchure du Río Plátano, puis descendent la rivière à la rame en radeau ou en canot sur une bonne distance.

Activités de plein air

Lago de Yojoa

Le Lago de Yojoa (se prononce *yo-KHO-a*), à 81 km au sud de San Pedro Sula, se présente

Dindon sauvage

comme un grand lac d'eau douce (22 km de longueur sur 10 km de largeur) entouré de montagnes. Profond (40 m) et limpide, il se prête bien à la baignade, à la pêche à l'achigan et à diverses autres activités aquatiques. Vous pourrez prendre toutes les dispositions nécessaires dans les plus grands hôtels qui bordent ses rivages. Des centaines d'espèces ailées hantent les lieux.

La portion sud-est du lac s'étend le long de la principale route reliant San Pedro Sula et Tegucigalpa. Une autre route, parallèle à la face nord du plan d'eau, mène à la ville voisine, **Peña Blanca**; des cars l'empruntent deux fois l'heure depuis La Guama, à la jonction de la route principale. Peña Blanca a une taille respectable et dispose de banques, d'une pharmacie, d'une station-service et d'autres commerces. Ceux et celles d'entre vous qui logeront sur les rives du Lago de Yojoa ne se trouveront pas très loin du Parque Nacional Santa Bárbara (voir p 129) et des autres parcs de la région.

Pulhapanzak

Une succession de chutes plongent en cascade d'une hauteur de 43 m dans un décor spectaculaire rehaussé de végétation tropicale. Ce lieu d'excursion d'une journée s'avère populaire au départ de San Pedro Sula, si bien que l'endroit devient souvent bondé les fins de semaine et les jours fériés. L'entrée du site, près du village de Buenaventura, à 11 km au nord de Peña Blanca, le long d'un chemin non revêtu, est ouverte de 6h à 18h, et l'on y prélève des droits d'entrée de 1$ pour les adultes et de 0,70$ pour les enfants. De jeunes garçons s'offriront à vous servir de guides en échange de quelques lempiras.

Le **Balneario Las Gradas**, un peu plus loin en amont, recèle un bassin naturel où il fait bon se baigner, de même que des aires de pique-nique et diverses autres installations.

Río Sico et Río Plátano

Plusieurs excursionnistes proposent des descentes de rivière et d'autres sorties le long du Río Sico, près des limites occidentales de la Mosquitia, et sur le Río Plátano, qui coule à l'intérieur de la réserve naturelle du même nom. Pour de plus amples renseignements, reportez-vous à la page 217.

Hébergement

Comayagua

Hotel Libertad
5$
bc
en face du Parque Central
☎772-0091
L'Hotel Libertad propose 18 chambres sombres et rudimentaires dans un bâtiment du milieu du XIXe siècle aménagé autour d'une cour paysagée.

Hotel Imperial
12$
⊗
à une rue du boulevard principal
☎772-0215
Cet établissement dispose de 25 chambres modestes mais claires, bien que bon nombre d'entre elles soient aménagées autour d'une cour intérieure sombre. Il n'y a pas d'eau chaude.

Hotel Emperador
18$
≡, tv
tout juste en retrait du boulevard principal
☎772-0332
Cet endroit met à votre disposition 38 chambres accueillantes et éclairées pourvues de balcons privés.

Hotel Quan
12$ ⊗, 22$ ≡ et tv
à une rue et demie du boulevard principal
☎772-0070
Cette construction moderne située dans une rue secondaire paisible compte 20 chambres ordinaires quoique raisonnablement confortables. Celles qui sont climatisées se révèlent plus grandes que les autres.

Siguatepeque

Boarding House Central
7$ bc, 13$ bp et tv
en face du Parque Central
☎773-2108
La Boarding House Central dispose de 22 chambres simples et passablement confortables, pour la plupart en rez-de-chaussée. La salle à manger se révèle très attrayante.

Hotel Panamericano
10$, 16$ ≡
Avenida 1, près du marché
☎773-3531 ou 773-0207
L'Hotel Panamericano loue 30 chambres sombres autour d'un petit atrium.

Les environs du Lago de Yojoa

Hotel Los Remos
18$
⊗, ≡, ℜ, bar
pas de téléphone
à l'extrémité sud du lac, sur la route principale
☎898-8775 réservations
L'Hotel Los Remos offre 12 chambres toutes simples, dont certaines peuvent convenir à une

famille. La propriété elle-même n'est cependant pas très bien entretenue et le service s'avère lent.

Hotel Agua Azul
23$
⊗, ℜ, *bar*, ≈
Km 8 de la route de Peña Blanca
☎*991-7244*
Les 18 chambres de cet établissement occupent des cabanes éparpillées çà et là sur un terrain boisé et agréablement paysagé. Celles qui reposent plus près du lac se révèlent plus invitantes, d'autant qu'elles se parent de bois et de céramique. La salle à manger donne sur le lac et se veut particulièrement attrayante, tandis que le service n'est malheureusement plus ce qu'il était. Vous aurez ici l'occasion de pratiquer la pêche et l'équitation, d'utiliser les embarcations à moteur de l'hôtel et de jouer au billard.

Hotel Brisas del Lago
38-46
≡, *tv*, ℜ, *bar*
☎*992-2937*
Cet hôtel compte 72 chambres dans une série de grands bâtiments cubiques construits à une certaine distance du lac sur un terrain dont l'aménagement paysager est réduit à sa plus simple expression. Les chambres sont claires et agréables, avec des sols en carreaux de céramique, et disposent d'un balcon. L'établissement offre des courts de tennis et une salle de jeux. Vous pouvez pêcher dans le lac et utiliser à votre guise les embarcations à moteur et les pédalos.

Danlí

Dans l'ensemble, l'hébergement à Danlí se révèle meilleur que dans les villes voisines du Nicaragua, dont Estelí.

Hotel Apolo
7$
centre-ville
☎*883-2177*
Ses 18 chambres sont on ne peut plus modestes.

Hotel La Esperanza
6$/pers. bc, 20$/pers. bp
≡, *tv*
centre-ville
☎*883-2106*
Les 29 chambres de cet établissement ne présentent aucun attrait particulier.

Gran Hotel Granada
42$ ⊗ 78$ ≡
tv, ≈, ℜ, *bar*
aux limites de la ville sur la route de Tegucigalpa
☎*883-2499 ou 883-2784*
⇌*883-3224*
Le Gran Hotel Granada propose 69 chambres dans deux ailes distinctes. Les chambres de la nouvelle aile sont plus grandes et plus confortables, mais elles donnent sur l'aire de stationnement, tandis que la plupart des chambres de l'ancienne aile font face à une terrasse verdoyante.

La Unión

Hotel La Muralla
4$
⊗, *bc*
rue principale
Les 12 chambres de ce chaleureux hôtel familial sont propres quoique très rudimentaires. Toutes donnent sur un passage extérieur qui aboutit aux salles de bain.

Juticalpa

Pensión Alemán
5$
⊗
près du Parque Central
☎*885-2783*
Cet endroit amical est pourvu d'un jardin et de six petites chambres toutes simples.

Hotel Antúnez
7-11
⊗, ☎, *tv dans certaines chambres*
à une rue du Parque Central
☎*885-2250*
Ses 43 chambres se révèlent modestes et plutôt sombres. Quelques-unes disposent toutefois de chaises longues en face d'une terrasse. Le service est lent.

Apart-Hotel La Muralla
9-13
⊗, *tv*, ☎
à une rue du Parque Central
☎*885-1270*
Cet établissement accueillant offre un bon service. Ses 17 chambres sont modernes quoique simples et sombres, certaines d'entre elles se révélant

Catacamas

Les visiteurs ont le choix entre plusieurs petits hôtels plutôt rudimentaires dont les tarifs sont tous inférieurs à 10$. Il s'agit, notamment, de l'**Hotel Colina**, de l'**Hotel Central** et de l'**Hotel Rapalo**, plus simple encore que ses homologues.

Palacios

Río Tinto Lodge
9$
pas de téléphone
Le Río Tinto Lodge propose 10 chambres pourvues de l'eau courante et de l'électricité en début de soirée, les commodités n'étant pas toujours fiables dans cette partie du monde. Les chambres situées à l'étage sont préférables, dans la mesure où elles bénéficient d'une bonne ventilation naturelle et d'un large porche offrant de belles vues sur la lagune. Le propriétaire des lieux, Félix Mármol, est une importante personnalité locale.

La Moskitia Ecolodge, d'une qualité supérieure, a fermé ses portes en 1999 après que l'ouragan Mitch eut fait chuter ses affaires. Lors de notre passage, personne ne pouvait encore dire s'il rouvrirait ou non.

Puerto Lempira

Hospedaje Flores
4-6
près du centre-ville
Quelques-unes de ses chambres disposent d'un ventilateur, mais toutes demeurent très rudimentaires.

Hotelito Central
5-7
bc
centre-ville
☎898-7454
Les 19 chambres de cet établissement sont propres mais minuscules et pour le moins spartiates. La plupart d'entre elles n'ont pas de ventilateur.

Gran Hotel Flores
17$ bc
22$ bp et ⊗
27$ ≡ et tv
près du centre-ville
☎898-7421
Ses 23 chambres sont convenablement aménagées quoiqu'en toute simplicité. Il n'y a de l'électricité qu'à certaines heures du jour.

Restaurants

Comayagua

De nombreux restaurants simples sont éparpillés un peu partout autour du centre-ville, dont certains se spécialisent dans le poulet grillé ou les mets chinois. Sur l'artère principale, simplement désignée du nom d'«El Boulevard», se trouvent trois restaurants plus raffinés, soit le **Pájaro Rojo**, le **Hanemann's** (à l'étage du mail qui se trouve de l'autre côté de la rue, ouvert le soir seulement de même qu'à l'heure du déjeuner le dimanche) et **La Torre Latina**, qui s'avère plus coûteux.

La **Pizzería Venezia** exploite aussi une succursale en bordure de la route.

Siguatepeque

Le **China Palace** (*$; près de la gare d'autocars*) dispose d'une agréable salle à manger climatisée et propose un assortiment habituel de mets chinois à la mode de l'Amérique centrale.

Vous pouvez également essayer **La Villa** pour des mets mexicains, **Alby's** pour du poulet frit et des *pupusas*, de même que la **Pizzería Venezia** pour... vous devinez quoi.

Les environs du Lago de Yojoa

Une importante agglomération de restaurants simples le long de la route principale, près de l'angle sud-est du lac, sert du poisson frais du lac et des tortillas garnies pour environ 2$. Un regroupement semblable, quoique plus petit, se trouve un peu plus au nord sur la même route. Outre ces haltes routières, vos meilleurs choix seront sans doute les restaurants des hôtels aménagés sur la rive même du lac.

L'**Hotel Agua Azul** possède une salle à manger plus gaie et une terrasse donnant sur le lac, la majorité des plats se vendant de 3$ à 6$ et le prix de l'achigan du lac variant selon son poids.

Danlí

Le **Restaurant Rincón Colonial**, établi au centre-ville à une rue du Parque Central, et le **Restaurant El Torito**, qui occupe de nouveaux locaux tout juste au-delà des limites de la ville sur la route de Tegucigalpa, se spécialisent tous deux dans les plats de viande, pour la plupart offerts en deçà de 7$.

Juticalpa

Plusieurs restaurants, parmi lesquels **Los Arcos**, **La Fonda** et **Pampas Olanchanas**, bordent la route à environ 1 km à l'ouest de la ville, leur menu portant lourdement sur le bœuf et leurs prix variant essentiellement entre 3$ et 6$. **La Gran Vía**, à 2 km à l'ouest de la ville, se présente comme un agréable restaurant en plein air qui sert des viandes et des *pinchos* (dont un excellent à la saucisse fumée), de même que du poisson et des crevettes dans la même fourchette de prix.

Catacamas

Vous êtes ici au pays du bœuf. Les meilleurs restaurants, y compris l'**As de Oro** et **The Rodeo**, ont pignon sur rue en marge du centre-ville.

Palacios

Le **Restaurant Victoria**, exploité par des Garifunas, sert du poisson et des fruits de mer, de même que de simples plats de viande. Il est également possible de manger au **Río Tinto Lodge** en prenant à l'avance les dispositions nécessaires.

Puerto Lempira

On dénombre trois ou quatre restaurants dans divers secteurs de la ville. Le plus attirant est sans contredit le **Merendero Gladys**, un endroit amical à proximité du quai. Il s'agit d'une simple cabane coiffée d'un toit de tôle ondulée qu'on a érigée sur pilotis directement au-dessus de l'eau, et dont les flancs ouverts donnent sur le lac. Poisson frit, porc grillé ou poulet rôti ne vous coûteront que 2$ environ.

Sud du Honduras
Marcala
Cabañas
Santa Lucía
San Juan
Mercedes de Oriente
Caridad
Arameciana
Langue
Goascorán
El Amatillo
Alianza
EL SALVADOR
Tegucigalpa
San Juan de Flores
Morocelí
San Antonio de Oriente
El Zamorano
Danlí
Chichicaste
Iacaleapa
Yuscarán
Maraita
Güinope
Sabana Grande
La Venta
San Lucas
El Paraíso
Las Manos
N
San Antonio de Flores
Pespire
Nacaome
Morolica
Jícaro Galán
Orocuina
San Marcos de Colón
El Espino
NICARAGUA
San Lorenzo
Coyolito
Choluteca
Amapala
Isla El Tigre
Punta Ratón
Marcovia
Namasigüe
Cedeño
El Triunfo
Golfo de Fonseca
Guasaule
0
20
40km
0
10
20mi
©ULYSSE

Le sud du Honduras

Le sud du Honduras est une région qu'on traverse plus souvent qu'on ne la visite vraiment.

Nombre de voyageurs la franchissent en se rendant d'El Salvador au Nicaragua, ou sur la route de Tegucigalpa ou d'autres points plus éloignés encore, mais rares sont ceux qui se donnent la peine de l'explorer. Force nous est d'admettre que les attraits en sont limités, quoique quelques trésors cachés s'y trouvent, entre autres la petite ville coloniale bien préservée de Pespire, le district colonial de Choluteca, souvent négligé bien qu'il ait un caractère attrayant, les canaux bordés de mangrove dans le golfe de Fonseca formant une magnifique réserve et la petite station balnéaire peu fréquentée d'Amapala, sur l'Isla del Tigre.

La région dont ce chapitre fait l'objet comprend l'étroite bande de terre qui sépare les frontières d'El Salvador et du Nicaragua, et qui s'étend jusqu'au golfe de Fonseca, un bras peu profond de l'océan Pacifique que se partagent les trois pays. La côte méridionale du Honduras n'est longue que de 124 km, dont une faible portion seulement est ponctuée de plages.

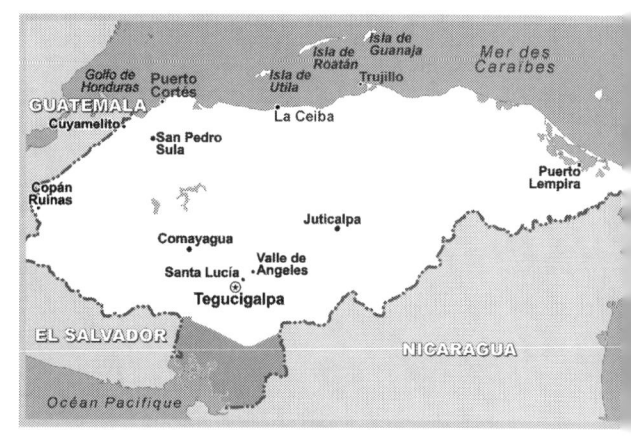

Cette région, bien à l'écart de l'habituelle zone des ouragans et pourvue d'un climat généralement chaud et sec, n'avait pour ainsi dire jamais fait l'expérience des vents violents et des pluies torrentielles associées aux tempêtes des Caraïbes. Or, voici qu'elle a été frappée très durement par l'ouragan Mitch en 1998. Les rivières Choluteca et Nacaome ont monté de plusieurs mètres au-dessus de leur niveau normal, et plusieurs villages ont été complètement emportés. Dans la ville de Choluteca, certaines sections particulièrement basses du centre historique colonial ont même été irrémédiablement détruites.

Deux grandes voies de circulation donnent accès à ce coin de pays : la Carretera Panamericana, qui relie les capitales de la plupart des pays d'Amérique centrale (bien qu'elle ne passe pas par Tegucigalpa), et la route qui serpente en direction du nord à travers les montagnes, reliant la Carretera Panamericana et Tegucigalpa. Ces deux axes routiers se croisent dans la minuscule ville de Jícaro Galán.

Les voyageurs en provenance d'El Salvador et, plus particulièrement, du Nicaragua trouveront généralement des lieux d'hébergement de meilleure qualité du côté hondurien. Des établissements confortables les attendent à Choluteca et à Jícaro Galán, de même que dans la ville portuaire de San Lorenzo, à mi-chemin entre les deux. À une ou deux exceptions près, les hôtels de l'ouest du Nicaragua se révèlent plutôt ternes, ce qui vaut également pour les villes salvadoriennes situées à l'est de San Miguel.

Étant donné que la route internationale conduisant le plus facilement au Honduras passe par le sud du pays, nombre de visiteurs auront au moins l'occasion de traverser la région. Dès lors, pourquoi ne pas en profiter pour s'arrêter brièvement en chemin?

Les amateurs de plages ont en bonne partie raison (quoique pas entièrement) de passer outre à cette région, puisqu'ils apprécieront sûrement davantage la côte Caraïbe, plus au nord. La station balnéaire de Cedeño, sur la côte du Pacifique, demeure toutefois populaire auprès des Honduriens aux ressources limitées, malgré une ambiance plutôt malfamée et déprimante. Punta Ratón, plus à l'ouest, possède de meilleures plages, bien qu'il soit difficile de s'y rendre et que les services y soient pratiquement inexistants.

La station balnéaire la plus attrayante de la côte pacifique du Honduras est incontestablement Amapala, sur l'Isla del Tigre, ce qui ne veut pas dire pour autant qu'elle fasse le bonheur de tous. Cet ancien port de mer, petit mais coquet, s'entoure d'une auréole de quasi-abandon en retrait de tout. Ses jours de gloire appartiennent au passé, mais on dénombre dans l'île au moins trois hôtels et plusieurs plages où il fait bon se baigner, sans compter qu'il est possible d'y camper.

Pour s'y retrouver sans mal

En voiture

La **Carretera Panamericana** traverse le sud du Honduras sur la courte distance qui sépare **El Amatillo**, sur la frontière salvadorienne, d'**El Espino**, sur la frontière nicaraguayenne, avant de poursuivre sa course vers Managua en passant par Estelí. **Choluteca**, la plus grande ville de la région, se trouve plus près du Nicaragua, et une route secondaire s'y détache de la route pour atteindre le village frontalier plus méridional de **Guasaule**, puis Managua via Chinandega et León.

L'autre route principale de cette région du pays est celle qui part de Tegucigalpa et rencontre la Carretera Panamericana dans la petite localité de **Jícaro Galán**.

Une autre artère qui, celle-là, file en direction du sud-ouest à partir d'un point situé à 4 km à l'ouest de la ville portuaire de **San Lorenzo**, se rend jusqu'à **Coyolito**, où des bateaux (passagers seulement) permettent d'accéder à **Amapala**, sur l'Isla del Tigre. Un autre chemin encore, revêtu mais truffé d'ornières, s'étire en direction du sud-ouest sur 32 km entre la Carretera Panamericana et **Cedeño**, à partir d'un embranchement situé entre San Lorenzo et Choluteca.

Toutes les routes mentionnées sont revêtues et, exception faite de la dernière en lice, maintenues dans un état acceptable.

Il existe bien un réseau routier rudimentaire sur l'Isla del Tigre, mais peu de véhicules l'empruntent.

En autocar et en traversier

Les cars internationaux qui circulent entre le Salvador et le Nicaragua passent par le sud du Honduras tout comme les liaisons directes sur les lignes Tegucigalpa–San Salvador et Tegucigalpa–Managua (voir p 76).

La ligne **Tegucigalpa-Choluteca** compte sur des cars confortables circulant à intervalles de 45 à 60 min pratiquement toute la journée, avec arrêts possibles à **Pespire**, **Jícaro Galán** et **San Lorenzo**. S'y ajoutent des cars express climatisés de première qualité aux tarifs assortis (classés sous l'appellation de *servicio ejecutivo*) qui circulent à intervalles de deux heures entre Tegucigalpa et Choluteca sans arrêts intermédiaires. La durée du trajet est d'environ deux heures sur les cars express, et d'un peu plus sur les cars réguliers. À Tegucigalpa, ces autocars partent de sections distinctes de la gare routière Mi Esperanza, tout au bout de la 6ª Avenida près de la 23 Avenida, du côté de Comayagüela (☎225-1502). À Choluteca, ils partent de petites gares individuelles, distantes de quelques rues les unes des autres aux abords du marché principal, vers la sortie de la ville (☎882-2712). Certains autocars passent par Tegucigalpa et **San Marcos**, plus près de la frontière nicaraguayenne, d'où de fréquents cars locaux se rendent jusqu'au carrefour d'**El Espino**. Des liaisons supplémentaires entre Tegucigalpa et Choluteca sont assurées par des cars lents qui s'arrêtent un peu partout (et à bord desquels beaucoup de passagers voyagent souvent debout), à raison de trois fois l'heure sous les auspices d'El Dandy et d'autres compagnies; mieux vaut éviter ces cars, sauf si l'on ne trouve aucune place à bord d'un express.

Pour atteindre **Nacaome** et El Amatillo, sur la frontière salvadorienne, prenez un car direct (quoique moins confortable) du Mercado Belén, à Comayagüela.

Au départ de **Choluteca**, cars et minibus rayonnent dans plusieurs directions, assurant entre autres des liaisons locales en passant par la Carretera Panamericana jusqu'à **El Amatillo**, les postes frontaliers nicaraguayens d'**El Espino** et d'**El Guasaule**, et **Cedeño**. La gare routière municipale de Choluteca se trouve aux limites de la ville et est desservie par des taxis locaux peu coûteux. La gare routière Mi Esperanza ne s'en trouve qu'à une rue et demie.

Parmi les trajets possibles au départ de **San Lorenzo**, mentionnons le service horaire en direction de **Coyolito**, en activité jusqu'à 17h; la durée du parcours est d'une heure et quart, alors qu'il faut compter environ 30 min en voiture. Des cars partent également de Coyolito vers le nord une fois l'heure entre 5h et 16h, sans oublier le direct pour Tegucigalpa, qui quitte la ville à 3h30.

Les bateaux reliant Coyolito à **Amapala**, sur l'Isla del Tigre, partent aussitôt qu'ils ont au moins 10 personnes à leur bord; le coût est de 0,70$ par passager, ou de 5$ pour une traversée privée, le tout prenant une vingtaine de minutes à faible vitesse. Le bateau constitue par ailleurs le meilleur moyen pour atteindre certains points de l'île.

En taxi

Vous trouverez des taxis dans la plupart des villes de taille respectable du sud du Honduras, de même qu'aux principaux postes frontaliers. Le prix de la course est généralement peu élevé.

Des taxis collectifs desservent en outre certains tronçons interurbains, notamment entre **Nacaome** et **Jícaro Galán**.

Il n'y a pas de stations de taxis à Coyolito ou à Cedeño, ce qui veut dire que vous devez bien vous renseigner sur les heures de départ des derniers cars. Par la suite, un taxi amenant des personnes dans ces villes pourrait toujours vous dépanner, mais n'y comptez pas trop. Il n'y a pas non plus de taxis à Pespire, mais vous avez toujours la possibilité de héler au passage l'un des cars qui circulent aussi bien vers le nord que vers le sud jusqu'en milieu de soirée.

Attraits touristiques

Au sud de Tegucigalpa

En quittant la capitale en direction sud, la ville d'**Ojojona**, un centre de production artisanale réputé pour son atmosphère coloniale des plus paisibles, se trouve sur une route secondaire à 7 km de la route principale (voir p 90). Plus au sud, sur la route principale, **Sabanagrande** s'enorgueillit d'une église fraîchement rénovée; construite dans les premières années du XIXe siècle, elle renferme un autel marquant une intéressante transition entre les styles baroque et néoclassique, de même qu'elle possède une façade inspirée de la cathédrale de Tegucigalpa, quoique à une échelle réduite. Deux roues en pierre exposées sur la place rappellent les anciens moulins. Quelques kilomètres plus au sud, près du village de **La Venta**, le spectaculaire volcan San Miguel, au Salvador, se fait visible par temps clair.

★★

Pespire

Pespire, ce petit joyau colonial aux rues pavées et pentues regorge d'architecture traditionnelle, repose dans une vallée pittoresque légèrement en contrebas de l'autoroute, à 80 km au sud de Tegucigalpa, et est bordé à l'ouest par le Río Nacaome. L'**Iglesia San Francisco**, au triple dôme, est clairement visible de la route. À l'intérieur se trouvent un autel en bois aux sculptures complexes et un plafond de bois en arc. En face de l'église se dresse le joli hôtel de ville ou *alcaldía*, paré de colonnes en bois surmontées d'arches.

Un pont enjambe la rivière près d'une succession de rapides et permet d'accéder au village de **La Laguna**, situé 8 km plus loin sur une route en mauvais état qui se parcourt bien à pied. Vous trouverez un lac près du village, bien que ses eaux soient impropres à la baignade.

Pespire demeure pratiquement inviolé, et il ne fait aucune concession au tourisme, ce qui le rend d'autant plus attrayant aux yeux de ceux et celles qui désirent marcher une heure ou deux dans un environnement qui n'a guère changé au fil des ans. L'endroit le plus près où loger et manger convenablement est Jícaro Galán, 12 km plus au sud.

Bien que le centre historique de Pespire se soit en grande partie tiré indemne de l'ouragan Mitch, des centaines de maisons ont été détruites dans les secteurs résidentiels des basses terres.

Jícaro Galán

Ce village poussiéreux et inintéressant se trouve au croisement de la Panamericana et de la Central America Highway n° 5, qui relie Puerto Cortés, sur la côte Caraïbe, à San Pedro Sula et à Tegucigalpa, plus au sud. Jícaro Galán dispose de quelques lieux d'hébergement, dont l'Oasis Colonial, qui fait office d'hôtel-restaurant, et rappelle une sorte de complexe balnéaire (voir «Hébergement», p 229).

★
San Lorenzo

Il s'agit du seul port de mer important de la côte pacifique du Honduras. C'est en outre un important centre d'élevage de crevettes. Bien que la ville elle-même ne présente que peu d'intérêt, il s'y trouve plusieurs restaurants sur front de mer. San Lorenzo fait face au golfe de Fonseca dans une région sillonnée par un réseau complexe de canaux et d'estuaires bordés de palétuvier, où évoluent une riche végétation et une non moins riche faune marine qui forment la réserve naturelle des Lagunas de Invierno y Manglares de Fonseca. Outre plusieurs variétés de mangroves, de fourrés et d'arbres, cette zone protégée abrite de nombreuses espèces d'oiseaux ainsi que des tortues. Ses attraits comprennent également une plage de sable volcanique foncé, la Playa del Amor, située dans une île, sans oublier la vue d'une partie de la chaîne de volcans de l'Amérique centrale. Les couchers de soleil y sont apparemment spectaculaires. Cette région se trouve protégée par une fondation du nom de Comité para la Defensa y Conservación del Golfo de Fonseca, qui a adopté l'acronyme pour le moins curieux (et difficile à prononcer) de COODDEFFAGOLF. Cette fondation a un bureau à San Lorenzo et est censée diffuser de l'information, mais son personnel ne nous a guère paru serviable. Mieux vaut sans doute vous adresser à une entreprise du nom de **San Lorenzo Tours** *(en face de l'eau, près de l'Hotel Miramar,* ☎*881-2650),* qui organise des excursions en bateau sur demande; comptez 21$ l'heure (sujet à changement) pour un maximum de huit passagers.

★
Choluteca

Choluteca est la plus grande ville du sud du Honduras, et on l'a souvent écartée des circuits en la décrivant comme une ville commerciale chaude, étouffante et somme toute peu intéressante. Tous ces qualificatifs s'appliquent sans doute au centre moderne de la ville, mais, à quelques centaines de mètres à peine, surgit l'un des plus beaux noyaux d'architecture coloniale de toute l'Amérique centrale sur un quadrilatère de plusieurs rues. Ce quartier de la ville semble au contraire paisible, élégant et dépourvu de toute prétention. Les constructions y sont bien entretenues sans pour autant arborer un maquillage excessif, et les résidents y vaquent tranquillement à leurs occupations quotidiennes.

Le point de mire du Barrio Colonial de Choluteca est le **Parque Valle**. D'un côté du parc se dresse la maison restaurée de José Cecilio del Valle, l'un des auteurs de la Déclaration d'indépendance de l'Amérique centrale. On y présente à l'occasion des expositions d'art. De l'autre côté du parc s'élève la grande et plutôt austère **cathédrale** blanchie à la chaux, dont les habitants de la ville disent qu'elle n'a pas de nom particulier.

Avoisinant la cathédrale, dont il est séparé par une agréable terrasse agrémentée d'une grande fontaine, s'impose l'*alcaldía*, c'est-à-dire l'hôtel de ville, un magnifique bâtiment colonial pourvu d'une grande cour intérieure doublée d'un jardin. Deux rues derrière la cathédrale, se trouve l'**Iglesia La Merced**, qui date du XVIIe siècle et qui n'est généralement ouverte au public qu'en début de soirée; sa façade ne paie pas de mine et son intérieur ne révèle que des œuvres sacrées de facture plutôt simple. Entre les deux, vous pourrez admirer plusieurs habitations tout aussi anciennes.

Certaines parties plus basses du quartier historique ont irrémédiablement été inondées par l'ouragan Mitch en 1998, et sont aujourd'hui perdues à tout jamais.

Choluteca est une importante ville de marché au service d'une région qui dépend lourdement de l'élevage, de la culture de la canne à sucre et des arbres fruitiers, ainsi que de la production de crevettes. Elle répond en outre aux besoins des très nombreux voyageurs de passage et propose un bon choix d'hôtels, de même que plusieurs restaurants convenables. Les visiteurs arrivant de l'ouest pénètrent dans la ville par un impressionnant pont suspendu qui enjambe le Río Choluteca. Au moment de traverser le pont, vous aurez une idée de l'amplitude de l'inondation provoquée par Mitch : la rivière s'est en effet gonflée jusqu'à engloutir le tablier du pont, bien au-delà des limites habituelles de son lit.

Cedeño

Ce village de pêcheurs doublé d'une station balnéaire ne manquera pas de décevoir quiconque s'attend à y trouver de belles plages ou une atmosphère idyllique. Dommage qu'il faille recourir à des mots aussi crus, mais Cedeño ne convient qu'à ceux et celles qui n'ont vraiment pas les moyens de s'offrir mieux. Les plages municipales disparaissent pour ainsi dire complètement à marée haute, quoiqu'on en trouve de plus larges à proximité. De nombreux petits restaurants peu attrayants sont par ailleurs aménagés sur pilotis au-dessus de l'eau. Les cochons fouinent un peu partout dans les rues, et les hôtels locaux sont, presque sans exception, sordides et sales.

Punta Ratón

Tout juste au sud de ce village, une réserve faunique abrite une plage où les tortues de mer viennent pondre leurs œufs d'août à novembre. Il y a une forêt dense tout près où vivent beaucoup d'espèces d'oiseaux.

Isla del Tigre

★
Amapala

Amapala, un ancien port de mer, est la seule agglomération de l'Isla del Tigre, sur le golfe de Fonseca. L'activité portuaire s'est depuis longtemps déplacée à San Lorenzo, confinant en quelque sorte Amapala à ne plus être que l'ombre de ce qu'elle avait été, si bien qu'on a un peu l'impression de se retrouver dans une ville morte. Après avoir contemplé des décors on ne peut plus rustiques de part et d'autre de la route de Coyolito, le fait de prendre le bateau vers une île perdue au beau milieu de nulle part a quelque chose d'étrange. D'autant plus qu'on y accoste à un joli quai et qu'on a tôt fait de découvrir ce qui ressemble à une petite ville typique du continent hondurien, aux rues étroites et bordées de maisons coiffées de tuiles rouges. Certaines constructions sont toutefois à l'abandon, ce qui ne fait qu'ajouter au caractère isolé d'Amapala.

Plusieurs hôtels ont pignon sur rue à Amapala ou dans les environs, et le camping est autorisé sur les plages (voir p 229), lesquelles constituent l'attrait principal de l'île aux yeux de plus d'un visiteur. Au centre de l'île apparaît un volcan éteint faisant partie de la grande chaîne volcanique centraméricaine.

Nacaome

Ce village, situé à 6 km à l'ouest de l'embranchement autoroutier de Jícaro Galán, fut le théâtre de plusieurs batailles importantes au cours de sa longue histoire. Mais exception faite d'une église coloniale, somme toute, ordinaire, la plupart des visiteurs n'y trouveront pas grand-chose à voir.

Plages

San Lorenzo

La **Playa del Amor**, située dans une île à environ 10 min de bateau de San Lorenzo parmi les estuaires bordés de palétuviers, se couvre de sable volcanique foncé et offre d'intéressantes vues d'une partie de la chaîne de volcans de l'Amérique centrale.

Isla del Tigre

Plusieurs petites plages isolées agrémentent l'île en divers points. Les deux plus grandes sont la **Playa Grande** et la **Playa Negra**, respectivement situées à 1,5 km et à 3 km d'Amapala. Toutes deux se composent de sable volcanique foncé. Plutôt de l'autre côté de l'île, cette fois, s'étendent plusieurs petites plages de sable blanc accessibles à pied ou en bateau. En certains endroits retirés, il est permis aux dames d'enlever le haut de leur maillot pour se faire bronzer ou se baigner. Les vagues sont douces et, comme le golfe de Fonseca est peu profond, la température de l'eau demeure passablement élevée. Pour de plus amples renseignements sur l'accès à l'Isla del Tigre, reportez-vous un peu plus haut à la section «Pour s'y retrouver sans mal» (voir p 226) traitant d'Amapala.

Punta Ratón

Un long chemin secondaire très cahoteux se détachant de la route de Cedeño mène à Punta Ratón, qui se trouve, en tout, à 44 km de la Carretera Panamericana. La plage y est plus belle qu'à Cedeño, mais la route est mauvaise, il n'y a pas de service de car régulier et les possibilités de restauration ou de rafraîchissement demeurent limitées.

Activités de plein air

Randonnée pédestre

Isla del Tigre

Un volcan éteint s'élève au centre de l'île, et un sentier conduit à son sommet. L'ascension dure entre une heure et demie et deux heures.

Hébergement

Jícaro Galán

Hotelito Sirleny
8$
⊗, *tv*, ℜ
☎*895-4019*
Les sept chambres de cet hôtel confortable sont petites et simples, mais joliment décorées.

Turicentro Oasis Colonial
47$
≡, *tv*, ☎, ℜ, *bar*, ≈, *billard*
☎*895-4006*
☎*895-4008*
≠*895-4007*
Les 51 chambres proposées sont claires et agréablement meublées; la plupart arborent de hauts plafonds de bois, et nombre d'entre elles entourent

une paisible cour intérieure aménagée avec jardin. Les passages sont carrelés et flanqués de colonnes. La piscine est grande et s'inscrit dans un décor rappelant une station balnéaire.

San Lorenzo

Hotel Mandarín
12$
sur l'autoroute près de l'arrêt de car
☎*891-2316*
Les 38 chambres de cet établissement aux allures de motel sont tout ce qu'il y a de plus rudimentaires, et certaines d'entre elles donnent sur un couloir intérieur.

Hotel Morazán
18$
24$ pour une chambre plus grande
≡
dans une rue secondaire tranquille au nord de l'autoroute
☎*881-2400*
Cet hôtel compte 18 chambres paisibles et simplement meublées. Le personnel est chaleureux.

Gran Hotel Miramar
28$
≡, *tv*, ℜ, *bar*
au bord de l'eau
☎*881-2138*
Les 25 chambres de cet établissement sont petites et claires, mais décorées de couleurs criardes. L'entretien et le service ne sont pas tout à fait adéquats. Celles qui donnent sur la mer disposent d'un balcon et se révèlent

beaucoup plus intéressantes que les autres. Une petite plage peu attrayante s'étend à proximité. Le restaurant avoisine une terrasse qui fait face à la mer.

Choluteca

Hotel Santa Rosa
7$
près du marché San Antonio, centre-ville
☎*882-0884*
Les 31 chambres de cet hôtel accueillant sont quelque peu négligées, quoique grandes et assez agréables. La plupart donnent sur une belle terrasse agrémentée de nombreuses plantes.

Hotel Pacífico
8$ ⊗
annexe 14$ ≡
tv
dnas une rue secondaire près de l'hôtel Centro America
☎*882-3249*
Ces hôtels jumeaux, l'original et son annexe plus récente, se font face de part et d'autre de la rue. Ils s'avèrent propres, simples et confortables. L'annexe revêt plutôt l'apparence d'un motel avec sa cour en béton.

Hotel Flamingo
17$ ≡ *et tv*
Av. Valle, centre-ville
☎*882-3876*
Les 14 chambres de cet établissement se révèlent petites, simples et fraîches, et toutes s'ouvrent sur une petite cour. On accède à l'entrée par une porte cochère.

Hotel Centro América
27$
≡, *tv*, ℜ, *bar*, ≈
près des limites de Choluteca sur la Carretera a San Marcos
☎*882-3940*
≠*882-2667*
Ses 28 chambres, disposées sur trois étages autour d'une cour intérieure, sont grandes et éclairées quoique assez simples. Cet établissement s'appelait autrefois l'Hotel Imperio Maya.

Hotel La Fuente
45$
≡, *tv*, ☎, ℜ, *bar*
près des limites de Choluteca sur la Carretera a San Marcos
☎*882-0253*
≠*882-2273*
Cet établissement propose 43 grandes chambres accueillantes, aménagées autour d'une piscine aux dimensions respectables qu'entoure de nombreux palmiers et de confortables chaises longues. Le restaurant se révèle toutefois plutôt sombre.

Hacienda Gualiqueme Hotel y Club
59$
≡, *tv*, ☎, ℜ, *bar*, ≈, ☺, △, ⊛, *tennis, racket-ball, équitation*
à l'ouest de la ville, tout juste au-delà du pont suspendu
☎*882-2750*
≠*882-3620*
Plusieurs constructions attrayantes d'un étage à toit de tuiles rouges sont ici disposées autour d'une piscine dans un décor paysagé. Les 31 chambres proposées, toutes carrelées (elles ont toutes été rénovées à la suite d'une inondation), sont

agréables. Par contre, le restaurant est petit et ordinaire.

Isla del Tigre

Amapala

Pensión Internacional
4$
près du quai
☎ *898-8585*
Les qualificatifs «coloré» et «très délabré» sont sans doute ceux qui caractérisent le mieux cet endroit. Les chambres à l'étage disposent de terrasses et profitent de l'aération naturelle ainsi que de la vue sur la mer. Celles du rez-de-chaussée se révèlent par contre sombres et étouffantes.

Hotel Villas Playa Negra
32$ ⊗
46$ = jusqu'à 4 pers.
ℜ, ≈
à 5 km du village
☎ *898-8580*
de Tegucigalpa
☎ *232-0632*
Les 14 chambres de cet établissement, dont la moitié bénéficient de la climatisation, sont regroupées dans des villas au mobilier moderne. Plage privée, pêche, équitation, discothèque les fins de semaine et navette pour Coyolito. Le restaurant sert surtout du poisson et des fruits de mer, la majorité des plats coûtant entre 5$ et 8$.

Restaurants

Jícaro Galán

Turicentro Oasis Colonial
$$
tlj 6h à 22h
☎ *895-4006*
Le Turicentro Oasis Colonial propose un choix de plats de viande et de fruits de mer dans une salle à manger climatisée et sur une terrasse extérieure faisant face à une piscine.

San Lorenzo

Carpa Restaurant
$$
tlj 10h à 23h et plus
☎ *881-2650*
Plusieurs restaurants font face à l'estuaire près de l'Hotel Miramar; la plupart sont dotés de terrasses extérieures et tous se spécialisent dans les poissons et les fruits de mer, sans oublier les potages de fruits de mer. Parmi les meilleurs, il faut retenir le sympathique Carpa Restaurant.

Choluteca

El Rancho de José
$
El Rancho de José immédiatement à l'extérieur de la ville, sur la Carretera a Guasaule, se présente comme un agréable restaurant en plein air entouré de hauts arbustes et agrémenté de tables et de chaises en bois. Au menu : une variété de potages, de plats de fruits de mer et de viandes.

El Emporio
$-$$
immédiatement à l'extérieur de la ville sur la Carretera a Guasaule
El Emporio offre une terrasse et une salle climatisée. Son menu se compose de spécialités mexicaines et des habituels plats de viande et de fruits de mer.

El Conquistador
$$
tlj midi à minuit
aux limites de la ville, près de l'Hotel La Fuente
El Conquistador dispose d'une jolie salle en plein air garnie de tableaux. L'accent porte ici sur la viande, mais on peut également y déguster quelques plats de fruits de mer.

Isla del Tigre

Amapala

On trouve deux ou trois restaurants à ciel ouvert près du quai, lesquels servent surtout du poisson et des fruits de mer. L'Hotel Villas Playa Negra propose un dîner avec service complet.

Achats

Choluteca

Le magasinage se résume somme toute à bien peu de chose dans le sud du Honduras. Quelques kiosques en bordure de la route proposent un choix intéressant de céramique et de vannerie.

Lexique

Présentations

au revoir	*adiós, hasta luego*
bon après-midi ou bonsoir	*buenas tardes*
bonjour (forme familière)	*hola*
bonjour (le matin)	*buenos días*
bonne nuit	*buenas noches*
célibataire (m/f)	*soltero/a*
comment allez-vous?	*¿qué tal?*
copain/copine	*amigo/a*
de rien	*de nada*
divorcé(e)	*divorciado/a*
enfant (garçon/fille)	*niño/a*
époux, épouse	*esposo/a*
excusez-moi	*perdone/a*
frère, sœur	*hermano/a*
je suis Belge	*Soy belga*
je suis Canadien(ne)	*Soy canadiense*
je suis désolé, je ne parle pas espagnol	*Lo siento, no hablo español*
je suis Français(e)	*Soy francés/a*
je suis Québécois(e)	*Soy quebequense*
je suis Suisse	*Soy suizo*
je suis un(e) touriste	*Soy turista*
je vais bien	*estoy bien*
marié(e)	*casado/a*
merci	*gracias*
mère	*madre*
mon nom de famille est...	*mi apellido es...*
mon prénom est...	*mi nombre es...*
non	*no*
oui	*sí*
parlez-vous français?	*¿habla usted francés?*
père	*padre*
plus lentement s'il vous plaît	*más despacio, por favor*
comment vous appelez-vous?	*¿cómo se llama usted?*
s'il vous plaît	*por favor*
veuf(ve)	*viudo/a*

Direction

à côté de	*al lado de*
à droite	*a la derecha*
à gauche	*a la izquierda*
dans, dedans	*dentro*
derrière	*detrás*
devant	*delante*
en dehors	*fuera*
entre	*entre*
ici	*aquí*
il n'y a pas...	*no hay...*

Lexique

là-bas	allí
loin de	lejos de
où se trouve ... ?	¿dónde está ...?
pour se rendre à...?	¿para ir a...?
près de	cerca de
tout droit	todo recto
y a-t-il un bureau de tourisme ici?	¿hay aquí una oficina de turismo?

L'argent

argent	dinero/plata
carte de crédit	tarjeta de crédito
change	cambio
chèque de voyage	cheque de viaje
je n'ai pas d'argent	no tengo dinero
l'addition, s'il vous plaît	la cuenta, por favor
reçu	recibo

Les achats

acheter	comprar
appareil photo	cámara
argent	plata
artisanat typique	artesanía típica
bijoux	joyeros
cadeaux	regalos
combien cela coûte-t-il?	¿cuánto es?
cosmétiques et parfums	cosméticos y perfumes
disques, cassettes	discos, casetas
en/de coton	de algodón
en/de cuir	de cuero/piel
en/de laine	de lana
en/de toile	de tela
fermé	cerrado/a
film, pellicule photographique	rollo/film
j'ai besoin de ...	necesito ...
je voudrais	quisiera...
je voulais	quería...
journaux	periódicos/diarios
la blouse	la blusa
la chemise	la camisa
la jupe	la falda/la pollera
la veste	la chaqueta
le chapeau	el sombrero
le client, la cliente	el/la cliente
le jean	los tejanos/los vaqueros/los jeans
le marché	mercado
le pantalon	los pantalones
le t-shirt	la camiseta
le vendeur, la vendeuse	dependiente
le vendeur, la vendeuse	vendedor/a
les chaussures	los zapatos

les lunettes	*las gafas*
les sandales	*las sandalias*
montre-bracelet	*el reloj(es)*
or	*oro*
ouvert	*abierto/a*
pierres précieuses	*piedras preciosas*
piles	*pilas*
produits solaires	*productos solares*
revues	*revistas*
un grand magasin	*almacén*
un magasin	*una tienda*
un sac à main	*una bolsa de mano*
vendre	*vender*

Divers

beau	*hermoso*
beaucoup	*mucho*
bon	*bueno*
bon marché	*barato*
chaud	*caliente*
cher	*caro*
clair	*claro*
court	*corto*
court (pour une personne petite)	*bajo*
étroit	*estrecho*
foncé	*oscuro*
froid	*frío*
gros	*gordo*
j'ai faim	*tengo hambre*
j'ai soif	*tengo sed*
je suis malade	*estoy enfermo/a*
joli	*bonito*
laid	*feo*
large	*ancho*
lentement	*despacio*
mauvais	*malo*
mince, maigre	*delgado*
moins	*menos*
ne pas toucher	*no tocar*
nouveau	*nuevo*
où?	*¿dónde?*
grand	*grande*
petit	*pequeño*
peu	*poco*
plus	*más*
qu'est-ce que c'est?	*¿qué es esto?*
quand	*¿cuando?*
quelque chose	*algo*
rapidement	*rápidamente*
rien	*nada*
vieux	*viejo*
wend=	

Les nombres

0	*zero*
1	*uno ou una*
2	*dos*
3	*tres*
4	*cuatro*
5	*cinco*
6	*seis*
7	*siete*
8	*ocho*
9	*nueve*
10	*diez*
11	*once*
12	*doce*
13	*trece*
14	*catorce*
15	*quince*
16	*dieciséis*
17	*diecisiete*
18	*dieciocho*
19	*diecinueve*
20	*veinte*
21	*veintiuno*
22	*veintidós*
23	*veintitrés*
24	*veinticuatro*
25	*veinticinco*
26	*veintiséis*
27	*veintisiete*
28	*veintiocho*
29	*veintinueve*
30	*treinta*
31	*treinta y uno*
32	*treinta y dos*
40	*cuarenta*
50	*cincuenta*
60	*sesenta*
70	*setenta*
80	*ochenta*
90	*noventa*
100	*cien/ciento*
200	*doscientos, doscientas*
500	*quinientos, quinientas*
1 000	*mil*
10 000	*diez mil*
1 000 000	*un millón*

La température

il fait chaud	*hace calor*
il fait froid	*hace frío*
nuages	*nubes*
pluie	*lluvia*
soleil	*sol*

Le temps

année	*año*
après-midi, soir	*tarde*
aujourd'hui	*hoy*
demain	*mañana*
heure	*hora*
hier	*ayer*
jamais	*jamás, nunca*
jour	*día*
maintenant	*ahora*
minute	*minuto*
mois	*mes*
nuit	*noche*
pendant le matin	*por la mañana*
quelle heure est-il?	*¿qué hora es?*
semaine	*semana*
dimanche	*domingo*
lundi	*lunes*
mardi	*martes*
mercredi	*miércoles*
jeudi	*jueves*
vendredi	*viernes*
samedi	*sábado*
janvier	*enero*
février	*febrero*
mars	*marzo*
avril	*abril*
mai	*mayo*
juin	*junio*
juillet	*julio*
août	*agosto*
septembre	*septiembre*
octobre	*octubre*
novembre	*noviembre*
décembre	*diciembre*

Les communications

appel à frais virés (PCV)	*llamada por cobrar*
attendre la tonalité	*esperar la señal*
composer le préfixe	*marcar el prefijo*
courrier par avion	*correo aéreo*
enveloppe	*sobre*

interurbain	*larga distancia*
la poste et l'office des télégrammes	*correos y telégrafos*
le bureau de poste	*la oficina de correos*
les timbres	*estampillas/sellos*
tarif	*tarifa*
télécopie (fax)	*telecopia*
télégramme	*telegrama*
un annuaire de téléphone	*un botín de teléfonos*

Les activités

musée ou galerie	*museo*
nager, se baigner	*bañarse*
plage	*playa*
plongée sous-marine	*buceo*
se promener	*pasear*

Les transports

à l'heure prévue	*a la hora*
aéroport	*aeropuerto*
aller simple	*ida*
aller-retour	*ida y vuelta*
annulé	*annular*
arrivée	*llegada*
avenue	*avenida*
bagages	*equipajes*
coin	*esquina*
départ	*salida*
est	*este*
gare, station	*estación*
horaire	*horario*
l'arrêt d'autobus	*una parada de autobús*
l'arrêt s'il vous plaît	*la parada, por favor*
l'autobus	*el bus*
l'avion	*el avión*
la bicyclette	*la bicicleta*
la voiture	*el coche, el carro*
le bateau	*el barco*
le train	*el tren*
nord	*norte*
ouest	*oeste*
passage de chemin de fer	*crucero ferrocarril*
rapide	*rápido*
retour	*regreso*
rue	*calle*
sud	*sur*
sûr, sans danger	*seguro/a*
taxi collectif	*taxi colectivo*

La voiture

à louer, qui prend des passagers	*alquilar*
arrêt	*alto*
arrêtez	*pare*
attention, prenez garde	*cuidado*
autoroute	*autopista*
défense de doubler	*no adelantar*
défense de stationner	*prohibido aparcar o estacionar*
essence	*petróleo, gasolina*
feu de circulation	*semáforo*
interdit de passer, route fermée	*no hay paso*
limite de vitesse	*velocidad permitida*
piétons	*peatones*
ralentissez	*reduzca velocidad*
station-service	*servicentro*
stationnement	*parqueo/estacionamiento*

L'hébergement

air conditionné	*aire a condicionado*
ascenseur	*ascensor*
avec salle de bain privée	*con baño privado*
basse saison	*temporada baja*
chalet (de plage), bungalow	*cabaña*
chambre	*habitación*
double, pour deux personnes	*doble*
eau chaude	*agua caliente*
étage	*piso*
gérant, patron	*gerente, jefe*
haute saison	*temporada alta*
hébergement	*alojamiento*
lit	*cama*
petit déjeuner	*desayuno*
piscine	*piscina*
rez-de-chaussée	*planta baja*
simple, pour une personne	*sencillo*
toilettes, cabinets	*baños*
ventilateur	*ventilador*

Quelques indications sur la prononciation de l'espagnol en Amérique centrale et dans les Antilles

CONSONNES

c — Tout comme en français, le *c* est doux devant *i* et *e*, et se prononce alors comme un **s** : *cerro* (serro). Devant les autres voyelles, il est dur : *carro* (karro). Le *c* est également dur devant les consonnes, sauf devant le *h* (voir plus bas).

g — De même que pour le *c*, devant *i* et *e* le *g* est doux, c'est-à-dire qu'il est comme un souffle d'air qui vient du fond de la gorge : *gente* (hhente).

Devant les autres voyelles, il est dur : *golf* (se prononce comme en français). Le *g* est également dur devant les consonnes.

ch — Se prononce **tch**, comme dans «Tchad» : *leche* (letche). Tout comme pour le *ll*, c'est comme s'il s'agissait d'une autre lettre, listée à part dans les dictionnaires et dans l'annuaire du téléphone.

h — Ne se prononce pas : *hora* (ora)

j — Se prononce comme le **r** de «crabe», un **r** du fond de la gorge, sans excès : *jugo* (rrugo)

ll — Se prononce comme **y** dans «yen» : *llamar* (yamar). Dans certaines régions, par exemple le centre de la Colombie, *ll* se prononce comme **j** de «jujube» (*Medellín* se prononce Medejin). Tout comme pour le *ch*, c'est comme s'il s'agissait d'une autre lettre, listée à part dans les dictionnaires et dans l'annuaire du téléphone.

ñ — Se prononce comme le **gn** de «beigne» : *señora* (segnora).

r — Plus roulé et moins guttural qu'en français, comme en italien.

s — Toujours **s** comme dans «singe» : *casa* (cassa)

v — Se prononce comme un **b** : *vino* (bino)

z — Comme un **s** : *paz* (pass)

VOYELLES

e — Toujours comme un **é** : *helado* (élado)

sauf lorsqu'il précède deux consonnes, alors il se prononce comme un **è** : *encontrar* (èncontrar)

u — Toujours comme **ou** : *cuenta* (couenta)

y — Comme un **i** : *y* (i)

Toutes les autres lettres se prononcent comme en français.

ACCENT TONIQUE

En espagnol, chaque mot comporte une syllabe plus accentuée. Cet accent tonique est très important en espagnol et s'avère souvent nécessaire pour sa compréhension par vos interlocuteurs. Si, dans un mot, une voyelle porte un accent aigu (le seul utilisé en espagnol), c'est cette syllabe qui doit être accentuée. S'il n'y a pas d'accent sur le mot, il faut suivre la simple règle suivante :

On doit accentuer l'avant-dernière syllabe de tout mot qui se termine par une voyelle : a**mi**go.

On doit accentuer la dernière syllabe de tout mot qui se termine par une consonne sauf *s* (pluriel des noms et adjectifs) ou ***n*** (pluriel des verbes) : us**ted** (mais a**mi**gos, ha**blan**).

Index

Achats 58
Aéroports
   Aeropuerto Internacional
   Ramón Villeda Morales (San
     Pedro Sula) 113
   Golosón (La Ceiba) 149
   Guanaja (Islas de la Bahía) . 181
   Roatán (Islas de la Bahía) . 181
   Toncontín (Tegucigalpa) 74
   Utila (Islas de la Bahía) 181
Agua Caliente (ouest du
   Honduras) 129
Ajuterique (centre et est du
   Honduras) 210
Alcaldía (Choluteca) 228
Alcaldía (San Pedro Sula) 116
Amapala (sud du Honduras) ... 228
   hébergement 231
   restaurants 231
Ambassades 29
Arts 25
Assurances 35
Auto-stop 47
Autobus 46
Autocar 46
Avion 47
Baignade 64
Bajamar (Puerto Cortés) 150
Balneario Aguas Termales (ouest
   du Honduras) 130
Balneario La Torre (ouest du
   Honduras) 130
Balneario Los Arcos (Danlí) ... 211
Banque 48
Barrio Cristales (Trujillo) 157
Basílica de Suyapa (Tegucigalpa) 89
Bateau 47
Biosfera del Río Plátano (centre
   et est du Honduras) 217
Bonacca (Islas de la Bahía) 186
Boulevard Morazán (Tegucigalpa
   et environs)
   restaurants 102
Brick Bay (Islas de la Bahía)
   hébergement 195
Calle Peatonal (Tegucigalpa) 88
Camping 55
Cartes de crédit 50
Casa Fortín (Yuscarán) 91
Castillo de San Fernando (Omoa) 150
Castillo Pográn (Santa Bárbara) . 118

Catacamas (centre et est du
   Honduras) 213
   hébergement 220
   restaurants 221
Catedral de San Miguel de
   Tegucigalpa (Tegucigalpa) 86
Catedral de San Pedro (San
   Pedro Sula) 116
Cathédrale (Choluteca) 227
Cathédrale de Comayagua
   (Comayagua) 208
Cauquila (centre et est du
   Honduras) 214
Cedeño (sud du Honduras) 228
Centre et est du Honduras 203
   activités de plein air 217
   attraits touristiques 208
   hébergement 218
   parcs 215
   pour s'y retrouver sans mal . 204
   restaurants 220
Centro Internacional de Idiomas
   (Trujillo) 150
Change 49
Choluteca (sud du Honduras) .. 227
   achats 232
   hébergement 230
   restaurants 231
Climat 40
Colonia Palmira (Tegucigalpa et
   environs)
   restaurants 101
Comayagua (centre et est du
   Honduras) 208
   hébergement 218
   restaurants 220
Comayagüela (Tegucigalpa et
   environs) 89
   hébergement 97
Congreso Nacional (Tegucigalpa) 88
Copán Ruinas (ouest du
   Honduras) 119
   achats 141
   hébergement 134
   restaurants 139
   sorties 140
Corozal (La Ceiba) 155
Côte caraïbe 143
   achats 176
   attraits touristiques 150
   hébergement 162
   parcs et plages 157
   pour s'y retrouver sans mal . 144
   renseignements pratiques .. 149

Index

Côte caraïbe (suite)
   restaurants 171
   sorties 175
Coxen Hole (Islas de la Bahía) . 184
   hébergement 191
   restaurants 199
Culture 21
Danlí (centre et est du Honduras) 210
   hébergement 219
   restaurants 221
Descente en rivière 66
Diana Beach (Islas de la Bahía) . 188
Divers 59
Divertissements 25
Douane 28
Eau 37
Écoles de langues
   Centro Internacional de
     Idiomas (Trujillo) 150
Économie 20
Église Las Mercedes (Gracias) . . 128
Église San Marcos (Gracias) . . . 128
Église San Sebastián (Gracias) . . 128
El Picacho (Tegucigalpa) 84
El Poy (ouest du Honduras) . . . 128
El Triunfo de la Cruz (côte caraïbe)
   attraits touristiques 152
El Zamorano (Tegucigalpa et
   environs) 91
   hébergement 98
Électricité 61
Environs du Lago de Yojoa
   (centre et est du Honduras)
   hébergement 218
   restaurants 220
Escuela Agrícola Panamericana
   (El Zamorano) 91
Esquipulas (Guatemala) 129
Essence 44
Est de La Ceiba (côte caraïbe)
   hébergement 169
   restaurants 174
Excursionnistes 68
Faune et flore 15
Femmes voyageant seules 42
Festivals 58
Formalités 27
Fortaleza San Cristóbal (Gracias) 128
Fortaleza Santa Bárbara (Trujillo) 156
French Harbour (Islas de la Bahía)
   hébergement 196
   restaurants 200
Fuseau horaire 60
Fútbol 57
Galería Nacional de Arte
   (Tegucigalpa) 86

Géographie 14
   faune et flore 15
Golf 68
Gracias (ouest du Honduras) . . 127
   hébergement 135
   restaurants 140
Guadalupe (Trujillo) 157
Guanaja (Islas de la Bahía) 186
   hébergement 197
   parcs et plages 188
   restaurants 201
Guichets automatiques 50
Half Point Bay (Islas de la Bahía) 188
Hébergement 54
Heures d'ouverture 59
Histoire 16
Hospedajes 54
Hotelitos 54
Iglesia Caridad Illescas
   (Comayagua) 209
Iglesia de San Francisco
   (Tegucigalpa) 86
Iglesia El Calvario (Tegucigalpa) . 88
Iglesia Jesús Nazarena
   (Ajuterique) 210
Iglesia La Merced (Choluteca) . . 228
Iglesia La Merced (Comayagua) . 209
Iglesia La Merced (Tegucigalpa) . 86
Iglesia Los Dolores (Tegucigalpa) 88
Iglesia San Francisco
   (Comayagua) 209
Iglesia San Francisco (Pespire) . 226
Iglesia San Sebastían
   (Comayagua) 209
Iglesia y Catedral San Juan
   Bautista (Trujillo) 156
Information touristique 30
Insectes 38
Internet 54
Isla del Tigre (sud du Honduras) 228
   hébergement 231
   restaurants 231
Islas de la Bahía 177
   achats 202
   activités de plein air 188
   attraits touristiques 184
   hébergement 191
   parcs et plages 188
   pour s'y retrouver sans mal . 180
   renseignements pratiques . . 183
   restaurants 199
   sorties 202
Ixbalanque Escuela de Español
   (Copán Ruinas) 115
Jardín Botánico Lancetilla (côte
   caraïbe) 158

Jardin botanique Carambola
 (Roatán) 186
Jícaro Galán (sud du Honduras)
 hébergement 229
 restaurants 231
Juticalpa (centre et est du
 Honduras) 213
 hébergement 219
 restaurants 221
La Ceiba (côte caraïbe) 152
 achats 176
 hébergement 167
 restaurants 173
La Entrada (ouest du Honduras) 119
 hébergement 134
 restaurants 138
La Esperanza (ouest du Honduras)
 hébergement 136
La Laguna (sud du Honduras) .. 226
La Lima (ouest du Honduras) .. 118
La Palma (El Salvador) 129
La Unión (centre et est du
 Honduras) 211
 hébergement 219
La Venta (sud du Honduras) ... 226
Lago de Yojoa (centre et est du
 Honduras) 217
Laguna de los Micos (côte
 caraïbe) 158
Langue 52
Location d'une voiture 44
Maladies 39
Mercado San Isidro (Comayagüela)89
Mesures 60
Miami (Tela) 152
Michael Rock (Islas de la Bahía) 188
Mirador Capri (San Pedro Sula) . 118
Monnaie 48
Mosquitia (centre et est du
 Honduras) 213
Musée ferroviaire (La Ceiba) ... 155
Museo Colonial (Comayagua) .. 210
Museo de Antropología e Historia
 (San Pedro Sula) 116
Museo de Arqueología
 (Comayagua) 209
Museo de Arqueología
 (La Entrada) 119
Museo de Escultura de Copán
 (Copán Ruinas) 119
Museo de la Mariposa (La Ceiba) 154
Museo de la Naturaleza (San
 Pedro Sula) 118
Museo del Hombre Hondureño
 (Tegucigalpa) 89
Museo Histórico de la República
 (Tegucigalpa) 88

Museo Municipal (Danlí) 210
Museo Nacional (Tegucigalpa) .. 88
Museo Numismático
 (Comayagüela) 89
Museo Regional (Copán Ruinas) 119
Museo y Piscina Riberas del
 Pedregal (Trujillo) 156
Nacaome (sud du Honduras) .. 229
Nueva Ocotepeque (ouest du
 Honduras) 128
 hébergement 136
 restaurants 140
Nueva Tela (Tela) 151
Oak Ridge (Islas de la Bahía)
 hébergement 196
Ojojona (sud du Honduras) ... 226
Ojojona (Tegucigalpa et environs) 90
 achats 107
 hébergement 98
Omoa (côte caraïbe) 150
 hébergement 163
Ouest du Honduras 109
 achats 141
 activités de plein air 131
 attraits touristiques 115
 hébergement 131
 parcs 129
 pour s'y retrouver sans mal . 110
 renseignements pratiques .. 114
 restaurants 136
 sorties 140
Palacios (centre et est du
 Honduras) 214
 hébergement 220
 restaurants 221
Parcs
 Biosfera del Río Plátano
 (centre et est du Honduras) 217
 Jardín Botánico Lancetilla
 (côte caraïbe) 158
 Parque Arqueológico El
 Puente (La Entrada) 119
 Parque Central (San Pedro
 Sula) 116
 Parque El Obrero (Tegucigalpa
 et environs) 94
 Parque Nacional Capiro-
 Calentura (côte caraïbe) .. 162
 Parque Nacional Celaque
 (ouest du Honduras) 130
 Parque Nacional Cuero y
 Salado (côte caraïbe) 159
 Parque Nacional Cusuco
 (ouest du Honduras) 129
 Parque Nacional La Muralla
 (centre et est du Honduras) 215

Parcs (Suite)
    Parque Nacional La Tigra
        (Tegucigalpa et environs) . . 92
    Parque Nacional Pico Bonito
        (côte caraïbe) 160
    Parque Nacional Punta Sal
        (côte caraïbe) 158
    Parque Nacional Santa Bárbara
        (ouest du Honduras) 129
    Parque Nacional Sierra de
        Agalta (centre et est du
        Honduras) 216
    Parque Natural La Montañita
        (ouest du Honduras) 130
    Refugio de Vida Silvestre
        Laguna Guaymoreto (côte
        caraïbe) 162
    Refugio de Vida Silvestre
        Punta Izopo (côte caraïbe) 158
    Reserva Natural Monserrat
        (Tegucigalpa et environs) . . 93
Parque Arqueológico El Puente
    (La Entrada) 119
Parque Central (San Pedro Sula) 116
Parque El Obrero (Tegucigalpa et
    environs) 94
Parque La Concordia
    (Tegucigalpa) 89
Parque La Leona (Tegucigalpa) . . 84
Parque Nacional Capiro-Calentura
    (côte caraïbe) 162
Parque Nacional Celaque (ouest
    du Honduras) 130
Parque Nacional Cuero y Salado
    (côte caraïbe) 159
Parque Nacional Cusuco (ouest
    du Honduras) 129
Parque Nacional La Muralla
    (centre et est du Honduras) . . 215
Parque Nacional La Tigra
    (Tegucigalpa et environs) 92
    hébergement 98
Parque Nacional Pico Bonito
    (côte caraïbe) 160
Parque Nacional Punta Sal (côte
    caraïbe) 158
Parque Nacional Santa Bárbara
    (ouest du Honduras) 129
Parque Nacional Sierra de Agalta
    (centre et est du Honduras) . . 216
Parque Natural La Montañita
    (ouest du Honduras) 130
Parque Valle (Choluteca) 227
Perú (côte caraïbe) 159
Pespire (sud du Honduras) 226

Plages 64
    Diana Beach (Islas de la
        Bahía) 188
    Half Point Bay (Islas de la
        Bahía) 188
    Isla del Tigre (sud du
        Honduras) 229
    Laguna de los Micos (côte
        caraïbe) 158
    Michael Rock (Islas de la
        Bahía) 188
    Playa Coca Cola (côte
        caraïbe) 157
    Playa del Amor (sud du
        Honduras) 229
    Playa Grande (sud du
        Honduras) 229
    Playa La Barra (côte caraïbe) 159
    Playa Negra (sud du
        Honduras) 229
    Playas de Cienaguita (côte
        caraïbe) 157
    Punta Ratón (sud du
        Honduras) 229
    West Bay Beach (Islas de la
        Bahía) 188
Plantations de bananes (ouest du
    Honduras) 118
Playa Coca Cola (côte caraïbe) . 157
Playa del Amor (sud du
    Honduras) 229
Playa Grande (sud du Honduras) 229
Playa La Barra (côte caraïbe) . . . 159
Playa Negra (sud du Honduras) 229
Playas de Cienaguita (côte
    caraïbe) 157
Plaza Morazán (Tegucigalpa) . . . 86
Plein air 63
    activités de plein air 64
    excursionnistes 68
    réserves naturelles 65
Plongée sous-marine 64
    Islas de la Bahía 188
Plongée-tuba 64
    Islas de la Bahía 188
Poids 60
Politique 19
Port Royal (Islas de la Bahía) . . 188
Portrait 11
    arts et divertissements 25
    économie 20
    géographie 14
    histoire 16
    politique 19
    société et culture 21
Pourboire 52

Presse écrite 59
Puerto Cortés (côte caraïbe) ... 150
   hébergement 162
   restaurants 171
Puerto Lempira (centre et est du
   Honduras) 214
   hébergement 220
   restaurants 221
Pulhapanzak (centre et est du
   Honduras) 218
Pumpkin Hill Bay (Islas de la
   Bahía) 188
Punta Gorda (Islas de la Bahía)
   hébergement 197
Punta Ratón (sud du Honduras) 228
Randonnée pédestre 66
   ouest du Honduras 131
   sud du Honduras 229
Refugio de Vida Silvestre Laguna
   Guaymoreto (côte caraïbe) ... 162
Refugio de Vida Silvestre Punta
   Izopo (côte caraïbe) 158
Renseignements généraux 27
Reserva Antropológica Tawahka
   (centre et est du Honduras) .. 217
Reserva Natural Monserrat
   (Tegucigalpa et environs) 93
Restaurants 55
Río Plátano (centre et est du
   Honduras) 218
Río Sico (centre et est du
   Honduras) 218
Roatán (Islas de la Bahía) 184
   hébergement 191
   parcs et plages 188
   restaurants 199
Roatán Museum and Institute for
   Marine Sciences (Roatán) 186
Ruines (Copán Ruinas) 120
Sabanagrande (sud du Honduras) 226
Sambo Creek (La Ceiba) 155
San Antonio (Trujillo) 157
San Antonio de Oriente
   (Tegucigalpa et environs) 91
San Juan (Tela) 152
San Lorenzo (sud du Honduras) 227
   hébergement 230
   restaurants 231
San Pedro Sula (ouest du
   Honduras) 115
   achats 141
   hébergement 131
   restaurants 136
   sorties 140
Sandy Bay (Islas de la Bahía)
   hébergement 192
   restaurants 199

Santa Bárbara (ouest du
   Honduras) 118
   achats 141
   hébergement 134
Santa Fe (Trujillo) 157
Santa Lucía (Tegucigalpa et
   environs) 89
   achats 107
   restaurants 104
Santa Rita (ouest du Honduras) . 120
Santa Rosa de Aguán (Trujillo) . 157
Santa Rosa de Copán (ouest du
   Honduras) 127
   hébergement 135
   restaurants 139
Santé 36
Sécurité 41
Siguatepeque (centre et est du
   Honduras) 210
   hébergement 218
   restaurants 220
Société 21
Soleil 37
Sorties 57
Sources chaudes (Copán Ruinas) 120
Sources d'eau chaude (Trujillo) . 157
Sud de San Pedro Sula (ouest du
   Honduras)
   hébergement 133
   restaurants 138
Sud du Honduras 223
   achats 232
   activités de plein air 229
   attraits touristiques 226
   hébergement 229
   plages 229
   pour s'y retrouver sans mal . 224
   restaurants 231
Tableau des distances 43
Taxes 52
Taxes d'arrivée et de départ 28
Taxi 45
Teatro Nacional Manuel Bonilla
   (Tegucigalpa) 88
Tegucigalpa (Tegucigalpa et
   environs) 84
   achats 106
   hébergement 94
   restaurants 99
Tegucigalpa et ses environs 71
   achats 106
   attraits touristiques 84
   hébergement 94
   parcs 92
   pour s'y retrouver sans mal .. 74
   renseignements pratiques ... 83
   restaurants 99

Tegucigalpa et ses environs (suite)
   sorties 105
Tela (côte caraïbe) 151
   achats 176
   hébergement 164
   restaurants 171
Télécopie 54
Télédiffusion 59
Téléphone 53
Tennis 68
Tornabé (Tela) 152
Train 47
Transferts de fonds 51
Transports 42
Trujillo (côte caraïbe) 155
   achats 176
   hébergement 170
   restaurants 175
   sorties 176
Usine de cigares La Flor de
Copán (Santa Rosa de Copán) . 127
Usines de cigares (Danlí) 210
Utila (Islas de la Bahía) 186
   hébergement 198
   parcs et plages 188
   restaurants 201

Vaccins 37
Valises 40
Valle de Angeles (Tegucigalpa et
environs) 90
   achats 107
   hébergement 98
   restaurants 104
Vélo 67
Voiture 42
Voyage organisé ou voyage
indépendant? 31
Water Cay (Islas de la Bahía) . . 188
West Bay (Islas de la Bahía)
   hébergement 195
   restaurants 200
West End (Islas de la Bahía)
   hébergement 193
   restaurants 199
West End Beach (Islas de la
Bahía) 188
Yocón (centre et est du
Honduras) 211
Yuscarán (Tegucigalpa et
environs) 91
   hébergement 98

Guides de voyage

ULYSSE
Le plaisir de mieux voyager

Surfez sur le plaisir de mieux voyager

www.guidesulysse.com

Pour apprendre,
connaître,
goûter,
découvrir,
le plaisir de mieux voyager
CONSULTEZ NOTRE SITE.

Notes de voyage

« Y'en a qui ont le cœur si vaste

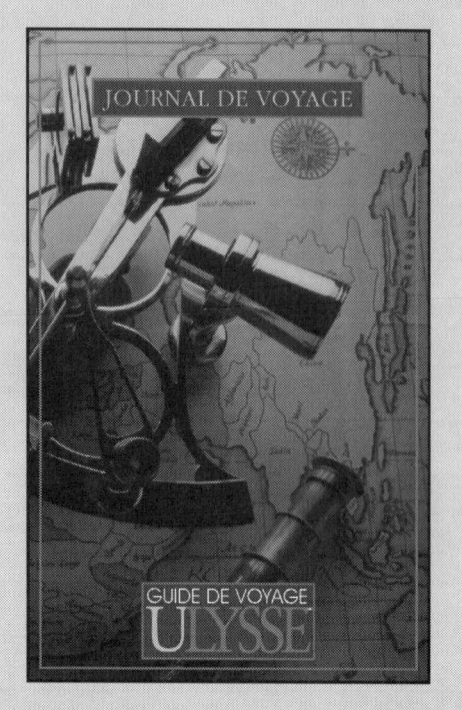

qu'ils sont toujours en voyage. » *Jacques Brel*
Les cœurs tendres.

Pour le plaisir de mieux voyager,
n'oubliez pas votre
JOURNAL DE VOYAGE

Guides de voyage

ULYSSE

8,95 $
(petit format)
11,95 $
(grand format)

Voir le bon de commande à l'intérieur.

Le plaisir de mieux voyager

www.guidesulysse.com

Notes de voyage

Notes de voyage

El placer de viajar mejor

Travel better enjoy more

Pour le plaisir... de mieux communiquer,
n'oubliez pas votre
GUIDE DE CONVERSATION DE VOYAGE ULYSSE
9,95 $ - 43 F

Guides de voyage

ULYSSE

Le plaisir de mieux voyager

En vente dans toutes les bonnes librairies.

Voir le bon de commande à l'intérieur.

www.guidesulysse.com

Bon de commande Ulysse

Guides de voyage

☐ Abitibi-Témiscamingue et Grand Nord	22,95 $	135 FF
☐ Acapulco	14,95 $	89 FF
☐ Arizona et Grand Canyon	24,95 $	145 FF
☐ Bahamas	24,95 $	129 FF
☐ Belize	16,95 $	99 FF
☐ Boston	17,95 $	99 FF
☐ Calgary	16,95 $	99 FF
☐ Californie	29,95 $	129 FF
☐ Canada	29,95 $	129 FF
☐ Cancún et la Riviera Maya	19,95 $	99 FF
☐ Cape Cod – Nantucket	16,95 $	99 FF
☐ Carthagène (Colombie)	12,95 $	70 FF
☐ Charlevoix – Saguenay – Lac-Saint-Jean	22,95 $	135 FF
☐ Chicago	19,95 $	99 FF
☐ Chili	27,95 $	129 FF
☐ Colombie	29,95 $	145 FF
☐ Costa Rica	27,95 $	145 FF
☐ Côte-Nord – Duplessis – Manicouagan	22,95 $	135 FF
☐ Cuba	24,95 $	129 FF
☐ Cuisine régionale au Québec	16,95 $	99 FF
☐ Disney World	19,95 $	135 FF
☐ El Salvador	22,95 $	145 FF
☐ Équateur – Îles Galápagos	24,95 $	129 FF
☐ Floride	29,95 $	129 FF
☐ Gaspésie – Bas-Saint-Laurent – Îles-de-la-Madeleine	22,95 $	99 FF
☐ Gîtes du Passant au Québec	13,95 $	89 FF
☐ Guadalajara	17,95 $	89 FF
☐ Guadeloupe	24,95 $	99 FF
☐ Guatemala	24,95 $	129 FF
☐ Hawaii	29,95 $	129 FF
☐ Honduras	24,95 $	145 FF
☐ Hôtels et bonnes tables au Québec	17,95 $	89 FF
☐ Huatulco et Puerto Escondido	17,95 $	89 FF
☐ Jamaïque	24,95 $	129 FF
☐ La Havane	16,95 $	79 FF
☐ La Nouvelle-Orléans	17,95 $	99 FF
☐ Las Vegas	17,95 $	89 FF
☐ Lisbonne	18,95 $	79 FF
☐ Louisiane	29,95 $	139 FF

Guides de voyage
- ☐ Los Cabos et La Paz — 14,95 $ — 89 FF
- ☐ Martinique — 24,95 $ — 99 FF
- ☐ Miami — 18,95 $ — 99 FF
- ☐ Montréal — 19,95 $ — 117 FF
- ☐ New York — 19,95 $ — 99 FF
- ☐ Nicaragua — 24,95 $ — 129 FF
- ☐ Nouvelle-Angleterre — 29,95 $ — 145 FF
- ☐ Ontario — 27,95 $ — 129 FF
- ☐ Ottawa — 16,95 $ — 99 FF
- ☐ Ouest canadien — 29,95 $ — 129 FF
- ☐ Ouest des États-Unis — 29,95 $ — 129 FF
- ☐ Panamá — 24,95 $ — 139 FF
- ☐ Pérou — 27,95 $ — 129 FF
- ☐ Plages du Maine — 12,95 $ — 70 FF
- ☐ Porto — 17,95 $ — 79 FF
- ☐ Portugal — 24,95 $ — 129 FF
- ☐ Provence – Côte d'Azur — 29,95 $ — 119 FF
- ☐ Provinces atlantiques du Canada — 24,95 $ — 129 FF
- ☐ Puerto Plata – Sosua — 14,95 $ — 69 FF
- ☐ Puerto Rico — 24,95 $ — 139 FF
- ☐ Puerto Vallarta — 14,95 $ — 99 FF
- ☐ Le Québec — 29,95 $ — 129 FF
- ☐ République dominicaine — 24,95 $ — 129 FF
- ☐ Saint-Martin – Saint-Barthélemy — 16,95 $ — 89 FF
- ☐ San Francisco — 17,95 $ — 99 FF
- ☐ Seattle — 17,95 $ — 99 FF
- ☐ Toronto — 18,95 $ — 99 FF
- ☐ Tunisie — 27,95 $ — 129 FF
- ☐ Vancouver — 17,95 $ — 89 FF
- ☐ Venezuela — 29,95 $ — 129 FF
- ☐ Ville de Québec — 17,95 $ — 89 FF
- ☐ Washington, D.C. — 18,95 $ — 117 FF

Espaces verts
- ☐ Cyclotourisme au Québec — 22,95 $ — 99 FF
- ☐ Cyclotourisme en France — 22,95 $ — 79 FF
- ☐ Motoneige au Québec — 22,95 $ — 99 FF
- ☐ Le Québec cyclable — 19,95 $ — 99 FF
- ☐ Le Québec en patins à roues alignées — 19,95 $ — 99 FF
- ☐ Randonnée pédestre Montréal et environs — 19,95 $ — 117 FF
- ☐ Randonnée pédestre Nord-Est États-Unis — 22,95 $ — 129 FF
- ☐ Ski de fond au Québec — 22,95 $ — 110 FF
- ☐ Randonnée pédestre au Québec — 22,95 $ — 129 FF

Guides de conversation

- ☐ L'Anglais pour mieux voyager en Amérique   9,95 $ 43 FF
- ☐ L'Espagnol pour mieux voyager en Amérique latine   9,95 $ 43 FF
- ☐ Le Québécois pour mieux voyager   9,95 $ 43 FF
- ☐ French for better travel   9,95 $ 43 FF

Journaux de voyage Ulysse

- ☐ Journal de voyage Ulysse (spirale) bleu - vert - rouge - jaune   11,95 $ 49 FF
- ☐ Journal de voyage Ulysse (format de poche) bleu - vert - rouge - jaune - «sextant»   9,95 $ 44 FF

Budget●zone

- ☐ Amérique centrale   14,95 $ 69 FF
- ☐ Ouest canadien   14,95 $ 69 FF
- ☐ Le Québec   14,95 $ 69 FF
- ☐ Stagiaires Sans Frontières   14,95 $ 89 FF

Titres	Qté	Prix	Total

Nom :

	Total partiel	
	Port	4$/16FF

Adresse :

	Total partiel	
	Au Canada TPS 7%	
	Total	

Tél :   Fax :

Courriel :

Paiement : ☐ Chèque ☐ Visa ☐ MasterCard

N° de carte_____ Expiration_____

Signature_____

Guides de voyage Ulysse
4176, rue Saint-Denis,
Montréal (Québec)
H2W 2M5
☎(514) 843-9447,
Sans frais : ☎1-877-542-7247
Fax : (514) 843-9448
info@ulysse.ca

En Europe:
Les Guides de voyage Ulysse, SARL
BP 159
75523 Paris Cedex 11
info@ulysse.ca
☎01.43.38.89.50
Fax : 01.43.38.89.52
voyage@ulysse.ca

Consultez notre site : www.guidesulysse.com